조영헌(曹永憲)

서울대학교 동양사학과를 졸업하고 중국사회과학원 역사연구소의 방문 학자
(2003~2004년)와 하버드-옌칭 연구소의 방문 연구원(2004~2006년)을 거쳐, 2006년에
서울대학교 동양사학과에서 논문「대운하와 휘주상인」으로 박사 학위를 취득했다.
홍익대학교 역사교육과 교수를 지냈고, 현재 고려대학교 역사교육과 교수이다.
15년간 '인문학과 성서를 사랑하는 모임(인성모)'을 주선해 왔으며,
2021년부터 고려대학교의 지원을 받아 '북아시아 민족 및 지역사 연구회'를 구성하여
공동 연구 중이다. 중국 근세 시대에 대운하에서 활동했던 상인의 흥망성쇠 및
북경 수도론이 주된 연구 주제이고, 앞으로 동아시아의 해양사와 대륙사를 겸비하는
한반도의 역사 관점을 세우는 것에 관심이 있다. 저서로『대운하와 중국 상인: 회·양
지역 휘주 상인 성장사, 1415~1784』와『옐로우 퍼시픽: 다중적 근대성과 동아시아』
(공저),『주제로 보는 조선시대 한중관계사』(공저) 등이 있고, 역서로『하버드 중국사 원·
명: 곤경에 빠진 제국』과『바다에서 본 역사: 개방, 경합, 공생 ― 동아시아 700년의
문명 교류사』(공역) 등이 있다.

대운하 시대 **1415~1784**

대운하 시대 1415~1784

중국은 왜 해양 진출을 '주저'했는가?

조영헌

민음사

송호근(포스텍 석좌교수)

19세기 중반까지 일본은 양선(洋船)이 출몰하는 바다가 두려워 해방(海防)과 해금(海禁)을 추구했다. 중국도 '바다 공포증'에 사로잡혔을까? 해상 실크로드와 해양 굴기를 선언한 시진핑의 공세적 신구상은 근현대 중국사의 방어적 본질을 뒤집는 전혀 낯선 것일까? 아니다. 저자는 대운하 시대(1415~1784년)의 정치적·경제적 재해석을 통해 중국이 해양을 포기했다는 전통적 시각을 반박하며 쐐기를 박는다. "옐로 차이나(Yellow China)에는 해양 문명이 없다."라는 세계 역사학계의 고정관념은 교역과 교류, 조운과 안보라는 대내외적 영역을 포괄한 거시적 조망과 역사적 실상에 대한 저자의 정밀한 탐사로 여지없이 무너진다.

주경철(서울대학교 서양사학과 교수)

조영헌 교수의 저술은 20년 가까운 세월을 하나의 주제에 대해 절차탁마(切磋琢磨)하여 이루어 낸 값진 성과다. '대운하 시대'라는 말을 본격적으로 사용한 것은 조영헌 교수가 처음일 것이다. 이 용어는 시대를 새롭게 규정하고 분석하여 중국의 근대를 참신한 시각으로 재해석하는 열쇠다. 조영헌 교수는 중국 내부를 엄밀하게 살펴볼 뿐 아니라 아시아 지역들과 세계의 흐

5

름을 폭넓게 조망하고 비교함으로써 중국 근대사를 균형 있게 바라본다. 근대 중국은 자기 세계 내부에 갇힌 낡고 정체된 제국이 아니라 사상과 인력, 물자 등이 활발하게 오가는 열린 세계라는 사실이 흥미롭게 제시된다. 이 책의 또 한 가지 미덕은 자칫 접근하기 어려운 학술적 성과를 우아한 필체로 다듬어서 교양 독자들이 비교적 쉽게 이해할 수 있도록 만들었다는 점이다. 역사에 관심 있는 독자들은 흥미롭고도 수준 높은 지식의 향연에 참여할 수 있을 것이다.

강희정(서강대학교 동아연구소 소장)

15세기에서 18세기에 세계는 격동의 시대를 맞았다. 각국 단위와 각 지역 단위의 역사가 바야흐로 전 지구적 차원의 '세계'로 탈바꿈하는 초입에 들어선 시기였다. 흔히 대항해시대로 일컬어지는 때로, 항해를 통해 지구가 둥글다는 것을 증명함으로써 중세의 사고방식에 대전환을 가져왔다. 이 시기에 일어난 콜럼버스의 아메리카 대륙 발견을 일대 사건으로 간주하여 한때 중학교와 고등학교의 역사책에는 '지리상의 발견'이라는 제목이 쓰이기도 했다. 그들이 발견한 신대륙에는 마치 사람이 살지 않았던 것처럼, 문명이 없었던 것처럼 제목을 붙인 셈이다. 얼마나 서구 중심적인 사고방식인가? 21세기가 20년이나 지난 지금 세계사 교과서는 많이 바뀌었다. 이제는 서구의 발견이라는 말 대신에 '대서양을 헤쳐 나가는 유럽', '신항로 개척과 유럽 지역 질서의 변화'라고 쓴다. '지리상의 발견'보다 훨씬 중립적으로 보인다. 하지만 여전히 시대의 주역은 유럽이라는 것을 저변에 깔고 있는 제목이다. 유럽이 대서양을 건너며 새로운 항로를 개척하고 있었을 때, 아시아는 대체 무엇을 하고 있었을까? 식민주의와 유럽 중심주의 서사를 극복하기 위해서라도 우리는 좀 더 아시아를 파헤치고 고민할 필요가 있다.

아시아의 강자인 명·청 제국은 바다를 통제하고 왕래를 막았지만, 중국인은 15세기부터 18세기 말까지 동아시아의 해상 교역을 지배했다. 동남아의 화교 학자 왕궁우는 이들을 '제국 없는 상인들'이라고 불렀다. 복건성 출신 중국 상인들이 제국이라는 권력의 뒷받침 없이 남중국해에서 인도양에 걸친 거대한 해상 교역 네트워크를 건설했다는 의미이다. 정화의 함대가 아프리카까지 다녀왔지만 그게 다였다. 스페인이 남미의 은을 가져와 필리핀에서 중국의 비단과 도자기를 사고, 고향을 등진 중국인들이 해상 교역의 강자로 교역망을 형성할 동안 제국은 무엇을 했던 것일까? 그들은 왜 바다를 막았을까?

이 책은 제국과 제국의 백성이었던 사람들이 왜 같은 방향을 보며 같은 길을 가지 않았는지에 대한 의문에서 시작한다. 21세기 중국은 일대일로를 내세우며 세계에 대한 자신들의 영향력을 강화하려 하고, 일대일로는 과거에 자신들이 개척한 '실크로드'를 대체하는 슬로건이라 주장한다. 하지만 중국의 시선이 항상 바다를 향해 열려 있었던 것은 아니다. 사람들은 "대체 왜?"라는 질문을 던지곤 했지만, 이 주제에 천착하기란 쉬운 일이 아니다. 중국사에 정통해야 할 뿐만 아니라 문제를 풀어낼 의지와 관점의 일관성을 유지해야 하기 때문이다. 책을 쓰는 것도 어려운 일이지만, 한 권을 관통하는 주제 의식을 견지하기는 더더욱 어렵다.

조영헌 교수는 서구 중심주의의 시각에서 쓰인 대항해시대라는 명명에 대항하여 '대운하 시대'라는 명칭을 제시한다. 아시아의 바다가 왜 제국의 바다가 되지 못했는지에 대한 답을 내적 필요성에서 찾았다. 영락제가 대운하를 재건한 때부터 건륭제가 강남 순행을 마칠 때까지 명·청 제국은 대륙을 방어하고 운하를 통해 물류를 유통할 수 있었기 때문에 유럽이나 동남아처럼 바다가 최우선이 아니었다는 것이다. 권력의 입장에서 수성(守成)이 우선이었다는 것은 어찌 보면 당연한 일인데, 그 수성은 운하라는 배경이 있어서 가능했다는 주장을 이처럼 정치하게 펴기는 쉽지 않다. 무엇보다도 서양사의 이론과 지식을 중국사와 교차해 가며 씨줄과 날줄로 삼아 대운하 시대라는 정교한 직물을 짜내는 솜씨는 가히 경탄할 만하다. 근현대 세계사를 보며 "아시아는 왜? 중국은 왜?"라는 의문을 한 번쯤 품어 본 사람이라면 반드시 읽어야 할 책이다. 훌륭한 역사가는 탁월한 이야기꾼이어야 한다. 설득력 있게 자신의 이야기를 풀어낸 조영헌 교수의 이 책은 아시아의 과거와 미래를 통찰하게 하는 힘을 기르게 해 준다.

구범진(서울대학교 동양사학과 교수)

우리나라에서는 역사학을 보통은 인문학의 한 분야로 간주한다. 20세기에 한국 인문학은 전문 연구자로 구성된 학계와 고등교육을 맡는 대학이라는 제도에 힘입어 모든 학문의 기초이자 기본으로 확고하게 자리를 잡은 것처럼 보였다. 그러나 21세기에 들어 대학이 양적 팽창을 멈춘 가운데 당장 실용의 가치가 없거나 취업에 도움이 되지 못하는 공부를 멀리하는 풍조가 날이 갈수록 강해지면서 대학의 인문학은 생존의 위기로 몰리기 시작했다. 다른 한편으로는 과거에는 볼 수 없었던 다양한 종류의 미디어를 통해 다채로운 인문학 콘텐츠가 제작되어 유통되고 있다. 한국 사회에는 인문학에 목마른 사람이 적지 않기 때문일 것이다.

2020년의 '코로나19'로 촉발된 위기를 누군가는 다시없을 도약의 기회로 만들고 있는 것처럼, 인문학 연구자들 역시 현재의 사회적 갈망과 수요를 잘만 활용한다면 얼마든지 위기를 기회로 뒤바꿀 수 있다는 생각이 든다. 위기를 기회로 전환하기란 물론 쉽지 않다. 여러 가지 조건이 맞아떨어져야 하겠지만, 다른 무엇보다도 중요한 것은 인문학 종사자들의 주체적 역량과 의지일 것이다. 특히 사실의 정확성을 기해야 하는 역사학의 경우 웬만한 연구 역량을 갖추지 않고서는 양질의 콘텐츠 공급이 불가능하다. 또한 훌륭한 논문을 써서 동료들에게 연구 역량을 인정받는 것과 전문가가 아닌 일반인들과 소통하는 것은 별개의 일이다. 남다른 의지와 역량을 갖추지 않고서는 교양 대중과 원활하게 소통할 수 있을 정도의 가독성 높은 글쓰기가 불가능하다. 높은 전문성이 요구되는 역사 연구 역량, 교양 대중과의 소통 의지, 어려운 이야기도 평이하게 풀어낼 수 있는 글쓰기 능력 등 삼박자를 갖추어야만 양질의 역사 콘텐츠로 대중과 만날 수 있고, 이 어려운 과업을 잘 수행하는 종사자가 많아져야 인문학의 위기를 기회로 전환할 희망이 생길 것이다.

인문학 분야와 역사학 분야의 종사자로서 조영헌 교수의 『대운하 시대 1415~1784』의 출간은 크게 반길 일이다. 조영헌 교수는 중국의 대운하에 관한 한 그 누구보다도 오래, 또 깊이 공부한 역사 연구자이다. 홍익대와 고려대의 사범대학에 재직하면서 학부 학생들을 위한 맞춤 교육에 각별한 노력을 기울였다. 바쁜 시간을 쪼개어 여러 차례에 걸쳐 학생들과 대운하와 관련된 역사 유적을 탐방했다. 지식의 교육과 사회적 공유에 남다른 관심과 의지가 있기에 가능한 일이었다. 게다가 조영헌 교수는 소통 역량이 뛰어나다. 아주 일찍부터 주변 사람들과 소통하기 위한 글쓰기와 말하기 능력을 키우는 데에 많은 시간과 에너지를 쓴 덕분이다. 그러니 이 책의 저자 조영헌 교수는 양질의 역사 콘텐츠에 요구되는 삼박자를 고루 갖춘 남다른 연구자라고 하겠다. 『대운하 시대 1415~1784』는 이처럼 남다른 연구자가 오랜 준비 끝에 내놓은 특별한 역사 이야기이다. 이야기의 원형은 10년 전에 출간한 학술서 『대운하와 중국 상인』에서 마련되었다. 조영헌 교수는 자신의 이야기를 더 많은 사람과 나누기 위해 지난 10년간 고심에 고심을 거듭했다. 중국의 15~18세기에서 대운하와 관련하여 의미심장한 여덟 개의 연도와 사건을 골라 책의 각 장을 채웠다. 각 장에서는 해당 시기 중국의 내부를 꼼꼼하게 들여다볼 뿐만 아니라, 같은 시기에 서구에서 일어난 중대한 사건을 제시하여 동양과 서양을 넘나들며 비교해 보는 기회까지 제공한다. 수백 년에 이르는 긴 세월에 걸쳐 동서를 넘나들며 흥미와 상상력을 자극하는『대운하 시대 1415~1784』의 역사 이야기는 어린 시절에 명절에나 볼 수 있었던 잔칫상을 떠올리게 한다. 가능한 한 많은 독자가 이 잔칫상의 성찬을 함께하기를 희망한다. 지금은 끝 모를 위기의 터널이지만 언젠가는 결국 지나고 말 것이라는 희망과 함께.

계승범(서강대학교 사학과 교수)

지금까지 동양과 서양의 해상 연결(대항해시대)에 주목한 저서가 대종을 이루었다면, 이 책은 '차이나'라고 하는 거대 문명권 내부의 다양한 경제 순환(대운하 시대)을 사실적이고도 거시적으로 읽어 낸다. 중국산 아이템들이 유럽 문명권 내부에 퍼져 나간 양상을 살핀 연구서가 상대적으로 미흡함을 고려할 때, 이『대운하 시대 1415~1784』는 동아시아 문명권, 곧 차이나 내부의 연결망을 생생히 보여 준다. 특히 차이나를 유럽에 비견할 수 있는 문명권으로 이해하는 지평을 활짝 열어 준다. 책을 잡는 순간부터 흥미진진하다. 지구를 한 바퀴 돌아 거미줄 같은 운하망을 타고 차이나를 한껏 누비는 기분이다. 다 읽고도 학문적 감흥이 쉬이 가시지 않는 책이다.

장은수(편집문화실험실 대표)

학술적 연구 성과를 어떻게 대중들과 함께 나눌 수 있을까를 고민하는 것은 전 세계 편집자의 오랜 고민이다. 자기 연구 분야를 깊게 공부한 학자일수록 모두 다 아는 것은 말하기 싫어하고, 내용을 전개할 때 다른 연구자들을 배려해 극히 신중한 어조를 택하며, 해당 학문의 역사가 담긴 개념들을 능숙하게 이용한다.

그런데 대다수 독자는 이런 화법이 그다지 익숙지 않다. 학자들이 '누구나 안다고 여기는 것'의 수준은 이미 너무 높고, '극히 신중한 어조로 말하는 것'은 논지가 선명하지 않아 답답하며, '개념을 능숙하게 쓰는 것'은 알아먹지 못할 외계어로 읽힐 뿐이다. 아울러 독자들은 학자들에게 '거리로 내려와 달라'고 요청한다.

학문 내부의 작은 이슈를 다루는 건 논문으로 충분하고, 수업용 교재가 아니고 일반 단행본이 되려면 독자의 삶과 어떤 접점이 있어야 한다. 낡은 지식을 바로잡고, 익숙한 상식을 흔들고, 어긋난 시각을 교정하며, 앞날의 통찰을 제공하는 등 독자의 공감을 일으켜야 한다. 수많은 논문 중 책이 될 수 있는 건 소수에 불과하고, 그 소수 중 다시 시대적 의의와 서술의 힘을 충분히 확보하는 것만이 단행본이 된다. 발표 논문 대부분을 온라인에서 읽을 수 있는 현재의 학문 환경에서는 더욱 그렇다.

학술적 지식을 책으로 다루는 데에도 일정한 흐름이 있다. 가령, 입문형 교양서는 늘 수요가 있으나, 온라인에서 방대한 전문 지식을 확보할 수 있는 데다 블로그 글쓰기가 일반화되면서, 이 영역은 점차 기발한 아이디어로 무장한 전문 작가들의 영역으로 변하고 있다. 교육용 교재가 아니라면 이 영역에서 전문 학자가 필요할 때는 신유물론, 인류세, 인공지능, 중력파 등 새로운 학문적 흐름이나 지적 이슈가 생겼을 때이다. 물론 지역사, 교류사 등 우리말 정보가 아직 충분히 축적되지 않은 영역에서는 전문 학자의 입문서가 꼭 필요하다.

그러나 현재 전반적 흐름은 학자들에게 이른바 '대중 교양서'보다 '대중 학술서'를 요청하는 중이다. 하나의 전문 주제를 깊게 다루되 역사적 맥락, 시대적 의미, 미래의 전망까지 폭넓게 집어넣음으로써, 독서에 익숙하고 일정 지적 수준을 갖춘 독자라면 별도의 지식 없이도 접근 가능한, '자기 완결성'을 갖춘 책을 원한다. 결코 쉬운 작업은 아니다. 저자의 내공이 듬뿍 담긴 새로운 시각과 깊이 있는 지식, 독자들의 관심을 끌 만한 적합한 주제 및 이야기 구성력과 문장력, 독자 친화적으로 책을 만드는 편집력 등이 함께 어우러질 때 교양 독자가 읽을 수 있는 '학술서'이면서 '교양서'인 책이 나올 수 있다.

무엇보다 미국 예일대 편집부와 베이직북스에서 오랫동안 일했던 제인 아이세이(Jane Isay)의 말처럼, '영리한 무지'를 갖춘 편집자가 필수적이다. 저자의 학문 분야에 지식을 갖춰 학자와 일정 수준 공동의 언어를 구사할 수 있으면서, 독자를 위해 학자에게 얼마만큼 설명이 더 필요한지를 제안하고, 글을 명료하게 만드는 데 도움을 줄 수 있는 편집자 없이 대중 학술서는 잘 나오지 않는다. 오랫동안 연구에 지치고 실적에 쫓기는 학자들은 독자를 위한 추가 작업을 피하려 하기에, 편집자에 대한 깊은 신뢰 없이 이런 작업은 잘 이루어지지 않는다. 편집자는 학자의 전문성을 존중하는 동시에 자신의 무지를 적절히 인정하고, 저자는 자신의 주제에 가장 넓은 맥락을 부여하려는 고된 작업에 창의적으로 임하는 우애 어린 관계만이 좋은 책을 탄생하게 한다.

『대운하 시대 1415~1784』의 처음과 끝을 지켜보는 영광스러운 자리에서 나는 이 책이 '대중 학술서'의 한 모범이 될 수 있다고 본다. 조영헌 교수의 논문을 읽었을 때, 가장 먼저 떠올린 것은 '서양에 대항해시대가 있다면, 동양에는 대운하 시대가 있다'는 테제였다. 원고를 읽으면서, 근대 전환기 서양 중심의 역사 이해를 극복하는 눈부신 빛이 터진 듯한 느낌을 받았다. 조 교수에게 이런저런 제안을 했던 때로부터 어느새 15년 가까이 세월이 흘렀다. 오래고 고된 노동의 결실인 이 책을 통해 우리 곁에 연구력과 문장력을 함께 갖춘 학자가 또 한 사람 탄생했다고 확신한다. 책 출간을 축하한다.

차례

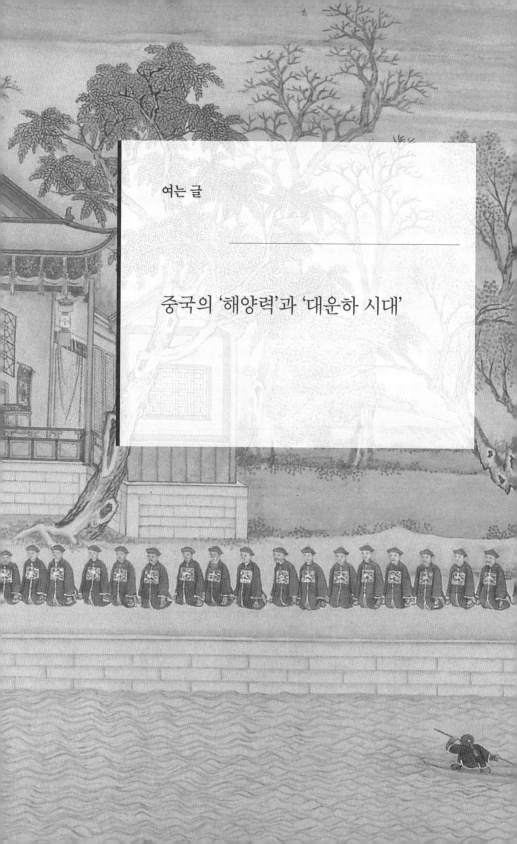

여는 글

중국의 '해양력'과 '대운하 시대'

"미국이 돌아왔다.(America is back.)" 2021년 1월, 도널드 트럼프(Donald Trump)를 이기고 미국의 제46대 대통령으로 취임한 조 바이든(Joe Biden)이 새로운 외교·안보팀을 발표하면서 발했던 일성(一聲)이다. 당시 한국의 관심은 새로운 미국의 질서에 어떻게 반응하느냐보다 오히려 미국과 중국 사이의 패권 변화에 어떻게 대응할 것이냐에 맞추어져 있었다. 이는 단순히 세계가 미국과 중국이라는 G2의 패권 경쟁 구도로 전환되었기 때문이 아니었다. 오히려 육지와 바다 모두 중국과 국경을 접하고 있는 한반도, 특히 21세기 세계를 주도하려는 베이징(북경(北京)) 정부와 지리적으로 가장 가까운 한반도의 '운명' 때문이라 할 만했다. 그리고 이는 21세기의 '새로운' 현상이 아니라 수천 년, 적어도 수백 년 이상 반복되는 동아시아 또는 '천하(天下)'의 형세에 대한 한반도의 '오래된' 습관적 반응이자 모색이기도 했다.[1]

해양 대국 미국에 대응하기 위해 중국 역시 21세기에 '새롭게' 해양 굴기(崛起)를 외치며 동중국해와 남중국해를 넘어 인도양과 태평양으로의 세력 확장에 박차를 가하고 있다. 만들기는 버거웠던 항공모함을 러시아로부터 사들이고 남중국해의 섬 같지도 않은 섬에 대한 역사적 근거를 제시하며 여러 동남아시아 국가와 일전(一戰)을 불사할 태도로 공격적인 외교 전략을 구사하고 있다. 일대일로(一帶一路, One Belt One Road)라는 거대한 새 판을 제시하면서 '일로'라는 해상 실크로드를 설정한 것은 누가 보아도 포스트 아메리카(post America)를 염두에 둔 야심 찬 포석이었다. 사실상 육상 실크로드인 '일대'만 내세웠다면 너무나도 식상한 담론이기에 별다른 관심을 받지 못했을 것이다. 일로가 있었기에 그나마 '새로워' 보였다. 물론 일로를 '해상 실크로드'라고 부른 것은 오류다. 해상으로 운송된 주된 물품은 실크(silk)가 아니라 실버(silver)였기에, 군이 육상 실크로드와 어울리는 대구(對句)를 만들려면 '해상 실버로드'라고 불러야 했다. 이른바 '실크로드 제국'을 21세기에 재현하려 했지만, 작명 단계부터 어딘지 어설펐다.

중국 역사에 조금만이라도 관심 있는 독자라면, 일대일로의 해상 실크로드 전략과 해양 굴기에 대한 중국 정부의 주장이 과연 역사적 근거가 있는 것인지 의문이 들 것이다. 그 '위대한' 중화 제국이 1840~1842년의 아편전쟁과 1894~1895년의 청일전쟁에서 영국과 일본에 모두 해전에서 무참히 패배한 것은 적어도 해양 세계에서 중화 제국의 위대함을 주장하기는 곤란하다는 인식을 전 세계에 심어 주었다. 이후 1세기 이상 분열과 혼란을 겪었던 중국 내부에서도 개혁·개방 이후인 1988년에 중국 관영 CCTV의 다큐멘터리 「하상(河殤)」을 통해 중국에는 황색의 '옐로 차이나(Yellow China)', 즉 향토 문화만 있었을 뿐 해양 문화가 없었다는 자성과 반성을 드러내며 황색 문명의 철저한 청산과 해양 세계로의 진출을 주장했다. 그때도 해양 문명은 남색(藍色)으로 표현된 서구 문명의 특징으로 묘사되었다.[2] 그런데 그로부터 약 20~30년 만에 중국 문명을 바라보는 태도가 일변(一變)했다. 2007년에 방영된 다큐멘터리 「대국굴기(大國崛起)」에서 세계 근현대사를 해양 강국의 역사로 조명하더니, 2011년에 CCTV에서 방영된 다큐멘터리 「주향해양(走向海洋)」을 통해서는 은대(殷代)의 해양 활동을 회고하는 것에서 출발하여 근대 북양수사(北洋水師)의 붕괴 및 현대 중국의 해양 전략 등을 묘사하면서 중국의 해양 문명을 통시적으로 조망하고 강조했다.[3] 그리고 2013년에 시진핑(習近平) 정부는 '중국의 꿈[中國夢]'을 공식적으로 강조하며 일대일로 구상을 핵심으로 한 국가 종합 전략을 전 세계에 내놓은 이래 유라시아의 대륙과 해양으로 그 실천을 경주하고 있다.[4] 가령 인도양으로의 짧은 수송로를 확보하기 위해 윈난성(운남성(雲南省))의 쿤밍(곤명(昆明))에서 인도양과 맞닿은 미얀마의 짜욱퓨항을 연결하는 원유와 천연가스의 파이프라인을 건설하고, 이를 해양 수송로인 '진주 목걸이 전략'의 거점으로 삼으려 하고 있다. 이 과정에서 "중국은 특히 개발도상국들이 발전하는 중국이라는 열차에 탑승하는 것을 환영"하며 "급행열차에 타도 좋고 편승하는 것도 환영"한다면서 "대국으로서의 면모"를 숨기지 않았다.[5] 물론 이를 간과하지 않는 미국은 인도-태평양의 쿼드(Quad: 미국, 일본, 호주, 인도의 집단 안보 협의체)를 강화하면서 대응하려는 기세다.[6]

현재는 잘 모르겠지만, 과연 중국의 과거를 해양 문명으로 해석하는 것이 역사적 사실을 바탕으로 한 합리적인 재해석일까? 아니면 단편적인 사건만을 모아 놓고 설파하려는 프로파간다(propaganda)이자 신중화주의(新中華主義)의 또 다른 변형으로 보아야 할까? 이 책은 이러한 궁금증에 대한 중국사 연구자로서의 역사적인 모색인데, 특별히 상식적으로 중국과 서양의 패권이 역전되기 시작했다고 일컬어지는 15세기에서 18세기 사이의 중국과 바다의 관계를 내륙의 수로인 대운하의 역사적 사실에 근거하여 여덟 가지 단계로 하나하나 다시 조명해 보고자 한 것이다.

정화는 해양 중국의 선구자인가?

2005년, 중국 정부는 7월 11일을 항해의 날로 선포하고 정화(鄭和) 항해 600주년 기념행사를 가졌다. 이를 위해 「정화하서양(鄭和下西洋)」 기념우표가 발행되고, 정화가 탑승했던 선박과 항로 및 유적을 보여 주는 전시회가 각지에서 열렸으며, 정화에 관한 서적이 봇물처럼 쏟아져 나왔다. 정화가 지휘하여 출항했던 총 일곱 차례의 원양 원정단이 1405년에 첫 출발을 했음을 기념하기 위함이다.

베이징의 인민대회당에 전시된 정화의 보선(寶船) 모형은 실제보다 축소된 길이 61.2미터, 폭 13.8미터, 배수량 1170여 톤 규모로 재건되었다. 이 선박 한 척을 제조하기 위해 100여 명의 기술자가 꼬박 1년간 매달렸으니, 과거 정화 함대의 방대한 규모를 짐작할 수 있다. 이 정도 규모도 현재로서는 중국 최대의 목조 범선이지만, 사료의 문헌 자료를 근거로 보선의 길이가 전장(全長) 120미터를 상회한다고 주장하는 학자가 적지 않다. 그런데 이러한 선박 수십 척에 탑승한 2만 명이 넘는 대규모 인원이 약 600년 전에 상하이(상해(上海)) 인근의 유가항(劉家港)을 출발해 1년이 넘는 여정을 통해 인도양을 거쳐 아프리카 동부 연안까지 도달한 후 귀항했다. 크리스토퍼 콜럼버스(Christopher Columbus: 1451~1506년)가 전장 약 25미터의 산타마리아호를 타고 스페인을 떠나 아메리카 대륙에 도착했던 1492년보다 80여 년 전의 일이다.

오랫동안 콜럼버스의 영광에 가려 잘 알려지지 않았던 정화에 대한 재조명이 중국을 중심으로 세계적인 차원에서 이루어졌다. 중국은 19세기 이래의 굴욕적인 역사를 뒤로하고 21세기에 굴기하는 중국의 국력을 역사적으로 뒷받침하기 위해 정화를 선택했고, 세계 역사학계는 19세기 역사학의 산물인 '유럽 중심주의'를 공격하고 해체하는 과정에서 정화를 부각하는 데 큰 주저함이 없었다. 사실 대단한 일이었다. 유라시아 대륙을 제패했던 몽골 제국의 급속한 쇠락 직후에 이어졌던 중국발 해양 원정의 스토리이기에, 높은 신빙성과 함께 상상력을 자극하기에 충분한 소재였다. 2008년 베이징 올림픽의 개막식에도 등장한 정화는 실크로드를 개척한 장건(張騫)과 함께 각각 바다와 육지로 진출하는 중국의 상징 인물로 부각되어, 이후 전개된 시진핑 시대의 일대일로 정책의 전조를 보여 주는 듯했다. 해양 강국으로서, 자원이 풍부한 아프리카와의 전략적 협력을 추진하는 중국이 소말리아의 해적을 소탕하기 위해 2008년 겨울에 전함을 파견했을 때, 세계 언론은 정화의 원정단 이후 600년 만의 사건이라며 호들갑스럽게 의미를 부여했다.(실제로 정화는 약 600년 전에 선단을 이끌고 소말리아 해역까지 진출했다.)

그런데 정화 원정단의 결말과 그 이후의 비연속성이 정화의 원정 규모와 이를 가능케 했던 중국의 힘에 매혹된 우리를 당황스럽게 만든다. 정화가 사망한 1433년 이후, 선원들은 모두 해산되었고 선박들은 아무렇게나 방치되어 썩어 갔다. 더 이상의 해상 원정단은 기획조차 되지 않았다. 심지어 병부(兵部)에 보관되어 있던 항해도와 항해 관련 문서가 성화(成化) 연간(1464~1487년) 당시 병부낭중(兵部郎中)이었던 유대하(劉大夏: 1436~1516년)의 주도로 소각되었다는 기록도 있다. 당시 황제가 정화의 '하서양' 기록을 찾아보라고 명령을 내렸으나, 유대하가 그 기록에는 교묘하고 간사스러운 내용이 많이 담겨 있다고 보아 이를 취하여 불태웠다는 것이다.[7] 왜 중국은 정화 원정단의 규모와 경험을 지속시키고 발전시키지 못했을 뿐 아니라 오히려 위험한 것으로 여기고 숨기려 했는가? 이는 중국 역사의 필연이었을까, 아니면 기막힌 우연일 뿐인가?

'대항해시대'와의 비교

바로 이 시기에 발생했던 또 하나의 극적인 스토리를 우리는 너무도 잘 기억한다. 이른바 '대항해시대(Age of Exploration)'로 알려진 유럽인들의 바다 진출과 경쟁의 이야기다. 바스쿠 다 가마(Vasco da Gama: 1460년대~1524년)가 인도양 노선을 개척하고 콜럼버스가 대서양을 처음 항해한 직후, 양대

해양 강국인 포르투갈과 스페인은 바다에 대한 관할권을 놓고 한판 경쟁을 벌였다. 이에 교황의 특사는 1494년에 두 국가의 대표를 스페인 중부의 토르데시야스(Tordesillas)라는 도시에 소집하여, 두 국가가 관할하는 지구의 땅을 양분했다. 이른바 토르데시야스 조약으로, 아프리카 서북쪽에 위치한 카보베르데(Cabo Verde) 제도(諸島)에서 서쪽으로 370리그(league: 1200해리로 약 2200킬로미터) 거리에 위치한 경계선을 따라 세계를 양분했다.[8] 그 결과 포르투갈은 아시아와 아프리카를, 스페인은 아메리카와 태평양을 소유한다는 일방적인 조약이 선언되었다. 토르데시야스 조약은 두 나라가 각각 다른 편 바다에서 '무해통항(無害通航, innocent passage)'을 할 수 있는 권리를 인정하였다. 이 조약에 따라 인도양으로 진출한 포르투갈이 1511년에 동남아 해양 교역의 거점 믈라카(Malacca)를 점령하고 1517년에는 중국 광주(廣州)에 도달한 후 1557년에는 마카오(澳門, Macao)에 거점을 마련했고, 반대편으로 출발한 스페인은 아메리카와 태평양을 경유하여 1571년에는 필리핀 마닐라(Manila)에 무역 거점을 마련했다. 17세기에는 그 어떤 국가도 바다에 대한 독점적 관할권을 주장할 수 없다는 네덜란드 법학자 휘호 그로티우스(Hugo Grotius)의 논거를 근거로 토르데시야스 조약에 저항하는 네덜란드도 이 경쟁에 가담했다.[9] 네덜란드 동인도회사(Vereenigde Oostindesche Compagnie, VOC)는 1619년에 자바(Java)섬의 자카르타(Jakarta: 그들은 바타비아(Batavia)라고 불렀다.)에 아시아 무역의 거점을 마련했다. VOC보다 2년 앞선 1600년에 설립된 영국 동인도회사(East India Company, EIC)는 17세기 말까지 VOC와의 경쟁에서 밀려 인도와의 무역에 집중했으나, 18세기 중엽부터는 다시 중국과의 교역에 적극 참여하게 된다.(7장 참조)

정화 원정단에 대한 기억이 점차 사라질 무렵 유럽이 해양 무역을 접수하며 중국을 둘러싼 바다에 포진하기 시작한 것이다. 15세기에서 16세기로 넘어가는 순간에 발생한 대조적인 현상이었다. 이후 16세기 명조의 중국은

'북로남왜(北虜南倭)'라는 북쪽과 남쪽으로부터의 외부적 위협에 직면해야 했고, 해적과 상인 사이를 넘나드는 이른바 '왜구(倭寇)' 세력의 출입을 제대로 통제하지 못했기에 오히려 별 효력도 없는 해금 정책의 강화를 반복했다. 왜구에 정작 일본인, 즉 왜인(倭人)의 비중은 전체의 30퍼센트일 뿐이고 나머지는 '왜구를 추종하는 이(從倭者)'들, 즉 해상 무역에 연루된 중국 연해의 상인 및 동남아와 서양의 상인이라는 사실은 중국의 정사(正史)인 『명사(明史)』의 「일본전(日本傳)」에도 기록되어 있는 공공연한 사실이었다.[10] 명조는 이러한 해양 교역에 대한 욕망이 통제하기 곤란한 소요로 이어지자 일단 차단과 단속을 통해 막아 보려 한 것이다. 1567년에 복건성의 한 항구도시인 월항(月港)을 개방하여 해상무역에 대한 욕구를 잠시 달래기는 했으나, 이 조치로 정화 이래 점차 약화되었던 해양에 대한 공권력 차원의 장악력을 회복하기에는 역부족이었다. 그래서 민간 차원에서의 밀무역과 묵인하에 이루어지는 해상 교역과 진출은 계속 증가했다. 그렇다면 당시 동아시아 해역의 새로운 지배자는 정말 유럽인이었는가? 결국 바다를 제대로 지배하고 이용하지 못했기 때문에 중국은 19세기에 유럽과 일본으로부터 굴욕적인 패배를 당했던 것인가? 정화의 원정단을 파견하던 15세기 전반기와 아편전쟁 및 청일전쟁에서 패배하던 19세기 중후반 사이에 무슨 변화가 중국과 그 주변에 발생했던 것인가?

'유럽의 성공' 때문인가?

지금까지 이 변화에 대한 주된 동인을 '유럽의 팽창' 혹은 '유럽의 성공'에서 찾는 것이 지배적인 담론이었다. 이는 '유럽 중심주의'의 산물이다. 대체로 16세기부터 본격화된 유럽의 팽창에는 '군사혁명(military revolution)'으로 강화된 군사력 및 항해 기술의 진보와 관련된 해양력(sea-power)[11]이 그 추진력이 되었다고 설명되었다.[12] 여기서 이른바 '대항해시대'라 부를 만한 대외적인 팽창이 해상으로 진행되었고, 이것이 결국 유럽을 세계사의 주역으로 만들었다는 담론의 배경이 되었다.[13] 그 선두 주자였던 포르투갈과 스페인, 네덜란드는 모두 해상 제국(maritime empire)으로 정의되었고, 앨프리드 머핸(Alfred Mahan)으로부터 수많은 연구자가 유럽의 제국 건설과 확대에 강력한 해양력이 있었음을 공통적으로 강조했다.[14] '신대륙'을 정복하거나 새로운 개항장을 개척할 때 사용된 총(화약)과 균(전염병)을 운반한 것도 결국 선박이었기 때문일 것이다. 1492년 이후에서 산업혁명 이전까지 유럽의 팽창을 '항해의 시대(Age of Sail)'라고 부르는 이유이기도 하다. 하지만 이는 19세기에 전개된 결과를 가지고 그 원인을 설명하려는 시도처럼 보인다.

당시 유럽의 팽창을 아시아 없이 설명할 수 있을까? 이 변화의 주도권을 유럽이 독점했는가? 유럽의 '성공'에는 그럴 만한 고유한 역사적 필연성이 있었던 것일까?

결코 그렇지 않았다. 이미 잘 알려진 것처럼, 콜럼버스는 마르코 폴로(Marco Polo: 1254~1323년)의 『동방견문록(Il Milione)』에 기록된 황금과 재화의 나라 '키타이'(북중국을 지칭)와 '지팡구'(일본을 지칭)에 매료되어 항해를 준비했으며, 말루쿠(Maluku 혹은 몰루카(Molucca)) 제도에서 생산된 향신료는 유럽 각국을 경쟁적으로 동남아시아로 유인하는 매력적인 요인이었다. 포르투갈이 16세기 전반기에 진출하여 연결했던 무역의 거점 대부분은 정화의 함대가 약 80년 전에 거쳤던 기답지(既踏地)였다. 재닛 아부-루고드(Janet L. Abu-Lughod)는 1250년에서 1350년 사이에, 즉 유럽의 패권이 가시화되기 적어도 3세기 이전부터 '세계 체제'라 불러야 할 세계-경제가 형성되었으며 유럽은 이러한 구조에 뒤늦게 가입한 '행운의 후발 주자'라고 역설했다.[15] 티머시 메이(Timothy May)는 13세기에서 14세기 중엽까지 몽골 제국 통치 하에 이루어진 유라시아 대륙의 광범위한 교류를 가리켜 '콜럼버스의 교환

(Columbian Exchange)'보다 앞선 '칭기즈의 교환(Chinggis Exchange)'으로 부르기도 했다.[16]

실제로 아시아에 진출한 유럽의 선박은 아시아 각국과 현지인들의 협조가 없다면 장기간 체류는 물론 교역에서 소기의 목적을 달성하기가 대단히 어려웠다. 특히 유럽의 우세가 확실해지는 19세기 이전까지 아시아 교역의 장에서 유럽의 독단적인 결정은 불가능했다. 현지 세력의 요구에 유연하게 적응하는 세력에게 교역의 우선권이 주어지곤 했기에, 홀든 퍼버(Holden Furber)는 유럽의 해상 세력이 아시아에서 활동하던 17~18세기를 '동반자의 시대(Age of Partnership)'[17]라 부르는데 주저함이 없었다. 일본과 자바에서 현지 세력이 요구하는 의례와 관례에 유연하게 '적응'하며 교역의 독점권을 확대했던 네덜란드 동인도회사는 가장 전형적인 사례였다.[18] 기독교를 가지고 중국의 유교 지식인들에게 파고들기 위해 조상에 대한 제사를 미덕으로 해석했던 마테오 리치(Matteo Ricci, 리마두(利瑪竇): 1552~1610년)의 전교 방식을 종교 영역에서 '적응주의(accommodation)'로 평가하듯, 동아시아 교역의 주도권을 장악하기 위해 기독교적 요소를 배제하거나 황제 앞에서 머리를 바닥에 조아리는 고두(叩頭, kowtow)라는 굴욕적인 의례를 감수했던 네덜란드의 교역 방식은 상업 영역의 '적응주의'라 할 만했다. 일본 도쿠가와(德川) 막부 시대를 연구했던 매리어스 얀선(Marius Jansen) 역시 "대체로 우리들이 편협하게 '유럽의 팽창'이라고 생각하는 각종 활동의 대부분은 동아시아의 팽창에 유럽인들이 참여한 것"이었다고 해석한 바 있다.[19]

유럽 중심주의와 중국 중심주의를 동시에 경계하면서

이 정도만 열거해도 다시금 유럽의 팽창과 아시아의 주도권이 충돌하고 경쟁하며 공존했던 15~18세기 바다에 대한 중국의 태도와 정책, 그리고 여기서 파생된 결과를 재해석할 필요를 느낄 것이다. 이는 유럽 중심주의와 결을 달리하는 관점으로, 유럽이 그토록 진출하고 싶은 대상이었던 동양, 특히 중국으로부터의 시점을 동아시아적 맥락에서 재조명하는 작업이어야 한다. 한편 이 책은 유럽 중심주의에 대한 비판적 시각을 견지하지만, 동시에 중국(또는 동아시아) 중심주의를 만들어 내는 것에 대해서도 경계한다. 앞서 중국의 일대일로 및 해양 굴기에 대한 역사적 해석에 대해 다소 비판적으로 서술한 이유가 여기 있다. 다중적 근대성'들'(multiple modernities)을 전제로 한 역사적 접근을 담담히 해 나간다면 이는 자연스럽게 유럽 중심주의와 중국 중심주의의 사슬로부터 풀려나는 계기를 마련할 것이다.[20]

분명히 15~18세기는 세계 문명사적 대전환이 물밑에서 꿈틀거리던 시기, 점점 빽빽하게 엮여 가는 '세계화'의 거센 흐름이 동양과 서양 사이의 주도권 경쟁에 새로운 파장을 일으키는 '혼돈'의 시기임이 틀림없다.[21] 하지만 이러한 변화가 19세기부터 본격화되는 서양의 제국주의적 팽창과 식민 지배를 설명하는 도구가 되어서는 안 되며, 실제로 이 혼돈의 세기를 살았던 이들은 이후의 추세를 지금의 교과서에서 배우듯 예상할 수는 없었다. 그 누구도 일방적인 힘의 쏠림을 경험하지 못했기 때문이다. 중국과 유럽 사이에 문명의 '대분기(Great Divergence)'가 18세기 후반부터 시작해 19세기에 접어들어 본격화되었다는 케네스 포머랜즈(Kenneth Pomeranz)의 주장이 다소 거칠기는 해도 여전히 학계의 관심을 받는 이유가 여기에 있다.[22] 거대하면서도 질서 정연하고 문명으로 활기찬 나라로 찬미했던 마르코 폴로의 '14세기 중국 인식'으로 이 시대를 설명할 수도 없지만, 외부 세계의 변화에 무지하고 비이성적으로 고집스럽기에 평등한 자유무역을 가르쳐 주어야 하는 대상으로 단정했던 조지 매카트니(George Macartney: 1737~1806년) 백작의 '19세기 중국 인식'을 이 시대에 적용하기 어렵기는 매한가지다. 그래서 15~18세기, 이른바 초기 근대(Early Modern)를 바라볼 때는 이전과 이후의 상반된 강렬한 이미지에 얽매이지 않기 위한 낯설기 전략이 필요하다. 이를 위해 당시에 실제로 남중국해를 중심으로 활동했던 현지인들과 그들을 바라보는 북경 조정의 목소리에 귀를 기울일 필요가 있다.

중국사에서도 15~18세기는 뭔가 뚜렷하게 파악될 것 같으면서도 실상 자세히 들여다보면 애매하고 모순적인 시기다. 이 시기 바다에 대한 중국의 정책을 표현하는 말로 '해금'이나 '조공(朝貢)'이 자주 거론되지만, 깔끔하게 설명되는 개념이 결코 아니다.[23] 중국 사회의 혁명적인 변화라고 평가되는 조세의 은납화(銀納化)를 가능케 했던 그 많은 외국 은의 유입을, 그리고 이와 교환되어 유출된 비단, 도자기, 차를 해금과 조공의 프레임으로 어떻게 설명할 것인가? 그렇다고 1567년에 월항이 개항된 것이나 1684년에 광주, 하문(廈門), 영파(寧波), 상해에 네 개의 해관(海關)이 개설된 것을 근거로 '개해금(開海禁)'의 시대가 되었다는 일부의 주장은 전후의 역사적 맥락상 여전히 적절치 않다. 이 시기의 '개항'이란 일시적이고 부분적인 조치로 교역 역시 대단히 통제된 방식으로 제한되기 일쑤였고, 이를 벗어나 자유롭게 바다로 장사하러 떠났던 수많은 상인은 외국 세력과 밀통한다는 이유로 처벌을 받았을 뿐 아니라 이와 연루된 이들은 끝까지 감시의 시선에서 자유롭지 못했다. 그래서 호시(互市)와 '호시 체제'라는 개념이 등장하여 의례를 수반하는 조공 무역으로 설명되지 않는 교역의 양상을 설명하지만, 명과 청을 아우르는 15~18세기 중국과 해양 세계와의 관계를 포괄하지는 못하는 것 같다.[24] 해금도 개해금도 아니라면 당시 중국의 해양 세계에서 이루어지는 교류와 통제의 혼재 현상을 어떤 관념과 정책, 관행 속에서 이해해야 할까?

'해금'도 '개해금'도 아닌 중국의 관행을 어떻게 이해해야 할까?

이 책이 도달하려는 최종 목적지가 바로 이 질문에 대한 답변이지만, 이 거대하고 중요한 문제의 핵심 이슈들을 이 한 권의 책에서 모두 다룰 수는 없을 것이다. 하지만 이 책이 제시하는 논의의 출발점이자 결론의 메시지는 분명하다. 앞서 언급했던 이 시기의 중국과 그 주변은 정적이고 단절되고 폐쇄된 곳이 결코 아니라, 물자와 인력, 정보가 끊임없이 교류하고 있었던 곳이라는 사실이다.[25] 그리고 이러한 교류는 결국 대운하 및 이와 연결된 북경으로 수렴되고 이와 관련된 이해관계 속에서 통제되거나 풀렸다는 사실이다.

이는 유럽의 패권에 대한 기존 서사에서 간과했던 영역이다. 일정한 지역이나 국가 사이로 제한되던 교류(exchange)와 유통(circulation)이 대양을 넘나드는 해양 세력의 출입과 맞물려 초지역적·초국가적 차원으로 급속하게 다변화했다. 따라서 1450년부터 1680년까지 몬순(monsoon)의 영향을 받는 동남아시아 도서부와 이에 인접한 남중국해를 '교역의 시대(Age of Commerce)'로 파악했던 앤서니 리드(Anthony Reid)의 지적은 시사하는 바가 적지 않다.[26] 리드는 이 교역망의 주된 주체(players)로 16세기부터 본격적으로 등장한 일본인과 유럽 상인을 설정했으나, 오히려 그 기초는 이미 주요 항구에서 교역망을 형성하고 이용하던 중국의 민간 상인과 상거래가 낯설지 않은 동남아 현지인들이 구축해 놓았음을 강조했다. 최근에는 멕시코의 아카풀코(Acapulco)와 마닐라를 연결하는 스페인의 갤리언(Galleon) 무역을 통한 신대륙의 은과 중국산 도자기, 비단 등의 교역을 오랜 기간 연구했던 아르투로 히랄데스(Arturo Giráldez) 역시 대서양을 횡단하는 '콜럼버스의 교환'에 버금가는, 태평양을 횡단하는 '마젤란의 교환(Magellan Exchange)'이 이루어지는 이 시대를 '무역의 시대(Age of Trade)'로 명명했다.[27]

나는 이 책에서 당시 바다에서 이루어지는 교류, 유통, 해양 정책의 추세를 분석하려는 것이 아니다. 이 책은 해양사에 기여하는 책이 아니다. 오히려 그보다는 이러한 해양의 교류가 중국을 둘러싼 바다, 도서 지역, 좀 더

구체적으로 해양 세력이라 자타가 공인하는 유럽인들의 전유물이 아니었음을 강조하려고 한다. 대운하는 앞으로 읽게 될 본문에서 두드러진 위치를 차지하지만, 이 책은 본질적으로 해양과 전혀 관련이 없을 것 같은 중국 내지의 변화, 특히 대운하를 둘러싼 이해관계와 정책 혹은 북경 조정의 안보 우선 정책(security-first policy)이 중국을 둘러싼 해양에서의 변화 추세를 자극하고 규정해 왔음을 밝히려고 한다.

물론 당시 중국의 행보는 중상주의적 기치 아래 국가가 직접 해양으로 진출하는 각종 세력을 경쟁적으로 지원하는 방식과는 사뭇 달랐다. 다양한 이해관계가 섞여 있는 해양 인식과 진출 방식이 충돌하면서도 공존했다. 유럽인들이 보기에 중국이라는 나라의 규모는 너무 컸고, 그래서 대외적인 자극에 대한 대응이 느리고 유연하지 못해 보였다. 초지역적·초국가적 차원으로 급속하게 다변화하는 물자 유통에 신속하게 대처하는 것을 기대했는지 모르지만, 현실은 그들의 기대와 거리가 멀었다.

대운하를 통해 국내와 외부의 물류 추세를 가늠할 수 있게 된 시대

15~18세기 중국은 내부에서 이루어지는 물자 유통 가운데 단 하나만은, 왕조 교체와 지배 민족의 변화에도 불구하고, 철저하게 관리하고자 했다. 그것이 바로 대운하를 이용하여 수도 북경으로 연결되는 곡물 운송, 즉 조운(漕運)이었다. 중국 경제의 중심지인 강남(江南)의 아름다운 도시 항주(杭州)를 출발해 동서로 흐르는 주요 하천을 남북으로 관통하여 북경에 도달하는 총 길이 약 1800킬로미터에 달하는 대운하는 잘 알려진 대로 오랜 역사를 지닌 인공 수로다. 워낙 길고 다양한 지형을 통과하기 때문에 대운하의 유통망을 철저하게 통제하려면 막대한 물적·인적 자원이 투입되어야 했고, 실제 투입 대비 효과는 쉽게 드러나지 않는 '애물단지'였다. 본문에서 강조

하듯, 잦은 황하(黃河)의 범람은 대운하의 가장 큰 적이었다. 그럼에도 불구하고 중국 정부는 수도 북경의 먹거리 문제가 달려 있는 조운의 안정적인 유지에 집착하지 않을 수 없었다. 매년 각지에서 출발한 곡물 선박이 대운하에 진입하는 시기, 북경에 도달하는 시기, 다시 출발지로 돌아가는 시기와 적재 화물의 수량, 곡물 선박의 수와 운수 노동자의 수, 제방 보수와 하천 준설 등이 철저하게 관리되었다.[28]

여기서 유념해야 할 포인트는, 집권자들의 철저한 관리 의지와 노력에도 불구하고 대운하에서 이루어지는 모든 유통이 효과적으로 통제되지 못했다는 사실이다. 조운이 대운하 유통의 기본이기는 했지만, 조운 이외의 물자 유통에 대한 통제력에는 한계가 분명했고, 이는 시간이 지날수록 더욱 심화되었다. 그 결과 오히려 대운하가 중국의 경제 중심지 강남과 정치 중심지 북경을 잇는 물자 유통의 대동맥 역할을 수행했다. 마치 1971년의 한국에 수도권과 영남 공업지대를 이어 주는 길이 416킬로미터의 경부고속도로가 건설되어 경제 대동맥이 되었던 것처럼 말이다. 또한 남북을 이어 주는 경부고속도로에 동서를 연결하는 영동고속도로와 중부고속도로, 호남고속도로 등이 연결되어 전국이 1일 생활권이 되었듯, 남북 방향의 대운하에 동서로 흐르는 양자강(揚子江), 회수(淮水 혹은 회하(淮河)), 황하 등이 연결되어 중국의 주요 지역이 대운하 유통망에 포섭되었다. 대운하로 거대한 중국의 광범위한 경제 동맥이 동서남북으로 연결되면서, 제국 내부에 교역의 욕구를 해소해 줄 수 있는 초지역적 유통망이 형성된 것이다.[29] 이 유통망을 통해 당시 은(silver)을 대표로 하는, 해양에서 거래되는 교역품과 해외의 공식·비공식 사절들도 왕래하기 시작했다. 당시 중국인들의 국내 이주와 해상 무역이 모두 증가하는 것 역시 중국이 세계경제와 밀접하게 연결되고 있다는 징표였다.[30] 대운하를 통해 광범위한 제국의 내부와 외부의 물자 유통이 연결되고 그 추세를 가늠할 수 있게 된 것이 바로 이 시기였다. 이에 대운하라는 렌즈를 통해 교류와 통제가 혼재하는 시대를 재조명할 수 있다는 판단하에 '대운하 시대(The Age of the Grand Canal)'라는 개념으로 이 시대를 바라보고 자 한다.

협의의 대운하 시대의 두 가지 특징

중국사에 익숙한 독자라면, 여기서 의문이 생길 것이다. 대운하는 15세기 에 처음 생긴 것이 아니라 고구려를 침공했던 수양제(隋煬帝) 시대, 즉 7세 기 초반의 작품이 아닌가? 그렇다면 대운하 시대의 시점은 15세기가 아니 라 7세기가 되어야 하지 않을까? 중요한 질문이다. 일본의 대표적인 중국 사학자 미야자키 이치사다(宮崎市定: 1901~1995년) 역시 일찍이 중국의 경제 발전사를 네 단계, 즉 '한지 관개(旱地灌漑)의 시대' → '습지 간척(濕地干拓) 의 시대' → '운하 경제(運河經濟)의 시대' → '해안 경제(海岸經濟)의 시대'로 정리하면서, 운하 경제의 시대를 11세기 송대(宋代) 이후부터 서구와의 본격 적인 만남이 시작되는 19세기 중엽까지로 파악한 바 있다.[31] 하지만 대운하 는 7세기에 탄생한 이후 몇 차례 결정적인 노선 변화를 겪으며, 이와 관련 된 중요한 사회경제적인 변화를 야기했다. 본문에서 다시 언급하겠지만, 수 도 이전으로 인한 대운하 종착지의 변화, 해발고도 40미터 지역으로의 경로 변화와 이로 인한 관개시설의 확충, 해금 정책으로 인한 해도(海道) 조운의 폐지 등이 대표적이다.

따라서 이 책에서는 '대운하 시대'라는 용어를 사용할 때 수·당(隋唐) 이 후 19세기 이전까지를 아우르는 광의(廣義)의 '대운하 시대'와 15~18세기의 약 4세기를 지칭하는 협의(狹義)의 '대운하 시대'를 구분하고, 후자에 논의 를 집중하고자 한다. 광의의 '대운하 시대'는 남과 북의 경제적 통합을 통해 그 물자 유통의 규모를 확대한 결과 거대 제국이 출현했다는 특징을 보여 주었다. 가령 수·당 제국은 이런 통합된 경제력에서 나온 것으로 해석할 수 있고, 몽골 제국과 대청 제국 역시 통합된 중국 경제력에 기초한 것이다.

나는 광의의 개념과 차별되는 협의의 대운하 시대를 제시하면서 그 시점을 1415년으로, 그 종점을 1784년으로 잡았다. 이는 왕조나 지배층의 변화와는 상관없는 연도이다. 오직 대운하를 중심으로 한 교역, 유통, 통제라는 정치적·경제적 특징을 근거로 구별된 근 400년의 시간이다.

이 시대는 이전 시대와 차별되는 두 가지 물류의 특징을 가지고 있다. 첫째, 내부적으로 수도로의 국가적 물류 체계인 조운이 북경과 항주를 남북으로 연결하는 경항 대운하(京杭大運河)로 일원화되었다. 즉 조운에서 해운이 철저하게 금지되었다.(1장과 3장 참조) 둘째, 대외적으로 해외와의 교역이 조공과 해금이라는 외피 아래에 통제 가능한 소수의 거점 지역으로 제한되었다. 하지만 그 안에서는 상황의 변화에 따라 다양한 형태의 공적·사적 교역이 묶인되었다. 즉 국가 주도의 자유로운 교류는 아니지만, 제한된 형식이나 사적인 방식의 대외 교류는 활발하게 진행되었다.(4장과 6장, 7장 참조) 이른바 규정을 초과한 조공 무역이나 책봉의 의례가 필요하지 않은 호시 무역이 대표이지만, 이 둘에도 포함되지 않은 밀무역의 비중도 무시할 수 없었다.[32] 요약하자면, 조운이라는 국가적(national) 물류에서는 철저히 해금의 정책적 기조를 유지하면서도, 국제적(international) 물류에서는 통제된 거점과 암묵적인 밀무역을 허용했던 시대가 바로 '대운하 시대'였다.

여기에 바로 '해금'도 '개해금'도 아닌, 대단히 중국적인 해양 관념, 정책 및 관행이 숨겨져 있다. 대운하는 중국 내지의 수로 교통로이지만, 해양 혹은 해안에 대한 중국의 장악력 여부를 반영하는 바로미터가 된다. 이 점에서 중국의 동남 해안 지역은 단순히 해양 세계와의 접선이 아니라 내지의 광활한 배후지로 둘러싸인 '이해관계의 최전선'이었다. 본문에서 보여주듯, 대운하를 둘러싼 일견 모순적인 구조와 특징은 사실상 북경의 안보

(security)를 최우선 가치로 이루어지는 제국 경영을 공통 기반으로 삼아 연동되어 있었다. 전근대에 끊임없이 건설했던 만리장성이라는 경계와 빈 요새(empty fortress)는 '싸우지 않고도 이길 수 있는' 전략, 즉 강력한 유목 세력에 맞서 최소의 비용으로 거대 제국의 안보를 유지하는 전략이었다.[33] 해금 정책은 해양 세력에 대처하는 '보이지 않는 장성(invisible Great Wall)'이라 할 만했다. 따라서 해양을 완전히 차단하지도 않지만, 그렇다고 개방을 자신 있게 표방하지도 못하는 상태는 이미 지구적인 세계 체제에 포섭된 거대한 제국의 안보와 이윤 모두를 저비용으로 확보하기 위한 나름의 전략이었다. 이것이 당시에는 불가피한 선택이었는지, 다양한 대안 중의 합리적인 선택이었는지, 아니면 고집스러운 집착이었는지는 독자의 평가에 맡길 수밖에 없다.

다만 당시의 바다에서 이러한 중국의 모순적인 해양 관념 및 정책을 바라보는 이들에게는 이러한 중국의 태도가 쉽게 이해되지 않는 '주저함'이나 '꾸물거림'으로 보였을 것이다. 10여 년이 넘도록 이 문제를 고민했지만, 여전히 명쾌하게 이를 개념화하지 못했던 내가 내린 잠정적인 결론처럼 말이다. 이에 부제를 "중국은 왜 해양 진출을 '주저'했는가?"로 붙이면서 '포기'나 '거절'과 같은 단정적인 용어를 피했다. 물론 이 질문조차 타자의 관점에서 자유로운 것은 아니다. 당시 중국의 황제, 관리, 심지어 상인조차도 중국이 해양 진출에 대해서 주저하거나 꾸물거린다고 답답해하는 이는 많지 않았다. 더구나 선박을 타고 대운하를 왕래해 본 자라면 더욱 그러했을 것이다. 1800킬로미터나 되는 대운하를 끊임없이 왕래하는 선박과 차고 넘치는 물건들, 그 사이에 위치하여 선박이 정박할 때마다 상거래로 북적거리며 번성했던 수많은 도시, 그리고 때때로 등장하는 바다를 건너온 외국 사절단과 희귀한 이국 물품과의 만남까지. 이를 일상으로 경험하는 이들이 도대체 왜 예상되는 위험을 무릅쓰고 해양으로 진출하기 위해 시간과 자원을 '투자'하거나 '낭비'해야 하는가! 그때 그 공간에서 살았던 사람들의 세계로 함께 여행을 떠나기 전에 독자들이 이 점을 유념하면 좋을 것 같다.

이 책의 구성과 서술 방식

마지막으로 이 책의 구성을 간략히 설명하고자 한다. 문제의식은 "중국은 왜 해양 진출을 '주저'했는가?"로 시작되지만, 이에 대한 답변은 대운하 시대의 특징을 상징적으로 보여 주는 여덟 가지 에피소드가 여덟 개의 연대(年代, year)와 함께 제시된다. 그 시점인 1415년과 종점인 1784년은 대운하에 지대한 영향을 주었던 두 황제, 즉 명의 영락제(永樂帝: 재위 1402~1424년) 및 청의 건륭제(乾隆帝: 재위 1735~1796년)와 관련된 에피소드를 제시하면서, 대운하 시대의 특징이 얼마나 유사하게 유지되었는지 보여 줄 것이다.

하지만 370년이라는 장기간에 발생한 시대적 변화상이나 지역에 따른 관점의 차이에도 관심을 두어야 한다. 1492년, 1573년, 1600년, 1666년, 1684년, 1757년은 각각 대운하 도시로 진출한 상인, 조운 담당 관료, 대운하를 여행했던 외국인, 대운하의 여신을 활용해 신용을 확보한 상인, 대운하를 이용한 남방 여행을 시작하는 황제, 유럽인과 교역하는 중국 상인의 이야기를 담고 있다. 이를 통해 대운하를 바라보는 북경의 시각과 지방의 입장이 얼마나 달랐는지 보여 주고자 했다. 물론 지방이라 하더라도 대운하 유통권에 해당하는 산동성(山東省)이나 강소성(江蘇省: 명대에는 남직예(南直隷))의 입장이 대운하 유통권에 포함되지 않는 복건성(福建省)과 광동성(廣東省) 같은 연해 지역의 입장과 이해관계를 달리할 때가 많았다. 북경이라는 중앙의 시각에는 안보를 중시하는 경직된 관념이나 '바다 공포증'(혹은 '해적 공포증')을 연상시키는 보수적인 시각이 강한 편이지만, 대운하나 바다와 인접한 지역에서는 당시의 교역과 그 이윤에 대한 현실적이면서도 자유분방한 견해가 거침없이 드러난다.

여덟 개의 연대와 여덟 가지 에피소드는 당시 대운하와 해양의 관련성을 다양하게 보여 주기 위한 설정이지만, 대운하 시대의 사회경제상을 모두 포괄한 것도 아니다. 370년 동안 중국의 경제와 상업에는 대내외적 변화에 대응하는 변용이 끊임없이 이루어졌고, 그 사이 대운하 시대의 두 가지 특징에도 변칙과 예외가 적지 않게 발생했다. 다만 여덟 가지 에피소드를 읽어 가다 보면, 15~18세기 중국에 살았던 이들에게 대운하가 얼마나 광범위하고 심대한 영향을 미쳤는지, 중국이 대운하에 왜 그토록 집착했는지 어렵지 않게 이해할 수 있을 것이다. 아울러 대운하에 대한 집착 현상을 뒤집어 보면 곧 중국이 바다로의 진출을 왜 그토록 주저했는지에 대한 또 다른 답변이 나올 것이다.

1장

1415년, 영락제가
북경 천도를 준비하며
대운하를 재건하다

청강포의 개통과 '파해운'

1415년(영락 13년) 5월, 조운총병관(漕運總兵官) 진선(陳瑄: 1365~1433년)의 주도로 대운하의 주요 구간인 청강포(淸江浦)에 대한 공정을 완료했다는 소식이 북경에 체류 중이던 영락제 주체(朱棣)에게 보고되었다.[1] 청강포는 황하와 회수, 대운하가 만나는 회안(淮安)에 설치된 수리 시설이었다. 구체적으로는 막대한 토사를 머금은 황하의 강한 물줄기가 회수와 만나 대운하로 역류하지 못하도록 설치한 청강갑(淸江閘) 등 4좌(座)의 갑문과 그 사이에 있는 20리(里) 구간을 말한다. 서북쪽에서 동남 해안으로 빠지는 황하의 물줄기가 워낙 강했으므로, 청강포가 설치되기 이전에는 강남에서 출발한 조운선(漕運船)이 회안에 도달하면 더는 전진하지 못하고 육로를 이용해 황하를 건너는 지점까지 곡물을 운송해야 했다. 이로 인한 하역(荷役) 과정에서 발생하는 노고와 비용이 이만저만한 것이 아니었는데, 청강포가 개통됨으로써 남쪽에서 출발한 조운선은 중간 단계의 복잡한 하역 없이 북경까지 직접 곡물을 조달할 수 있게 되었다.

청강포를 통해 회안은 황하와 회수, 대운하가 교차하는 유통로의 허브로 부상할 수 있었고, 이후 조운선이 정해진 기일에 정해진 곡물을 싣고 왔는

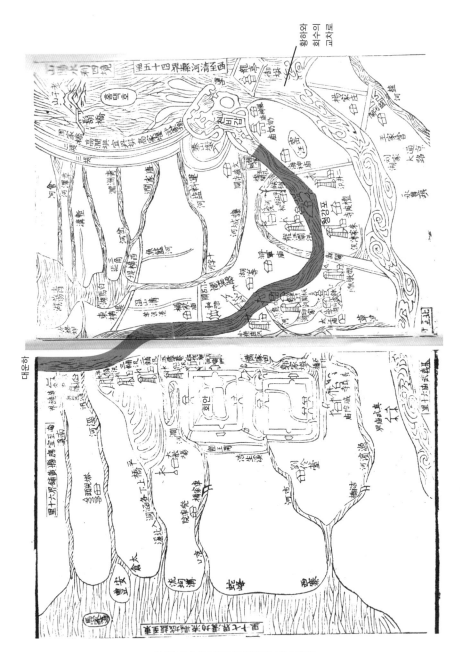

〈그림 1〉「산양수리사경도(山陽水利四境圖)」
출처: 乾隆『山陽縣志』.

〈그림 2〉 명대 조운선
바닥이 평평한 평저선으로, 길이가 약 22미터에 폭이 4.4미터였다. 출처: 宋應星, 『天工開物』.

지 검사하는 반량청(盤糧廳)과 유통 물자를 검사하고 세금을 거두는 세관이 설치되었다.[2] 아울러 진선은 황하와 회수가 만나는 지점에 위치한 홍택호 (洪澤湖)가 동편의 대운하로 넘치지 않도록 고가언(高家堰)이라는 방죽을 새롭게 재건했는데, 이는 회안과 남쪽의 양주(揚州)를 연결하는 회양 운하(淮揚運河)를 안전하게 유지하는 데 핵심적인 기능을 했다. 청강포와 연결된 고가언은 명 후기의 치수 전문가로 유명했던 반계순(潘季馴: 1521~1595년)이 황하 치수에서 가장 중요하게 생각했던 구간으로, 후술하듯 청 말까지 황하의 물이 불어날 때마다 범람과 붕괴로 대운하를 위협하는 곳이었다.[3]

청강포의 개통 소식을 접한 영락제는 기쁨을 참을 수가 없었다. 그동안 남쪽의 항주와 북쪽의 북경을 이어 주는 대운하의 아킬레스건과도 같은 두 곳의 난코스 가운데 마지막 남은 하나가 해결되었기 때문이다. 진선은 과거 연왕(燕王) 시절의 영락제가 '정난(靖難)의 변'을 일으켰을 때만 해도 우군도독부(右軍都督府) 도독첨사(都督僉事: 정2품)로서 선단을 이끌며 장강(長江)을 방어하다가 연왕에게 투항하여 연왕의 군대가 양자강을 건너 남경(南京)을 점령하는 데 결정적인 공헌을 한 바 있었다. 영락제는 진선에게 평강백(平江伯)이라는 세습 작위를 부여하여 그 공로를 치하했는데, 이번에는 까다로운 청강포의 치수 문제까지 해결해 낸 것이다.[4] 다른 하나는 해발고도 45미터까지 올라가는, 산동성을 관통하는 회통하(會通河) 구간의 수심을 일정하게 유지하는 문제였는데, 4년 전인 1411년에 공부상서(工部尚書) 송례(宋禮: 1361~1422년)가 해결한 바 있었다.[5] 회통하 문제와 청강포 문제가 해결됨으로써 곡물 생산의 중심지로부터 북경으로 물자를 조달하는 경제적인 부담이 현저히 줄어들었다. 수많은 관료의 반대 속에서도 남경에서 북경으로 수도를 옮기려는 천도 프로젝트를 암암리에 추진해 오던 영락제로서는 이보다 더 힘이 되는 소식이 없었을 것이다.

북쪽으로 퇴각한 북원(北元) 세력에 대한 두 번째 친정(親征)을 하기 위해 1413년 2월에 남경을 떠나 북경으로 순행했던 영락제는 3년이 넘도록 북경에 체류하다 1416년 10월에 경사(京師)인 남경으로 귀환했다. 그리고는 바로 다음 달에 북경으로 천도하고 도성 건설을 시작한다는 조서(詔書)를 공식적으로 반포했다.[6] 황제로 즉위한 1402년부터 뜻을 비쳤으나 쉽게 공론화하지 못했던 북경 천도라는 숙원 사업이 1415년에 대운하의 정비 작업을 완료하고 난 직후인 1416년에 공론화된 것이다. 이후 북경에 궁궐 건설이 본격적으로 시작되었고, 5년 뒤인 1421년 정월에 천도의 완결을 상징한다고 볼 수 있는 조하(朝賀) 의식이 자금성(紫禁城)에서 거행되었다. 짧지만 번영했던 남경 시대가 마무리되고, 쿠빌라이 칸에게서 시작되어 명조의 등장으로 완전히 단절될 뻔했던 북경 시대가 오늘날까지 이어지게 된 결정적인 전환의 순간이었다. 북경의 역사에서 가장 극적인 순간을 꼽으라고 한다면 바로 이

때였다. 남경을 부흥시키려던 태조 홍무제(洪武帝: 재위 1368~1398년)의 뜻은 영락제의 북경 천도로 사라져 버렸고, 그 결과 대운하의 중요성이 높아지면서 운하와는 다소 떨어진 남경을 대신하여 운하가 관통하는 소주(蘇州)가 강남 지역을 대표하는 중심지로 번성하게 되었다.[7]

대운하가 새롭게 정비된 1415년부터 영락제는 기존에 하운-육운 체제와 병행하던 조량(漕糧) 해운을 중단시켰다. 바닷길을 이용해 수도로 곡물을 운송하는 조량 해운은 원조(元朝)를 열며 남송(南宋)을 정복했던 쿠빌라이 칸이 수도를 대도(大都), 즉 오늘날의 베이징으로 확정했던 1271년부터 원 말까지 애용하던 방식이었다. 원의 황제들은 통치 기간 내내 대운하를 통한 하운과 바닷길을 통한 해운을 겸용했던 점이 주목되는데, 운송 효율이 높았던 해운의 비중이 현저하게 높았다.[8] 수도가 남경이었던 명 초에도 북경과 요동(遼東) 지역으로의 해운은 간헐적으로까지 이어지고 있었다. 그런데 대운하가 새롭게 정비된 1415년에 영락제는 조량의 해운을 완전히 금지하는 명령을 내린 것이다.

실록에는 관련 기록이 누락되어 있지만, 1년 전인 1414년에 해운 정지를 논의한 호부(戶部)의 상주문이 1496년(홍치 9년)에 간행된 『조하도지(漕河圖志)』와 1544년(가정 23년)에 간행된 『조선지(漕船志)』에 모두 실려 있다. 이에 따르면 1414년 9월에 공부(工部)의 자문(咨文)을 받은 북경의 행재호부(行在戶部)가 영락제에게 대운하의 정비와 조운선의 조달 문제가 해결되는 이듬해부터 "논의에 따라 리하(裏河: 대운하를 지칭)에서 교대로 운송하게 하면 장차 해운을 정지할 수 있을 것입니다. 이에 따라 퇴역하는 해운의 관군(官軍)을 모두 리하에서 조운선을 몰아 조량을 운송하도록 명하십시오."라는 상주를 올렸고, 영락제로부터 "알겠다. 이를 준수하고 (다시) 상주하라."라는 성지(聖旨)를 받았다.[9] 당시 논의가 공부에서 시작된 것은 공부가 새롭게 정비된 대운하에서 사용될 조운선 2000척의 추가 제조를 아직 완료하지 못했기

때문이었고, 당시 공부상서는 회통하를 정비했던 송례였다.[10]

파해운

『대명회전(大明會典)』, 『명사』, 『통조류편(通漕類編)』 등의 사료에는 '해운을 중단시켰다'는 뜻의 '파해운(罷海運)'으로 간단히 등장하지만, 이 조치가 향후 400여 년 동안 중국사 및 세계사에 미칠 막대한 영향은 그 누구도 예상하기 어려웠을 것이다. 북경만큼 오래 지속되지는 못했지만, 조량 해운의 금지라는 영락제의 유산은 대운하 시대가 종결되는 18세기 후반까지 강고하게 유지되었다. 그 사이 유럽의 여러 국가가 경쟁적으로 보다 먼 바다로의 진출과 교역 및 선교의 네트워크를 확장하며 이른바 해양력을 확대했음은 잘 알려진 사실이다. 왜 영락제는 굳이 해운을 금지하면서 대운하로 조운 방식을 통일했을까? 그리고 바닷길을 통한 조량의 운송 금지가 향후 중국의 해양 인식과 대응에 어떤 영향을 미쳤던 것일까?

정화 원정단이 가져온 기린

당시에 영락제가 기다리던 또 다른 소식이 있었으니, 바로 인도양을 거쳐서 아프리카 동편까지 파견했던 정화 원정단의 귀환 소식이었다. 1415년 7월, 오늘날 상하이와 인접한 항구 유가항에 아프리카 동부의 마림국(麻林國, Malindi: 오늘날의 케냐)에서 보내온 기린이 도착했다. 정화가 인솔한 원정단은 영락제의 명을 받아 유가항을 출발한 지 1년 반 만에 동남아의 참파(Champa), 인도의 캘리컷(Calicut), 아라비아반도의 아덴(Aden), 아프리카 동부의 모가디슈(Mogadishu) 등을 경유하고 돌아왔다. 이 원정은 1405년에 처음 시작된 정화의 해양 원정 가운데 네 번째로, 캘리컷 서쪽의 아프리카로는 처음 진출한 것이었다. 1415년 11월, 영락제는 아직 수도가 아니었기에 북평(北平)으로 불리던 북경의 임시 행궁에서 직접 봉천문(奉天門)으로 나가 아프리카로부터의 긴 항해를 통해 중국까지 도달한 마림국의 기린을 비롯해 천마(天馬: 얼룩말)와 신록(神鹿) 등 외국의 영물을 맞이하였다.[11] 유가항을 통해 남경까지 도달한 영물들은 대운하의 선박을 이용하여 북경으로 운송되었을 것이다.

당시 문무백관은 "폐하의 성덕(聖德)이 광대하여 멀리 이민족에게 이르렀기에 이처럼 상서로움이 이른 것입니다."라며 영락제를 칭송했고, 영락제는 "이것이 어찌 짐의 덕 때문이겠는가! 모두 아버지(홍무제)의 깊은 인자하심과 은택으로 말미암은 것이다."라면서 신료들에게 더욱 성실하게 보필할 것을 주문했다. 영락제는 겸양의 어투로 대응했지만, 마림국처럼 먼 나라에서 기린이 공물로 진상된 것은 상징적인 의미가 적지 않았다. 『설문해자(說文解字)』에 따르면 기린은 사슴의 몸에 소꼬리를 지니고 외뿔을 지닌 자비로운 영물(靈物)로 묘사되어 있다. 기린은 상서로운 영물 가운데 하나로, 오직 통치자가 공의롭고 자비로워야 출현하는 것으로 알려져 있었다. 공교롭게도 동물 '지라프(giraffe)'가 살고 있던 동아프리카의 소말리(Somali)에서 지라프는 '기린(girin)'이라고 불렀고, 중국인들이 영물로 알고 있는 전설상 동물의 발음은 '치린(qilin)'으로 아주 흡사하게 들렸다. 따라서 실재 여부를 떠나 '기린'이라 불리는 영물의 등장은 성군(聖君)의 통치에 호응하는 상서로운 복, 즉 서상(瑞祥)의 출현이나 다름없었다.[12] 이는 중국의 전통적인 천인감응(天人感應)의 표징이었다. 건문제(建文帝: 재위 1399~1402년)의 신하였다가 정난의 변 이후 주체(훗날의 영락제)의 휘하로 들어간 한림학사(翰林學士) 김유자(金幼孜: 1368~1432년)는 「서응기린부(瑞應麒麟賦)」의 서문(序文)에서 "신이 들건대, 군주가 지극한 덕을 갖추고 있으면 반드시 지극한 성세(盛世)의 다스림이 있고, 지극한 성세의 다스림이 있으면 반드시 지극히 큰 징조가 있

〈그림 3〉 심도, 「방갈라진기린도」
출처: Wikimedia Commons.

다고 합니다. 서로의 감응은 모두 정성을 다하는 마음에 바탕을 둔 것이기에 사람의 힘으로는 어찌할 수 없는 것이고 스스로 그렇게 되는 것입니다. 오직 황상(皇上)만이 중정(中正)의 도를 세워 후세에 전할 수 있으며, 하늘을 본받아 정사를 베풀고 교화를 내외 구별 없이 일으키니 서로 화목하여 감응이 겹겹이 모여듭니다.”라고 하면서 마림국의 기린 헌상이 지닌 의미를 호들갑스럽게 칭송했다.[13]

마림국에서 온 기린이 당시 명에 도달한 첫 번째 기린은 아니었다. 바로 1년 전인 1414년 9월에 방갈라국(榜葛剌國: 오늘날의 방글라데시 또는 벵골 지역으로 남아시아 동북부 지방에 대한 호칭)에서 보낸 기린과 명마(名馬)가 도착했던 바가 있었다.[14] 영락제는 이를 궁정화가인 심도(深度)에게 그림으로 남기게 했고, 그가 그린 「방갈라진기린도(榜葛剌進麒麟圖)」와 그림 위에 남긴 「서응기린송(瑞應麒麟頌)」은 지금까지 남아 있다. 그들은 기린이 방갈라국의 군주가 진공하였기에 방갈라국에서 서식하는 것으로 알았으나 그렇지 않다는 것을 알자, 다시 기린의 원산지인 아프리카의 마림국으로 정화를 보내 중국의 진공국이 되도록 한 것이다.[15] 기린의 ‘출현’은 조선에서도 화제가 되었다. 당시 조선에서 명의 남경에 파견했던 사행단의 통사 김을현(金乙玄)이 방갈라국에서 명에 기린을 바치는 주본(奏本)을 베껴 가지고 와서 태종(太宗)에게 전달했고, 태종은 기린의 '출현'을 경축하기 위해 권충(權衷)과 이징(李澄)을 남경으로 파견했다.[16] 이처럼 기린의 등장 소식은 이웃 나라인 조선에까지 전달되어 경하 사절이 도달했으니, 서상이라면 서상이었다.

영락제가 보물을 싣고 돌아오기를 바라는 '보선'을 지속적으로 인도양으로 파견한 이유에는 영물의 도래도 포함되어 있었을 것이다. 기린을 비롯하여 평소 중국인들에게 익숙하지 않던 진기한 동물과 보물의 도래가 서상의 출현으로 해석되면서, 결국 영락제에 대한 부정적인 이미지를 불식해 줄 것이었다. 그만큼 영락제에게는 치세 초기에 쿠데타로 인한 집권의 정치적 부담이 컸다.

쿠데타와 살육의 어두운 그림자

영락제가 즉위 전 연왕으로 있던 시절에 '정난', 즉 '어지러움을 평정한다'는 명분으로 쿠데타를 일으켜 남경의 건문제 세력을 무너뜨리고 황제로 등극한 곳은 당연히 명의 수도 남경이었다. 여기서 주체에게 '어지러움[難]'이란 황제를 그릇된 길로 인도하는 '군측(君側)의 악'의 세력이었다. 구체적으로 건문제에게 삭번(削藩) 정책, 즉 북변에 위치한 왕들의 번국(藩國)을 없애 버려야 한다고 주장했던 태상시경(太常寺卿) 황자징(黃子澄)과 병부상서 제대(齊泰) 빛 그들의 추종자를 지칭했다. 건문제에게 북변에 위치한 연왕을 비롯한 번왕들은 촌수로도 숙부(叔父)에 해당하며, 각각 막강한 군사력을 지닌 시한폭탄 같은 존재들이었다.

홍무제는 남경을 수도로 확정하면서 막북(漠北: 고비 사막의 북쪽, 현재의 외몽골을 지칭)으로 쫓겨 간 몽골 세력의 남하를 막고 북변 방어를 강화하기 위해 둘째 아들부터 열째 아들까지 친왕으로 봉하여 군사력을 맡겼다. 그 가운데 세력이 가장 컸던 이들은 서안(西安)에 취번(就藩)한 차남 진왕(秦王), 태원(太原)에 취번한 삼남 진왕(晋王), 북평에 취번한 연왕이었다. 이른바 제왕 분봉(諸王分封)으로 불리는 이러한 정책은 몽골의 원 제국에서 흔히 이루어지던 관행이었고,[17] 이를 잘 알던 홍무제는 이러한 분봉제를 활용하여 수도를 강남 지역에 두고도 북변의 안보 문제를 안정시키고자 했다. 하지만 여러 아들에게 분봉하고 군사권을 부여해 준 것이 홍무제 자신의 사후에 황실의 심각한 갈등 요인이 되리라는 점까지는 심각하게 고려하지 못한 것 같다. 건문제는 황자징과 제태의 의견에 따라 먼저 번왕의 권력을 삭탈하려 했지만, 남경의 이러한 움직임을 간파했던 연왕 주체는 '어지러움을 평정한다'는 명분으로 거병하여 남경 세력과 한판 전쟁을 벌였다. 당시로서는 결말을 알 수 없는 쿠데타가 연왕의 근거지인 북평에서 시작된 것으로, 이후 4년간 명나라 초기 역사를 완전히 일변시킨 '정난의 변'이라는 내란이 이어졌다.

지금 우리는 그 결과를 알고 있지만, 내란 초기에 800여 명으로 거병했던 연왕 세력이 수십만의 군대를 동원했던 북벌군에 저항하여 최종적인 승자가 되리라 예상한 사람은 많지 않았다. 하지만 홍무제의 강력한 '법치'와 달리 '덕치'를 지향했던 건문제의 이상적이지만 현실감이 떨어지는 판단력, 건문제 정권 내부의 아마추어적 유교 관료군 사이의 불협화음, 내란 초기 연속적으로 연왕 군대에 다가온 전쟁의 행운 등이 이어지면서 결국 반란군은 정부군을 압도해 나갔다. 그리고 1402년(건문 4년) 5월 안휘성(安徽省: 명대의 행정구로는 남직예)을 공격하고 양자강의 북쪽에 인접한 양주를 장악했다. 그러자 남경 측 수비대장 가운데 연왕 측에 투항하는 이가 속출했다. 앞서 언급했던 진선도 그중 하나였는데, 진선의 수군을 확보한 연왕은 양자강을 건너 그 건너편의 요충지인 진강(鎭江)을 함락시키고 남경까지 순조롭게 진군할 수 있었다. 대세가 기울어진 것으로 판단한 남경의 수비병들은 아무런 저항 없이 문을 열고 항복했고, 남경 조정은 이렇게 무너졌다.[18]

남경에 입성한 주체는 건문제의 측근 세력이자 삭번을 이끌었던 이들을 '간신'으로 지목하며 대대적인 숙청 작업을 벌였다. 간신 가운데 우두머리인 '수악(首惡)'으로 손꼽혔던 황자징과 제태 등은 영락제가 보는 앞에서 비참한 최후를 맞이하고, 그 일족들까지 참수되거나 변경으로 유배되었다. 이를 목도하던 건문제의 관료들 가운데는 기존의 태도를 바꾸어 주체에게 투항하는 이가 속출했다. 영락제 시대의 명신 양사기(楊士奇), 양영(楊榮), 하원길(夏原吉) 등은 모두 이때 투항한 자들이었다.

아무리 건문제의 측근 세력이 제거되었다고 하더라도 당시 남경의 조신(朝臣)들이 영락제를 바라보는 시선은 곱지 않았다. 당시 절동학파(浙東學派)의 영수이자 최고의 지성으로 손꼽히던 방효유(方孝孺)의 저항과 죽음은 이를 상징적으로 보여 준다.[19]

영락제는 측근들의 조언을 받아들여 방효유를 구슬려 자신을 섬기게 하려 했다. 건문제 치하에서 한림시강학사(翰林侍講學士)의 벼슬을 받으며 천하 독서인들을 연결하는 최고의 문장가이자 유학자로 손꼽히던 방효유였기에, 만약 그가 즉위의 조서를 써 준다면 쿠데타에 대한 반감을 상쇄하며 그를 추종하는 유학자들을 회유하는 데도 일조할 수 있다고 판단했기 때문이다. 이에 영락제는 방효유에게 즉위 조서를 쓰게 명령했지만, 방효유는 붓을 내던지며 죽어도 쓸 수 없다고 했다. 이에 억지로 붓을 쥐어 주자 방효유가 쓴 글자는 단 네 글자였다. '연적찬위(燕賊簒位)', 즉 '연나라 도적이 황제 자리를 찬탈하다'라는 뜻의 네 글자는 '정난'으로 수식된 영락제의 등극을 바라보는 유학자들의 관점을 천하에 드러낸 것이었다. 분노가 극에 달한 영락제는 칼로 방효유의 입을 귀까지 찢고 그의 뜻을 꺾기 위해 800여 명에 달하는 십족(十族)을 그의 눈앞에서 하나씩 죽이기까지 했다. 기존에 구족

(九族)을 멸하던 전통을 넘어선 극도의 처방이었다. 그러나 방효유는 취보문(聚寶門) 밖에서 일반적으로 능지처사(陵遲處死)로 알려진 최고의 극형인 책형(磔刑)으로 백성들 앞에서 죽임을 당할 때까지 그 뜻을 굽히지 않았다. 이러한 방효유의 죽음으로 인해 남경에서 영락제에 대한 반감은 더욱 강해졌고, 그의 절개와 충의에 대한 소문은 조선 선비들에게도 널리 알려졌다. 영락제 역시 독서인에 대한 회유를 포기하고 방효유의 신봉자들을 말살하는 대규모 숙청 작업에 돌입했다. 하지만 이는 영락제의 치세 초기뿐 아니라 이후까지 어두운 그림자를 드리웠다. 쿠데타를 통한 찬탈과 살육이라는 오명을 어떻게 씻어 낼 것인가? 앞서 언급했던 신기하고 상서로운 보물과 동물로 이러한 부정적 인식을 완전히 없애 버리는 것은 한계가 있었다. 이전 시대의 기억을 상쇄하며 기득권층을 교체할 새롭고 거대한 프로젝트가 필요했다. 바로 북경 천도였다.

북경 천도

황제에 오른 영락제가 즉위 직후부터 북경으로의 천도를 암암리에 추진했던 데에는 정치적이고 심리적인 요인이 크게 작용했다. 북경은 주체가 연왕으로 세력을 키워 온 근거지였기에 남경보다 심리적으로 더 편안했다. 주체는 11세에 연왕에 봉해진 이후 1380년에 연경(燕京: 북경)에서 통치를 시작한 이래 44세에 황제에 오르기까지 20년 이상 청장년기를 북경에서 보냈다. 당시 북경에는 원 시절 대도의 흔적이 남아 있었고, 다소 거친 듯한 몽골의 잔존 세력과 환관, 북방인들은 영락제가 늘 접하고 관계를 맺던 익숙한 대상이었다.

황제의 곁에서 북경으로 천도하자고 부추기는 신료들도 적지 않았다. 영락 원년(1403년)에 예부상서(禮部尙書)로 임명된 이지강(李至剛)은, 고래로 포의(布衣) 신분으로 황제에 오른 선조들은 모두 '자신이 발흥했던 지역[肇迹之地]'을 숭상하는 법이라면서, 주원장 역시 고향인 봉양(鳳陽)을 수도는 아니지만 수도를 보좌하는 배도(陪都)로 선정하고 '중도(中都)'라는 이름을 붙여 주었던 전례가 있다면서 북경 천도를 주장했다. 결국 이지강의 주장을 근거로 '북평'은 '북경'으로 이름이 바뀌었다.[20] 이후 1911년의 신해혁명(辛亥革命)으로 난징(남경)에 중화민국(中華民國)의 수도가 세워지면서 북경이 다시 북평으로 격하될 때까지 500년이 가깝도록 수도 북경의 위상은 변함이 없었다.

북경 천도에는 영락제의 또 다른 정치적 포석이 깔려 있었다. 만약 자신이 남경을 수도로 이어 간다 하더라도 몽골의 잔존 세력을 멸하지 않는 이상 북변은 여전히 위태로운 상황에 놓일 가능성이 높았다. 앞선 왕조의 잔여 세력을 전멸시키지 못했던 것이 이전에 중원을 다스리던 왕조와 달랐던 명의 치명적인 한계라면 한계일 것이다. 하지만 몽골은 비록 분열되었다 하더라도 북원 세력만 있었던 것이 아니라, 유라시아 대륙에서 티무르 제국, 무굴 제국, 카자흐 칸국, 우즈베크 칸국 등으로 광범위하게 분산되어 있었다.[21] 막북으로 쫓겨 갔지만 북원 세력은 언제든 다른 부족과의 연합이나 동맹 등을 통해 힘을 키울 수 있었고, 실제로도 후술하듯 카리스마 있는 지도자가 등장할 때마다 북변 지역을 교란하며 북경을 불안하게 했다.

그렇다고 부친인 홍무제가 몽골 세력을 방어하기 위해 두었던 제왕 분봉 체제를 존속시키고 군사력을 부여한다면 언제 다시 자신처럼 남경에 위협 세력이 될지 모를 상황이었다. 몽골 세력의 재침 가능성과 제왕 분봉 세력의 원심력을 한꺼번에 통제하는 방법으로 영락제는 북경 천도 카드를 꺼내 들었다. 즉 수도를 북경에 둔다면 군사력이 집중적으로 배치되었던 번왕의 군권(軍權)을 황제가 직접 장악하는 명분을 확보할 수 있었고, 이를 통해 명조의 정치 중심지인 수도를 군사 중심지로 변화시켜 북쪽의 변경 방어력 강화를 도모하자는 계산이었다. 권력의 도덕적 정당성이 약했던 영락제였지만, 북경 천도가 재위 기간 내에 성공한다면 정치 중심지를 북쪽으로 이동시켜 기존 권력의 기반을 와해시키는 동시에 군권을 완전히 장악하는 묘책이 될 수 있었다.

그러나 현재도 그렇지만, 당시에 수도를 옮기는 문제는 결코 간단한 문제가 아니었다. 북경 천도를 위한 영락제의 강렬한 열망과 추진 정책에도 불구하고 천도는 순조롭게 진행되지 못하였다. 천도의 완결을 상징하는 조하 의식이 북경에서 거행된 시점은 즉위 후 19년이 지난 1421년(영락 19년)이었다.[22] 이처럼 천도는 점진적으로 진행되었을 뿐 아니라 초기 11년 동안에는 천도를 위한 여건이 비공식적으로 조성되었다. 이는 그만큼 북경 천도에 대한 우려의 목소리가 높았음을 반영한다. 당시 천도에 대한 우려의 시각은 크게 세 가지였다.

첫째, 남경은 영락제의 부친이자 명조를 개창한 주원장이 몽원(蒙元) 세력을 북방으로 쫓아내면서 심혈을 기울여 선택한 수도라는 점이다. 게다가 당시는 이미 새로운 수도에서 나라가 개창된 지 40년 가까이 지난 시점이었다. 주원장이 명조를 개창하면서 수도를 선정할 때에 남경과 경합을 벌인 도시는 이전 시대의 수도였던 개봉(開封), 장안(長安), 낙양(洛陽), 북경과 주원장의 고향 봉양 등이었다. 남경이 수도로 정해지는 데에는 "천연의 해자(垓字)인 장강과 접해 있어 지세(地勢)가 험요하며, 강남의 형세가 아름다운 곳"[23]이라는 주원장의 견해가 크게 작용했다. 따라서 명조의 개국 공신 세력과 남경을 근거지로 세력을 키웠던 관료들은 남경을 버리고 수도를 옮기는 것에 대한 저항감이 강했다.

둘째, 새로운 수도 후보지로 떠오른 북경에 대한 한인들의 민족적 반감 정서가 강했다는 점이다. 명조의 개국 공신들은 북경을 북방 민족들의 '근본(根本)' 지역으로 인식하였다.[24] 북방 이민족의 침략에 대한 피해 의식이

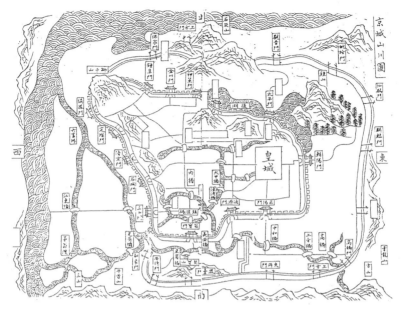

〈그림 4〉 명대 남경성과 주변 산천도
출처: 『洪武京城圖志』(洪武 28年 編)

팽배했던 한족에게 요(遼), 금(金), 원의 공통된 수도였던 북경은 그야말로
북방 '오랑캐'가 개발한 식민 신도시나 다름이 없었다.[25] 북경에 대해서 "오
랑캐들은 사막에서 세력을 떨쳐 연(燕: 북경을 지칭)에서 나라를 세운 지 이
제 100년이 되어 땅의 기운이 다 쇠하였"다는 견해를 내세워 남경을 수도로
주장했던 한림원편수(翰林院編修) 포빈(鮑頻)의 견해는 이러한 입장을 잘 보
여 준다.[26] 음양오행설로 따져 보아도, 새 왕조는 양기(陽氣)로 가득한 남방
에서 음기(陰氣)로 가득한 북방을 소실시키는 것으로 해석할 수 있었다.[27]

셋째, 천도에 뒤따르는 경제적 부담이 컸다는 점이다. 우선적으로 남경
에 버금가는 궁전을 단기간에 북경에 새로 건설해야 했다. 이미 명 초에 거
대한 규모를 자랑하는 남경 황성을 건립하는 데 많은 시간과 재정이 투입된
상태였다. 남경에 황궁(皇宮)과 새로운 성지(城池)가 완성된 것은 왕조가 개

창된 지 5년이 지난 1373년(홍무 6년)이었고, '경사'의 칭호가 부여된 것은 그로부터 다시 5년이 흐른 1378년의 일이었다.[28] 도성 건설은 1386년에 가서야 완성되었는데, 총 둘레가 약 40킬로미터(약 70리)에 달했다. 이러한 상황에서 다시 북경에 남경에 버금가는 황성을 건립하는 것은 이만저만한 경제적 부담이 아닐 수 없었다. 물론 당시 북경에는 원의 대도성이 일부 남아 있었지만, 대도 성곽은 토성(土城)으로 전쟁 도중에 상당수가 파괴되어 있었으므로 새로운 수도의 격식에는 어울리지 않았다.

새로운 황궁과 성곽의 축조에 따르는 비용 문제도 만만치 않았지만, 이에 더하여 장기적으로 강남에서 북경까지 물자를 공급해야 하는 문제는 더 큰 경제적 부담 요인으로 지적되었다. 즉 강남과 북경을 잇는 물자 유통로를 어떻게 구축할지, 지속적인 물류비용을 어떻게 감당할 것인지의 문제였다. 강남의 중심에 위치하며 장강에 인접한 남경은 주변의 풍부한 물자 공급, 특히 조량 운송에서 전혀 문제가 없는 경제 도시라고 해도 과언이 아니었다. 하지만 북경은 남경과 상황이 완전히 달랐다. 북경이 자리한 동북 지역은 자급자족이 사실상 불가능한 곳으로, 수십만의 인구가 풍족한 경제생활을 유지하려면 외부의 물자 공급이 필수적이었다.

북경 천도 성공의 시금석, 대운하 재건

이러한 문제의식은 암암리에 진행되던 북경 천도가 공론화되는 과정을 통해 분명하게 드러난다. 앞서 언급한 것처럼 북경 천도가 공론화된 시기는 1416년 11월이었다. 그해 10월, 북경을 순행하고 남경으로 돌아온 영락제는 여러 신하에게 '북경에 대한 영건(營建)'에 대해 논의하도록 조서를 반포했다. "백성의 힘이 감당하지 못할까 염려"한다는 황제의 우려가 표명되기는 했으나, 이는 어디까지나 본격적인 북경 천도의 시작을 알리기 위한 정치적

수사에 지나지 않았다. 황제의 우려를 불식하며 공정을 개시하기 위한 택일 (擇日)을 요청하던 관료들의 상소를 옮기면 다음과 같다.

　북경은 ① 자연환경이 공고(鞏固)하고, 물이 달고 토지는 두터우며, 민속 (民俗)은 순박(淳朴)하고, 물산은 풍부하니, 진실로 풍요로운 천부(天府)의 땅 이요, 제왕의 도읍입니다. 황상께서 북경을 영건하심은 자손만대를 위해 큰 일이 될 것입니다. ② 최근 황제께서는 (이 지역으로) 순수(巡狩)를 행하시 고, 사해(四海)가 회동(会同)하고 인심이 화목해지고 상서로운 조짐이 운집 하니, 천명의 유신(維新)은 실로 이를 통해서 알 수 있습니다. 하물며 (북경과 강남을 잇는) ③ 물길이 소통되고 조운이 날마다 증가하니, (북경에는) 상인들 이 폭주하고 재화가 넘쳐 나며[河道疏通, 漕運日廣, 商賈輻輳, 財貨充盈] ④ 거 대하고 질 좋은 목재가 이미 경사에 운집해 있으니[良材巨木, 已集京師], 천하 의 군민(軍民)들이 즐거이 봉사하고 있습니다. 천시(天時)를 헤아리고 인사 (人事)를 살피건대, 실로 (북경 천도는) 마땅히 해야 할 바이지 결코 늦출 수가 없습니다.[29] (번호와 밑줄은 인용자가 표기)

일방적인 북경 천도 옹호론처럼 보이지만, 실상은 저변에 깔려 있는 천 도 거부론에 대한 공적인 반론이나 다름이 없다. 내용을 자세히 보면, 북경 의 자연지리 조건(①)이나 최근의 각종 상서로운 조짐(②)은 '천시'의 증거 이고, 대운하 개통을 통한 조운의 정비(③)와 목재 운송의 원활함(④)은 '인 사'의 증거라고 볼 수 있다. ①은 고금을 통해 변함이 없는 자연지리를 긍정 적으로 칭송한 것이기에 별다른 의미가 없다. 하지만 ②부터 ④까지는 당시 의 새로운 변화상을 보여 주는 것이기에 조야(朝野)의 여론에 영향을 미칠 수 있는 요소라고 할 수 있다.

먼저 북방 순행과 사해의 회동을 통한 인심의 화목과 상서로운 조짐의 운집을 언급하는 ②의 내용을 보자. 여기서 핵심적인 내용은 사해의 회동, 즉 바다 건너 여러 나라에서 명에 파견하는 조공과 상서로운 현상의 집중인데, 앞서 언급했던 방갈라국이나 마림국의 조공단이 정화 원정단을 통해 전달한 기린이 이에 해당했다. 이외에도 마합수(馬哈獸: 영양), 화복록(花福祿: 얼룩말), 금전표(金錢豹: 표범), 타제계(鴕蹄鷄: 타조)처럼 중국에서 쉽게 볼 수 없던 동물이나 진주와 호박(琥珀) 등의 보석류, 향료 등이 상서로운 '조공품'으로 명에 들어왔다. 영락제가 정화를 한두 번도 아니고 여섯 차례나 인도양까지 지속적으로 파견했던 이유의 하나가 여기에 있었다. 정화 이전에도 환관 윤경(尹慶)을 두 차례(영락 원년과 영락 3년)에 걸쳐 동남아 지역에 출사(出使)시켜 만랄가(滿剌加: 믈라카), 조와(爪哇: 자바) 등지의 조공을 유도했다. 이처럼 윤경과 정화 등의 파견은 영락제가 국내 정치에서 가진 취약성을 국제 외교적 성과로 보완하려 한 결과였고, 그래서 '회유 원인(懷柔遠人)'이라는 명분을 가지고 필요 이상으로 조공국의 증대를 추구했다. 반면에 통치의 정당성 확보라는 필요가 사라지면 이러한 조공도 쓸모가 없어지기 마련이다. 정화의 원정으로 조공 관계가 성립되었던 고리(古里: 지금의 인도 서남쪽 코지코드(Kozhikode) 일대의 캘리컷), 가지(柯枝: 현재 인도 서남부 케랄라 지역의 코치(Kochi) 일대로, 주요한 항구였다.), 방갈라 등 인도양 주변의 나라들이나 홀로모사(忽魯謨斯: 이란 남부의 호르무즈 해협), 아단(阿丹: 아라비아반도 남단의 아덴(Aden)만에 있는 지금의 예멘 공화국) 등의 페르시아만 근처의 나라들과 맺었던 관계가 몇십 년도 안 되어 끊어진 것도 이와 관련이 있다.[30]

하지만 외교적인 성과와 상서로움의 출현만으로 북경 천도의 각종 경제적 부담까지 완화할 수는 없었다. 따라서 사회경제적 변화상을 언급한 ③과 ④의 '인사' 조항이 보다 실질적인 내용을 담고 있었다. 더구나 조량과 상품의 운송(③)과 목재의 운송(④)은 모두 대운하와 관련된 사안이라는 점이 주목된다. 목재 운송이 주로 황궁 건설을 위한 자재 유통을 지칭하는 것이라면, 조량과 상품은 북경을 채워야 할 대규모 황실 인원, 관료군, 군인, 거민 등을 위한 물자 유통을 지칭했다. 문제의 핵심은 황궁 건설용 자재인 황목(皇木)이나 조량, 각종 상품 등이 양자강 하류 지역뿐 아니라 상류를 비롯한 전국 각지에서 조달되어야 했던 반면에, 남북 방향을 이어 주는 수로는 인공 수로인 대운하밖에 없었다는 점이다. 동서 방향의 물자 조달은 장강과 황하 등을 이용할 수 있지만, 이를 다시 북경까지 조달하려면 자연 하천을 남북으로 관통하는 대운하로 물자가 모일 수밖에 없었다.

실제 이러한 조서 반포가 있기 1년 전까지 지속적으로 북경과 강남을 잇는 대운하를 정비하는 작업이 이루어졌다. 원나라 후기부터 정비가 제대로 이루어지지 않았던 대운하를 재개통하는 데 관건이 된 지역은 앞서 언급했던 두 곳으로, 하나는 정비가 1411년에 시작되어 1415년에 끝난 회통하였고, 다른 하나는 황하와 회수가 만나는 회안에 1415년에 건립된 청강포였다.[31]

회통하는 원이 수도 대도로의 조운을 위해 기존에는 낙양까지 연결되었던 수·당 시대의 대운하 수로를 변경하기 위해 건립한 운하 구간이었다. 원은 강남과 북경을 직접적으로 연결하는 루트를 개발하려 했고, 이를 위해 회통하와 통혜하(通惠河)라는 운하를 새롭게 개착했다. 회통하는 대운하의 해발고도가 가장 높은 산동성 구간(약 40미터 전후)의 안민산(安民山)과 임청(臨淸)을 연결하는 250리의 수로로, 1286년에 준설이 시작되어 1289년에 개통되었다. 이후 통상 안민산의 남쪽으로 연결된 제주하(濟州河)까지 포괄함으로써, 제녕(濟寧)에서 임청까지의 400리 모두를 회통하라 부르게 되었다. 회통하의 개통을 계기로 운하 도시 임청은 남북 물자 유통의 거점으로 급성장했고, 이후 명대까지 임청의 성장세는 이어졌다. 명 후기에 대운하의 중계무역 도시로 경제적 번영을 누렸던 임청에는 정주 인구보다 왕래하는 유동 인구가 더 많아졌고, 이들의 필요를 채워 주기 위한 각종 요식·숙박·유흥 시설이 수로를 따라 밀집했다. 사대기서(四大奇書)로 손꼽히는 『금병매

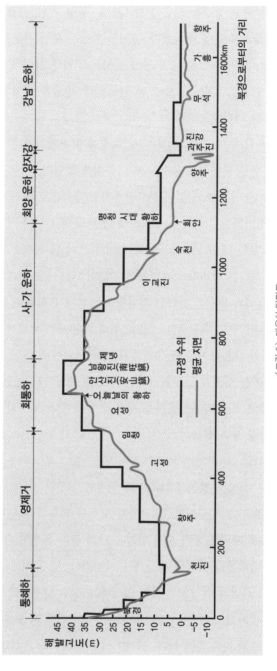

〈그림 5〉 대운하 단면도

출처: 조영헌, 『대운하와 중국 상인: 회·양 지역 휘주 상인 성장사, 1415~1784』(민음사, 2011), 123쪽.

(金甁梅)』에 나타나는 적나라한 인간의 욕구 분출과 다양한 군상들의 교류와 교역의 묘사는 바로 대운하 도시 임청을 배경으로 탄생했다.[32]

하지만 말 그대로 '집결하고 통한다'는 뜻의 '회통(會通)'이라는 쿠빌라이 칸의 기대에도 불구하고, 원대에는 토목 기술의 부족으로 회통하의 유통이 원활하지 못했다. 문하(汶河)의 물을 끌어와 서른 개의 갑문(閘門)을 설치하여 수심을 일정하게 조절해야 했는데, "폭이 좁고 수심이 얕아 아무리 많이 날라도 매년 운송량이 수십만 석을 넘지 못하니 해운처럼 많지 못했다."[33] 이 문제는 명 초까지 해결되지 못했는데, 1411년에서 1415년 사이에 공부상서 송례가 이 문제를 해결한 것이다.

1415년에 진선이 황하와 회수, 대운하가 만나는 접점인 회안의 수로에 여러 갑문을 설치하고 청강포 설립에 성공했음은 앞서 언급한 바와 같다. 대운하의 개통 이후 진선은 특권적인 권한을 가지고 운송로인 대운하를 관리하며 조운 업무를 총괄하는 첫 번째 조운총독(漕運總督)으로 임명되었고, 청강포에는 진선을 제사하는 평강백사(平江伯祠)가 건립되었다.[34]

여기서 진선을 위한 사당 건립을 명하는 황제의 명령이 1441년(정통 6년) 12월에 하달된 것에 주목할 필요가 있다. 바로 한 달 전인 1441년 11월, 북경이 임시 수도라는 의미의 '행재(行在)'를 떼어 내고 명실상부한 경사의 지위를 확정했기 때문이다.[35] 영락제의 천도 직후인 1421년(영락 19년) 4월, 자금성의 봉천전(奉天殿) 소실을 계기로 동요하기 시작하여 홍희제(洪熙帝: 재위 1424~1425년)가 남경으로 환도하려고 시도하면서 더욱 흔들렸던 북경의 지위는 1441년부터 비로소 안정되기 시작했다.[36] 북경을 수도로 다시 확정하면서 북경으로 물자를 조달하는 대운하 재건에 공로가 혁혁했던 진선을 현창할 필요가 제기되었던 것이다.

대운하와 황하, 회수가 교차하는 지리적 중요성으로 인해 청강포와 인접한 회안에는 조운총독과 하공총독의 관서(官署)가 건립되었고, 청대에 회안은 물 관리의 하공(河工), 조량 운송의 조운, 소금 유통의 염정(鹽政)이라는 삼대정(三大政)의 중심 도시로 성장하게 된다. 회안 성곽에서 30리(약 17킬로미터) 정도 떨어진 청강포에 청 중엽이 되면 "하공, 조운, 염정의 관료와 상인들이 모여드는 곳으로 가장 번성할 때에 거의 10만 명에 달한다."라는 기록이 있을 정도였다.[37] 무엇보다 청강포는 남북을 연결하는 '공도(孔道)'로서의 기능을 청 후기까지 유지했고, 조운선을 비롯하여 각종 물류와 인적 교류의 중심지 기능을 수행했다.[38] 따라서 1415년의 청강포 개통으로 일단락된 대운하 정비 작업의 결과 북경으로의 수도 이전과 이를 통한 남북 물자 유통 체제가 성공적으로 수립되는 계기가 마련되었다.

북경 천도와 쿠빌라이 칸

여기서 영락제의 북경 천도가 단순히 수도를 남쪽에서 북쪽으로 옮긴 정도에 그친 것이 아니라 명조의 성격을 크게 일변시켰음이 주목된다. 홍무제가 강남 경제력의 안정적 확보를 최우선 과제로 수도를 남경으로 결정했던 것과 달리, 영락제의 북경 천도는 '강남 정권'이라는 꼬리표를 떼어 낸 조치였다. 물론 이 때문에 정치 중심지와 경제 중심지가 분리되어 강남과 북경을 잇는 대운하 없이는 제국이 유지되기 어려운 사회적·경제적 구조가 탄생했고, 전 중국을 안목에 둔 정국 운영이 필수 불가결하게 되었다.

이러한 영락제의 제국 운영이 그의 독창적인 아이디어라고 보기는 어렵다. 오히려 자신보다 약 130년 전에 수도를 북경으로 정하고 남하하면서 대운하를 개통했던 쿠빌라이 칸을 모델로 생각했을 가능성이 높다.[39] 북경을 새로운 수도로 정했던 것이나, 바다를 향한 원정대의 파견을 지속한 것은 그 대표적인 사례다.[40] 또한 영락제는 직접 군대를 이끌고 고비 사막 이북에 거점을 두었던 북원 세력을 진압하기 위해 다섯 차례에 걸쳐 원정을 감행했고, 오늘날의 만주 지역에서는 여진인들을 성공적으로 복속시켰다. 남쪽으로는 쩐 조(陳朝, Trần triều)의 내란과 호꾸이리(胡季犛, Hồ Quý Ly)의 찬탈을 구실로 1406년에 20만 명이 넘는 군대를 파견하여 1428년까지 베트남을 지배하며 문화적 동화정책을 시도하는 동시에 남해 무역에 필요한 중간 기지로 활용하려고 했다.[41] 또한 동쪽으로 일본과는 오랜 기간 단절되었던 책봉-조공 관계를 회복시켰는데, 이는 쿠빌라이 칸도 시도했으나 실패했던 분야에 대한 외교적 성과라 자부할 만했다. 정화를 여섯 번이나 해상으로 파견해서 30여 개국으로부터 조공품을 수령한 것도 영락제 방식의 세계 제국을 표방한 것으로 이해할 수 있다.

그렇다면 영락제에게는 쿠빌라이 칸의 업적을 능가하기는 어렵더라도 몽골 제국 시대에 경험했던 거대한 '일통(一統)'의 실현을 다시 한번 대외적으로 구현하려는 의식이 내재되어 있었다고 볼 수 있다. 이는 기본적으로 몽골 제국의 유산으로 해석할 수도 있겠지만, 동시에 몽골 제국에 버금가는 '성세'를 대외적으로 과시함으로써 내부적으로 취약했던 통치 정당성을 확보하려는 영락제의 절실함으로 해석하는 것이 적절하다.

왜 영락제는 해운을 금지했을까?

하지만 영락제가 쿠빌라이 칸의 통치 방식이나 정책을 모두 모방했던 것은 물론 아니다. 특히 유사한 듯하지만 결정적인 차이가 나는 부분이 바로 해운을 통한 조량 운송을 중단한 일이다. 앞서 언급했듯 쿠빌라이 칸은 대도를 수도로 삼고 경제적인 보급을 위해 대운하를 재건하면서도 운하를 통한 하운과 바닷길을 통한 해운을 병용함으로써 조운을 유연하게 운영하는 것을 허용했다. 하운이 여의치 않을 경우 해운을 병용했기에 홍수나 가뭄 등이 발생해도 수도로의 곡물 수송에 큰 문제가 발생하지 않았다. 이는 몽

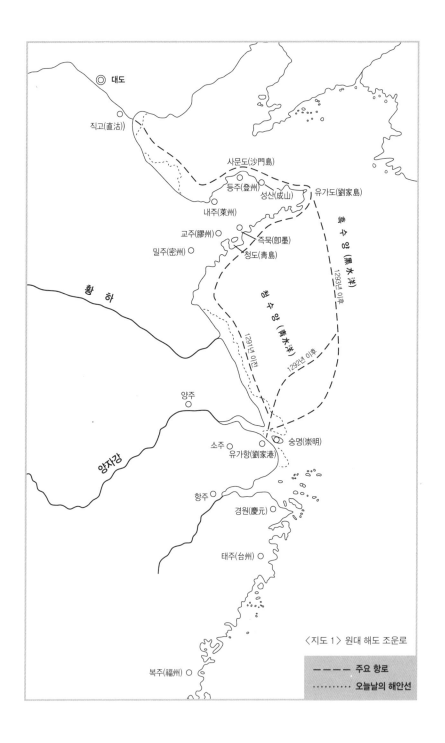

〈지도 1〉 원대 해도 조운로

대도
직고(直沽)
사문도(沙門島)
등주(登州)   성산(成山)
내주(萊州)   유가도(劉家島)
교주(膠州)   즉묵(卽墨)
밀주(密州)   청도(靑島)
황 하
흑 수 양(黑水洋)
1293년 이후
청 수 양(靑水洋)
1291년 이전
1292년 이후
양주
양자강
소주   숭명(崇明)
유가항(劉家港)
항주
경원(慶元)
태주(台州)
복주(福州)

- - - - - 주요 항로
· · · · · · · · · 오늘날의 해안선

골인 바얀(伯顔 혹은 巴延: 1236~1295년)이 1282년(지원 19년)에 제안했던 해운 방안으로, 1291년(지원 28년)부터 본격적으로 가동되어 원 말까지 이어졌다. 오늘날의 상하이 인근에 있는 유가항에서 출발한 해도 조운선은 산동반도를 경유하여 천진(天津)에 도착하는데, 처음에는 연해 인근으로 운항하다가 이후에는 흑수대양(黑水大洋)으로 나아가는 원양항해까지 시도했다. 그 결과 날씨가 좋을 때는 유가항에서 천진까지 열흘이면 도달했고, "비록 풍랑과 파고로 인한 침몰의 우려가 있지만 하운에 비하여 이득이 더 많았다."라는 평가가 지배적이었다.[42]

그런데 영락제는 1415년의 대운하 재건과 동시에 해운을 통한 조운을 중단시켰다. 영락제는 왜 '해운'을 금지했을까? 물론 여기서 언급하는 해운이란 바다에서 이루어지는 모든 물자 운송이 아니다. 바닷길을 통해 이루어지는 조운의 금지를 말하는데, 구체적으로 원대에 시작되어 명 초기까지 이어졌던, 유가항에서 천진을 잇는 해로의 운송을 지칭했다. 따라서 이 시기에도 일부 천진이나 산동반도에서 요동 지역으로의 각종 군향(軍餉) 조달을 위한 해운(차양(遮洋) 해운이라 부른다.)은 존속하였고,[43] 이후 절강성(浙江省) 이남에서 광동에 이르는 지역의 연해 지역 사이에서 간헐적으로 이루어지는 사적인 해운 역시 그 금지 대상에 직접 포함되지 않았다.

가장 먼저 생각할 수 있는 중단의 이유는 해상에서 만날 수 있는 풍랑의 위험이다. 풍랑과 태풍 등은 언제 발생할지 예상하기 어려운 자연재해에 해당할 뿐 아니라 실제 발생했을 때 통제하기 어려운 요인임은 주지의 사실이다. 송례는 "해운은 경로가 험하여 매년 선박이 걸핏하면 파괴되고 (조량은) 표실(漂失)됩니다. 관리들은 (선박을) 보수하느라 기한에 쫓기고, 그 임무를 백성들에게 할당함으로써 고통을 줍니다. 또한 선박 역시 견고하지 못합니다."[44]라고 하면서, 해운 자체의 위험성을 지적했다. 하지만 이러한 해난(海難) 상황이 1415년 이전에 급증하거나 심각해졌다는 기록이나 징후는 없다.

오히려 영락제가 집권한 초기부터 1414년까지 원의 방식을 따라 매년 약 40만~80만 석의 조량이 해운을 통해 북경으로 큰 문제없이 운송되었다.[45] 따라서 해상의 풍랑 위험은 해운 중단의 상수(常數)일 뿐, 1415년에 해운을 갑자기 중단시킨 변수로 보기는 어렵다.

두 번째로 생각할 수 있는 이유는 바다에서 만나게 되는 해적이라는 위협 요소 및 이들과 연계된 외부 세력의 위협이다.[46] 고려 시대 후기에 한반도에도 창궐했던 왜구는 중국 연안까지 활동 범위를 넓혀 연해 지역에 큰 피해를 준 바 있었다. 이른바 '전기 왜구'라고 불리는 세력이다. 원에서 명으로 왕조가 교체되어 혼란했던 시기에는 해양에서 활동하던 반란 세력도 증가했다. 그래서 주원장은 원 말 동란기의 경쟁자였던 강남 지방의 방국진(方國珍)과 장사성(張士誠)의 잔여 세력이 연안으로 쫓겨 가 '해적화'하자, 연안 백성들이 이들에게 호응하여 반란 세력이 될 것을 경계하며 해금령(海禁令)을 내렸다.[47] 실제로 원 말에 방국진이 천진으로 가는 조량 해운의 임무를 맡았던 주청(朱淸), 장선(張瑄), 나벽(羅璧) 등의 해운 세력과 연합했던 사실은 명의 개창자들에게 조량 해운이 해적 세력과 결탁될 수 있다는 연계 고리를 확인하는 중요한 경험이었다.[48] 1406년(영락 4년)에는 바다를 이용하는 조운선이 규정된 선로를 이탈하여 사무역에 종사하는 행위를 금지했는데, 이는 그만큼 해도 조운 과정에서 풍랑을 빙자하여 사무역에 종사하는 이탈자가 증가했음을 보여 준다.[49] 그해 6월에는 절강에서 출발했던 조운선이 풍파에 표류하여 조선의 충청도에 표착한 사건이 발생했고, 8월에도 절강성 소속 조운선이 바다에서 왜구를 만나 35명이 사망하고 25명이 조선의 평안도에 표착하였다.[50] 그러나 전기 왜구에 대한 전반적인 추세를 보면, 홍무 연간(1368~1398년) 후반기부터 왜구로 인한 피해는 줄어들기 시작하여 영락 연간 초반에는 왜구의 포획 기록이 증가하면서 사실상 왜구로 인한 피해 상황이 급속히 줄어들었다.[51]

이는 일본 내부의 정치적인 상황 변화로 인해 중국과 일본의 관계에 변화가 발생한 것과 관련이 깊다. 15세기에 접어들어 일본 내 무로마치(室町) 막부의 아시카가 요시미쓰(足利義満)는 약 60년간 계속된 남북조(南北朝)의 동란을 종식시키고 통일 정권의 수립에 성공했다. 이 과정에서 막부 정권은 동란기에 한반도와 중국의 연해 지역을 침략했던 해적 집단에 대한 대대적인 단속을 시행했고, 1404년에는 아시카가 요시미쓰가 공식적으로 명으로부터 '일본국왕(日本國王)'으로 책봉을 받았다. 이를 계기로 시작된 중국과 일본과의 감합(勘合) 무역의 결과 왜구 활동은 사실상 소강상태에 접어들었다.[52] 1419년(영락 17년)에 총병관 유강(劉江)이 망해과(望海堝)에서 왜구를 크게 섬멸한 것을 끝으로, 16세기에 이른바 '후기 왜구'가 등장하기까지 해안을 괴롭혔던 왜구는 거의 종적을 감추었다.[53] 따라서 영락 연간 해적(왜구)의 존재가 1415년의 해운 폐지를 유도할 만큼 위협적이었다고 판단하기는 곤란하다.

세 번째로 생각할 수 있는 이유는 조량 해운을 시도할 필요가 사라져 버렸다는 가능성이다. 즉 회통하와 청강포 개통으로 인한 대운하의 재건으로 해운을 대체할 수 있는 내륙 하천의 기능이 향상되었다는 점을 고려해야 한다. 회통하 정비에 참여했던 송례는 해운용 선박과 하운용 선박의 제작 비용, 적재량, 왕복 횟수 등을 비교하면서 하운으로 전환하자고 주장했다. 다시 말해 기존에는 해운(80만 석)과 하운(60만 석)을 병행하면서 약 140만 석의 조량을 운송했는데, 해운을 정지하는 대신에 하운의 운송 능력을 60만 석에서 160만 석으로 증대하겠다는 주장이다. 이러한 변화는 회통하와 청강포의 정비와 같은 하드웨어적인 개선만으로 가능했던 것이 아니라, 하운 선박(천선(淺船))의 추가 투입(3000척+α)과 왕복 횟수의 증가(3회→4회)라는 운영 방식의 변화가 병행되어야 했다. 즉 하운 선박보다 약 다섯 배의 탑재량을 가진 거대한 해운 선박의 제조와 수리 작업의 번거로움을 포기하는 대신, 더 많은 수의 선박을 더 자주 왕복시키는 방안이라 할 수 있다. 이 방식을 제안했던 공부는 "해운과 비교할 때, (운송) 수량은 증가할 뿐 아니라 바람과 풍랑의 위험까지 없으니 실로 빠르고 편하"다고 주장했다.

영락 연간과 그 이후 북경으로의 조운 액수를 정리한 것이 〈표 1〉이다. 이를 보면 1414년까지 해운, 육운, 하운을 모두 합해 많아야 1년에 250만 석 이상을 넘지 못하던 조운 액수가 1415년에는 이례적으로 많은 640만 석까지 증가했다. 북경의 인구가 급증한 것으로 알려진 15세기 전반[54]에 조운 액수는 350만 석에서 450만 석까지 북경의 수요에 따라 연동되어 증가했다. 하지만 1472년(성화 8년)부터는 연간 조운 액수가 400여 만 석으로 확정되어 명 말까지 큰 변동이 없었다.[55] 400만 석의 곡물을 오늘날 단위로 환산하면 약 28만 톤에 해당한다.

매년 약 400만 석의 미곡을 운송하고자 약 1만 2000여 척의 선박과 12만여 명의 운군(運軍)이 동원되었다.[56] 수시로 변하던 조운 선박의 수가 1459년에 1만 2000척으로 정해지고 변동의 폭이 컸던 조운 액수 역시 1472년에 400만 석으로 확정되었다는 사실은, 15세기 중엽에 가서야 수도 북경의 규모와 이에 필요한 조운이 현실적인 적정 수준에 도달했음을 보여 준다. 이러한 규모는 1415년에 완성된 대운하가 수용할 수 있는 현실적인 물동량을 반영한다고 여겨진다.

문제는 이후 인구 증가와 상품경제의 발전으로 물동량이 증가할 것을 충분히 예상하지 못했다는 사실이다. 당시 대운하를 통해 유통되는 물자는 크게 조량, 조공품, 토의(土宜),[57] 사적 화물로 구분된다. 조운선의 수는 크게 변함이 없었으나, 토의가 계속 증가했고 각종 물자를 실은 사적인 선박이나 관선 역시 증가 추세에 있었다. 이로 인해 대운하에서도 교통 체증과 유사한 병목 현상이 발생했고, 이에 따라 대운하를 관리하는 관료들은 선박에 대한 우선순위를 정할 필요가 생겼는데, 명 초에는 전혀 예상치 못했던 현

〈표 1〉 15세기 조운 방식과 운송량

연도	조운량(단위: 석)	조운 방식	비고
영락 원년(1403)	492,637		
5년(1407)	605,000	해운	
6년(1408)	651,220		
7년(1409)	1,836,852		
8년(1410)	2,015,165		
9년(1411)	2,255,543	해운과 육운을	회통하 개통
10년(1412)	2,487,188	병행	
11년(1413)	2,421,907		
12년(1414)	2,428,535		
13년(1415)	6,462,990		청강포 개통, 해운 정지
14년(1416)	2,816,462		
15년(1417)	5,088,544		
16년(1418)	4,646,530		
17년(1419)	2,079,700		
18년(1420)	607,328		
19년(1421)	3,543,194		북경에서 조하 의식 거행
20년(1422)	3,251,723		
21년(1423)	2,573,583		
22년(1424)	2,573,583		
홍희 원년(1425)	2,309,150	하운	
선덕 원년(1426)	2,399,997		
4년(1429)	3,858,824		초관(鈔關) 설치
7년(1432)	6,742,854		
정통 원년(1436)	4,500,000		
14년(1449)	4,305,000		
천순 3년(1459)	4,350,000		조운선 1만 2000척으로 확정
성화 5년(1469)	3,350,000		
8년(1472)	3,700,000		조운 액수가 400만 석으로 확정
23년(1487)	4,000,000		
홍치 13년(1500)	4,000,000		

* 영락 13년의 수치는 『太宗實錄』, 卷99의 기록이지만, 谷應泰 撰, 『明史紀事本末』(上海古籍出版社, 1994), 卷24, 「河漕轉運」, p.100에는 300만 석으로 되어 있다. 출처: 吳緝華, 『明代海運及運河的 研究』(中央研究院歷史語言研究所, 1961), pp.58, 75, 87, 102, 120, 134의 표들을 요약하여 정리.

상이었다.(4장 참조)

대운하로 조운이 일원화된 의미

1415년은 국가적 물류 체계인 조운이 북경과 항주를 남북으로 연결하는 대운하로 일원화되고 해로를 이용한 운송이 중단된 시점이 된다. 조운 방식에서 해운이 배제된 것이다. 이에 수반하여 중국의 해양력이 쇠퇴하게 된 것은 자연스러운 결과일지 모른다.[58] 이러한 해양 정책의 전개는 항주나 대도에 수도를 두었던 남송 시대부터 원대까지와는 확연한 차이를 보인다.[59] 그 결과 대운하에 대한 명조의 의존도는 이전의 그 어떤 시대와도 비교할 수 없을 정도로 높아졌다.[60]

산동반도를 동쪽으로 경유하는 해도 조운이 중단되자 원대 이래로 산동반도를 남북으로 연결하던 교래하(膠萊河)도 막히기 시작했다. 교래하는 산동반도 남쪽의 교주(膠州)와 북쪽의 래주(萊州)를 연결하는 운하로, 원대에 산동반도를 우회하는 해운로의 위험을 피하면서 운송 거리도 단축하기 위해서 개설된 운하였다.[61] 즉 교래하는 운하이지만 경항 대운하와는 달리 해도 조운을 보완하는 운하였다. 그런데 같은 산동반도에 회통하가 개통되고 1415년에 대운하가 재건되자 "조운이 통하고 해운이 단절되었고, 교래하의 옛길 역시 막히게" 되었던 것이다.[62] 이처럼 교래하의 운명은 해도 조운에 달려 있었고, 청 말까지 복구에 대한 논의만 무성할 뿐 공정의 어려움에 더하여 해도 조운이 부활하지 않았기에 점차 막혀 갈 뿐이었다. 이처럼 교래하의 성쇠는 양자강 이북 연해 지역의 해금 개폐(開閉)라는 상황을 보여 주는 시금석이 된다.

여기서 해도 조운의 금지와 일반적인 해운의 금지를 구별할 필요가 있다. 해도 조운은 양자강 하류에서 산동반도를 우회하여 천진까지 이르는 구

⟨표 2⟩ 명 전기 해양 정책 연표

연호	연도	사항
홍무 원년	1368년	명조 성립. 주변 제국에 사절을 파견
4년	1371년	해금령
7년	1374년	시박사의 폐지
14년	1381년	해금령
16년	1383년	감합 제도의 실시
17년	1384년	탕화(湯和)의 동남 경략 → 해방 체제의 강화
·19년	1386년	일본과의 국교 단절
20년	1387년	도서부 주민의 이주책 → "國初寸板不許下海"
23년	1390년	해금령
30년	1397년	해금령
건문 원년	1399년	정난의 변
4년	1402년	해금령
영락 원년	1403년	시박사의 부활
2년	1404년	해금령
3년	1405년 겨울	정화의 1차 남해 원정(1407년 9월)
5년	1407년 9월	정화의 2차 남해 원정(1409년 여름)
7년	1409년 12월	정화의 3차 남해 원정(1411년 6월)
9년	1411년	* 회통하 정비
11년	1413년 겨울	정화의 4차 남해 원정(1415년 7월)
13년	1415년	* 청강포 개통 → 해도 조운 중단(罷海運)
15년	1417년 가을	정화의 5차 남해 원정(1419년 7월)
19년	1421년 가을	정화의 6차 남해 원정(1422년 8월)
선덕 5년	1430년 12월	정화의 7차 남해 원정(1433년 7월)
6년	1431년	해금령
8년	1433년	해금령
정통 14년	1449년	해금령
경태 3년	1452년	해금령
천순 3년	1459년	해금령

* 출처: 檀上寬, 『明代海禁=朝貢システムと華夷秩序』(京都大學學術出版會, 2013), p.145의 표를 근거로 일부 추가.(추가 부분 표시: *)

간에서 이루어지는 것이므로, 양자강 이남에 있는 절강성, 복건성, 광동성의 연해 지역은 기본적으로 해도 조운의 금지와는 직접 관련이 없었다. 정화의 함대가 출항할 때도 바로 이 구간을 통해서 이동했다. 그렇지만 홍무제가 집권 후반기로 갈수록 강화했던 해금령의 영향을 받아 절강, 복건, 광동을 비롯한 연해 지역 전반에서 민간인들이 주도하는 외국과의 통교는 물론 연해 지역 사이의 상거래는 대단히 어려웠다. 이후 연해민들에게 회자되었던 "국초에 1촌(寸)의 널빤지도 바다로 나가는 것을 불허했다.(國初寸板不許下海.)"라는 이야기 역시 단순한 과장이 아니라 홍무제로부터 시작되어 영락을 거쳐 선덕(宣德) 연간(1425~1435년)까지는 엄격한 해금이 연해 지역에 효과적으로 실시되었음을 알려 준다.[63](〈표 2〉 참조) 따라서 1415년의 해도 조운 단절은 전반적인 해금 정책의 기조가 강력하게 집행되는 상황에서 등장했기에 쉽게 집행되어 정착될 수 있었다. 다만 일반적인 해금령은 연해지역민들의 민간 무역이 활성화되고 해양 조공국에 대한 명의 관심이 급감하기 시작한 15세기 후반부터 실효성을 잃기 시작하지만, 해도 조운 단절은이후에도 지속되어 18세기까지 이어졌다는 데에 차이가 있다. 그 사이에 해도 조운에 대한 금지 해제와 지속을 놓고 논쟁이 벌어질 때도 있었는데, 이는 3장에서 다루고자 한다.

정화 파견과 조공국의 증가

1415년의 조량 해운 금지, 즉 '파해운'에 주목하는 또 다른 이유가 있다. 여는 글에서도 언급했듯, 당시 국가 주도로 대규모 사절단을 해외에 파견하는 정화의 남해 원정이 야심 차게 이루어지고 있었기 때문이다. 세계사적인 맥락에서 정화의 원정을 주목한 것은 대략 1세기 이전인 20세기 초로, 위기에 빠진 중국의 미래를 탐구하는 일환으로 이를 강조한 량치차오(양계초(梁

啓超))와 쑨원(손문(孫文))의 글에서 시작된다. 량치차오는 정화의 성취가 당시 서양이 따라올 수 없었던 '기백(氣魄)'과 '기상(氣象)'의 결과물로서, 미국이 1905년에 제작한 '미네소타(Minnesota)'호의 크기만 한 선박을 15세기 초에 62척이나 제작한 것은 "진실로 불가사의한 일"이라고 자부했다. 쑨원 역시 1918년에 작성한 글에서 "64척의 거대한 선박이 2만 8000명의 선원을 싣고 남해로 항해한 것은 중국의 힘과 영광을 외국에 과시한 것으로, 전례 없이 엄청난 성취"라면서 정화의 보선을 과거 중국의 영광을 보여 주는 상징이나 미래의 영감을 주는 소재로 강조했다.[64]

그리고 거의 1세기가 지난 뒤 다시 정화에 대한 관심이 콜럼버스와의 비교 관점에서 강조되었다. 이번에는 서구에서 일어난 논의가 발단이 되었다. 1994년에 루이즈 레버더스(Louis Levathes)가 『중국이 바다를 지배할 때(*When China Ruled the Seas*)』라는 흥미로운 제목으로 정화의 보선을 언급하면서 『명사』의 기록을 근거로 한 보선의 그림을 콜럼버스의 산타마리아호와 비교해서 제시하였다.[65] 하지만 아직 정화에 대한 세계적인 관심이 환기되지는 않았다. 그러다가 2002년에 개빈 멘지스(Gavin Menzies)라는 아마추어 역사가의 문제작 『1421: 중국, 세계를 발견하다(*1421: The Year China Discovered America*)』의 출간을 계기로 정화를 '콜럼버스의 선례'로 보아야 한다는 논의가 본격화하기 시작했다. 멘지스는 만약 명의 관료들이 긴축 재정을 추구하며 정화의 항해를 중단시키지만 않았다면 정화는 콜럼버스보다 먼저 아메리카 대륙을 발견했을 것이라는 주장을 지도와 유물 자료를 근거로 대담하게 전개했다. 수많은 추정과 논리적 비약이 있었는데도 『1421』은 출간 직후 세계 각 언어로 번역되며, 주로 대중적인 차원이기는 하지만 적지 않은 영향력을 발휘했다.[66] 아마도 정화 항해 600주년의 3년 전이라는 시점이 주효했을 것이다. 이후 멘지스의 두 번째 야심작인 『1434: 중국의 정화 대함대, 이탈리아 르네상스의 불을 지피다(*1434: The Year a Magnificent Chinese Fleet Sailed to Italy and Ignited the Renaissance)*』가 2008년에 출간되면서 오히려 그의 주장은 사실상 학계에서 '이단'이자 '황설(荒說)'로 간주되었지만,[67] 여전히 '만약 그 증거가 발견된다면?'이라는 대중적 기대감은 유럽 중심주의에 대한 저항적 조류와 조응하면서 전혀 줄어들지 않은 느낌이다.

이는 그만큼 유럽 중심주의적 세계사 서술에 대한 저항감과 이에 대한 대안 모색의 갈증이 크다는 것을 반증한다. 정화의 항해 이야기는, 멘지스와 같은 아마추어 학자들의 모험과 실패 등의 여부와 상관없이, 유럽 중심적 세계사를 공략하고 대안적인 세계사를 모색하는 데 여전히 매력적인 소재임이 분명해 보인다. 그런데 이러한 연구는 단순히 과거의 자료를 발굴하여 소개하는 데 그 목적이 있었다기보다는, 이를 통해 이른바 16세기의 '대항해시대' 이래 19세기까지 이어졌던 서구의 강력한 해양력이 단순히 유럽의 전유물이 아니며 그 역사적 선례로 정화의 함대가 있었음을 전혀 주저함이 없이 웅변하는 데 그 목적이 있었다.

정화의 남해 원정을 유럽의 대항해 사례와 비교하는 것은 여전히 흥미롭지만, 이를 통해 마치 당시 중국이 해양에 대해서 대단히 개방적이거나 교역에 적극적이었던 것처럼 해석하는 것은 무리가 있다. 거대한 선박의 제조 능력과 장거리 항해 능력을 폄하해서는 안 되지만, 이러한 '능력'과 집권자의 '태도'를 동일시하는 것은 위험하다. 가령 티머시 브룩이 지적했듯, 정화의 항해 목표는 콜럼버스의 그것과는 현저한 차이가 있었다. 근본적인 동기가 달랐다. 콜럼버스의 항해 목적은 분명히 무역이었지만, 정화의 목적은 외교적으로 해양 조공국의 확대에 있었다. 정화는 영락제가 새 황제로 등극했기에 영락제에게 조공을 바쳐야 한다는 사실을 방문하는 국가마다 선포했다. 영락제는 조공국이 이러한 요구를 거절하지 못하도록 정화에게 상당한 군사력을 동원하게 했지만, 그 군사력에 정복이나 지배를 통한 경제적 이익을 추구하려는 의도는 담겨 있지 않았다.[68] 단조 히로시(檀上寬) 역시 원정의 목적은 명의 국력을 과시함으로써 조공 관계를 확대하여 명 중심의 국제 질서를 확립하려는 정치적·외교적 지향성에 있을 뿐, 이에 수반한 무역은 그 수단일 뿐이었다고 평가했다. 대규모 함대와 막강한 군사력을 동원함으로써 영락제는 해외 여러 나라에 '무언의 위협'을 가했고, 이를 통해 해상의 질서를 빠른 시간 안에 명 중심으로 정돈시킬 수 있었다. 이를 통해 홍무제가 주창했던 해금과 조공이 연결된 해양 체제, 즉 공인되지 않는 민간무역을 금지하는 체제가 영락제 재위 시기에 실질적으로 형성될 수 있었던 것이다.[69]

정화의 원정단이 동남아 각지를 순방하면서 동남아로 화인(華人)들의 이주와 정착이 본격화되었다. 그들은 동남아의 항해 거점 도시를 중심으로 일종의 중국인 디아스포라(diaspora)를 형성하여 훗날 화교 공동체의 직접적인 기원이 되었다. 그들 가운데 일부는 명조가 유일한 교역의 틀로 허용했던 조공 무역의 매개자로 활동했고, 또 다른 일부는 한정된 조공 무역에 만족하지 않고 밀무역에 가담하여 동남아시아와 중국 사이의 공식 기록에 잘 포착되지 않는 왕성한 교류에 기여했다.[70]

여기서 정화의 남해 원정단에도 포함외교(gunboat diplomacy)의 성격이 담겨 있었음을 기억할 필요가 있다. 비록 일곱 차례의 원정 가운데 큰 전쟁은 두 차례밖에 없었으나, 대규모 함대와 막강한 군사력은 주변국에 대한 '무언의 위협'이 될 수밖에 없었다. 당시 정화를 비롯하여 윤경(尹慶)과 후현(侯顯) 등 고위 환관들이 비교적 수월하게 영락제의 의사를 전달하고 명의 우월성을 알리며 신속(臣屬) 관계를 수립할 수 있었던 것도 거대한 함대의 지원이 없었다면 불가능했다.[71] 오늘날 중국에서는 정화의 남해 원정을 '평화적'인 원정이었다고 자랑하곤 하는데, 유럽과의 비교일 뿐이지 별 의미 없는 의미 부여라고 생각한다.

왜 중국은 정화 이후 바다로의 진출을 주저했는가?

정화의 해양 원정은 1405년부터 모두 일곱 차례 이루어졌다. 1433년(선덕 9년)의 마지막 7차 항해에서 회항하던 도중에 정화가 사망했고, 그의 유해는 보선창(寶船廠)이 있는 남경의 우수산(牛首山)에 묻힌 것으로 알려졌으나 명확하지는 않다.[72] 정화의 사망 이후, 조선소는 해체되었고 선원들은 모두 해산되었으며, 선박들은 아무렇게나 방치되어 썩어 갔다. 황제들은 해외에 나가는 중국인들을 중형에 처하였다. 항해죄에 연루되는 것을 두려워한 조선공들은 깊숙이 숨어 버렸다. 1500년이 되면 두 개 이상의 돛대를 가진 정크선을 만들어도 큰 죄가 되었다. 한 세대 만에 중국인들은 보선과 같은 큰 선박을 건조하는 기술을 잃었고 민간 선박들도 믈라카 해협 너머로 진출하는 것을 중단했다.[73] 과거에 원정대를 보내는 데 활용되던 활기는 갑자기 후퇴를 강요하는 데 사용되었다. 정화는 후계자가 없었다. 더 이상의 해상 원정단은 기획조차 되지 않았다. 경쟁적으로 해양으로 진출했던 유럽인들이 보기에 15세기 중국의 해양 정책에 대한 묘사로 '대후퇴(Great Withdrawal)'보다 더 적절할 표현은 없을 것이다.[74]

「여는 글」에서 언급했듯, 심지어 병부에 보관되어 있던 항해도와 항해 관련 문서가 성화 연간(1465~1487년)에 병부낭중 유대하의 주도로 소각되었다는 기록이 있다.[75] 『수역주자록(殊域周咨錄)』에 따르면, 성화제(成化帝: 재위 1465~1487년)의 뜻에 영합한 환관이 정화의 '하서양' 이야기를 황제에게 알렸고, 이에 황제가 정화의 항해 경로를 찾아보라는 유지를 내렸다. 당시 병부상서였던 항충(項忠: 재임 1474~1477년)이 하속 관리에게 옛 안건을 찾아보라고 했으나 이미 유대하가 이를 숨긴 상태였기에 찾을 수가 없었다고 한다. 관리 소홀을 문책하는 항충에게 유대하는 "옛 문서가 비록 남아 있다고 해도 마땅히 훼손하여 그 근원을 뽑아 버려야 하거늘 어찌하여 이미 없는 것을 찾으십니까?"라고 반문했다.[76] 아쉽게도 유대하가 왜 남해 원정의 기록을 감추려 했는지에 대한 이유는 아직 명확히 규명되지 않았다.[77] 다만 그가 이후인 1494년(홍치 7년)에 황하가 물줄기를 바꾸어 큰 수재(水災)가 발생했을 때, 대운하와 연결된 황하 치수에 문제의식을 가지고 잘 처리했던 것과 관련해서 해석의 실마리를 찾아볼 수 있다.[78] 즉 명조가 재정적으로 어려움에 처해 있고 황하 범람 등 각종 자연재해를 막아야 했던 절체절명의 시기에, 유대하는 우선 치수에 엄청난 재원과 인력을 동원하여 정비하는 동시에, 외부적으로 재력과 인력이 낭비되는 대표적인 사업이었던 해양 원정단 파견에 대해서는 그 가능성을 원천적으로 제거하려 했던 것이 아닐까?

고기원(顧起元)은 정화의 해로 개척에 대해 한대(漢代)의 장건(張騫)과 상혜(常惠) 등이 서역 육로를 개척했던 '착공 서역(鑿空西域)'보다 더 힘들고 의미 있는 일이라고 평가하면서, 중단의 아쉬움을 간접적으로 표명했다.[79] 그렇다면 왜 중국은 정화 원정단의 경험을 지속하고 발전시키지 못했을 뿐 아니라 오히려 은폐하려고 했을까?

이에 대해서 지금까지 밝혀진 내용을 간략히 정리하면 네 가지 이유가 제시된다.[80] 첫 번째, 미시적으로 볼 때, 당시로서는 정화의 원정에 대한 재정적인 부담이 컸기 때문이라는 해석이다. 분명 재정 부담은 당시에 중요한 요인이었을 것이다. 거대한 보선 60여 척과 그보다 규모는 작지만 해선 수백 척을 건조하고 이에 2만 명이 넘는 일행을 태워 1년이 넘도록 원양항해를 시도하는 데 드는 비용은 사실상 측량하기가 어려울 정도로 막대했다. 게다가 영락제는 쿠데타를 통해 집권한 지 2년 만에 첫 번째 함대를 파견했고, 집권 초기부터 남경에서 북경으로의 수도 이전이라는 거대한 프로젝트를 진행하여 20년 만에 완성했기에 이와 관련하여 대운하를 재건하는 등의 재정 지출에도 천문학적인 비용이 투입되어야 했다. 따라서 영락제의 사후에 재정 부담을 이유로 정화 원정단에 대한 비난 여론이 비등하였으며, 결국 정화 사후에도 국가 재정의 부담이 원정단의 연속성에 대한 필요성을 압도했을 가능성은 높다. 하지만 이 이유는 명이 안정기에 접어든 15세기 후반 이후, 즉 재정적인 부담이 완화된 이후에 왜 해양 원정단이 지속되지 못했는지에 대해서까지 설명해 주지는 못한다. 가령 16세기 중엽에 연해 지역에서 일어난 교역의 욕구 증대와 왜구의 창궐 및 월항의 개항(1567년)이라는 일련의 변화 속에서 명 초에 시도했던 국가 주도의 원정 프로젝트는 전혀 고려되지 않았다. 따라서 재정 부담이라는 이유는 정화 사후에 잠시 중단된 요인이 될 수는 있으나, 이후 이를 계승하지 못한 이유로 거론하기는 곤란할 것 같다.

두 번째, 정화를 비롯하여 황제의 비호를 받아 권력을 장악한 환관 세력에 대한 저항감과 이에 대한 문인 관료들의 대응 때문이라는 해석이다. 홍무제가 명조 개창 초기부터 환관의 정치 개입에 일정한 제한을 두었는데도 영락제 개인의 특수한 집권 과정과 개성에서 환관 세력이 중용되었음은 주지의 사실이다. 환관 정화와 왕경홍(王景弘)은 '서양'으로 파견되었지만, 그 외에도 '서역'으로는 이달(李達), 동북 지역으로는 이시하(亦失哈), 북으로는 해동(海童), 티베트로는 후현 등 환관이 사실상 황제의 칙사 자격으로 파견되어 조공국의 수를 확대하는 데 결정적으로 기여했다.[81] 따라서 유교적 가치를 내세우며 개창된 명조의 수많은 문인 관료에게 환관들이 강력한 정치력을 발휘하고 대외 관계까지 개입하는 것은 대단히 부정적으로 인식되었다. 하지만 과연 환관이 주도했다는 이유로 원정단 자체의 성과와 의미가 문인 관료들에게 무시되고 폐기의 대상으로까지 전락했는지는 아직 증명되어야 할 부분이 많은 것이 사실이다. 게다가 3장에서 언급하듯 구준(丘濬), 양몽룡(梁夢龍), 왕종목(王宗沐: 1523~1591년), 서광계(徐光啓: 1562~1633년) 등 문인 관료 중에서도 해양에 대해 개방적이고 적극적인 주장을 한 이가 적지 않게 등장했으므로, 환관 대 문관이라는 대결 논리로 정화 이후의 단절을 설명하기에는 충분하지 못한 듯하다.

세 번째, 거시적인 관점에서 볼 때, 정화의 원정 이전부터 반포되었던 명의 해금 정책이 정화 이후에 본격적으로 가동되면서 더 이상의 해상 원정 논의를 질식시켰기 때문이라는 설명이다. 해금 정책이 명 초부터 명시되었으나 수차례의 변동을 거쳐 16세기에 국가 법전인 『대명회전(大明會典)』에 명기되는 등 전혀 완화되지 않았다는 흐름을 고려할 때,[82] 해금 정책은 정화 이후를 설명함에 대단히 설득력이 높은 논거가 된다. 또한 조공국의 수를 늘리려는 목적을 개국 초기에 정화의 원정을 통해 성공적으로 달성했으므로, 해금 정책과 표리 관계에 있다고 평가받는 조공 체제가 비교적 원활하게 유지되는 명 후기까지 원정단 파견에 대한 적극적인 논의가 더는 개진될 가능성이 낮다고 해석할 수도 있을 것이다. 단 중국의 해금 정책은 일본 에도(江戶) 막부의 '쇄국' 정책과 마찬가지로 완전한 해양 '봉쇄'는 절대 아니며,[83] 오히려 예외적인 개방이 다수 포함된 다분히 모순적인 정책에 가깝다. 따라서 명조의 해금은 연해 지역의 교역을 완전히 차단하는 것이라기보다는 전략적인 판단에 따라 연동되는 '선택적' 해금에 가깝다.[84] 결국 국가의 안보와 이윤의 추구라는 두 마리 토끼를 잡기 위한 종합적인 관점에서 해금 정책을 재평가할 필요가 있고, 이러한 해금 정책의 성격 규명이 전제되어야 정화 원정단의 시행과 단절을 큰 모순 없이 이해할 수 있을 것이다.

네 번째, 이 설명은 세 번째 설명과 연동된 것으로, 동남 연해 지역에서 발생한 왜구의 밀무역과 폭력적인 약탈이 중국 조정의 안보 의식을 강화했고, 그 결과 해안을 봉쇄함으로써 해안 방어를 위해 들어가는 비용을 절약하고 그 대신에 '북로(北虜)'로 요약되는 북변 육상 방어에 집중했기 때문이라는 설명이다. 즉 북로남왜라는 외부적 위기 상황 속에서 '남왜(南倭)'에 대한 비용을 줄이고 북로 방어에 집중하면서 해양에 대한 적극적인 시도가 사장될 수밖에 없었다는 관점이다. 이러한 설명 방식은 명에만 국한되지 않고, 만주족이 지배한 청의 상대적으로 소극적인 해양 정책을 설명하는 데도 적용할 수 있다. 이는 「맺는 글」에서 다시 언급할 것이다. 하지만 이러한 설명을 반드시 한쪽을 살리기 위해 다른 한쪽을 희생해야 한다는 제로섬게임으로 이해할 필요는 없다. 명조와 청조 모두 육로 방어와 해로 방어를 함께 고려하였으나, 당시 국제 정세('시세')와 국내적 역량을 고려한 '합리적인'(전략적인) 선택이 결국 해금 또는 육방(陸防) 우선으로 귀결되었다고 볼 수 있기 때문이다.

이상과 같은 네 가지 이유가 정화 사후에 원정이 사라졌던 '미스터리'에 대한 현재까지의 설명 방식이다. 정화가 사망한 후 중국은 바다로의 적극적인 진출을 시도하지 않았다. 역사의 아이러니는 바로 여기서 말미암는데, 정화 원정단에 대한 기억이 점차 사라질 무렵 유럽이 해양 무역을 접수하며 중국을 둘러싼 바다에 포진하기 시작한 것이다. 15세기에서 16세기로 넘어가는 순간에 발생한 대조적인 현상이었다. 이 책의 문제의식도 여기서 출발한다.

1415년, 포르투갈의 세우타 점령

이처럼 15세기에 중국 황제들이 해외로 배를 파견하는 데 흥미를 점차 잃어 가고 있을 때, 포르투갈의 엔히크 '항해 왕자'(Infante Dom Henrique, O Navegador: 1394~1460년)는 해양으로의 탐험 계획에 온 자원을 쏟아붓고 있었다. 1415년, 포르투갈의 엔히크 왕자는 모로코의 세우타(Ceuta: 현재 스페인의 영토로 지브롤터(Gibraltar) 해협 건너편의 모로코 영토에 붙어 있는 도시)를 점령했다.(〈지도 2〉 참조) 이는 아프리카로 진출하기 위한 발판을 마련하려는 목적인 동시에, 이슬람 세력에 빼앗겼던 영토를 되찾고자 기독교 국가들 사이에 퍼진 일련의 국토 회복 운동, 즉 '레콩키스타(reconquista)'의 한 결과였다. 즉 세우타 원정은 비록 한정되고 일시적인 목적을 위해 추진된 것이기는 하

스페인

발레아레스 제도

마드리드

포르투갈

지중해

리스본
세투발

과달키비르강

팔로스
세비야
그라나다

사그레스

지브롤터

탕헤르
세우타

〈지도 2〉 세우타

지만, 분명 십자군 전쟁의 맥을 잇고 있었다.[85]

하지만 세우타 점령은 종교적 회복 이상의 의미를 내포했다. 당시 세우타는 '지중해의 열쇠'라고 불렸다. 세우타는 모로코로 진출할 수 있는 전진기지이자, 지브롤터를 공격할 수 있는 공격기지였다. 포르투갈이 세우타를 함락시켰다는 소식은 전 유럽에 크나큰 반향을 불러일으켰다. 1415년에 포르투갈이 세우타를 점령함으로써 "십자군 운동은 중세적 국면에서 근대적 국면으로 전환"했으며, 이는 곧 "지중해 유역에서 이슬람을 겨냥해 이루어지던 전투가 세계를 향해 기독교 신앙과 유럽의 상품 및 무기를 전달하기 위한 일반적 분투"로 확산되는 계기를 마련했다.[86]

그 포문은 포르투갈과 카스티야가 열었다. 포르투갈은 14세기 중엽에 자국 영토를 이슬람교도의 손에서 회수했으며, 영토 확장주의자들의 개척 왕국이었던 카스티야는 기사와 목축업자들, 일확천금을 노리는 폭도와 군인들을 앞세워 대리석 궁전과 시원한 연못, 초록 정원, 수준 높은 학문으로 상징되던 남부의 무어족(Moor) 도시들을 점유하는 데 성공했다. 이베리아반도에서 무어족을 완전히 축출하기도 전에, 이베리아 국가들은 바다 너머를 탐사하고 공격했다. 첫 표적은 지중해의 섬들과 북아프리카 해안이었다. 아라곤(Aragó) 왕국의 차이메 1세(Jaime I)는 1229~1235년 사이에 발레아레스 제도(Illes Balears)를 점령했다. 그다음에 포르투갈이 1415년에 세우타를 점령했다. 이후 포르투갈은 1463년에 카사블랑카(Casablanca: 모로코 북서 해안의 항구도시), 1471년에는 탕헤르(Tánger: 모로코 북쪽 해안의 항구도시)를 차례로 점령해 나갔다.[87]

이처럼 포르투갈의 초기 아프리카 탐사는 이슬람권과의 투쟁과 교역이라는 두 가지 목표를 지향하였다. 즉 포르투갈의 세우타 점령은 아시아로 항해하는 것을 목표로 삼은 것이 결코 아니었다. 그러나 이처럼 남하하던 포르투갈은 처음에 생각지도 않았던 인도 항해 가능성을 발견하게 되었고, 아시아로의 진출로 방향을 선회하게 되었다.[88] 그래서 1430년대를 세계사의 결정적 전환기, 즉 서양의 지배가 가능해진 시기로 보는 학자도 있다. "해양 기술이 대양을 전 행성을 잇는 고속도로로 막 바꾸기 시작한 바로 그 순간 엔히크 왕자는 그 가능성을 포착했고 정통제(正統帝)는 거부해 버렸다."[89] 이언 모리스(Ian Morris)는 이처럼 상반된 모습이 이후 해양 세계에서 서양의 우세를 가능케 하는 전환점이 되었다고 보았다.

여기서 다시금 해양 세계에 대한 '유럽의 성공' 신화를 반복하려는 의도는 전혀 없다. 유럽의 해양 진출을 선도하며 아프리카와 인도양, 아시아, 아메리카 대륙까지 진출했던 포르투갈의 전성기가 중국의 대운하 시대와 거의 겹치며,[90] 그 시작점으로 꼽는 연도가 모두 1415년이라는 점을 언급하고 싶었을 뿐이다.[91] 동아시아의 바다에 강력한 해양 세력으로 16세기에 등장한 포르투갈이 마카오와 일본을 '발견'하게 되기까지의 여정은 교역항 세우타를 점령하는 1415년부터 시작되었다.[92] 우연의 일치처럼 보이는 1415년의 두 가지 사건을 제시함으로써 조량 해운의 단절이 이후 중국의 역사에 미친 영향력을 세계사의 흐름과 관련하여 음미하고자 했다. 역사에 순수한 우연은 없는 것 같다.

2장

1492년, 휘주 상인이
염운법의 변화로
새로운 기회를 잡다

1492년, 섭기의 운사납은제 실시

1492년(홍치 5년) 호부상서(戶部尙書) 섭기(葉淇: 1426~1501년)의 요청으로 소금 유통에 운사납은제(運司納銀制)라는 새로운 방식이 도입되어 시행된다는 소식이 중국 최대의 소금 유통 중심지인 양주에 전달되었다. 당시 양주는 소금 유통의 중심지이자 대운하와 양자강이 만나는 교통의 요지로 급성장 중이었다. 이미 수·당 시대부터 지리적 이점으로 인해 최대의 항구도시로 번영을 누렸던 양주에는 대운하를 개착한 후 양주에서 체류하기를 즐겼던 수양제의 무덤이 남아 있었다. 수많은 상인이 소금을 거래하기 위해 왕래하는 도시였지만 15세기에 소금 유통으로 돈을 번 염상(鹽商), 즉 소금 상인들은 양주에 거처를 마련하고 가장 영향력 있는 세력으로 자리를 굳히고자 했다.

염상들은 운사납은제의 실시 소식을 접하자마자 새로운 제도가 자신들에게 유리한지 불리한지를 재빨리 가늠하기 시작했다. 탄성을 지르며 환호하는 일부 상인들이 있었지만 소수였다. 양주에서 오랫동안 소금 유통업에 종사하던 상당수의 상인은 이 소식에 실망감과 당혹스러움을 감출 수 없었다. 이미 100여 년 넘게 유지되었던 기존의 소금 유통 방식과 확연히 다른 새로운 방안이었기 때문이었다.

운사납은제의 핵심적인 골격은 염상이 소금 유통의 행정 관청인 '운사', 즉 염운사(鹽運司)에 은으로 세금을 납부하는 조건으로 소금 판매권이자 그 판매권을 명시한 문서이기도 한 염인(鹽引)을 획득하는 데 있었다. 이전에는 염상이 군향을 위한 곡물을 직접 북변으로 조달해야 염인을 획득할 수 있었다. 이를 개중법(開中法)이라고 불렀는데, 소금 유통과 변방으로의 군향 조달을 연계한 것을 특징으로 한, 소금에 대한 국가의 전매제도였다. 염세를 은으로 확보한 명 조정은 그 은을 북경의 태창고(太倉庫)로 보내었다가 변경의 필요에 따라 군향 조달에 사용할 수 있도록 경운연례은(京運年例銀)에 조달했다. 운사납은제의 등장이 개중법을 완전히 대체한 것은 아니었다. 17세기 초에 등장한 강운법(綱運法)이 개중법을 대체하는 변혁이었다면, 운사납은제는 개중법의 기본 골격을 유지하는 가운데 이루어진 대폭적인 개혁이었다.(〈표 3〉 참조)

상인들의 입장에서 운사납은제는 성공의 기준이 군향 조달 능력에서 세금 납부 능력으로 변화된 것을 의미했다. 따라서 기존에 북변 군향 조달에 유리한 위치를 점하고 있던 상인, 그래서 염인을 쉽게 획득하고 돈을 벌었던 북변 지역 출신의 상인들은 그동안 누리던 이점이 사라졌다고 느꼈다. 대표적인 이들이 산서성(山西省)과 섬서성(陝西省)처럼 북변과 인접한 지역 출신의 상인이었다. 반대로 기존의 개중법에서 불리함을 경험했던 상인들 가운데 은으로 세금을 납부하는 것을 편리하게 여겼던 이들이 생겨났다. 양자강과 인접한 남방 지역 출신으로 대운하 유통로를 이용하는 것에 익숙했던 안휘성 휘주부(徽州府) 출신의 상인들이었다.

휘주 상인 혹은 휘주부의 옛 이름을 따라 신안(新安) 상인이라고도 불리는 이들에게 1492년의 운사납은제를 통해 양회(兩淮) 지역의 소금 유통업에 개입할 수 있는 합법적이고도 손쉬운 길이 열린 것이다. 그렇다면 왜 섭

〈표 3〉 명·청 시대 염운법 비교

	개중법 (홍무제, 1370년)	운사납은제 (홍치제, 1492년)	강운법 (만력제, 1617년)
실시 배경	· 북변 방어 및 북변으로의 군향 조달의 중요성 증대	· 대항해시대로 확대된 세계경제의 변화 → 중국 경제에 영향(세금의 은납화와 은 경제의 심화)	· 국방비 증가 및 환관의 횡포로 인한 기존 소금 유통 체제 붕괴 · 산서·섬서 상인 등 기존 염상 타격
염인 획득 방법	· 상인이 직접 북변에 군향(군량) 조달 → 군향(군량) 조달 능력이 필수	· 염운사에 세금(은) 납부 → 은 납부 능력이 필수	· '강(조합)'에 속한 상인들이 세금 납부 → '강'에 가입할 수 있을 정도의 규모가 필수
유통 과정의 특징	· 장거리, 장기간의 복잡한 유통 단계(보중, 수지, 시역) · 염인 발급 대상자만 유통 가능(대리인 고용 및 염인 재판매 불가)	· 소금 유통 과정의 분업화(변상, 내상, 수상)	· '강'에 속한 상인들에게 염운 과정에 대한 재량권 위임 · '강'에 대한 배타적 세습권 인정
영향	· 북변에 가까운 산서·섬서 상인 성장 · 회양 지역 하공의 중요성 증대	· 휘주 상인 등 외부 상인의 소금 유통 진입 기회 확대	· 강운법 실시 당시 강력했던 염상(주로 휘주 상인)의 지위가 청대까지 지속

↓	↓
'관전매' 국가가 소금 유통 과정을 적극적으로 관리	'상전매' 국가가 소금 유통 과정에 대한 재량권을 '강'(소금 상인 조합)에 위임

기는 기존의 개중법 체제에 운사납은제라는 방식을 도입했던 것일까? 운사납은제의 도입으로 소금 유통업에 개입한 휘주 상인은 어떻게 대표적인 대운하 도시로 손꼽히는 양주에 진출하여 염상계의 선발 주자인 산서 상인과 섬서 상인들을 압도하게 되었을까? 이를 이해하려면 약간 복잡하게 느껴질

수 있는 명대 염운법의 특징과 그 변화 과정부터 살펴볼 필요가 있다.

북변으로의 군향 조달과 연계된 명대의 소금 유통법

소금은 인간의 생존에 필수적인 것이지만, 대체재가 없고 제한된 지역에서만 생산되었다. 가령 중국은 동부의 해안 지역을 중심으로 생산된 자염(煮鹽)을 광대한 내륙으로 유통시키는 것이 일반적이었다. 물론 내륙에도 소금을 채취할 수 있는 지역이 있었다. 가령 사천성(四川省)에서는 우물 형태로 땅속에서 소금을 채취했던 정염(井鹽)이 유명했고, 산서성 등지에도 호수에서 채취하는 지염(池鹽)이나 바위 형태로 응고된 암염(巖鹽)이 존재했다. 하지만 내륙의 소금은 생산량이 많지 않았고 품질 역시 천일염에 미치지 못했다. 그래서 중국의 역대 왕조는 제한된 해안 지역에서 생산되는 소금을 모든 백성에게 안정적으로 공급할 수 있는 방법을 강구해 왔으며, 시간이 흐를수록 그 과정에 깊숙이 개입함으로써 막대한 규모의 염세를 거두어들였다. 이 과정에서 소금이 국가의 대표적인 전매품이 되었다.

일찌감치 한나라의 무제(武帝)가 국가 재정을 확충하기 위해 소금에 대한 전매제도를 시행했던 것이 그 시작이었다. 이후 당대(唐代)에 안사(安史)의 난으로 열악해진 재정 상태를 개선하기 위해 제오기(第五琦)는 대표적인 해염(海鹽) 산지인 강회(江淮) 지역(장강과 회수 사이 지역)에서 전매제를 실시하였다. 그 결과 한때는 소금의 세수가 재정 수입의 절반을 차지하기에 이르렀다. 송대에는 소금의 전매제가 확립되고 일부 지역에서 염상이 조직화하면서 염상의 역할이 중요하게 대두했다. 특히 염상의 집단적인 역할과 활동이 역사 속에서 두드러진 시기는 개중법이 실시된 명나라 시대부터다.

개중법이란 송대의 제도였던 입중법(入中法)에 기반을 두어 만들어진 제도로, 간단하게 정리하면 상인에게 북변의 지정된 장소로 곡물을 운송시킨

대가로 소금의 운송 및 판매권인 염인을 지급하는 체제였다.[1] 이후 개중법은 1617년(만력 45년)에 새로운 염운 방식인 강운법(綱運法)으로 대체되기까지 줄곧 명대 염법의 모체가 되었다.

소금 유통을 군향 조달과 연계하는 것은 유통의 원리상 그다지 자연스럽지 않은 독특한 발상이었다. 이는 그만큼 북변 방어가 쉽지 않았던 송과 명의 공통적인 대외 상황과 관련이 있다. 송나라가 북방에서 성장한 거란(契丹), 여진(女眞), 서하(西夏), 몽골의 침략을 방어하는 데 온 국력을 집중했던 것처럼, 명나라 역시 막북으로 쫓겨 갔으나 여전히 위협 세력으로 존재했던 몽골의 침략을 방어하는 일환으로 초기부터 소금을 활용한 것이다. 이는 소금이 국가의 전매품이었기 때문에 가능했던 관부와 상인 사이의 '거래'라고 볼 수 있다.[2] 국가는 상인에게 염운 참여의 이윤을 제공하는 대가로 북변으로 군향을 조달하는 책임을 전가했고, 상인은 번거로운 군향 조달을 염운의 특권을 획득하기 위한 일종의 수수료로 인식했다.

무엇보다 수도가 북경이 된 상황에서 15세기 중엽에 북변 방어가 왕조의 운명을 좌우할 정도로 상황이 악화되었음을 상기할 필요가 있다. 바로 황제가 몽골군에 사로잡혔던 전대미문의 사건 때문이다. 수도가 남경이었던 명초라면 상상할 수도 없는 국면 변화였다. 북경으로 천도했던 영락제는 이러한 점을 예감이라도 했듯, 직접 군대를 이끌고 다섯 번이나 몽골에 대한 친정을 감행했으나, 결국 성공하지 못하고 회군 도중에 사망하고 말았다. 군향 조달과 연계된 명의 염운법을 이해하는 데에도 필요하기에 잠시 북경 조정이 몽골을 강력한 위협 세력으로 인식하게 된 상황을 살펴본 후 본격적인 염운법 이야기로 넘어가자.

1449년, 토목보의 변을 통한 '육상 제국'화

정통제의 치세 기간(1436~1449년)에 명나라 역사에서 대단히 중요한 두 가지 사건이 발생했다. 하나는 수도가 북경으로 확정된 것이고, 다른 하나는 토목보(土木堡)의 변이다. 1441년(정통 6년)에 '행재'라는 딱지가 떨어지고 1447년(정통 12년)에 수도로서의 도시 정비가 사실상 완결되면서 더는 흔들림이 없을 것 같았던 수도 북경의 위상은 바로 2년 뒤인 1449년(정통 14년)에 토목보의 변을 당하면서 다시 크게 흔들렸다.

당시 북쪽에서는 몽골 세력의 재규합에 성공한 오이라트(Oyirad, 瓦剌) 부의 수장 에센(Esen, 也先)이 세 방면으로 북중국을 침공하기 시작했다. 이에 환관 왕진(王振)이 정통제 주기진(朱祁鎭)의 친정(親征)에 대한 열망을 자극했고, 결국 정통제는 이복형제 주기옥(朱祁鈺)을 궁정의 업무 처리를 위해 감국(監國)으로 북경에 남겨 놓은 채 원정에 나섰다. 그러나 1449년, 토목보의 야전에서 정통제는 몽골군의 포로로 붙잡혔다. 이른바 '명의 가장 치명적인 군사적 실패'로 불린 원정이었다.[3] 오이라트의 군대 역시 자신들이 사로잡은 이들 가운데 황제가 포함되었으리라고는 상상조차 못 했다. 에센은 이전에 북경에 사신으로 보냈던 이들을 불러내어 포로(정통제)의 신원을 확인했다. 정통제는 이들을 알아보았고, 그들은 사로잡힌 황제에게 고두의 예를 표했다. 에센은 믿을 수 없었다. 그러나 사실이었다.[4]

정통제가 몽골군에 생포되자 북경 조정은 대혼란에 빠지고 한림시강(翰林侍講) 서유정(徐有貞)을 비롯한 일부 신료들은 남경 환도의 목소리를 높였다.[5] 그러나 당시의 예부상서(禮部尙書) 호영(胡濙)과 병부좌시랑(兵部左侍郎) 우겸(于謙)은 이미 북경에 황릉이 존재하고 전국의 수도로 정착된 이상 천하의 근왕병(勤王兵)을 모아 죽음을 무릅쓰고 항전해야 한다고 주장하였다.[6] 특히 송나라가 남으로 수도를 옮긴 전철을 되풀이해서는 안 된다고 주장했는데, 이후 천도 논의는 더 이상 진행되지 않았다.[7] 항주로 천도했던 송나라의 사례를 감계(鑑戒)로 삼아, 북변 방어를 적극적으로 추진하기 위해서라도 북변에 수도를 유지해야 한다는 논의가 탄력을 받은 것이다. 경태제(景泰帝: 재위 1450~1456년)를 즉위시키며 북경을 사수하는 데 결정적인 영향력을 미쳤던 우겸은 병부상서가 되어 경태제의 치세 기간에 국정을 주도했다. 반면에 남경 환도를 주장했던 서유정은 경태제의 치세 말기에 몽골로부터 풀려나 가택 연금 상태에 있던 태상황 주기진을 다시 황제로 옹립하는 '탈문(奪門)의 변'(1457년)을 기획할 때까지 몸을 낮추고 지내야 했다.[8]

토목보의 변을 경험하면서 수도 북경의 위상은 또 한번 시험대에 올랐으나, 이번에는 몽골 위협론에 맞서는 북경의 지정학적 중요성이 부각되면서 넘어갈 수 있었다. 문제는 이를 뒷받침해 줄 수 있는 남방으로부터의 물자 조달이 얼마나 안정적으로 유지될 것인지에 있었다. 이는 그동안 남경 환도론자들이 줄곧 강조하던 조운의 경제적 부담이었다. 그만큼 북경이 수도로서 위상을 확보하면 할수록 안정적으로 물자를 조달하기 위한 대운하의 기능이 주목될 수밖에 없었다. 토목보의 변을 거치면서 대운하는 단순히 조량 등의 물자 운송에 그치지 않고 인력과 문화를 포함하는 정보까지 전달하는 통로로 정착되었고, 대운하와 연결된 북경은 오히려 남북 통합의 아이콘으로 그 위상을 정립해 갈 수 있었다.[9]

무엇보다 토목보의 변을 통해 '몽골 위협'론이 더욱 강화되어 정국 운영에 압도적인 이슈로 부각하였다. 경태제가 등극한 이후 몽골의 위협에 대한 북경 방어가 국정의 최우선 과제가 되었고, 이에 따라 약 8만 명에 달하는 선부(宣府)의 군대가 북경 방어에 배치되었으며, 연해의 수비 군대와 운송을 담당하는 군대 역시 북경으로 보내져서 엄격한 훈련을 받았다.[10] 토목보의 변을 겪으면서 북변 방어의 필요가 급박해지자 해안을 돌아볼 여지는 확실히 줄어들었다. 북변 방위비의 증대와 빈번하게 입공(入貢)하는 몽골에 대한 상사(賞賜)까지 불어나면서 명의 국가 재정은 큰 압박을 받게 되었다.

명 조정의 관심이 오직 북변 방위에 두어지면서 해양 국가들과의 조공 관계는 명 위정자들의 뇌리에서 존재감이 급속히 옅어지기 시작했다. 북변에서 급증한 북로의 위협이 해양에 대한 명의 태도를 급속하게 소극적으로 변화시킨 것이다.[11] 그렇지 않아도 북쪽 변경으로의 곡물 조달이 왕조 초기부터 중시되어 소금 유통법과 연계되었는데, 토목보의 변을 거치면서 대운하의 중요성은 왕조의 존망을 좌우할 정도로 커졌다.

개중법의 첫 번째 수혜자, 산서 상인과 섬서 상인

개중법의 소금 유통은 크게 세 단계로 구분할 수 있다.[12] 첫 번째가 '보중(報中)'이라고 불리는 단계로, 상인들이 호부에서 발표한 요구 사항에 따라 쌀과 보리, 콩 등의 군량을 변방의 지정된 창고로 운송하면 그에 상응하는 영수증인 창초(倉鈔)를 획득하는 것이다. 두 번째는 '수지(守支)'라고 불리는 단계로, 보중을 마친 상인이 지정된 염장에 가서 행하는 세 가지 과정을 말한다. 먼저 (1) 각 염운 구역의 행정 중심지에 위치한 염운사에 가서 자신이 휴대한 창초와 호부에서 보내온 감합 문서를 대조하여 염인을 획득한 후, (2) 교환한 염인을 가지고 지정한 염장에서 소금을 지급받고, (3) 이 소금을 유통하기에 앞서 비험소(批驗所)라고 불리는 검사 장소에서 염인의 내용과 소금의 분량을 대조하는 검사를 받는 것이다. 세 번째 단계로, 수지를 마친 상인은 염장을 떠나 지정된 행염지(行鹽地: 소금의 판매지)로 가서 소금을 판매할 수 있는데, 이를 '시역(市易)'이라 불렀다. 시역의 단계에서도 상인은 소금과 함께 반드시 염인을 휴대해야 했고, 염인이 없을 경우 불법 소금, 즉 사염(私鹽)을 유통한 죄로 간주되어 처벌을 받았다. 그리고 정해진 행염지 외의 지역으로 운송하거나 운송하는 도중에 소금을 매매하는 행위도 엄격히 금지되었다.

이처럼 '보중', '수지', '시역'으로 이어지는 일련의 과정을 통틀어 개중법 체제라 부른다. 그 과정도 복잡하지만, 북변에서 시작하여 각 염구(鹽區)의 행정 중심지와 염장(鹽場)을 거쳐 판매지까지 왕래하는 이동 거리와 소요 시간도 상인에게는 여간한 부담이 아니었다. 가령 가장 규모가 큰 양회 염 장에서 활동하기 위해 북변-양주의 염운사-염장-행염지로 연결되는 과정을 아무런 장애나 지체 없이 순조롭게 진행한다 하더라도, 왕복에는 1년 이 상이 소요되었다.[13] 적어도 1년 이상 버틸 수 있는 자본이 없는 영세 상인으로서는 함부로 뛰어들 수 없는 장거리 유통업이었다.

여기서 한 가지 더 주목할 특징이 있는데, 군향의 납부부터 소금의 판매에 이르는 일련의 과정을 동일 상인이 부담하도록 규제하고 있다는 사실이다. 즉 원칙적으로 염상은 염인을 타인에게 매매할 수 없었고, 염운 도중에 대리인을 고용할 수 없었다.[14] 복잡한 유통 과정을 동일인에게 강제하는 것은 국가 입장에서 사염의 통제와 관리를 수월하게 하려는 의도에서 나온 것이지만, 실제 유통을 담당했던 상인들에게는 한 사람이 감당하기에는 과도한 규제였다. 그 결과 중소상인이 소금의 유통 과정에 자의로 참여하는 것은 '원칙상'으로 불가능했다.

북변에 인접했던 산서성 출신과 섬서성 출신의 상인들이 유리했던 이유가 여기에 있었다. 우선 그들은 북변과 가깝다는 지리적 이점이 있었다. 그들은 북변의 지리적 조건에 익숙했을 뿐 아니라 영락 연간(1403~1424년)부터는 축적된 자본을 가지고 유민(流民)을 소집하여 변방의 황무지를 개간하고 그곳에서 생산된 곡식으로 군향을 재빠르게 조달했다. 이것을 상인이 주체가 되어 진행된 둔전이라고 하여 상둔(商屯)이라고 부른다.[15] 상둔 경영을 통해 상인들은 곡물 운송의 비용을 절약할 수 있었고, 유민은 일자리를 얻었으며, 병졸은 곡식을 구매하는 번거로움을 줄이는 세 가지 효과가 있었다.[16] 그 가운데 가장 큰 이익을 얻었던 이들이 먼 남쪽 지방으로부터 곡식을 운송하는 비용을 줄일 수 있었던 상인이었다. 그 대부분이 바로 산서성과 섬서성 같은 북변 지역 출신의 상인이었다.[17]

무엇보다 북변의 안보 상황에 따라 군향 조달의 변화 폭이 컸다. 명조는 빠른 시간에 군향을 조달하는 데 성공한 상인에게 우선권을 주었으므로, 상둔을 경영하는 북방 출신 상인들의 경쟁력은 높을 수밖에 없었다.[18] '보중' 단계에서 유리한 고지를 점령한 산서 출신과 섬서 출신의 상인들은 염운의 두 번째 단계인 '수지' 단계를 완료하기 위해 명 초부터 양회 염장이나 양주와 회안처럼 유통업의 중심지에 체류하는 대표적인 상인 집단이 되었다. 이 과정에서 '보중'과 '수지'를 위해 변경 지역과 양회 염장을 왕래하는 것은 '비만(飛輓)', 즉 날아다니듯 신속하게 물자를 운송해야 하는 고생스러운 일로 일컬어졌다. 하지만 그만큼 많은 이윤을 획득할 수 있었으므로 산서 상인 범세규(范世逵)처럼 이에 종사하는 이들은 끊이지 않았다.[19] 소금을 판매할 수 있는 권리증인 염인을 획득할 경우 소금 매입가보다 6~7배의 이윤을 남길 정도로 수지맞는 장사가 양회 염구의 소금 유통업이었다.[20]

지리적으로 서로 인접해 있는 산서성 출신과 섬서성 출신의 상인들은 때로는 경쟁 관계를 유지하기도 했지만, 객지로 진출할 때에는 지리적인 인접을 근거로 한 동류 의식(同類意識)을 형성하여 협력할 때가 많았다. 특히 개중법 체제하에서 변경으로의 '보중'을 마치고 다음 단계인 '수지'를 위해 해안 지역에 인접한 각 염장으로 진출한 이들은 서로 협력하며 유사한 존재 양태를 보였으므로 객지에서는 '산섬상(山陝商)'으로 통칭되었다. 특히 회양(淮揚) 지역처럼 휘주 상인을 비롯한 여러 상인이 혼재하며 경쟁이 심한 곳에서 두 지역 상인 사이의 동류 의식은 더욱 강화되었다. 양주와 요성(聊城)에 건립된 산섬회관(山陝會館)은 이 도시들이 두 지역의 상인들이 하나의 회관을 운영해야 할 만큼 경쟁이 치열했음을 알려 준다. 사료에서 흔히 '진진(秦晉)'으로 통칭되거나, 휘주 상인의 후예 왕도곤(汪道昆)이 남긴 『태함집(太

函集)』에서 그들을 '양적지고(陽翟之賈: 진시황(秦始皇)의 재상 여불위(呂不韋)를 지칭하는 것으로, 재상이 되기 전의 여불위가 양적 일대의 거상이었던 것, 여불위가 재상을 지낸 진나라가 섬서 일대와 산서 일대에 위치했던 것에 빗대어 산섬상을 지칭한 것)'라 칭했던 것도 이러한 이유에서다.[21]

회양 지역의 중심 도시, 양주

'보중'이 염인을 획득할 수 있는 첫 단계이지만, 상인들이 실제로 염인을 가지고 소금을 취하여 판매하기 위해서는 '수지'와 '시역'을 수행하기 편리한 소금 생산지에 장기적인 거처를 마련해야 했다. 산서 상인과 섬서 상인들은 이윤을 많이 남길 수 있는 최대의 염장 중심지를 선호했고, 양회 염장의 염운사가 위치한 양주는 그중 첫 번째로 손꼽히는 도시였다.

명은 소금 유통을 효과적으로 운영하기 위해 원의 제도를 참조하여 전국을 열 개의 주요 염구(鹽區)로 구분하였고, 청은 명의 제도를 이어받아 열한 개의 염구로 구분하였다. 명의 10대 염구는 양회(兩淮), 양절(兩浙), 장노(長蘆), 산동, 복건, 하동(河東), 섬서, 광동, 사천, 운남(雲南)이고, 청의 11대 염구는 양회, 양절, 장노, 봉천(奉天), 하동, 산동, 복건, 양광(兩廣), 사천, 운남, 섬감(陝甘)이다. 청대의 봉천 염구는 명대의 요양(遼陽) 염구에 해당하는데, 명의 요양 염구는 생산량이 많지 않아 주요 염구에 포함되지 않았다.[22] 각 염구에는 염운사사(鹽運使司)를 비롯한 염정 전담 기구를 설치하였고, 중앙에서는 정기적으로 순염어사(巡鹽御史)라는 감독관을 파견하였다. 하나의 염구에는 소금의 생산 지역과 소비 지역이 결합되었다. 양회 염장을 비롯한 대부분의 염구는 해안 지대에 접해 있었는데, 이러한 지역의 염장에서는 바닷물을 끓이거나 햇볕으로 증발시키는 방법으로 소금을 생산했다. 염구의 경계를 설정할 때는 소금의 운송비를 가장 크게 고려하였다. 전근대 시대의 화물 운송에 가장 효율적인 방식은 누차 언급했듯 수로를 이용하는 것이고, 주요한 수로를 연결할 수 있는 생산지와 소비지를 묶어서 하나의 염구로 편성하였다.

10~11개 염구 가운데 소금 생산량이 가장 많은 곳은 명대와 청대 모두 양주를 중심지로 둔 양회 염구다. 회수를 기준으로 소금의 판매 경로를 회남(淮南)과 회북(淮北)으로 구분했기에 양회라고 불렀다. 회수 하류의 남과 북에 위치한 약 30여 개의 염장에서 생산된 소금은 염운하(鹽運河), 대운하, 양자강 및 그 지류를 이용해 강소성, 안휘성, 하남성(河南省), 강서성(江西省), 호광성(湖廣省: 청 초에 오늘날의 호북성과 호남성으로 나뉨) 등 양자강 중류 및 하류 지역의 260여 개 주현에 소금을 유통시켰다. 이미 송대부터 전국 염구 가운데 가장 많은 소금을 생산했던 양회 염장은, 원대에는 전체 염과(鹽課)의 반을 납부하였다.[23] 명 초에도 전체 220여만 인의 염인(鹽引) 중 약 3분의 1에 해당하는 70여만 인을 생산하였다.[24]

염정의 관점에서 양회 염구를 부르는 다른 용어로 '회(淮)·양(揚) 지역'이라는 말이 있다. 회양 지역이란 청 초의 행정구역으로 보면 강소성 북부의 회안부(淮安府)와 양주부(揚州府)에 소속된 다섯 개 주와 열여섯 개 현을 일컫는다.[25] 그런데 북쪽의 회안과 남쪽의 양주는 회양 운하라고 부르는 대운하의 일부 구간으로 연결되어 있었다. 실제로 사료에서는 명대 이래 대운하를 중심으로 황하, 회수, 양자강이 상호 교차하는 강소성 북부의 수계(水系) 밀집 지역을 총칭할 때 '회양'이라는 용어를 더 자주 발견하게 된다. 무엇보다 회양 지역은 〈그림 6〉을 통해 쉽게 파악할 수 있듯, 황하와 회수, 양자강, 대운하라는 거대한 수계로 둘러싸여 있을 뿐 아니라 지역 내부에도 크고 작은 하천과 호수가 거미줄처럼 연결되어 있었다. 이 지역이 강남과 마찬가지로 '수향(水鄉)' 혹은 '택국(澤國)'이라고 불린 이유가 여기에 있다. 물론 '회양'이라는 공간 개념이 종종 강소성 이북을 뜻하는 '소북(蘇北)'이라는 근대

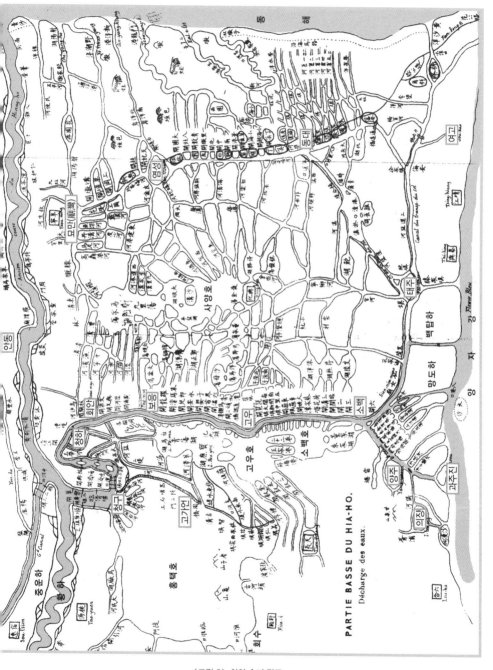

〈그림 6〉 회양 수리 전도

출처: Domin Gandar, *Le Canal Impérial: étude historique et descriptive*(Kraus Reprint, 1975).

적 지리 개념이나 '양회'와 같은 염정 구역과 혼용될 때가 있다. 대운하를 중심으로 이루어지는 물자 유통에 주목하는 이 책에서는 수리 체계와 연관된 이름인 '회양'이라는 용어를 주로 사용할 테지만, 염정과 관련한 언급에서는 양회를 혼용한다.

하지만 회양 지역의 이미지는 강남 지역의 이미지처럼 긍정적이지는 못하였다. 이는 회양 지역에 끊임없이 수재가 발생하였기 때문이고, 수재로 인해 파생되는 조운과 염정의 피해 역시 막대하였기 때문이다. 회양 지역에 수재가 발생하는 근본 요인은 황하에 있었다. 대량의 토사로 인한 범람과 물줄기의 잦은 변동은 황하가 지닌 본질적인 문제였다. "황하를 다스리는 자가 천하를 지배한다."라는 말은 그만큼 황하 치수가 대단히 어려운 작업임을 알려 준다.

회양 지역의 안녕은 물의 흐름에 달려 있었다. 무엇보다 서쪽에서 흘러오는 황하와 회수의 물을 적절하게 동쪽의 바다로 빠지게 하는 '설수(洩水)' 작업이 중요했다.[26] 북쪽의 회안과 남쪽의 과주(瓜洲)를 연결하는 약 400리(약 230킬로미터)의 회양 운하로 진입한 황하, 회수, 그리고 인근 호수의 물을 양자강으로 방출하는 것은 쉽지 않았다. 황하에 포함된 토사가 운하로 밀려들어 와 하상(河床)을 높였기 때문이고, 하수가 배출되는 동편 해안 지역보다 회양 지역의 중심부가 해발고도가 낮아 '가마솥의 바닥[釜底]'과도 같은 지형을 갖추고 있었기 때문이었다.[27] 게다가 이곳은 전국에서 가장 규모가 큰 양회 염장을 조수로부터 보호하기 위해 해안선을 따라 축조한 긴 제방인 범공제(范公隄)가 있어 물의 배수도 쉽지 않았다. 그나마 대운하의 수위가 남쪽의 양자강보다 약간 높았기에 양주 남쪽으로 연결된 대운하 지류 및 염운하와 연결된 또 다른 운하를 통한 배수가 주된 '설수' 방식이었다. 다만 운하의 관리는 이를 이용하는 조운선과 염운선의 안전한 운항을 중시해야 했기에, 운항을 정지시키고 운하를 체계적으로 정비할 여유는 거의 없었다.

이러한 지리적 요인으로 회양 지역은 장마와 홍수가 발생할 때마다 제방 파괴와 수몰 등의 피해로부터 자유롭지 못했다. 회양 지역이 치수 공정, 즉 하공의 중심지가 되었던 것은 이 때문이다. 하지만 이 지역에 발생한 수재에 대한 국가권력의 대응 방식과 그 강도는 여타 지역의 수재 문제와는 차원이 달랐다. 회양 지역의 하공 여부가 국가적 물류인 조운 및 염정의 성공에 직접적인 영향을 미쳤기 때문이다. 황하-회수-대운하가 밀접하게 연동된 수문학적(水文學的) 특징으로 인해 회양 지역의 하공 문제는 곧 대운하를 이용하는 조운 문제, 그리고 염운하를 이용하는 염정 문제와 직결될 수밖에 없었다.

대운하와 염운하가 일정한 수심을 유지하지 못하면 조운선과 염운선의 운행이 정지되었고, 홍수로 인해 운하가 한번 범람하면 제방의 복구에 많은 시간과 비용이 소모될 뿐 아니라 주변 지역의 염장에도 피해를 입혔다. 조운선의 운행이 정지되면 수도로 식량을 공급하는 데 차질이 생기는 중차대한 위기 상황이 발생했고, 염운선이 정지되면 정해진 시간 안에 소금을 판매하지 못한 염상들의 염세 체납으로 연결되었다. 그래서 조정에서도 하공과 함께 조운, 염정을 국가의 삼대정이라 불렀던 것인데, 이 세 가지 정사(政事)가 회양 지역에서 중첩된 것이다.

요컨대 하공-조운-염정의 삼대정이 중첩된 것은 황하-회수-대운하가 연동되어 있던 회양 지역의 지리적 특징에서 말미암은 것이었다. "회수를 다스리는 것은 황하를 다스리기 위함이고, 황하와 회수를 디스리는 것은 대운하를 나스리기 위함"이라는 지방지의 기록은 회양 지역의 수문학적 특징을 잘 요약해 준다.[28] '황하는 운하를 해치는 적'이라는 명대 이래 관료들의 언급 역시 이 지역의 지리적 특징을 알려 준다.[29]

이처럼 하공-조운-염정의 중심지인 회양 지역에서 경제적으로 가장 번성한 도시는 양주였다. 앞서 언급한 것처럼 양주는 대운하가 개착된 수대 이후 당대와 송대까지 번영했다. 대운하를 통한 물류와 각종 수공업의 발전으로 번영을 누리던 회양 지역이 침체기로 접어든 것은 남송 이후 북방 민족과의 전쟁과 수재가 겹치면서부터였다.[30] 남북 방향의 물류가 원활하지 못하게 되자 운하 연변의 도시들도 예전과 같은 활기를 띠지 못하였다. 왕조 말기의 전쟁은 이러한 상황을 더욱 악화시켰다.

하지만 명조가 개창된 이후 회양 지역의 경제는 곧 활기를 되찾았다. 지역사회가 안정을 되찾고 양회 염장에서 생산된 소금이 양주를 중심으로 광범위하게 유통되기 시작했으며, 무엇보다 북경 천도 이후 대운하를 통한 조운이 본격화되자 양주는 곧 각지에서 몰려드는 상인과 관리 등 각종 체류자로 붐비기 시작하였다. 명 초부터 회양 지역에는 강소성 남부 지역과 강서, 휘주, 산서 등 외지에서 온 이민자가 급증했다.[31]

그 가운데 앞서 언급한 산서 출신과 섬서 출신의 상인들이 있었다. 그들은 대부분 양주 성곽(이후에 '구성(舊城)'이라 불리는 지역) 외곽의 대운하 인접 지역에 거주하면서 도시 발전에 적지 않게 기여하였다. 운사납은제가 실시된 직후인 1493년(홍치 6년)에는 섬서 출신 염상들이 양주 대명사(大明寺)의 대웅전(大雄殿) 건설을 위해 돈을 모아 주었다.[32] 1558년(가정 37년)에 왜구가 양주에 침입했을 때는 순염어사가 양주의 방어를 위해 산서 출신 염상과 섬서 출신 염상의 가속들 가운데 활을 잘 쏘고 용맹한 자 500명을 '상병(商兵)'으로 선발하고 훈련시켰던 사례도 있다.[33] 명 말까지 양회 지역에서 활동했던 염상의 수가 '수백여 가(數百餘家)'에 지나지 않았던 것을 고려할 때,[34] '상병' 500명을 배출했던 산섬상의 위세가 어떠했는지 짐작할 수 있다.

왜구 침공을 계기로 양주에는 신성(新城)이 축조되었는데, 이 과정에는 섬서에서 양주로 이주했던 염상 가문의 후예이자 지역 신사(紳士)였던 하성(何城)의 역할이 컸다. 그는 진사(進士) 출신의 신사였으므로, 양주의 거인(擧人)들과 함께 지방관에게 신성 축조를 강력하게 주장할 수 있었다.[35] 신성에는 산서 상인과 섬서 상인들이 함께 건립하고 거주하던 산섬회관이 건립되었다. 산섬회관 바로 북쪽에 위치한 소진회(小秦淮)에는 산서 상인 항씨(亢氏)가 소유했던 100칸짜리 저택이 건립되었다. 이처럼 명대에 양주로 몰려들었던 산서 상인과 섬서 상인들은 구성의 외곽, 즉 왜구 침공 이후에 신설된 신성에 집중적으로 거주했다.[36] 기존의 구성에는 주요 관청과 학교, 성황묘(城隍廟) 등이 자리 잡았고, 신성에는 산서와 섬서뿐 아니라 휘주나 다른 지역에서 온 외래인이 주로 거주했다. 신성은 염상들의 업무를 관장하는 양회 염운사와 5장에서 소개하는 만안궁(萬安宮)이 위치한 곳이기도 했다. 이처럼 명 초부터 16세기 중엽까지 산서 상인과 섬서 상인들은 양주의 염상계에서 다수를 점하고 있었다.

휘주 상인에게 천재일우의 기회가 된 운사납은제

1492년에 실시된 운사납은제는 양주 염상계를 근본적으로 요동시키는 틈을 제공했다. 운사납은제가 실시되면서 개중법 체제의 근본 원칙, 즉 곡물의 북변 운반부터 소금의 판매까지 동일 상인이 담당하던 원칙이 무너지고, 그 결과 염상의 분업화가 '양성화'되면서 다른 지역 상인들이 염운 과정에 참여할 기회가 열렸기 때문이다. 이는 당시 양주로 진출할 기회를 노리고 있던 휘주 상인에게도 마찬가지였다.

장거리를 장기간 왕래해야 완성되는 소금 유통 과정이 분업화되자 기존 염상은 세 부류로 나누어졌다. 북변에 군향을 조달하는 업무를 전담하는 '변상(邊商)', 양주와 회안 등지에서 소금을 인계받고 세금을 납부하는 '내상(內商)', 소금을 싣고 할당된 지역으로 유통하고 판매하는 '수상(水商)'이 그들이었다. 이처럼 염상의 분업화가 양성화된 결과 외부의 상인들이 염운에 진입할 기회도 넓어졌다. 이는 개중법 실시 초기에 양회 염운을 주도했던

〈표 4〉 명·청 시대 염운법과 소금 유통 과정

개종법

◆ 개종법의 유통 단계

상인 → 복변 (예: 거용관) → 염운사 (소금 행정 담당 관청) (예: 양주 염운사) → 염장 (소금 생산지) (예: 양주 염장) → 비험지 (검사 장소) (예: 양주 비험지) → 행염지 (소금 판매 허가 장소) (예: 호북성 '지역'

- 군향(군량) 조달
- 군향(군량) 조달
- 염인(소금 유통 허가증) 발급
- 소금 지급
- 염인과 소금 지급량의 대조 및 확인
- 소금 판매

소금 유통 1단계 '보증' → 소금 유통 2단계 '수지' → 소금 유통 3단계 '지역'

개종법 아래에서 산서 상인과 섬서 상인이 성장한 원인

① 동변의 유통 원칙(염운이 모든 과정에서 고용 및 염인 제한이 불가)
② 장거리와 장기간에 걸친 유통(보통 1년 이상의 이동 기간 소요)
③ 안정적으로 빠른 시간에 군향을 조달한 상인에게 우선적으로 염인을 발급

북변에 가까운, '상도'을 통해 군향을 조달하기가 수월한 산서 상인과 섬서 상인이 유리

개종법의 변화 (운사납은제)

◆ 운사납은의 유통 과정

상인 → 염운사 (소금 행정 담당 관청) (예: 양주 염운사) → 복변 (태창고(독립의 국가 재정 참고) → 각 지역의 염운사에서 보낸 은 보관 → 경운예인(군사비)로 사용) → 염장 (소금 생산지) (예: 양주 염장) → 비험지 (검사 장소) (예: 양주 비험지) → 행염지 (소금 판매 허가 장소) (예: 호북성 (변성)이 담당

- 은 부과
- 염인의 염인 발급
- 소금 지급
- 염인과 소금 지급량의 대조 및 확인
- 군향 조달(변성'이 담당
- 소금 판매

'내상'이 담당 → '수상'이 담당

운사납은법 시행으로 인한 염상계의 판도 변화: 소금 유통의 분업화, 외부 상인에 대한 진입 장벽 완화

① 변상(遷商): 국가에 납부된 은을 바탕으로 북변에 군향 조달
② 내상(內商): 염운사에 세금을 얻으로 납부하고 염인 및 소금 인계
③ 수상(水商): 소금을 행염지로 유통 및 판매

북변에 가까운 산서 상인과 섬서 상인의 지리적 이점 상실
휘주 상인 등 외부 상인의 염운 진입 기회 확대

개종법 체제의 붕괴

◆ 운사납은법의 유통 과정

만력제 시기의 재정 부족 → 전국에 광감세사 파견 → 개종법 체제의 붕괴

- 만력 삼대정
- 군진의 등모의 축조
- 특별세 징수
- 환관에게 전권 위임

- 환관 노비의 부인(세금을 징수하기 위한 특별 임인) 남발 및 정리
- → 산서 상인과 섬서 상인 등 정상의 염인(정규 염인) 유통 상인의 쇠퇴

'선발 주자'인 산서 상인과 섬서 상인에게는 기득권을 잃어버리는 계기가 되었지만, 양자강 이남에 거점을 두고 있던 휘주 상인에게는 천재일우의 기회로 작용했다.(〈표 4〉 참조)

휘주 상인은 크게 두 가지 경로로 접근하였다. 하나는 소금 유통 과정인 '시역'에 '수상'으로서 참여하는 방법이고, 다른 하나는 직접 염운사가 위치한 양주에서 '내상'이 되는 길이다. '수상'으로 진입했던 전자의 대표적인 인물로 휘주 출신의 반사(潘仕)와 그 아들, 그리고 반정주(潘汀州)를 꼽을 수 있다.[37] 그들이 처음 양주의 위성도시에 해당하는 의진(儀眞)이라는 양자강 인접 도시에 진출할 때만 해도 소금이 아니라 다른 물품의 유통에 종사하였으나, 일정 수준의 자본과 경험을 축적한 이후에는 소금 유통에 개입할 수 있었다. 또한 휴녕인 왕복광(汪福光: 1491~1556년)도 1000척에 달하는 선박을 가지고 장강과 회수 사이를 평지처럼 누비고 다니면서 소금 등을 운송하던 '수상'이었다. 그는 자제들을 이끌고 무역에 종사하면서 인사관리에 재능을 보여 '거만(巨萬)'에 이르는 재산을 모았다.[38] 이는 모두 운사납은제의 실시를 통해서 양자강 유통로에 익숙한 상인이라면 누구나 '수상'에 개입할 수 있는 가능성이 열렸기 때문에 일어난 사례였다.

양주의 '내상'이 되었던 후자의 대표적인 인물로는 황숭경(黃崇敬: 1471~1524년)이 있다. 그는 다른 업종에서 축적한 자본을 가지고 염운에 뛰어든 사례에 해당하는데, 산동과 하북(河北) 일대를 왕래하며 장사하다가 회양 지역의 염운에 참여하여 많은 재산을 모았다.[39] 또한 오일기(吳一夔: 1520~1552년)의 부친은 강남과 산동을 왕래하며 비단과 옥을 유통하여 모은 자본을 가지고 양회 지역의 염운에 참여하였다.[40] 양회의 소금 유통업은 자본이 많이 필요하고 경쟁이 치열했지만, 다른 업종에서 잔뼈가 굵은 상인이라면 한번 도전해 봄 직한 영역이었다.

이처럼 운사납은제는 실시된 이후 많은 휘상이 '수상'과 '내상'으로 염운에 참여하는 계기를 마련하였다. 그렇다면 무엇이 운사납은제의 실시를 추동하게 했던 것일까? 휘주 상인의 로비 때문일까? 시대적인 변화로 인한 기막힌 행운일까?

휘주 상인의 대외 진출과 은 경제의 확산

휘주인들의 외지 진출과 상업 종사가 붐이었던 시기는 15세기 중엽이었다. 이 시기는 앞서 언급했던 토목보의 변을 계기로 국가 재정이 크게 압박을 받던 때이자, 명나라의 개창자 주원장이 심혈을 기울여 구축했던 이갑제(里甲制)의 향촌 질서가 와해되기 시작하는 시기와 중첩된다. 향촌에서 징수하는 토지세와 성인 남성에게 부과되는 요역(徭役)이 급속하게 증가하자, 생계를 유지하기 어려워진 이들이 고향을 떠나거나 농사를 버리고 공인(工人)이나 상인으로 업종을 변경하는 일이 급증했다. 그 시기를 체험했던 하량준(何良俊: 1506~1573년)은 정덕 연간(1506~1521년)을 전후로 이처럼 업종을 변경한 자가 세 배로 늘었다고 지적했다. 이른바 사농공상(士農工商)의 유교적 신분 질서가 동요하는 조짐이 포착된 것이다.[41]

살기가 곤란하거나 더 많은 돈을 벌기 위해 고향을 떠나 외지로 진출하는 휘주인들이 증가한 것도 이때부터였다. 지역 대부분이 황산(黃山)을 비롯한 산지로 둘러싸여 있기에 농업 생산력 증대에 한계가 뚜렷한 휘주 지역의 특성을 고려할 때, 15세기에 인구와 세금 부담이 증가하게 되자 이를 극복하기 위한 외지로의 '탈출'은, 사실상 휘주인들의 불가피한 선택이었다. 초창기에 많은 이가 휘주와 절강을 연결하는 신안강(新安江)을 통해 이동이 쉬웠던 절강성 항주로 진출했다.(《지도 3》 참조)

휘주인들의 외지 진출 및 객상 활동이 증가하던 15세기에 명의 경제에 큰 변화의 조짐이 발생하기 시작했다. 세금을 징수하는 방식에서 현물 대신

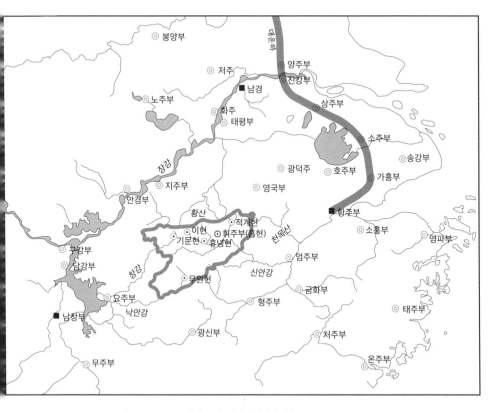

〈지도 3〉 명대 남직예의 휘주부

에 은이 중요한 납세 기준으로 등장한 것이다. 1436년에 양자강 하류의 일
부에서 실시되던 절납(折納: 현물로 납부하는 세금을 은으로 환산하여 납부하는 방
식)이 동남 지역의 여섯 개 성(남직예, 절강, 강서, 호광, 복건, 광동, 광서)으로 확
대되었다. 이른바 '금화은(金花銀)'이라 불리는 절납이 허용되자 그 액수는
대략 100만 냥 정도가 되었다. 세금의 은납화와 은 경제의 심화는 이때부터
확대되기 시작하였다. 이는 주로 북방에 집중된 무관의 봉급 지급 문제나
주로 남방에 밀집한 납세호의 불편을 해결할 뿐 아니라 궁극적으로 은에 대
한 수요가 많아진 북경의 궁중과 조정에도 편리했다. 이 같은 은 경제의 확

대는 수도가 남경에서 북경으로 옮겨진 상황과도 관련이 있었다. 1570년대 가 되면 복잡했던 세량(稅糧)과 요역을 은으로 일괄 납부하게 했던 일조편 법(一條鞭法)이 전국적으로 시행되면서, 중국은 본격적인 은 경제 시대를 열 게 되었다.[42]

하지만 15세기 중반부터 은 경제가 급속히 확대된 것은 아니었다. 15세기 중반만 해도 국내의 은 채굴량은 크게 늘어나지 않고 오히려 줄어드는 경 향이 나타났다. 그러나 15세기 후반에서 16세기 전반에 걸쳐 외국에서 은이 유입되면서 은 경제는 확산되었고, 상품경제 역시 현저하게 발전했다. 이러 한 현상을 15세기 후반에서 16세기 전반기에 세계적으로 나타나는 근대 세 계의 형성과 밀접하게 연관되어 통합되는 과정으로 보는 시각에 따르면, 당 시에 세계적으로 동시에 발생했던 은광 개발과 은의 유통에 주목한다.[43] 그 결과 중국은 세계의 은이 모여드는 '블랙홀'이 되었고, 외국으로부터 은이 유입되었기에 은 경제가 정착할 수 있었다.

15세기 중엽에 유럽에서 발생한 은 생산 증가와 은 채굴에 대한 붐은 일 차적으로 경제를 활성화해 '동양의 사치품'에 대한 유럽인들의 열망과 구매 력을 강화했고, 더 나아가 항해의 시대를 촉진했다. 16세기 중엽에는 스페 인령 아메리카에서 대규모로 은광을 채굴하고 은을 제련하는 기술이 개발 됨에 따라 아메리카 대륙에서 유럽으로, 다시 유럽에서 아시아로 이동하는 국제적인 은 유통이 더욱 활기를 띠었음은 주지의 사실이다.(〈표 5〉 참조)

1600년이 되면 아메리카의 은광과 중국을 연결하는 교역은 크게 두 가지 루트로 이루어졌다.[44] 하나는 마닐라를 거점으로 태평양을 경유하는 스페인 의 갤리언 무역이다. 1571년에 스페인의 무역항이 된 마닐라에는 주로 복건 성 장주(漳州)에서 출발한 중국 정크선들이 비단과 도자기 등을 싣고 와서 멕시코에서 온 은과 교환하고 돌아갔다. 가령 1602년에 멕시코 당국이 마드 리드에 보고한 내용에 따르면, 한 해에 아카풀코에서 마닐라로 직접 이동한

〈표 5〉 중국으로의 은 유입 과정과 중국 은 경제의 심화(대항해시대 → 세금의 은납화)

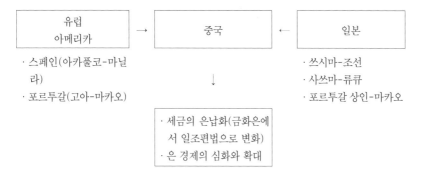

은이 8레알 은화로 약 500만 레알(약 143톤의 은)에 달했다. 다른 하나는 고아와 마카오를 거점으로 인도양을 경유하는 포르투갈인들의 무역이다. 남아메리카의 베라크루스나 파나마에서 출발하여 스페인의 세비야에 도착한 신대륙의 은은 불법적으로 포르투갈로 운송된 다음에, 여기서 포르투갈 선박에 실려 인도양을 경유하고 마카오를 통해 중국에 유입되었다. 16세기와 17세기에 포르투갈 선박들은 매년 6~30톤가량의 은을 마카오로 운송했다고 알려져 있다. 포르투갈인은 마카오와 나가사키 사이를 오가면서 이와미(石見) 은산 등에서 채굴한 일본 은도 유통시켰다.

일본에서 대량의 은이 생산되면서 일본 은이 중국으로 흘러가는 루트 역시 크게 세 가지로 다변화되었다. 하나는 대마도를 통해 조선을 경유하는 루트이고, 둘째는 사쓰마번(薩摩藩)과 류큐(유구(琉球))를 경유하는 루트이며, 세 번째는 포르투갈 선박을 통해 마카오로 유입되는 루트였다.[45]

15세기부터 조세의 은납화에 사용된 은은 계수(計數) 화폐인 은화가 아니라 계량(計量) 화폐인 은괴, 즉 은덩어리였다. 여기서 중국 은 경제의 특징을 볼 수 있는데, 정부가 은화 발행이나 유통에 일절 관여하지 않으면서도 무게로 가치가 정해지는 은이 중심 통화로 사용되었다는 점이다. 또한 지역에서 통용되는 은의 가치 역시 단순히 무게 하나만으로 결정되는 것이 아니라 중량[平], 순도[色], 단위[兌]까지 함께 고려하여 결정되었으므로, 사실상 지역마다 사용되는 은량의 기준은 전혀 통일되지 않았다. 심지어 한 도시에서 수십 가지의 은량을 함께 사용하는 경우도 있었다. 그런데도 15세기 중엽에는 은 경제로의 변화가 시작되어 16세기 후반이 되면 명의 재정 단위는 대부분 은으로 통일되어 갔다. 『만력회계록(萬曆會計錄)』에 기록된 명 말의 회계 기록은 이를 잘 보여 준다.[46]

따라서 1492년의 운사납은제 실시는 금화은의 실시부터 시작되어 일조편법으로 이어지는 조세의 은납화라는 시대적인 추세의 일환이었다. 이를 통해 명조는 은을 거두어 변경으로의 군량 조달을 해결하고, 상인은 은 납부만으로 편리하게 염인을 획득할 수 있게 되었다. 개중법 체제의 근본인 북변 창고로의 군량 조달('보중')의 중요성이 줄어들자, 변방의 상둔 역시 황폐해졌다. 반면에 염운 관청이 위치한 도시로는 일확천금을 노리는 상인들이 몰려들었는데, 양주는 그 대표적인 지역이었다. 드디어 양주에서는 '선발 주자'인 산서 및 섬서 상인 세력과 '후발 주자'로 진입한 휘주 상인 사이의 눈에 보이지 않는 본격적인 경쟁이 시작되었다. 운사납은제의 실시로 휘주 상인은 반사 이익을 얻게 되었지만, 이는 휘주인들의 노력이나 로비가 아니라 은 경제로 대표되는 시대적 변화로 야기된 결과일 뿐이었다. 물론 당시에도 회안 출신의 섭기는 회양 지역에서 활동하던 염상들과의 친분이 있었기에 그들의 사정을 잘 알고 있었으며, 따라서 운사납은제로 반사이익을 챙겼던 휘주 상인들과 결탁했을 가능성이 제기되기도 했다.[47] 하지만 이는 어디까지나 개연성에 근거한 추론일 뿐이다. 은의 국제적 유입과 유통이 휘주 상인에게 새로운 기회를 제공한 것이다.

여기서 유념해야 할 사실은 운사납은제의 실시로 염상계의 판도가 바로 바뀐 것은 아니라는 점이다. 운사납은제는 기존의 개중법 체제에 후발 주자들이 진입할 수 있는 '틈'을 열어 준 것이지만, 그렇다고 기득권을 지닌 선발 주자들의 세력이 바로 위축되지는 않았다. 앞서 언급했던 것처럼 운사납은제가 실시된 이후부터 왜구의 피해가 극심하던 16세기 중엽까지 양주 염상계에서는 산서 상인과 섬서 상인들이 여전히 다수를 차지하고 있었다. 다만 이때부터 휘주 상인들이 틈을 비집고 자기들의 지분을 확대하기 시작했다. 기존 판도에 소용돌이가 본격적으로 발생한 것은 재정 확충에 혈안이 되었던 환관들이 16세기 후반에 양주로 파견되어 무리하게 염정에 개입하면서부터였다.

환관 노보의 파견과 염상계의 판도 변화

개중법 체제는 1598년(만력 26년)에 태감(太監) 노보(魯保)를 양회 염장에 파견하면서 사실상 붕괴되었다. 노보에게 주어진 임무는 소금 세금을 증액하여 부족한 재정을 보충하는 것이었다. 당시 명조는 영하(寧夏) 보바이(哱拜)의 반란(1592년), 임진왜란(1592~1598년), 파주토사(播州土司) 양응룡(楊應龍)의 반란(1597~1600년)이라는 세 가지 큰 전쟁에 참여하느라 최소 1200만 냥 이상의 전비를 소모하였다. 이는 당시 400만 냥 정도였던, 명의 연평균 세금 징수액의 3배에 해당하는 막대한 양이었다. 게다가 궁전과 능묘의 축조, 왕자 책봉과 이들의 혼빙비(婚聘費) 등도 막대했다. 부족해진 재정을 메우고자 만력제(萬曆帝: 재위 1573~1620년)는 1596년(만력 24년)부터 전국 20여 개 지역에 환관들을 광감세사(鑛監稅使)로 파견하여 호부의 징세 계통과는 별도로 특별세를 성수하게 하였다. 당시 환관에게는 전권이 위임되었기에, 그들이 등장하는 곳마다 횡포와 수탈이 잇달았다.[48]

단기적인 성과에 집착했던 노보는 충분한 소금을 준비하지 않은 상태에서 회양 지역에서 세금 징수를 위한 염인, 즉 '부인(浮引)'을 남발했다. 이때 정규 염인인 '정인(正引)'을 가지고 유통하던 기존의 염상들은 큰 타격을 입

었던 반면에, 노보에게 뇌물을 바치고 '부인'을 통해 유통한 '간교한 상인'
이라 표현되는 소수자가 이익을 독점하기 시작했다. 노보가 의도적으로 자
신이 발행한 '부인'을 통한 유통을 장려하자 기존의 '정인'을 가진 염상들의
판로는 점점 막혀 버린 것이다. 이처럼 환관 노보가 양회 염장에서 농간을
부린 4년의 시간(1598~1602년) 동안 노보에게 뇌물을 바치고 '부인'을 통해
유통한 소수의 '간상(奸商)'이 이익을 독점한 반면에, '정인'을 가지고 유통
하던 기존의 '양상(良商)'들은 큰 타격을 입었다.[49]

'간상'이 누구인지 사료에 구체적으로 나타나지 않지만, 당시 정황을 보
면 대략적으로 판단할 수 있다. 당시에 양회 염장의 선발 주자로 왔던 산서
상인과 섬서 상인들의 다수가 타격을 받아 쇠락한 반면에, 기존 질서가 붕
괴해 가는 양회 염장의 틈새시장을 공략하며 영향력을 확대한 이들은 휘주
상인이었다. 휘주 상인은 환관의 횡포가 극심하던 17세기 초의 양회 염장에
서 공식적인 헌납과 비공식적인 뇌물로 자기들의 지분을 확대해 나갔다. 휘
주 염상의 성장에는 환관과의 결탁이 있었던 것이다.

대표적인 인물이 오양회(吳養晦)와 그 가문이다. 오양회의 조부인 오수례
(吳守禮)는 양회 염장에서 100여만 냥의 재산을 지닌 거상(巨商)이었다. 오양
회는 집안의 상속 문제에 불만을 품고 자기 집안의 '어른'들의 염과 체납 사
실을 노보에게 고발하면서 자신은 5만 냥을 헌납하였다. 그는 노보와의 신
뢰 관계를 기반으로 양회 염장에서 성장했을 뿐 아니라, 산동성에 파견된
또 다른 환관인 진증(陳增)과도 관계를 맺었다. 진증의 힘을 빌려 산동 일대
와 강소 일대에서 전횡을 일삼던 휘주인 정수훈(程守訓)과 혼인 관계를 맺은
오양회는 회양 지역에서 '불법 대호(不法大戶)'를 조사한다는 명목으로 무뢰
배들까지 동원하며 지역사회에서 전횡을 저질렀다.[50] 오양회의 일족인 오시
수(吳時修)도 노보에게 9만 냥을 헌납하였고, 오양춘(吳養春)은 30만 냥을 군
향 보조비로 헌납하여 오양춘을 비롯한 여섯 사람은 명조로부터 중서사인

(中書舍人)의 직함을 사여(賜與)받기에 이르렀다.[51]

물론 당시의 모든 휘주 상인이 광감세사로 파견된 환관들의 전횡에 순응하거나 가탁했던 것은 아닐 것이다. 그러나 혼란한 명 말의 회양 지역에서 다수의 휘주 상인은 기존의 염운 질서가 와해되는 시기에 세력가들의 필요를 음으로 양으로 채워 주며 소금 유통에서 자기들의 지분을 확대해 나갔다. 이를 두고 『신종실록(神宗實錄)』의 편수에 참여했던 이유정(李維楨: 1547~1626년)은 휘주 상인의 특징을 다음과 같이 정리하였다. "휘주에는 대자본을 지닌 상인이 많은데, 사투(私鬪: 쟁송)에 용맹하여 이기지 않으면 그만두지 않을 뿐 아니라 권세가에 대한 아첨에도 능하다."[52] 이러한 정황을 종합해 보면, 명 말에 회양 지역에서 세력을 확대했던 '간상' 가운데 주류가 운사납은제를 통해 염상계에 진입해 들어왔던 후발 주자인 휘주 상인이었음이 틀림없다. 휘주 상인들의 로비가 앞서 운사납은제의 실시에 영향을 주었는지에 대해서는 확실하게 말할 수 없지만, 환관이 도래했을 때는 분명하게 힘을 발휘했다.

휘주 상인의 선택

환관 세력과의 모종의 결탁을 통해 양주 염상계의 주도권을 잡았던 휘주 상인에 대한 현지인들의 평가는 그리 좋지 않았다. 지역사회의 여론을 주도하는 신사층이 보기에 외지에서 온 상인, 그것도 환관 세력과 결탁하며 급성장한 휘주 상인에 대한 평가가 좋을 리 없었다. 명대 양주에서 발행된 지방지에 이들에 대한 기록 자체가 많지 않고, 있다 하더라도 사치 풍조를 조장하는 '불온' 세력으로 묘사하는 것도 그 때문이다. 하지만 휘주 상인들에 대한 양주인들의 태도가 명·청 교체의 동란기를 지나면서 서서히 바뀌기 시작했다. 그리고 결국 18세기가 되면 양주의 각종 공공사업을 주도하는 지배 엘리트로 정착하는 데 성공한다.[53] 이는 앞서 양주에 정착하려고 시도했던 산서 상인이나 섬서 상인들이 이루지 못한 결과였다. 어떻게 휘주 상인은 양주라는 지역사회에서 주도적인 엘리트로 정착할 수 있었을까? 이 과정에서는 대운하 도시라는 양주의 특성을 간파하고 효과적으로 활용했던 휘주인들의 전략이 주효했다. 이는 5장에서 자세히 다룰 것이기에, 이번 장에서는 좀 더 근본적으로 휘주 상인들이 돈을 벌기 위해 바다로 나아가는 도전적인 방식이 아니라 양주에 정착하는 현지화를 선택하게 된 경위를 밝혀 보려 한다.

이를 위해 먼저 휘주 상인의 성공 요인에 대한 기존의 설명 방식을 재검토할 필요가 있다. 첫째, 휘주 상인은 지리적 인접성으로 인해 양자강과 대운하를 이용한 상품유통의 경험이 풍부했다. 특히 앞서 언급했던 것처럼, 휘주에서 동쪽으로 연결된 신안강을 통해 대운하의 남단인 항주로 진출하기가 용이하였다. 즉 배를 타고 이동하는 수로 교통에 익숙했다.

둘째, 사업 품목의 다양화다. 휘주 상인의 초반 주요 업종을 보면 소금만이 아니라 면포, 베, 양식 등 여러 품목을 함께 운송하는 경우가 많았다. 휘주 상인은 명 초부터 미곡 생산이 많은 강서와 호광 등지에 진출하여 양식 운송에 종사하며 점차 양식 수입의 수요가 증가하는 강소, 절강 지방으로의 판매에도 적극적으로 참여함으로써, 양자강을 통해 이루어지는 양식 유통을 주도할 수 있었다.[54] 그들은 양자강 중상류에서 하류로 내려올 때는 양식을 싣고 왔다가, 다시 올라갈 때는 소금이나 면포 등을 운송하는 방식으로 공차율(空車率)을 최소화했다.[55]

셋째, 유통업과 전당업을 함께 운영하는 경우가 많았다. 이는 명 중기 이후 화폐경제의 발전과 은 경제의 확산이라는 시대 흐름과도 일치하는 움직임이었다. 또한 소금 유통과 납세 과정에서 동전과 은을 환전해야 할 때도 많았는데, 염과의 은납화 이후에는 더욱 그러하였다.[56] 그러므로 가정 연간

(1522~1566년)에 활동했던 휘상 황의(黃誼)나 앞서 언급했던 반정주처럼 염운과 전당업을 겸업한다면 상호 필요를 채워 줌으로써 치부에서 시너지 효과를 기대할 수 있었다.[57]

넷째, 가족 또는 종족의 강고한 결속력을 기반으로 상업 활동에 참여했다. 이를 통해 장거리 운송이나 여러 업종의 겸업에서 유리한 고지를 점할 수 있었다. 장거리 유통업에서 경쟁력을 확보하기 위해서는 시장 수요에 대한 예측, 상품 공급의 원활함, 시장가격에 대한 정보, 운송 비용의 절감 등 다양한 요소를 충족시킬 만한 집단적인 경영이 필요했는데, 아직 근대적인 경영 방식이 도입되지 않은 상태에서는 종족 조직이야말로 이러한 필요를 효과적으로 만족시키는 수단이 되었다.[58] 가령 족보의 편찬에는 인재 확보를 포함한 정보 수집과 상업망 확장을 위한 거점 확보라는 의도가 숨어 있었다. 족보는 몇 년마다 갱신되므로, 그때마다 족인(族人)들의 상황 변화와 정보가 갱신되는 셈이었다. 종사(宗祠)의 건설과 제사를 통한 회합 역시, 동족 사이의 인적 교류와 연대를 강화하고 정보를 교류하는 장이 되었다.[59]

하지만 이러한 네 가지 요인은 양주에서 경쟁하던 다른 상인들도 일정 부분 공유하는 특징이라고 할 수 있다. 이에 좀 더 장기적인 관점에서 휘주 상인들의 성공 비결을 살펴볼 필요가 있다. 앞서 염운법의 변화 과정에서 휘주 상인이 부각되는 과정에서 볼 수 있듯, 관부와의 밀접한 관계 형성은 대단히 중요한 성공 요인으로 기능했다. 전근대 중국에는 상법 같은, 상인들의 활동에 대한 법적 안전장치가 사실상 결여되어 있었다. 세권(稅官)이나 환관 등의 횡포로부터 자기를 보호하고 경쟁력을 확보하기 위해 관부와의 관계 개선은 어느 상인이나 바라던 바였다. 하지만 점차 경쟁이 치열해지는 상황에서 이를 현실로 이루는 자들은 소수였다. 물론 음성적인 헌납이나 뇌물 등을 통한 정경 유착이 자주 이용되는 방식이었겠지만, 장기적인 차원에서 안정적이지 않을뿐더러 상업 활동에서의 긍정적인 평판 유지에도 반하는 경우가 많았다. 상인들의 경영 노하우를 기록한 여러 상업서에서 공통적으로 경제 논리라기보다는 유교적 덕목에 해당할 만한 성실, 자애, 의, 용기, 충성 등을 강조하는 것은 이러한 평판을 획득하기 위함이었다.[60]

휘주 상인들이 선택한 방식은 '신사화한 상인(gentrified merchants)'이었다. 이는 단순히 돈만 버는 졸부의 이미지에서 탈피하는 것으로부터 시작하여 신사층과 교류할 수 있는 교양과 품위를 갖추는 것으로 이어졌다.[61] 무원현(婺源縣) 출신의 휘주 상인 이세현(李世賢)의 성공 사례를 보자. 그는 어려서 유학을 공부했지만 과거(科擧)에 합격하지 못하자 아버지를 따라 강남의 송강(松江)과 남경 등지를 오가는 객상(客商)이 되었다. 좀 더 성공하기 위한 뜻을 품은 이세현은 아버지의 품을 떠나 염업에 뛰어들어 호광 지방으로 소금을 운송하는 염상, 즉 '수상'이 되었다. 그는 자주 염업을 주관하는 관리를 위해 편의를 제공하면서 상급 관리의 특혜로 같은 염상 집단에서 영수 노릇을 맡게 되었다. 그는 부친과 달리 각지를 왕래하며 맞이하는 각종 어려움을 도맡아 나날이 부요해졌고, 이에 신사들과도 극진한 예를 다하는 교제권을 형성하게 되니 그의 명성이 널리 알려졌다.[62]

자제를 과거에 합격시킴으로 신사를 배출하는 방식도 가능했는데, 어렵더라도 성공하기만 한다면 더 안정적이었다. 상인들이 모은 자산으로 자식들의 교육과 과거 준비에 힘을 쏟는 이유가 여기에 있었다. 이 부분에서 휘주 상인이 다른 지역 상인보다 비교 우위를 지니고 있었음은 『양회염법지(兩淮鹽法志)』에 기록된 양회 염상 가문의 관적(貫籍)별 과거 합격 분포를 통해서 확인할 수 있다.[63] 이를 통해 휘주 상인에게는 상업을 하면서도 유학을 좋아한다는 '고이호유(賈而好儒)'의 전통이 다른 어느 상인들보다 강했음을 알 수 있다.

휘주 상인이 객지에서 동향인들의 상호부조를 위해 건립한 회관이 주희(朱熹)를 제사하는 자양서원(紫陽書院)이었던 것도 이와 관련이 있다. 주희는 복건에서 태어났으나 그의 조적(祖籍)이 휘주이고, 주희 역시 휘주에 머문 적이 있었으므로, 휘주인들은 어디에 가든 주희를 본받아야 할 대상으로 숭상하며 제사했다. 자양은 휘주 흡현(歙縣)에 위치한 산 이름인데, 주희의 조상이 이곳에서 독서를 하였기에 복건으로 옮겨 간 주희는 자신의 독서실을 자양서실(紫陽書室)이라 불렀다. 휘주에 '동남추노(東南鄒魯)'라는 별칭이 있는 것도 이 때문이었다. 휘주 출신 상인은 타지에 나가서도 자양서원을 건립하고 주희를 봉양하며 '고이호유'의 전통을 유지해 향토 의식을 공유했다. 그래서 휘주 상인은 상업 활동으로 어느 정도의 재산을 모으면 사업을 확장하기보다는 다시 종사(宗祠)의 건립, 족보의 편찬, 족산(族産)의 설치 등을 통해 종족제를 공고히 하면서 동향인들을 상호 부조하는 경향이 강했다.[64]

대체로 타지로 진출한 상인들은 명 중엽부터 자신의 고향과 관련된 민간신앙을 숭배하는 서원이나 사원을 회관으로 활용하였다. 상업에 대한 국가의 완벽한 법률적 보장이 없는 상황에서 민간신앙은 상업의 신용을 지탱하는 중요한 제도적 기제로 기능했다.[65] 휘주 상인이 주희를 숭상했던 것과 달리 휘주 상인과 경쟁 관계에 있던 산서 상인은 관우(關羽)를 숭상했다. 문(文)과 무(武)의 대비를 보여 준다는 점에서 흥미로운데, 이러한 민간신앙의 차이는 휘주 상인과 산서 상인의 경영 방식에도 영향을 미쳤다. 특별히 문운(文運)이 왕성했던 강남 지역에 진출하여 현지 신사층의 부정적인 시각을 완화하며 교제를 하거나 장사를 할 때 휘주 상인의 신앙은 산서 상인보다 유리했다.

그 외에도 관부와의 안정적 교제권 형성을 위해 관료나 신사와 혼인 관계를 형성하는 데에도 휘주 상인은 힘을 쏟았다. 양주에 화려한 원림이나 정원을 건립하고, 이를 이용하여 관료 및 신사층과의 교제권을 형성했다.[66] 강남의 원림 문화가 각지의 명사들을 초대하는 시문회로 이어졌던 것과 동일한 방식이었다. 이러한 과정에서 휘주 상인들은 양주가 지닌 대운하 도시로서의 특징이나 고충을 누구보다 빠르게 파악하여, 관부의 필요를 채워 주면서 도시 사회의 지역 엘리트로 정착하는 계기를 청조에 들어서면서 마련할 수 있었다.

또 다른 선택지는 없었을까?

휘주 상인은 1492년의 운사납은제로 열린 틈을 통해 염상계로 진입했고, 이후 급변하는 상황에서 상업 활동을 확대하기 위해 조정의 정책에 민감하게 반응하며 관료들과의 우호적인 관계를 형성하는 전략을 선택했다. 결과는 대단히 성공적이었다. 그들은 염운법의 변화에 민감하게 반응했고, 양주로 진출하여 막대한 염세를 미리 납부하면서 소금 유통과 대운하 유통을 서서히 잠식해 나갔다. 마침 그들이 진출했던 양주와 회안 등의 도시는 대운하 유통망의 핵심적인 결절점이었고, 양회 염장의 소금 유통망은 염운하-대운하-양자강으로 연결된 유통망과 일치했다. 즉 휘주 상인은 대운하와 양자강을 이용한 남북 방향과 동서 방향의 장거리 유통업에서 성공한 모델이 되었다.

휘주 상인은 대운하 도시인 양주에서 소금 유통과 대운하를 이용한 각종 장거리 유통업에 종사하면서, 양주에서 관료들과 밀접하고 우호적인 관계를 쌓는 데 힘을 쏟았다. 하지만 이를 위한 지출 역시 만만치 않았다. 원림 건립, 시문회 개최, 관료들의 암묵적인 요구에 따른 헌납, 부정기적인 뇌물, 지역사회의 필요에 부응하기 위한 출자 등등. 이러한 점에서 휘주 상인들은 여전히 절대 권력자인 국가와 신사층과 경쟁하기보다는 그들의 후견에 의존하는 방식을 선택했다고 볼 수 있다.[67] 국가와 지역사회의 '폭력'으로부터 자신의 재산을 빼앗기거나 피해를 받지 않기 위해 지불하는 '보호 비용'이

휘주 상인에게는 이러한 형태로 표출된 것이다.[68]

그런데 이것이 과연 당시 휘주 상인에게 최선의 선택이었을까? 좀 더 극적인 치부의 기회, 가령 해양으로 진출해서 돈을 버는 방식은 고려하지 않았을까? 물론 바다로 진출하면 좀 더 많은 돈을 벌 수 있었겠지만, 해금 정책을 고수하며 바다 건너 세력과 공모하거나 결탁하는 것을 극도로 염려하는 관부와 경쟁하거나 충돌해야 했다. 기왕이면 더 많은 돈을 벌기 위한 선택을 하는 것이 상인들의 속성이겠지만, 현명한 상인에게는 예상 가능한 이윤과 이를 위해 지불해야 하는 대가를 비교하고 신중하게 선택하는 것 역시 필수적인 덕목이었다. 이러한 상황에 직면했던 휘주 상인은 해상으로의 진출을 포기하고 명 조정과 청 조정이 모두 중시했던 조운과 염정을 적극적으로 후원하며 대운하 유통로에 정착했다. 이 선택을 통해 휘주 상인은 이후 왕조가 교체되는 동란기를 거친 후에도 산서 상인과 함께 중국에서 가장 힘이 있는 양대 상인 집단으로 손꼽혔다.

하지만 여기서 16세기 중엽에 해상으로 진출하여 일본과 중국 및 동남아 지역의 해상 무역을 장악했던 왕직(王直 또는 汪直: ?~1559년)이 휘주 흡현 출신 상인이었음을 상기할 필요가 있다. 우리는 한동안 왕직을 휘주 상인의 한 유형이라기보다는 왜구 세력의 앞잡이로 연결하여 생각해 왔는데, 이는 어디까지나 중국의 민족주의적 혹은 중화주의적 역사관의 영향 때문이었다. 16세기 중엽에 중국 동남부 지역을 교란했던 왜구 세력에서 중심적인 역할을 수행했던 왕직을 국제적으로 활동했던 국제 상인으로 인정하기보다는 왜구 세력과 결탁한 '한간(漢奸)'으로 매도하는 경향이 꽤 오랫동안 강했다. 그러나 왕직은 동시대 다른 동향 상인들과 마찬가지로 염업에 종사하다가 이를 포기하고 해양 교역을 선택했던 휘주 상인의 또 다른 모델이었다. 그는 포르투갈 상인 및 일본 상인과 거래하며 일본에 진출했고, 때로는 어쩔 수 없이 명조와 직접적으로 대립하기도 했지만 기본적으로 관부, 군대,

신사를 망라하는 폭넓은 연해 지역 세력과의 공생 관계를 유지하고자 했다. 가령 해안을 교란하던 해적들을 소탕하고 명에 협조하는 제스처를 취하면서 안정적인 교역망을 확보하려 했다. 밀무역에 관여하는 연해 지역의 신사 중에는 왕직 세력과 연계해 후원하는 모해봉(毛海峰)과 같은 이가 많았다.[69]

당시 왕직의 주위에는 함께 바다에서 생사를 함께 했던 휘주 상인들도 적지 않았다. 초반에 대형 선박을 건조하여 광동 연해로 진출하는 데 함께 했던 섭종만(葉宗滿), 절강성의 국제무역항 쌍서(雙嶼)에서 활동할 수 있는 토대를 마련해 주었던 (흡현 출신의) 허동(許棟) 형제와 호승(胡勝), 호옥(胡玉) 등 수십여 명의 동료, 왕직의 '복심(腹心)'으로 분류되는 조카 왕여현(王汝賢)과 고향 친구 사화(謝和), 독자적인 선단을 구축하며 왕직과 협력하던 서유학(徐惟學), (흡현 출신의) 서해(徐海: ?~1556년), 섭명(葉明) 등은 모두 휘주 출신의 해상(海商)이었다. 이를 통해 육지의 수로에 한정되었던 휘주 네트워크가 16세기 바닷길을 통해 외국으로까지 확대되었음을 확인할 수 있다. 그랬기에 왕직은 자신의 해상 네트워크를 기반으로 대담하게 명조에 해금 완화와 개시(開市)를 요구할 수 있었던 것이다.

그들이 유통했던 물품 가운데 일본산 은이 있었다. 16세기 일본의 은 생산에 결정적인 역할을 한 곳은 오늘날 시마네현(島根縣)에 위치한 이와미 은산이다. 일본 동을 조선에 팔던 하카다 상인 가미야 주테이(神屋壽禎)가 1533년에 이와미 은산으로 조선인 기술자를 데려와 새로운 형태의 은 정련법인 연은(鉛銀) 분리법(회취법(灰吹法))을 도입하였다. 16세기 이전 일본의 은 추출법은 은이 포함된 광석을 장작으로 며칠이고 계속 녹이는 방식이어서 손실률이 컸다. 조선에서 도입된 연은 분리법은 이러한 손실을 없애 주었다. 연은 분리법은 크게 두 단계로 이루어졌는데, 첫 단계는 캐낸 은광석 덩어리에 납[鉛]을 넣어 함께 녹이는 단계다. 은과 납은 녹는 과정에서 다른 불순물이 배제된 채 서로 합쳐지고 식은 후에는 한 덩어리로 굳는데, 이것이 함은연(含銀鉛)이다. 다음 단계는 함은연을 철 냄비에 넣어 녹이는 단계인데, 이때 재를 함께 넣는다. 그러면 녹는점이 낮은 납이 먼저 녹아 재에 스며들어 결국 최고 순도의 은만 남는다.[70]

연은 분리법으로 은 생산량이 파격적으로 확대되자 재정 확보에 열을 올리던 센고쿠 다이묘(戰國大名)들은 경쟁적으로 은광 개발에 참여했고, 이를 바탕으로 한 대외무역에도 관심을 보였다. 그 결과 은 생산이 폭발적으로 증가했는데, 16세기 후반 일본의 은 생산량은 전 세계 생산량의 3분의 1을 차지할 정도였다. 흥미로운 것은, 은을 대량으로 생산하여 조선으로 유출하던 일본이 1541년이 되자 오히려 조선에서 은을 사들이기도 했다는 점이다. 중국 강남 지역으로 직접 은을 팔기 위함이었다. 중국으로의 은 수출은 일본인과 중국인 해상(海商)이 담당했는데, 이 과정에서 서일본으로 향하는 중국 상인의 선박이 바람을 타고 한반도에 표착하는 일이 16세기 중반에 종종 발생했다.[71] 당시 중국인 해상 세력을 주도했던 왕직 등의 휘주 상인이 일본과 중국 사이에서 은 유통의 매개자로 활동했다.

하지만 여전히 왕직을 휘주 상인의 전형이라기보다는 대단히 예외적인 사례로 기억하는 이가 많다. 아니, 어쩌면 휘주 상인과는 전혀 상관없는 기형적인 해적 세력으로 이해할 때도 있다. 그렇지만 왕직은 분명히 휘주인이라는 정체성을 가지고 자신을 인식했으며, 그래서 자신을 '휘왕(徽王)'이라고 부르게 했다. 필립 커틴(Philip d. Curtin)의 분류에 따르면 사회마다 상인들의 보호 비용은 여러 가지 형태로 나타나는데, 멀리 떨어진 타국으로 장사를 나가는 무역 상인들이 자신들의 조직을 무장하는 것도 그중 하나의 보호 비용으로 간주된다.[72] 양주에 정착한 휘주 상인은 관부의 요구를 미리 충족하는 방식의 보호 비용을 선택했던 반면에, 바다로 진출한 휘주 상인은 자신을 무장하며 관부와의 갈등을 대비하는 방식으로 보호 비용을 선택했을 뿐이다.

휘주 상인이자 해상인 왕직이 시사하는 바

해상 세계에 왕직이 등장하고 성장하며 쇠락하는 모든 과정에는 휘주 네트워크라고 부를 만한 동향 관계가 지대한 영향을 미쳤다. 휘주부 흡현 출신인 왕직이 절강성 영파 앞바다의 쌍서도로 근거지를 옮기고 일본과의 연결 고리를 찾은 것은 이미 쌍서도에서 세력을 확보했던 동향 출신의 허동이 왕직을 심복으로 삼아 키워 주었기 때문이었다. 허동 사후 왕직이 남직예와 절강 연해에서 해상 패권을 장악하고 일본 고토(五島)를 근거지로 삼는 과정에서 왕직 집단의 핵심은 휘주 동향인들로 채워졌다. 결국 관부에 잡혀 비참한 최후를 맞이한 것도 동향인 간첩을 적극 활용한 휘주인 호종헌(胡宗憲: 1512~1565년)의 유인 및 분열 전략에 속아 넘어갔기 때문이었다. 왕직은 휘주 동향인이 개척한 길을 통해 손쉽게 해상 세계에 진출했고, 다수의 동향인 협력자의 도움으로 세력을 확대할 수 있었으나, 바로 그 동향인 네트워크로 인해 순식간에 패망했다. 명조 관료들은 왕직의 등장과 성장, 쇠락을 모두 불법적인 왜구 집단의 활동으로 파악하려 했고, 그래서 왕직을 후기 왜구의 우두머리 혹은 해적으로 낙인찍었으나, 단계마다 결정적인 영향력을 발휘했던 휘주 네트워크를 근거로 볼 때 왕직은 해상에서 활동했던 휘주 상인의 전형이라고 보아도 전혀 문제가 없다.

유사한 관점이 왕직이 활동하던 당시의 자료에서 발견된다. 해구(海寇: 해적)의 근원에 대한 분석에서 당추(唐樞)는 "해구와 해상(海商)은 동일한 인물이다. 교역이 허락되면 해구는 해상으로 변하지만, 교역이 금지되면 해상은 해구로 변하는 것"이라고 지적했다.[73] 본질적으로 당시 해구와 해상은 동전의 양면과도 같은 존재였다. 『왜변사략(倭變事略)』의 저자 채구덕(采九德)은 왕직 체포 후 그의 상소문을 인용하면서 그에 대해 "해상인 휘주인 왕직[海商徽人王直]"이라고 묘사했다. 아울러 왕직의 범죄 내용보다 이전에 해구 포획에 협조했던 공로를 인정하여 '통상(通商)'을 대신 요청하기도 했다.[74] 해상이자 휘주인이라는 왕직의 정체성이 잘 드러나는 대목이다. 당시 해양 세계의 특성을 좀 안다고 하는 이들 가운데 다수가 왕직을 '적(賊)'이 아니라 '양고(良賈)'로 인식하고 있었다.[75]

왕직의 활동 범위와 관계망은 육지와 바다의 경계, 중국과 일본의 경계를 넘나들며 활동하는 경계인의 전형을 보여 준다. 그는 주로 해상 세계에서 활동했으나, 그의 거래 대상은 남직례(강소)와 절강의 중국 연해 혹은 휘주까지 포괄하고 있었으며, 관계망의 핵심은 내지의 휘주를 근거로 한 것이지만 점차 일본, 동남아, 포르투갈까지 연결되는 경향성을 보였다. 심지어 그는 자신의 해상 네트워크를 기반으로 일개 상인으로서는 대담하게 명조에 해금 완화와 개시를 요구하기도 했다. 비록 그의 이러한 해양 인식과 주장이 당장 실현되지는 못했으나, 16세기에 그가 했던 주장이 19세기에 다시 등장하고 마침내 자의든 타의든 실현되었음을 상기할 때, 이는 시대를 앞서 가는 해상 지향 경계인의 전형을 보여 주는 단면이라 할 것이다. 이전에도 유사한 형태의 경계인이 존재했겠지만, 분명 왕직은 16세기 중국 동남 연해 지역에 등장하여 확대된 해외무역이라는 경제적 동력의 산물로 보아야 할 것이다. 일반적으로 16세기 밀무역에 종사했던 중국인으로 절강, 복건, 광동의 연해민이 언급되지만, 앞으로 왕직이 활동했던 16세기 중엽까지는 휘주인도 포함시켜야 할 것이다.

왕직이 해상에서 활동했던 시기는 1540년에서 1557년까지 18년간에 불과했다. 하지만 그 사이에 중국과 해양 세계의 관계에서 의미심장한 일들이 집중적으로 발생했다. 1542년(또는 1543년)에 왜구의 일원으로 활동하던 포르투갈인 안토니우 다 모타(António da Mota)가 규슈(九州)의 다네가시마(種子島)에 표착하여 조총의 실물과 사용법을 일본인들에게 알려 주었고, 1547년에는 중국 포교에 뜻을 품었던 프란치스코 하비에르(Francisco Xavier: 1506~1552년)가 믈라카에서 가고시마(鹿兒島) 출신의 하급 무사 야지로(弥

次郎, Yajirō 또는 Anjirō)를 만나 일본 포교를 결심하고 1549년에 일본 가고시마에 상륙하여 일본에 1세기 남짓 전개될 '기독교의 세기(Christian Century: 1549~1622년)'라는 포문을 열었다. 당시 하비에르 일행의 선교 비용은 포르투갈 국왕의 원조로 충당되었고, 이후 예수회는 일본에서 포르투갈 무역을 담당하면서 그 수입으로 선교 활동 비용의 상당 부분을 충당해 갔다. 당시에 하비에르를 비롯한 대다수 예수회 선교사는 선교와 무역의 일체화를 추구했다.[76] 또한 1545년에 오늘날 볼리비아 공화국의 포토시(Potosi: 당시 페루 부왕령 소속) 지역에서 대규모 은광이 발견되어 중국에 막대한 은을 가져다줄 스페인의 갤리언 무역(1565년 시작)을 추동했고, 1557년에 포르투갈은 마카오에 거점을 마련하여 나가사키와의 무역로를 열었다.[77]

아이러니한 것은 왕직의 죽음으로 내륙과 해양이 연결된 휘주 네트워크는 파국을 맞이하고 이후 해양 부분이 단절된 채 내륙의 수로망에 집중되는 네트워크로 축소되었다는 점이다. 종종 내륙과 해양의 경계인이자 국제 상인으로 활동하는 세력이 간헐적으로 이어졌으나, 그들이 내륙의 휘주 네트워크와 유의미하게 연결되지는 못했다. 왕직의 죽음이 해상 세력의 몰락을 의미하지는 않았다. 그러나 휘주인들의 해상 진출은 왕직의 몰락과 함께 막을 내렸다. 이후 해외 밀무역은 복건인을 중심으로 하는 연해 지역 출신 상인들에게 장악되어 휘주인이 끼어들 여지는 없어졌다.[78] 다만 일부 휘주인들은 18세기에 다시 광주나 영파 등 해안 도시로 진출했는데, 이는 7장에서 언급할 것이다.

무엇보다 왕직의 고향 휘주 지역 사람들은 바다에서 왜구 세력과 연계되었다는 이유로 비참한 최후를 맞이했던 왕직을 그들의 기록과 기억에서 제거하기 시작했다. 휘주 왕씨 족보에 왕직의 이름은 들어가지 못했으며, 이후로도 휘주 상인의 찬란한 계보에 왕직은 명함을 내밀지 못했다. 이처럼 휘주 상인 왕직의 흥망에는 16세기 동아시아 해상무역의 가능성과 한계가 동시에 담겨 있으며, 그의 인생을 통해 이후 휘주 상인의 전반적인 발전 추세를 가늠하는 시대적인 의미를 발견할 수 있다.

다시 1492년을 생각하다

대부분의 독자들은 1492년이라고 하면 먼저 아메리카 대륙을 발견한 크리스토퍼 콜럼버스의 항해를 떠올릴 것이다. 비록 여러 번의 실패를 경험했으나, 이탈리아 제노바 출신의 콜럼버스는 종교적 열정과 독학으로 습득한 각종 항해 및 지리 지식을 기반으로 끝내 스페인의 이사벨 1세(Isabel I)를 설득하여 아시아로 도달하는 "훨씬 싸고 더 쉽고 빠른 항로를 개척"하는 사업의 지원을 획득했다.

1492년은 스페인의 역사에서도 중요한 해로, 스페인에 남아 있던 무슬림, 즉 이슬람교도를 몰아낸 해이기도 했다. 즉 로마 가톨릭 왕국들이 8세기부터 지브롤터 해협을 넘어 이베리아 지역을 오랫동안 점령하던 무슬림 세력을 마지막으로 몰아낸 해가 바로 1492년이었다. '레콩키스타'로 불리는 이 과정은 우마이야 왕조(Umayyad dynasty)의 이베리아 정복으로 잃어버린 가톨릭 국가의 영토를 회복했다는 의미를 지닌다. 동시에 스페인은 자국 내에 살고 있던 유대인들도 축출하였다. 무슬림 세력을 몰아내고 통일된 국가를 건설한 스페인은 국가 정체성을 유럽 내 가톨릭의 마지막 보루로 확정하고, 그러한 맥락에서 유대인을 축출한 것이다. 스페인의 이사벨 1세는 1492년에 스페인계 유대인을 대거 추방하면서 몰수한 자금으로 콜럼버스의 항해를 지원할 수 있었다.[79]

콜럼버스에게는 중세의 해양 지리 개념, 즉 대양(ocean)은 인간이 사는 대륙을 둘러싼 큰 바다이기에 항해가 불가능하다는 금기를 깨고 출항을 결정하는 '용기'가 있었다. 새로운 항로를 개척해서 돈을 벌겠다는 경제적 욕구

만으로 설명할 수 없는 초월적이고 종교적인 동기가 혼합되어 있었기에 이처럼 무모해 보이는 시도를 감행할 수 있었다. 중세적 종교관을 지닌 이들이라면 누구나 가지고 있을 법한 성(聖)과 속(俗)이 일체화된 세계관이었다. 다만 콜럼버스는 성서에서 예언되었던 세상의 종말이 임박했다는 깨달음과 강한 신념 속에서 '새 예루살렘'을 주도할 마지막 왕이 스페인 왕이며 자신은 그를 돕는 조력자로서 지상낙원을 찾으라는 사명을 지니고 있다는 정체성을 지니고 항해를 시작했다. 해외 영토의 '지리적인 발견'과 금은보화의 추구라는 세속 세계의 동력이 세계 기독교의 '영적인 갱생'과 긴밀하게 연결되어 있었던 것이다.[80]

당시에 유럽 각국은 값비싼 향신료를 비롯해 온갖 탐나는 물품들이 넘치는 아시아에 도착하여 물품을 구입한 다음에 유럽으로 가져와 되팔아서 큰돈을 벌 수 있다고 생각했다. 문제는 멀고 위험한 항로였다. 이미 남아프리카의 희망봉을 돌아 인도양을 거쳐 아시아로 가는 항로가 알려져 있었으나, 당시 유럽에서 출발한 선박이 아시아에 도착해서 성공적으로 거래하고 돌아올 확률은 약 70퍼센트 수준이었다.[81] 열 척이 출발하면 세 척이 난파당하거나 해적을 만나서 돌아올 수 없을 정도로 위험한 사업이었다. 항해 루트가 아프리카 남쪽 희망봉을 돌아 열대 바다를 통과해 아시아까지 도달하는 것이기에 어려운 항해였다. 독학으로 항해 지식을 익힌 콜럼버스는 당시 세계에 대한 지리 총람서였던 『이마고 문디(Imago Mundi)』(1480년에서 1483년 사이에 루뱅에서 출판)라는 책을 읽으며, "지구가 굉장히 작"고 "육지와 바다의 비율이 6 대 1"이라는 '잘못된' 지식을 근거로 이베리아반도에서 바로 서쪽으로 출발했다. 서쪽으로의 대양 항해를 통해 마르코 폴로의 『동방견문록』에서 황금의 나라로 소개된 '지팡구(일본)'에 도달할 수 있다는 그릇된 확신이 있었기 때문이었다. 1492년 10월 23일 자 일기에서 콜럼버스는 "나는 오늘 쿠바섬을 향해 출발한다. 그들이 가르쳐 준 섬의 크기와 막대한 부를 고

려해 볼 때 쿠바는 지팡구(일본)임이 틀림없다."라고 썼다.[82]

아시아를 목적지로 삼았던 콜럼버스의 항해는 1492년부터 모두 네 차례에 걸쳐 이루어졌다. 1차 항해가 1492년 8월부터 1493년 3월까지이고, 2차 항해는 1493년 9월부터 1496년 6월까지이며, 3차 항해는 1498년 6월부터 8월까지, 마지막 4차 항해는 1502년 5월부터 6월까지 이루어졌다. 하지만 잘 알려져 있듯, 콜럼버스가 도달한 땅은 아시아가 아니라 아메리카 대륙이었다. 콜럼버스는 그 땅이 기존에 유럽인들이 알지 못했던 아메리카 대륙이라고는 생각하지 못했지만, 콜럼버스의 '무모한' 항해를 통해 수많은 이가 금과 향신료를 찾아 아메리카로 건너가 식민지를 개발하는 계기를 마련했다. 이는 이미 아프리카 남단을 통과하여 인도양으로 연결되는 항로를 개척하는 중이었던 포르투갈의 항해와 함께 시너지를 이루어, 유럽발 '대항해시대'의 본격적인 장을 여는 계기가 되었다.

아메리카 대륙에 도착한 유럽인들은 약탈과 착취에 돌입했는데, 그중에서도 금과 은이 주된 약탈 대상이었다. 서인도제도에서 얻은 금을 모두 소진한 스페인인들은 아메리카 대륙 본토로 진출하였고, 결국 페루 부왕령(Virreinato del Perú: 오늘날의 볼리비아)과 누에바 에스파냐(Nueva España: 오늘날의 멕시코)에서 거대한 은광을 개발했다. 특히 볼리비아의 포토시 은광에서는 사상 유례없이 많은 은이 산출되었다. 1545년 무렵에 포토시 은광의 엄청난 매장량을 알게 된 스페인은 이에 대한 개발에 박차를 가하였고, 광맥이 소진될 즈음에는 수은을 이용해서 은 함유량이 비교적 낮은 광석에서도 은을 뽑아내는 새로운 기술혁신(수은 아말감 기법)까지 도입하면서 은광 사업을 지속할 수 있었다. 이를 위해 대량의 수은을 공급하기 위한 수은 광산의 개발도 뒤따랐다. 스페인 알마덴(Almadén)에서 채굴한 수은이 은 생산을 위해 아메리카의 은광으로 유입되었고, 17세기 초반에는 중국에서도 간헐적으로 수은을 수입했다.[83]

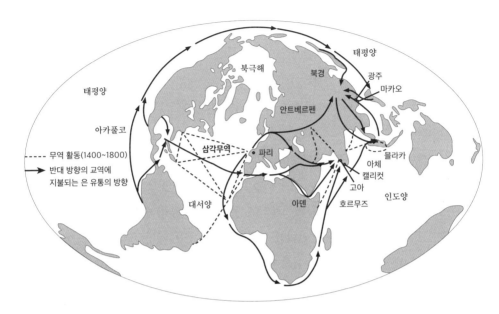

〈지도 4〉 장거리 무역을 통해 연결되는 세계 경제
출처: 조영헌, 「은 유통과 동아시아」, 동북아역사재단 엮음,
『동아시아사 입문』(동북아역사재단, 2020), 432쪽.

16~17세기 중에 은 채굴량은 적으면 연 5만~6만 킬로그램, 많을 경우에
는 연 28만 킬로그램에 달했다. 그 가운데 상당수가 유럽으로 흘러들어 상
업혁명을 촉발하는 계기를 마련했지만, 그중 다시 적지 않은 양이 중국으로
흘러들어 갔다. 특히 페르디난드 마젤란(Ferdinand Magellan)이 태평양 항로
를 개척한 이후 (스페인이 1571년에 마닐라를 점령하기 이전인) 1565년부터 멕시
코의 아카풀코와 필리핀의 마닐라를 연결하는 갤리언 무역이 시작되어 아
시아와 중국으로 유입되는 아메리카 은이 급증하였다.[84] 아메리카 은이 유
통에서 화폐 역할을 하면서 세계경제의 유동성이 높아졌고, 은은 유럽이 중
국의 문을 여는 매개물이 되었다. 중국에서도 15세기 중엽 이래 지속된 은
납화와 은 경제가 16세기 후반 아메리카 은의 유입을 통해 전국적으로 확

산되었다. 그 결과 장거정(張居正: 1525~1582년)이 세량과 요역을 합산해 은으로 납부하게 하는 일조편법을 1581년(만력 9년) 정월에 황제의 조령(詔令) 형식으로 전국에 명령할 수 있었다.[85] 1492년에 대서양을 횡단하며 시작된 '콜럼버스의 교환'이 곧 태평양을 횡단하는 '마젤란의 교환'으로 이어졌기에, 콜럼버스의 신대륙 발견은 중국의 은 경제를 더욱 심화시키는 계기를 마련했던 것이다. 같은 해 실시된 운사납은제를 통해 휘주 상인이 대운하의 거점 도시이자 염운의 중심지인 양주로 진출하는 계기를 마련한 것도 은으로 연결된 세계적인 교역망을 생각할 때 결코 우연의 일치가 아니었다.(〈지도 4〉 참조)

3장

1573년, 조운총독 왕종목이
바닷길로 조운을 시도하다

1573년, 바다에서 조운선이 전복되다

1573년 6월, 산동반도 남단의 즉묵현(卽墨縣) 복산도(福山島)에서 조운선 일곱 척이 전복되었다. 원인은 바다에서 흔히 만나는 강한 회오리바람이었다. 조운선이란 미곡 생산지에서 수도 북경까지 곡물을 운반하는 선박으로, 당시 대부분의 조운선은 내륙 하천이나 대운하를 이용했다. 하지만 이번 사고는 내륙이 아니라 해안에서 발생했다. 회수와 황하가 만나는 회안이라는 지역의 한 항구에서 출발한 조운선은 본래 산동반도의 해안을 따라 3390리(약 1898킬로미터)를 항해하여 천진에 도착할 예정이었다. 그런데 중도에 동쪽 해안으로 튀어나온 산동반도 남단을 돌다가 사고를 당한 것이다.[1]

사고 소식은 곧 수도로의 곡물 운송을 총괄하는 조운총독 왕종목에게 전해졌다.[2] 소식을 접한 왕종목은 초조함을 감추지 못하였다. 조운총독은 조운에 관한 최고직으로, 1장에서 소개한 진선이 맡았던 총병관이라는 무관과 함께 조운 업무를 책임지고 있었다. 원활한 조운 업무를 달성하기 위해 조운총독은 조운과 관련한 일체의 사무는 물론이거니와 교통로인 수로 관리와 조운이 지나가는 지역의 민정(民政)까지 간섭할 수 있는 권한을 부여받았다.[3] 따라서 조운총독인 왕종목이 조운선의 사고 소식에 긴장했던 것은

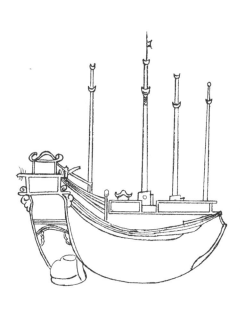

〈그림 7〉 원대와 명 초에 해도 조운에 사용되던 해선
출처: 李昭祥 撰, 『龍江船廠志』.

일견 당연한 일이었다. 하지만 이번 소식을 접한 왕종목은 일상적인 사고 소식 이상의 불안감을 떨쳐 버릴 수 없었다. 왕종목의 불안감에는 그럴 만한 두 가지 이유가 있었다.

첫째, 이번 곡물 운송이 지난해인 1572년(융경 6년)부터 새롭게 시작된 바닷길을 이용한 조운이기 때문이었다. 명조에서 바닷길로 조운을 했던 것은 이번이 처음은 아니었다. 1장에서 언급한 것처럼, 명조는 몽골 지배층을 몽골 초원으로 몰아낸 후에도 원의 방식을 따라 운하를 통한 하운과 바닷길을 통한 해운을 겸용했다. 그러다 1415년에 대운하가 정비되면서 해로를 이용한 조운이 중단된 이래 공식적으로 조량 해운은 시도조차 되지 않았다. 따라서 왕종목이 시도했던 해운은 그야말로 157년 만에 힘겹게 부활한 조량 해운이라고 해도 과언이 아니었다.

둘째, 이처럼 오랜만에 시도된 해운이기에 아직 조야에는 해운에 대한 일종의 의구심이라고 부를 만한 저항감이 팽배했기 때문이다. 이러한 사실은 해운을 재개한 이후에 더 분명하게 드러났다. 1572년의 조량 해운은 오랜만에 재개된 해운이었는데도 기대 이상의 성과를 거두었다. 강남에서 모아진 조량 12만 석을 실은 300여 척의 조운선은 회안에서 출발하여 약 2개월 만에 천진에 무사히 도착하였다. 그 덕택에 당시 조운선에 탑승하여 조량을 운송했던 군인들과 운송을 감독했던 영운관(領運官)에 대한 대대적인

포상과 천거가 이어졌다.[4]

해운에 대한 비방 의견

그런데 1572년의 해운 재개 당시, 다른 한편에서는 해운을 비방하는 의견이 제기되었다. 남경급사중(南京給事中) 장환(張煥)이 황제 앞으로 올린 상소에 따르면, 사고 없이 12만 석의 해운이 성공하였다고 하지만 실제로는 조운선 여덟 척에 실렸던 미곡 3200석이 풍랑을 만나 바다에 표실되었다는 것이다. 덧붙여 이를 은폐하기 위해 왕종목이 은 3만 냥을 비밀리에 끌어다가 부족한 미곡을 구매했다는 내용까지 담겨 있었다. 그렇지만 이는 어디까지나 소문에 근거했던 '음모론'에 가까웠다. 상소를 접한 만력제 역시 해운을 정지시키기보다는 해운을 더 충실히 정비하라는 내용의 조서를 내리는 정도에서 사건을 마무리 지었다.[5] 소문의 진위를 가리는 것은 더 이상 불가능했다. 하지만 적어도 이 상소 사건을 통해, 가시적인 성과에도 불구하고 해운에 대한 의구심과 반대 여론이 여전히 강고하게 남아 있었음을 알 수 있다. 이처럼 해운에 대한 긴장감이 잔존하는 상황에서 1573년에 진짜 사고가 발생한 것이다.

상황이 긴박했던 만큼 왕종목은 우선 피해 규모를 가늠해 보았다. 자신이 기안했던 계획에 따르면 바다로 떠났던 선박은 436척이고, 그 선박들에 탑재한 미곡은 20만 1150석이었다. 선박 한 척 당 운군으로 불리는 군인이 9명, 운수 노동자인 수수(水手)가 3명으로 도합 12명이 탑승하고 있었으므로 5230여 명이 바닷길에 올랐다.[6] 하지만 보고된 피해 액수를 살펴보니 조운선 일곱 척이 전복되면서, 미곡 5000석이 표실되고 운군과 수수 가운데 15명이 익사했다는 것이 전부였다. 왕종목은 일단 놀란 가슴을 쓸어내릴 수 있었다. 사고는 분명 사고였지만, 규모는 그리 크지 않았던 것이다. 북경의 조정에서 가장 민감해하는 항목인 곡물 가운데 바다에 휩쓸려간 분량은 전체 운송량의 2.5퍼센트 정도였고, 선박의 피해 규모는 1.6퍼센트, 인명 피해는 0.3퍼센트에 불과했다.

이 정도 규모의 사고는 이전에 내륙의 대운하를 이용할 때에도 수없이 발생했다. 특히 3년 전인 1570년(융경 4년) 9월에는 회안부 비주(邳州)에서 발생한 홍수로 황하가 범람하여 약 100킬로미터에 달하는 운하가 토사에 덮이기도 했다. 당시 피해 규모를 보면 침몰한 조운선이 800척에 표류된 곡물이 22만 6000여 석, 익사자도 1000여 명에 달하였다.[7]

융경제(隆慶帝)가 제위에 거하던 1567년부터 1572년까지의 6년은 특히 황하의 물줄기가 불안정했다. 여름마다 반복되는 황하의 범람은 곧 황하 물줄기와 연결된 대운하에 치명타를 가했다. 한 통계에 따르면 융경제가 다스리던 6년 동안 황하 범람으로 인해 1년에 평균 20만~40만 석에 달하는 곡물이 대운하에서 표실되었다.[8] 당시 북경으로 수송되는 곡물의 총액이 400만석이었으므로, 매년 약 5~10퍼센트 정도의 곡물이 '하환(河患: 황하의 범람으로 인한 우환)'으로 유실되었던 셈이다.

북경 민심을 달래기 위한 세 가지 해결책

조운의 단절은 곧 수도 북경의 민심을 불안하게 만들었다. 북경이 위치한 화북 지역은 곡물, 특히 미곡 생산에 적당하지 않았다. 오랜 중국의 역사 속에서 북경이 지정학적으로 중요하게 취급되면서도 요, 금, 원과 같은 북방 왕조의 점령 이전까지 전국적인 수도로 선정되지 못했던 것도 이 때문이었다.[9] 16세기의 북경에 거주하던 100만에 가까운 인구는 대부분 남쪽으로부터 수송되는 조량에 의존해 살아가고 있었다.[10] 자연히 수도로의 곡물 운송을 어떻게든 조속히 회복하기 위한 논의가 조정에서 들끓기 시작하였다.

당시에 제시된 해결책은 크게 세 가닥으로 정리할 수 있다. 하나는 너무도 당연한 일이겠지만, 기존 운하를 속히 복구하는 것이다. 하지만 융경 연간의 수재 상황은 인력의 복구 능력을 거의 매년 능가하고 있었다.

그래서 나온 다른 의견이 사고가 발생한 구간에 새로운 대안 루트를 개발하자는 주장이었다. 당시 수로 정비에 대한 책임을 맡고 있던 총리하도시랑(總理河道侍郎) 옹대립(翁大立)이 가운하(泇運河)의 준설을 제안했던 것은 그 대표적인 사례로, 이른바 황하와 대운하가 교차하는 지역을 대상으로 한 국부적인 치유책이라 할 수 있었다. 하지만 아무리 국부적인 공사라 하더라도 가운하의 길이는 260리(약 145킬로미터)에 달했으며, 준설에 필요한 재정이 최소 100만 냥에 인근 지역에서 수십만 명의 인부를 징발해야 했다.[11] 결국 비용의 과다와 공정의 난도 문제에 봉착했던 가운하 건립 계획은 일단 연기되었다.[12]

이처럼 두 가지 방안이 별다른 진척을 보이지 못하는 과정에서 등장한 마지막 대안이 바로 왕종목이 주장했던 해운의 부활이었다. 그는 해운을 통한 조량 운송이야말로 천하의 '대세(大勢)'이자 수도 북경만이 지니고 있는 '전세(專勢)'이며 목전의 문제를 해결하는 '급세(急勢)'라는 '삼세론(三勢論)'을 펼치면서 해운을 추진하였다.[13] 수도가 북경에 위치한 이상 대운하의 물류 기능을 보완하기 위해 해운을 이용하자는 주장은, 이미 명 중기의 대학자였던 구준도 강하게 제기한 바 있었다.[14] 이들은 운하와 함께 해운을 병행함으로써 운하가 막힐 때의 위험을 보완했던 원의 선례를 '어려움을 생각하여 이를 미연에 예방하는 계책(思患豫防之先計)'이라고 긍정적으로 평가하면서 논의의 출발점으로 삼았다.

다만 해운론자들이 전례로 삼았던 해운이 원나라의 일이었다는 점이 문제였다. 가정 연간의 총리하도였던 우담(于湛)은 조량 해운을 반대하면서 몽골이 한족을 지배했던 기억을 소환했다. 그는 구준의 해운론이 비용 면에서의 경제성만을 강조할 뿐 풍랑 등으로 선박이 전복되면서 발생했던 인명 피해를 간과했다고 지적했다. 이어서 원 시대에 해도 조운에서 발생했던 두 차례(1291년과 1309년)의 전복 사건에서 표실된 조량 액수와 조운선 한 척에 탑승한 운군의 수를 계산하여 매년 바다에서 익사하는 자가 5000~6000명이었다고 추론했다. 따라서 원 조정이 실시했던 해운으로 인한 익사 사고는 "잔인한 오랑캐가 한인에게 모질게 했던 처사로, 어찌 한인이 한인에게 모질게 할 수 있겠는가?"라는 논리로 조량 해운에 민족적 반감을 덧씌웠다.[15] 이는 몽골의 지배에서 벗어난 지 170여 년이 지났는데도 사라지지 않았을 뿐 아니라 오히려 고조되던 한인들의 반원(反元) 감정과 상흔(傷痕)을 보여 주는 동시에 명의 해운 반대론이 경제적인 논리에 국한되지 않았음도 알려 준다.

당시 산동순무(山東巡撫)였던 양몽룡(梁夢龍: 1527~1602년)은 왕종목과 함께 대표적인 해운 추진론자로 손꼽혔다. 둘은 해운의 가장 큰 취약점이라고 알려진 항로 부분의 리스크를 최소화하기 위해 먼저 안전하고 정확한 항로를 확정하고자 노력했다. 이를 위해 그들은 우선 '해로를 숙지하고 있는 근신한 관리'를 선발해서 선박이 정박할 수 있는 지점과 멀리 돌아가야 할 지점 등을 기록한 자세한 항해도를 제작했다. 항해도 제작의 정확성을 기하기 위해 급료를 지급하고 바닷길에 익숙한 뱃사공과 화공(畵工)을 고용했는데, 연해 지역 주민이나 섬사람뿐만 아니라 해상 밀무역에 종사하던 상인까지 가리지 않고 선발했다.[16] 항해도가 완성되자 왕종목은 시험적으로 쌀 2000석을 실은 선박을 회안으로부터 출항시키고, 산동성의 교주에서는 보리 1500석을 실은 선박을 각각 출항시켜 천진까지의 항로를 점검하였다.

이처럼 해운에 대한 준비가 완료되자 조정에서도 적극적으로 왕종목과 양몽룡의 시도를 지지하기 시작했다. 특히 내각의 수석 대표자였던 수보(首輔)직에 있던 이춘방(李春芳)과 고공(高拱)은 대표적인 해운 지지자였다.[17] 가정제(嘉靖帝: 재위 1522~1566년)가 즉위한 이후로 권력의 상층부는 황제가 아니라 내각이라고 해도 과언이 아닐 정도로 내각의 구성원인 대학사(大學士)의 입김이 세졌다. 이는 대학사가 문서 행정에서 맡은 역할이 중요했기 때문이다. 명조를 개창했던 주원장은 '호유용(胡惟庸)의 변'을 계기로 재상을 폐지하고 육부(六部)를 황제 직속으로 편제했으나, 황제 혼자 육부를 통해 전달되는 상주문을 일일이 열람하고 결재하는 것은 현실적으로 불가능했다. 이에 황제의 비서실장이자 고문 역할로 내각대학사가 설치되었고, 대학사가 황제를 대신하여 조서의 초안을 작성하거나 상소문을 검토하고 그에 대한 비답(批答)의 초안을 작성했다. 초안은 작은 표 안에 붓으로 작성했기에 '표의(票擬)'라고 불렀다. 그들은 사례감(司禮監)의 수장 환관인 병필태감(秉筆太監)과 함께 황제의 지근거리에서 문서 행정을 도맡으며 영향력을 행사할 수 있었다. 특히 수석 대학사인 수보는 황제의 신임만 잃지 않는다면 사회 각 분야에 상당한 권력을 행사할 수 있었다.[18] 가정제를 이었던 융경제의 치세 기간은 '승상 정치(丞相政治)'의 시대라고 평가될 정도로 황제가 내각에 많은 권한을 위임하였다.[19] 6년 동안 모두 아홉 명의 대학사가 내각을 구성했는데, 그중 세력이 강했던 서계(徐階), 이춘방, 고공이 차례로 수보를 지냈다. 그 가운데 이춘방과 고공이 해운을 지지했으므로 사실 왕종목에게도 강력한 지지자가 있었던 셈이다.

생각이 여기까지 미치자, 왕종목은 산동성 복산도에서 발생한 해난 사고가 그리 대단치 않게 여겨졌다. 사고의 규모도 작았고 정계의 실권자가 지지했던 정책인 만큼, 간단히 실무자 수준에 대한 처벌이나 보완 규정의 정비 정도로 끝날 것이라고 기대하는 것도 결코 무리는 아니었다.

장거정이라는 정치적 변수

다만 한 가지 변수가 남아 있었다. 정치적 변수였다. 왕종목의 해운론을 적극적으로 지지했던 수보 고공은 사고가 발생한 1573년 6월 시점에는 이미 실각한 상태였다. 해운을 재개한 1572년 3월에서 두 달도 채 안 되어 융경제가 붕어하고 다음 달인 6월에 태자 주익균(朱翊鈞)이 열 살의 어린 황제로 즉위하자, 고공 역시 모든 관직과 권력을 동시에 잃어버렸다. 실권을 장악하며 새로운 수석 대학사로 등극한 인물은 '혁신적인 정치가'로 송대의 왕안석(王安石)과 함께 거론되는 장거정이었다. 순식간에 발생한 정권 교체였다. 새 황제가 열 살의 어린 황제라는 점을 고려할 때, 그 내막을 이해하기 위해서는 잠시 내각과 함께 정치 실세로 불리던 환관에 대해서 살펴볼 필요가 있다.

명조가 중국 역대 왕조 가운데 환관 세력이 가장 강했던 왕조라는 점은 잘 알려진 사실이다. 특히 영락제는 조공국을 늘리기 위해 주변 지역(혹은 국가)으로 외교 수완이 뛰어난 환관들을 대거 사신으로 파견했다. 가령 재위 원년(1403년)에 섬라(暹羅, Siam: 태국)로 파견된 이흥(李興), 믈라카와 가지(인도 서남부의 코치)로 파견된 윤경(尹慶), 1405년 이후 '서양'으로 계속 파견되었던 정화와 왕경홍, 1405년에 진랍(眞臘)에 파견된 왕종(王琮), 1407년에 서역의 비슈발리크(Bishbaliq, 別失八里)에 파견된 이달, 1409년에 흑룡강 유역에 노아간도사(奴兒干都司)를 설립하고 연해주 일대의 탐험 작업에 착수했던 이시하, 1413년에 몽골로 파견된 해동, 티베트 지역으로 파견된 후현 등은 그 대표적인 사례이다. 영락제의 치세 기간(1402~1424년) 동안 모두 일흔다섯 명의 환관이 사방으로 사신의 자격이나 임무를 띠고 파견되었다.[20] 그 가운데 영락제의 명을 받아 조선에 파견되었던 조선 출신 환관 황엄(黃儼)은 수많은 공녀(貢女)와 환관들을 차출해 간 것으로 악명이 높았는데, 영락제의 황비(皇妃) 열아홉 명 가운데는 조선의 공녀 여섯 사람이 포함되어

있었다.[21]

영락제의 신임을 얻고 북경에서 세력을 확대하기 시작했던 환관들은 명 후반기에 이르면 조정에 약 10만 명이나 거주할 정도로 비대해졌다. 선덕제는 자금성 안에 내서당(內書堂)을 설치하고 대학사와 같은 유학자를 시켜 어린 환관들에게 글을 가르쳤다. 글을 체득한 내서당 출신 환관들 가운데 사례감에 소속된 환관들은 내각이 황제에게 올리는 상주문을 전달하는 임무를 맡았다. 자연히 황제를 둘러싸고 환관은 내각과 협력 관계를 형성하면서도 묘한 대립각을 세우게 되었다. 내각은 황제에게 올라온 문서에 대해 황제가 결재해야 할 내용을 미리 준비하는 '표의'라는 임무를 이용해 권력을 획득했지만, 황제는 '표의'를 마친 문서를 다시 환관들의 사례감에서 처리하게 함으로써 내각을 견제하려 했다. 이렇게 되자 관료들 중에서도 자기지위의 평안과 무사함을 도모하기 위해 환관과 결탁하는 자가 나타났으며, 이로 인해 환관의 정치 개입은 한층 심해졌다.[22]

이러한 내각과 환관의 갈등은 왕종목이 해운을 추진하던 시기에 더욱 첨예하게 발생했다. 갈등의 씨앗은 수보 고공과 사례감 풍보(馮保) 사이의 오랜 반목에 있었다. 먼저 수보가 되었던 고공은 평소 사람됨이 좋지 않다고 여기던 풍보가 사례감으로 승진하는 것을 견제하려 했다. 하지만 뛰어난 학문적 소양을 바탕으로 융경제의 신임을 획득했던 풍보는 만만치 않은 상대였다. 결국 융경제의 총애를 받아 사례감의 병필태감(秉筆太監)이 된 풍보는 곧 내각에 새로 진입한 장거정에게 접근했다. 양자의 밀접한 관계에 불안을 느낀 고공은 융경제가 붕어하자 이를 기회로 여기고, 풍보를 위시한 환관세력을 축출하자는 복심을 장거정에게 알렸다.

문제는 여기서 발생했다. 고공이 자신의 권한을 너무 과신했던 것일까? 고공은 같은 대학사 출신의 장거정을 자신의 편이라고 순진하게 생각했지만, 장거정은 고공을 지원하는 것보다 풍보와 협력하는 것이 자신에게 유리하다는 것을 잘 알고 있었다. 장거정은 풍보에게 모든 정보를 알렸고, 정치 9단이었던 풍보는 어린 황제의 황후와 황귀비에게 접근하여 "열 살짜리 태자가 어찌 천하를 다스린단 말입니까?"라는 말을 고공이 떠들며 다닌다고 자극했다. 대노한 황족들은 즉각 고공이 "전권을 가지고 정무를 휘두르니 조정의 권세가 모두 강탈될 위험"에 있다면서 고공의 모든 권한을 몰수했고,[23] 이것으로 고공의 정치 생명도 끝이 나고 말았다. 이후 장거정은 어린 황제를 교육하는 선생이면서 환관 세력과 결탁한 내각 수보로서 10년간 강력한 전권을 휘두르게 되었다.

'파해운', 해운이 다시 정지되다

다시 이야기의 초점을 사고 소식을 접한 왕종목에게로 돌려보자. 왕종목이 우려했던 마지막 변수, 즉 수보직의 교체는 실제 해운 정책에도 지대한 영향을 미쳤다. 1573년(만력 원년) 6월, 사고가 발생하자마자 호과도급사중(戶科都給事中) 가삼근(賈三近)을 시작으로 여러 감찰 관료는 기다렸다는 듯이 해운을 정지해야 한다는 상소를 어린 황제에게 올렸다. 그리고 8월에 왕종목은 청천벽력과도 같은 조정의 통보를 받았다. 그동안 그토록 심혈을 기울여 준비했고 이제 막 두 번째 시행을 마친 해운을 금지한다는 통보였다.

명나라 『신종실록』에는 그저 "해운을 그만두게 했다."라는 '파해운(罷海運)' 세 글자만 기록되어 있을 뿐이다.[24] 해상에서 사고가 발생한 직후의 긴박한 상황이므로, 운항의 위험성 때문에 해운이 정지되었다고 생각할 수도 있다. 하지만 사고 규모는 미미했고, 해운을 대체할 만한 곡물 조달 방안이 개선된 증거는 전혀 찾을 수 없었다. 당시 사안의 핵심에 있었던 왕종목의 호소는 마지막 우려였던 정치 변수의 개입을 다음과 같이 에둘러 표현했다.

해운이 행해졌지만 의자(議者)들은 수군대면서 비방을 일삼으니, 두 번째 운행에서 300척 가운데 7척 만이 전복했을 뿐인데도 (해운은) 정지되었습니다. 대저 해운의 개통으로 인한 이익은 네다섯 가지나 되지만 해로움은 하나에 그칠 뿐입니다. (……) 무릇 아무리 뛰어난 곡예(曲藝)라 하더라도 본래 그처럼 오묘했던 것이 아니라 반드시 오랜 시간이 지나야 저절로 익숙해지는 법입니다. 하물며 해운이 순조로워지려면 어떻겠습니까? 어째서 한 번 목멘다고 해서 식사를 그만두어야 한다는 말입니까?[25]

외부적 정치 개입의 가능성은 해운을 주도했던 왕종목만 가진 생각이 아니었다. 명 말의 역사가인 손승택(孫承澤: 1592~1676년)은 자신의 책 『춘명몽여록(春明夢餘錄)』에서 "융경 5년(1571년) 조운로의 황하가 크게 범람하여 조운이 막히니 (……) 드디어 해운이 시행되었다. 그런데 만력 원년(1573년)에 고공이 수보에서 물러나니 장거정이 (고공의) 행한 바를 모두 돌려놓았고, 호과급사중 가삼근의 상주로 (해운을) 파하였다."라고 인과관계를 명확하게 기록해 놓았다.[26] 수보에서 밀려난 고공 역시 장거정이 수보에 오르자 정치적 의도를 가지고 자신이 추진했던 각종 정책을 비방하거나 폐기했다는 '의혹'을 제기하였다.[27]

이 과정을 당시 장거정의 입장에서 보면 의혹이 풀린다. 즉 전임자인 고공을 하야시키고 수보에 오른 장거정으로서는 이 과정에서 야기되었던 '부도덕성'에 대한 조야의 비판에서 자유로울 수가 없었다. 고공을 몰아내기 위해 환관 세력과 결탁했다는 점도 사대부들이 볼 때는 문제였지만, 심지어 융경제의 유조(遺詔)를 변조하는 등 각종 사건을 권력 획득의 수단으로 변조했다는 것이 비난 여론의 핵심이었다.[28] 만력제의 생모 자성태후(慈聖太后)가 장거정을 지지해 준 것도 그의 집권에 큰 힘이 되었지만, 이 역시 중간에서 풍보의 역할이 컸다.[29] 적어도 유교적 세계관에 입각한 도덕적 명분론이 팽배하던 명의 정계에서 이러한 장거정의 전력은 당연히 '부도덕'한 것으로 비추어졌다. 그리고 이러한 장거정의 부도덕성은 이후 강력한 개혁 정책을 추진하는 데 상당한 장애 요소가 될 수 있었다. 결국 '부도덕'하다는 이미지를 극복하는 문제가 집권 초기 장거정의 현안이 되었던 것이다.[30]

대체로 이러한 극복은 두 가지 방식으로 가능하다. 하나는 전임자의 단점을 부각하는 것이고, 다른 하나는 새로운 개혁 작업의 신속한 추진을 통해 집권 과정의 '부도덕'한 이미지를 눈에 보이는 실적으로 상쇄하는 것이다. 해도 조운에 대해 장거정이 취한 태도는 전자의 대표적인 방식이었다. 반면에 집권 후 대운하를 정비하고 내륙으로의 조운을 정비했던 것은 후자의 방식으로 이해할 수 있다.[31] 따라서 적어도 고공이 실각하지 않았더라면 이처럼 갑작스럽게 해운이 정지되지는 않았으리라는 예상도 할 수 있었다.[32] 아직 사리 분별이 정확하지 않은 열 살의 어린 나이로 황위에 오른 만력제의 황태자 시절에 엄격한 스승이었기에, 장거정은 만력제의 집권기 중 10년 동안, 즉 자신이 사망하기까지 사실상 국정을 '농단'했다고 평가될 정도로 강력한 권력을 휘두른 것으로 유명했다. 따라서 만력제 등극 직후의 대다수 정책은 사실상 무소불위의 권력을 장악했던 장거정의 의지와 배후 조정으로 이루어진 것이나 다름없었다.

물론 이러한 정치적 알력 외에도 장거정이 조운 정책을 급격하게 전환할 수 있었던 배경에는 여러 요인이 존재했다. 조운 관련 정책에 관해서 뚜렷한 주관 부서가 존재하지 않았던 관료제 내부의 문제, 그리고 해양으로의 자유로운 교역을 통제하거나 완전히 차단함으로써 국내의 안정을 도모하려는 해금 정책은 그 대표적인 경우다.

1573년의 해운 '요절'이 지닌 세계사적 의미

다만 1573년에 조량 해운이 재개된 지 2년 만에 '요절'했던 이야기를 마무리하면서 그로 인해 야기된 역사적 의미를 언급하고자 한다. 먼저 바다로의 진출이 억제되는 상황은 자연스럽게 그 대안 루트인 대운하의 물자 유통을 더욱 활성화시켰다. 정부의 기대 이상으로 대운하를 이용하는 물자 유통량이 증가하면서 선박들 사이에는 운송상의 우선순위 문제도 빈발했고, 대운하를 따라 유통업 도시들의 발전도 눈부시게 이어졌다. 대운하를 따라 유통된 것은 물자만이 아니었다. 2장에서 소개한 휘주 상인을 포함하여 당시 장거리 무역의 이윤을 찾아 남북을 왕래하던 수많은 상인은 대운하의 대표적인 이용객이었다. 그 외에도 대운하에는 관료들과 조공 사절, 수험생과 운수 노동자에다 황제가 탑승한 선박까지 왕래하였다. 특히 황제가 직접 대운하를 이용하여 남방으로 시찰 여행을 떠나는 것은 대운하에 엄청난 긴장감과 생명력을 동시에 불어넣어 주는 동력이 되었는데, 이는 강희제와 건륭제의 남순(南巡)을 다루는 6장과 8장에서 언급한다.

바다를 통한 남북 왕래가 통제되는 상황에서 대운하의 북적거림은 어찌 보면 당연한 일인지도 모른다. 하지만 대운하에서 심각해진 병목 현상이 다시금 바다로 진출하는 것으로는 연결되지 못했다. 이에 대해 조선인 최부(崔溥: 1454~1504년)가 남긴 『표해록(漂海錄)』에는 대운하를 이용해 북상하던 중 서주(徐州)의 황가갑(黃家閘) 위에 세워진 '미산만익비(眉山萬翼碑)'를 관찰한 기록이 있다. 비문의 내용 중에는 영락 연간에 해운의 위험성으로 인해 대운하가 재건되자 "이로부터 방악(方嶽)과 번진(藩鎭) 및 사이(四夷)의 조빙(朝聘)과 회동(會同), 군민의 공부(貢賦) 수송, 상인들의 무역이 모두 이곳을 경유하게 되고, 배의 이로움이 비로소 천하에 통하여 만민을 구제하고 다시는 장강과 바다에 풍랑의 재액이 없게 되었다."라는 구절이 있는데, 대운하 개통을 통해 조량 해운이 사라지게 되었음을 자부하는 내용이었다.[33]

1573년에 발생했던 조량 해운의 '요절'은 이에 대한 일말의 가능성을 완전히 제거하는 사건이 되고 말았다. 하지만 조량 해운의 정지가 곧 해운에 대한 욕구 자체가 사라졌음을 의미하는 것은 결코 아니었다.

사실상 중국의 16세기는 그 이전의 어느 시기보다도 대내외적인 교류의 필요와 가능성이 확대된 시대였다. 대외적으로 유럽에서 '대항해시대'가 열리면서 아시아를 향한 탐험이 늘어나 교역선이 끊임없이 출항하였으며, 이러한 유럽 국가들의 진출 속에서 동남아시아는 이미 15세기부터 시작된, 이른바 '상업의 시대'라고 불릴 만한 활발한 국제무역의 분위기가 17세기 후반까지 이어졌다.[34] 대내적으로도 명 중엽 이후 자족적인 향촌 질서인 이갑제가 와해되고 조세의 은납화 및 장거리 유통을 중심으로 한 상품경제가 확대되면서 결제 수단으로 안정성을 지닌 은의 수요가 급속하게 증가하였음은 2장에서 언급한 바와 같다.

당시 중국은 그야말로 전 세계에서 채굴된 은을 삼켜 버리는 '블랙홀'과도 같았다. 한번 중국에 들어간 은은 다시는 외부로 잘 유출되지 않았기 때문에 중국은 은의 '흡입 펌프' 혹은 '귀금속의 무덤'이라고 불렸다. 그렇지만 자세히 보면 16세기 말에 외국의 은이 중국으로 유입되고 환류된 결과, 명의 주변부에는 은이 집중하는 세 곳의 호황 지대가 형성되었다. 한 곳은 은의 생산지인 서일본이고, 다른 한 곳은 외국의 은이 유입된 중국의 복건과 광동 등의 동남 연안 지대이며, 마지막 한 곳은 조세로 징수된 은이 군사비 및 호시(互市)의 경비로 투입된 중국 북방의 변경 지역이다. 그 결과 명 후기에는 수출 상품의 생산 중심지인 양자강 하류 삼각주에서 활동하던 도시부의 대상인(휘주 상인이 대표적이었다.)이 호경기를 누리는 것과 동시에 서일본과 중국 동남 연해, 북방 변경도 은의 산출과 유입에 의한 교역 붐을 경험하게 되었다.[35] 16세기를 특징짓는 북로남왜 현상과 은 유통은 이렇게 연결되어 있었다.

당시 금과 은의 교환 비율 차이는 은의 국제적 유동성을 자극했다. 16세기 후반에 중국에서 금과 은의 교환 비율은 1 대 6 혹은 1 대 7이었던 것에 비하여, 같은 시기 유럽의 비율은 1 대 12였다.(일본은 1 대 10 전후였다.) 즉 유럽에서는 금의 가치가 중국의 두 배였던 반면에, 중국에서는 은의 가치가 유럽의 두 배였다. 따라서 유통비를 제외하고 보면 이론상으로는 유럽인이 유럽에서 상대적으로 싼 은을 구매해 중국까지 가져가면 그것만으로 100퍼센트의 환차익을 누릴 수 있었다.[36] 신대륙의 은이 중국으로 유입되는 과정에서 조공이나 해금은 사실상 유명무실했고, 경제적인 이윤 추구가 강력한 힘을 발휘했다. 물론 중국에서 생산한 생사와 견, 면포, 도자기 등은 동아시아 해역은 물론 세계시장에서도 특히 수요가 큰 인기 상품이었다. 이러한 상품의 대가로 외국에서 은이 유입되었다.

중국에서 은의 가치가 스페인에서보다 두 배 가까이로 상승하면서 아메리카 대륙에서 발굴된 은 가운데 매년 약 150톤의 분량이 아시아로 흘러들어 왔다. 물론 그 대부분은 중국의 남부 해안을 통해 내지로 유입되었다. 1567년에 중국 상인의 '동양(동쪽 바다)'과 '서양(서쪽 바다)'으로의 진출이 허락된 복건성 장주의 항구 월항은 그 대표적인 유입 통로였다. 융경제가 즉위하던 해에 복건순무인 도택민(涂澤民)은 앞서 쌍서항을 폐쇄하며 해금을 강화함으로써 후기 왜구가 창궐하게 된 과거를 '전철(前轍)'로 삼아 월항을 열어 상인들의 해상 진출을 허용했다. 하지만 자유무역은 아니었는지라 일본과의 통상은 금지되었고, 초석과 유황 등의 화약 원료와 동전 등의 물품은 휴대가 금지되는 등 통제된 허용이었다. 복건 지역에는 도택민처럼 해양에 대한 개시(開市)에 열린 마음을 지닌 관료들이 이어져 나타났는데, 유종주(劉宗周: 1578~1645년)의 스승이기도 했던 허부원(許孚遠: 1535~1604년)은 그 대표적인 인물이었다. 허부원은 임진왜란 시기에도 무작정 해금을 강화하는 것으로는 복건의 문제가 해결되지 않으며 오히려 금지 물품만 엄격히

단속하면서 다른 물품에 대한 교역을 허가해야 한다는 주장을 내세워 조정의 허락을 받아 내었다.[37]

당시 남중국해의 교역은 크게 '동양'과 '서양'이라는 두 가지 주요 노선으로 조직되었다. '동양' 노선은 동남 연해 지역에서 풍향에 따라 대만으로 향했다. 거기서 북쪽의 일본과 이어지는 지선이 나오기도 했지만, 주된 흐름은 남쪽 필리핀으로 연결된 후, 더 남하하여 유럽인들에게는 향료제도(Spice Islands)로 알려진 말루쿠 제도와 서쪽의 자바로 연결되었다. '서양' 노선은 베트남 본토 해안을 끼고 가다가 타이만을 지나 믈라카까지 연결되었다. 복건성 월항 출신의 장섭(張燮)은 1610년에 남중국해로 연결되는 두 가지 해양 노선을 조직적으로 설명하는 『동서양고(東西洋考)』라는 저서를 출간했다. 이처럼 유럽인이 무역선을 이끌고 도래하기 전부터 남중국해에는 이미 다국적인 교역망이 활성화되어 있었다.

월항을 거점으로 바다로 진출한 복건 출신의 수많은 상인은 필리핀의 마닐라에서 일본과 신대륙에서 유입된 은을 중국의 비단 및 도자기 등과 거래함으로써 이익을 챙겼다. 앞서 절강성의 쌍서항이 왜구의 소굴로 간주되어 폐쇄되었던 것을 상기하면 월항의 개항은 상당히 이례적이었다. 이러한 차이는 왜구 활동이 창궐하던 1540년대와 일단락된 1560년대라는 20여 년의 시간 차이에서, 그리고 절강과 복건이라는 지역 차이(북경과의 거리 차이)에서 기인했을 것이다. 월항이 열리기 두 해 전인 1565년(가정 44년)에 영파의 시박사(市舶司)는 폐지되었다. 동시에 지나친 해금 노선이 오히려 왜구 준동의 원인이 될 수 있다는 상황 인식의 변화도 주요한 요인으로 작용했다.[38] 영파의 쌍서항 폐쇄를 주도했던 주환(朱紈: 1494~1549년)은 '개해파(開海派)' 관료들의 모함과 탄핵을 받아 실각하고, 결국 억울함을 못 이겨 자살한 바 있었다. 당시에 주환을 실각하게 한 배후에는 주환의 엄격한 통제로 무역의 통로를 상실했던 연해 유력자들의 영향력 행사가 있었다.[39] 이처럼 16세기 후반의 연해 지역에서 해양 교역에 대한 욕망은 한껏 고조되어 있었다.

스페인이 마닐라를 중개무역의 거점 도시로 장악했던 1571년이야말로 직접적이고 지속적인 세계무역의 시작점으로 파악되기도 한다.[40] 또한 1571년에 스페인인들이 마닐라를 거점으로 확보함으로써 지구상의 마지막 3분의 1(태평양)이 세계경제의 네트워크에 편입되었다고 보는 견해도 있다. 즉 13~14세기에 인도양 무역과 내륙 아시아의 카라반(대상(隊商)) 무역을 통해 유라시아 대륙과 아프리카 대륙이 이어지면서 지구의 3분의 1이 연결되었고, 다시 15세기에 유럽인이 아메리카 대륙에 도달하면서 새로이 지구의 3분의 1(아메리카 대륙과 대서양)이 유라시아 대륙과 연결되었다고 평가한다. 따라서 1571년 이후 갤리언 무역을 통해 멕시코와 필리핀을 잇는 태평양 항로까지 기존의 세계경제 네트워크에 연결되었기에 1571년이야말로 세계화의 출발점으로 보는 것이다.[41]

스페인의 은 유통에 최대 자원이 되었던 아메리카 대륙의 은 생산량은 1570년대가 되면 급상승하여, 1500~1660년 중에 최대치에 도달하였다. 1573년이 되면 포토시에도 이미 20년 전에 사카테카스(Zacatecas: 멕시코시티에서 북쪽으로 220킬로미터 떨어진 곳으로, 1548년에 은맥이 발견되었다.)에 도입되었던 '아말감 제조법'이 채택되면서 은 생산량이 급상승했다. 1545년에 건설되기 시작하여 30년이 채 안 된 1573년, 포토시는 주민 수가 15만 명을 넘어서는 도시로 성장했다.[42] 당시 스페인의 경제력을 기반으로 성장한 해군 함대는 1571년에 오스만 제국의 주력 함대를 레판토 해전에서 격파한 이후 '무적함대(Armada Invencible)'라고 불릴 정도로 유명해졌고, 1588년에 도버 해협의 칼레(calais) 해전에서 잉글랜드 함대에 패배할 때까지 지중해와 대서양을 누볐다.[43]

월항을 포함한 장주를 비롯하여 천주(泉州), 하문 등 복건성의 해안 도시가 해양 무역에 일찌감치 눈을 뜬 것은 내륙의 견고한 배후지로 연결되지

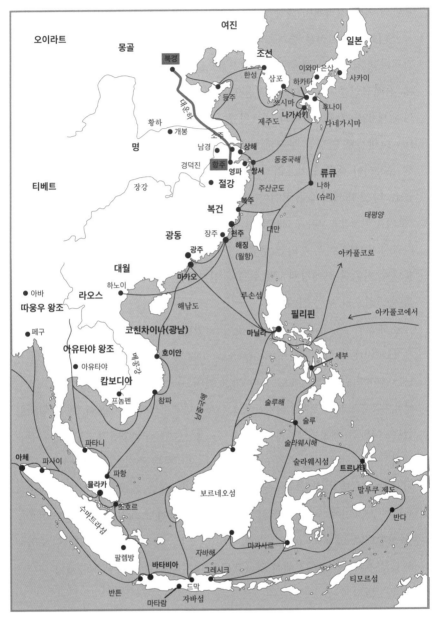

〈지도 5〉 16세기의 동아시아 해역

못한 지리적 한계 때문이기도 했다. 복건성의 해안 지역에서 내륙으로 연결되는 지점에는 질 좋은 차 생산지로 유명한 무이산(武夷山)을 비롯한 높은 산맥과 구릉이 자리 잡고 있었다. 이러한 지리적 제약은 해안의 복건인들이 내륙의 광활한 배후지보다 해양 너머의 외국과 그곳에서 '자발적으로' 찾아오는 외국 상인들을 거래의 대상으로 삼게 했다. 이는 13세기의 이탈리아에서 제노바와 베네치아라는 두 도시가 "모두 정치, 하천, 높은 지형 등의 요인에 의해서 내륙적 기반이 견고한 배후지들로부터 격리되었기 때문에 항해에 나서도록 운명 지워져" 있던 것과 유사했다.[44] 이런 면에서 복건의 월항은 그 북쪽에 위치한 영파, 상해, 천진 등 대운하나 양자강을 통해 광활하고 견고한 배후지와 연결된 해안 도시들과 차이가 있었다.(〈지도 5〉 참조)

어쨌든 바로 이 시기에 발생했기에, 조량의 해운 시도는 그 사건 자체를 넘어서는 시대적인 의미를 지닌다. 만약 1573년 이후에도 조량 해운이 그 명맥을 조금이라도 유지했더라면, 19세기 중반 이후에야 가능했던 전면적인 해운의 개방은 훨씬 더 앞당겨졌을지 모른다. 그리고 해양 무역에 대한 중국의 입장도 그렇게 수세적으로 흐르지 않았을 가능성도 농후하다.

하지만 역사에서 '만약'은 상상할 수는 있지만 실현될 수는 없다. 정치적 변수는 황제에게도 발생했다. 장거정 사후 만력제는 정치에 흥미를 완전히 잃어버리고 관료 집단에 대해서 일종의 화풀이를 시작했다. 그의 가장 효과적인 무기는 소극적으로 저항하는 것, 즉 노자가 말한 무위(無爲)였다. 황런위(黃仁宇)는 만력제의 이러한 변화 시점을 1587년, 즉 황위 계승 문제와 관련해 일련의 문제가 발생하여 황제가 크게 불쾌감을 느꼈던 '만력 15년'으로 파악하였다.[45]

만력제의 '태만의 정치' 속에서 은의 의미는 묘한 상징성을 지닌다. 정무를 돌아보지 않는 만력제는 궁정에서 무료한 시간을 보내기 위해 날씨가 화창한 날이면 흥이 나서 환관들과 희희낙락 척은(擲銀: 은전 던지기 놀이)을 즐겼다. 황제 자신이 노름판의 물주가 되고, 환관들은 은전을 땅 위에 그려 놓은 네모나 동그라미를 향해 던져서 그림 안에 은전이 들어가면 두 배 혹은 세 배의 상을 받았고, 그림 밖으로 나간 것은 몰수되었다.[46] 황제에게 은이 무료한 시간을 때우기 위한 놀이의 도구가 된 것이다. 은이 황제의 노리개로 전락한 것이 사실 뭐 그리 큰 문제이겠는가? 다만 그 은이 아메리카에서 태평양을 건너 마닐라와 월항을 거쳐 북경의 자금성까지 도달했던 맥락이 중요했다. 문제는 만력제의 소극적인 무위 정치가 이어진 16세기 후반부터 17세기 초반까지가 이른바 세계경제가 형성되면서 해양에서 치열한 경쟁과 폭력이 확산되던 시기와 겹쳐있다는 데에 있을 것이다.

1571년에 시작된 해도 조운은 너무나 단기간에 끝나 버렸다. 그동안 크게 주목받지 않은 한 사건이지만, 대운하 시대에 중국이 왜 해양으로 진출을 주저했는지에 대한 이해의 단서를 제공하기에, 1573년에 일어난 해도 조운의 '요절' 사건에 다시금 주목해 보았다. 대운하를 통해 물자를 운송하던 운군이나 조운을 담당하는 관료들은 전혀 인식하지 못했겠지만, 해도 조운이 시도되었다가 요절했던 시기의 해양 세계에서는 커다란 변화가 진행되고 있었다.

4장

1600년, 예수회 선교사 마테오 리치가
대운하를 평가하다

1600년, 마테오 리치와 서광계의 첫 만남

만력제의 치세 28년째에 해당하는 1600년 봄, 과거 시험의 최종 단계인 회시(會試)를 보러 가기 위해 고향인 상해를 출발하여 북경으로 향하던 서광계는 도중에 남경을 방문하였다. 당시 남경에 머물고 있던 예수회 선교사 마테오 리치를 직접 만나기 위해서였다. 서광계는 리치가 제작했던 세계지도인 「산해여지도(山海輿地圖)」를 보고 자신이 생각했던 천하보다 훨씬 넓은 세계가 있고 중국은 그 천하의 일부라는 사실에 크게 놀란 바 있었다. 과거 합격이라는 목전의 출셋길도 중요했지만, 서광계는 그동안 자신이 알고 있던 지식을 초월하는 세계에 대한 궁금증을 풀어 줄 것만 같은 리치와의 만남을 다음 기회로 미룰 수 없었다. 이렇게 성사된 리치와의 첫 만남을 서광계는 다음과 같이 묘사했다.

옛날에 하남성의 숭산(嵩山)을 유람할 때 천주의 상을 우러러본 적이 있다. 이것은 대개 유럽으로부터 바다로 배를 타고 건너온 것들이다. 조(趙) 중승(中丞)과 오(吳) 전부(銓部)가 전후하여 판각한 세계지도를 보고 바로 마테오 리치 선생이 있음을 알았다. 리치 선생이 남경에 머무는 동안에 그를 만나서 간략하나마 함께 이야기를 나누어 보고는, 이 사람은 두루 세상의 모든 것에 박학다식하고 능통한 군자[海內博物通達君子]라고 생각했다.[1]

서광계가 처음 서양 선교사를 알게 된 시기는 1595년에 광동 소주(韶州)에서 훈장 노릇을 하면서 이탈리아인 예수회 선교사인 라차로 카타네오(Lazaro Cattaneo, 곽거정(郭居靜): 1560~1640년)를 만났을 때였다. 그리고 소주와 남경 등지를 오가며 리치가 제작한 세계지도의 판각본을 보게 되었다. 서광계가 언급했던 조 중승은 1594년부터 1598년 사이에 응천순무(應天巡撫)였던 조가회(趙可懷)로, 광동성 조경(肇慶)에서 1584년에 처음 출판되었던 「여지산해전도(輿地山海全圖)」를 그는 자신의 관할 지역인 소주에서 판각하여 출간했다. 그리고 오 전부는 서광계가 남경에 방문하던 시기에 남경 이부주사(吏部主事) 관직을 맡고 있던 오중명(吳中明)으로, 1600년에 리치에게 요청하여 남경에서 「산해여지전도(山海輿地全圖)」를 자비로 출판하였다.[2] 따라서 서광계는 1600년 이전에 조가회가 소주에 판각했던 「여지산해전도」를 보고 리치에 대한 관심이 생기기 시작했고, 남경에서 오중명이 판각했던 「산해여지전도」를 접하고는 마침내 리치를 만나기에 이르렀던 것이다.

여기서 잠깐 리치의 지도에 대한 이야기를 해야겠다. 리치의 지도는 조선의 지리적 모습이 기욤 드 뤼브룩(Guillaume de Rubrouck)의 선교 보고서에 나타나 있는 것처럼 섬나라가 아니라 반도국이라는 사실을 밝혔다는 점에서 의미가 있다.[3] 그 이전까지 서양 지도에 등장하는 조선은 섬나라로 묘사되거나, 반도라 하더라도 남쪽으로 길게 뻗어 있는 좁은 막대기처럼 그려졌다.[4] 조선인들이 어업을 하거나 해안을 따라 여행하기 위해 바다로 나갔으나, 해상 무역은 금지되어 있었고 특히 서양인들과의 해양 교류는 없었기 때문일 것이다. 이러한 이유로 당시 중국의 많지 않은 항해 기록 그 어디에도 조선은 도착지로 포함되지 않았다.[5] 그런데도 리치가 조선의 모습을 비

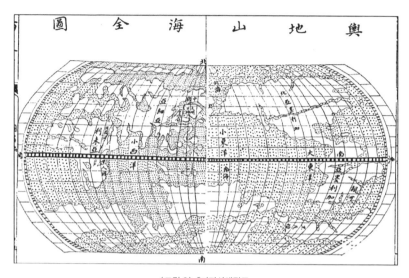

〈그림 8〉「여지산해전도」
출처:「輿地山海全圖」,「圖書編」.

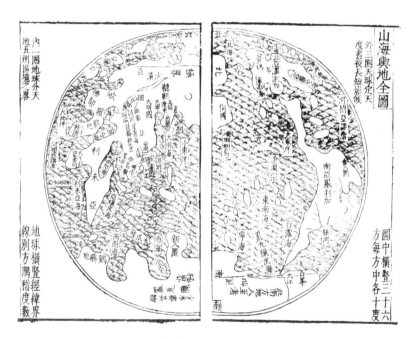

〈그림 9〉「산해여지전도」
출처:「山海輿地全圖」,「三才圖會」地理 一卷, p.93.

교적 정확하게 그려 낼 수 있었던 것은 예수회 선교사들과 조선인들의 직간
접적인 교류에, 그리고 당시 중국 지도를 충분히 섭렵했던 리치의 관찰력에
기인했다. 1590년과 1597년, 1611년의 세 차례에 걸쳐 사행단의 일행으로 북
경에 다녀온 이수광(李睟光)은 후에 『지봉유설(芝峯類說)』을 편찬하면서 리
치에 대해 "구라파국(歐羅巴國)은 또한 대서국(大西國)이라고 부르기도 한다.
리마두(마테오 리치)라는 사람이 8년 동안 바다에 떠서 8만 리의 파도를 넘어
동월(東粵: 광동)에 와서 10여 년 동안 살았는데, 그가 저술한 『천주실의(天主
實義)』 두 권이 있다."라는 기록을 남겼다. 또한 이수광은 1603년(선조 37년)
에 북경으로 갔던 이광정(李光庭)이 리치가 제작한 「곤여만국전도(坤輿萬國
全圖)」를 가지고 왔다는 기록도 남겼다. 리치의 지도는 중국 중심의 세계관
에 머물던 조선인들에게도 중국 바깥의 서양에 여러 나라가 있다는 충격을
주었다.[6]

물론 1600년의 만남에서 서광계는 리치와 깊이 있는 교제를 나누지는 못
했다. 과거 시험에 응시하기 위해 곧 북경으로 출발해야 했기 때문이다. 이
처럼 중간에 다른 관심이 생겨났기 때문인지는 모르겠지만, 서광계는 두 번
째로 도전한 회시에서 또 낙방했다. 그런데도 서광계는 리치와의 짧지만 인
상적인 만남을 잊지 못하고, 1603년에 다시 남경으로 리치를 찾아갔다. 하
지만 당시에 리치는 이미 남경을 떠나 북경에 체류하던 상태였고, 그 대신
에 서광계는 선교사 주앙 다 호샤(João da Rocha, 나여망(羅如望): 1566~1623년)
를 만나 그에게 세례를 받고 천주교에 입교했다. 이듬해인 1604년, 드디어
회시에 합격한 서광계는 한림원 서길사(庶吉士)로 북경에서 관직 생활을 시
작해, 북경에 거점을 마련하고 활동하던 리치와의 교류를 본격적으로 시작
하게 되었다.[7] 이렇게 시작된 리치와 서광계의 교류는 이후 중국과 조선에
기독교와 서학을 전파하는 데 결정적인 역할을 했던 『천주실의』라는 기독
교 입문서를 탄생시켰을 뿐 아니라, 유럽의 기하학과 천문학, 대포 제조술

등의 과학 지식이 동아시아에 전파되는 계기를 마련했다. 그렇다면 1552년 에 이탈리아의 교황령 마체라타(Macerata)에서 태어났던 리치는 어떤 연유로 남경에 머물다가 1600년에 서광계를 만나게 되었던 것일까?

1600년, 리치는 왜 남경에 있었나?

리치가 태어난 1552년은 동아시아의 기독교 선교 역사에서 또 다른 의미가 있는 해였다. 일본 기독교 선교의 아버지로 불리는 스페인 사람 프란치스코 하비에르가 일본에서의 선교를 마치고 최종적인 선교 목적지라고 생각했던 중국으로 항해하기 위해 마카오로 떠나는 선박에 올라탔으나, 그 꿈을 미처 시작하지도 못한 채 1552년, 광동만(廣東灣)에 위치한 상천도(上川島)에서 병으로 사망했다.

하비에르가 동아시아에 오게 된 이유는 유럽에서 발생한 종교개혁을 빼놓고는 설명할 수 없다. 프로테스탄트의 종교개혁에 대한 가톨릭교회의 대응적 개혁이라 할 수 있는 '반(反)종교개혁'으로 등장한 예수회가 선제적 선교를 위해 세계 각지로 진출했는데, 그 가운데 동아시아가 중요 선교지로 포함되었다.[8] 1540년에 이냐시오 데 로욜라(Ignacio de Loyola: 1491~1556년)를 필두로 하는 초기 멤버들의 요청으로 창설된 예수회는 "이러한 종교적인 위기의 시대에 가톨릭의 부흥과 부활의 가장 강력한 도구"[9]로 칭해질 정도로 종교개혁 이후 흔들리던 가톨릭교회에 대한 유럽인들의 신앙을 견속하는 데 크게 기여했고, 로욜라의 동료였던 하비에르에게서 시작된, 16세기부터 17세기까지 예수회가 얻은 선교 경험은 "오랫동안 유럽에서 성장한 종교가 이제 전 세계로 퍼지면서 제기되는 가능성과 문제점"을 선구적으로 보여 주었다. 이처럼 종교개혁의 여파는 유럽에 국한되지 않고 예수회를 통해 유라시아 대륙의 반대 극단에 위치한 동아시아로 전달되었다.

하지만 예수회의 동아시아 진출을 종교적인 열정으로만 설명할 수는 없다. 예수회의 해외 선교는 1492년 콜럼버스의 '신대륙 발견' 전후로 본격화된 새로운 '타자'와의 만남을 전제로 이루어졌기 때문이다.[10] 실제 하비에르가 이용했던 항로는 향료 무역이 목표였던 포르투갈의 아시아 진출 경로와 정확히 일치했다. 포르투갈의 거침없는 동진에는 무역을 통해 얻는 경제적 이익에 대한 추구뿐 아니라 이슬람 세력과 대항하며 기독교를 전파하겠다는 종교적 열정이 혼합되어 있었는데, 이는 앞서 언급했던 콜럼버스의 목적과 유사했다.

1571년에 예수회에 입회한 리치의 앞길에도 포르투갈이 닦아 놓았던 항로와 하비에르가 쌓아 놓았던 종교적 비전이 기다리고 있었다. 포르투갈의 아시아 무역로에서 주요 거점이었던 고아, 믈라카, 마카오를 거치면서 리치는 중국에 관련된 언어와 정보를 습득할 수 있었고, 하비에르의 목표였던 중국 입성과 중국에 대한 선교의 역사를 리치가 직접 써내려 가기 시작했다. 하비에르의 사망과 리치의 탄생이 1552년에 발생한 것을 우연의 일치로만 보고 넘어가기 어려운 이유이다.

1578년에 리치가 포르투갈의 리스본에서 배를 타고 인도로 떠났을 때, 이미 콜럼버스, 바스쿠 다 가마, 마젤란 등이 활약한 초기 '대항해시대'는 70여 년이나 지난 과거였고, 아카풀코에서 마닐라를 연결하는 태평양 항로와 리스본에서 고아나 마카오로 연결되는 새로운 항로가 세계 교통의 일부가 되었다. 1494년에 토르데시야스에서 내린 교황의 결정에 따라 유럽 바깥의 식민지는 명목상 크게 두 가톨릭 국가인 스페인과 포르투갈이 분할했다. 1529년에는 토로데시야스 조약을 보완하는 사라고사(Zaragoza) 조약을 통해 스페인과 포르투갈의 아시아 영토 분계선이 말루쿠 제도의 동쪽인 동경 144도 30분을 경계로 정해졌다. 서쪽으로 라틴아메리카에서 태평양을 건너 마닐라로 가려는 자는 스페인 선박을 이용해야 했고, 동쪽으로 돌아 인도, 믈라카, 마카오, 일본으로 항해하는 자는 포르투갈의 선박을 이용해야 했다. 리치는 하비에르가 이용했던 포르투갈의 항로를 답습했다. 고아, 코친, 믈라카를 경유하여 마카오에 도착한 것이 1582년 8월이었다. 이때부터 중국 내지로 진입한 리치는 1610년 5월에 북경에서 사망할 때까지 28년 동안 중국을 한 번도 떠나지 않고 각지에서 선교 활동과 교류를 진행했다.

1583년에 광동성 조경(肇慶)에 중국 내지에서의 첫 번째 거점을 마련했던 리치가 북상하여 명나라 제2의 도시인 남경에 도착한 것은 1598년 7월이었다. 남경은 본래 명의 수도였지만, 영락제의 북경 천도 이후 배도로서 "여전히 수도로서의 영광과 명망을 유지하고 있었다."[11] 하지만 당시는 조선에서 정유재란(丁酉再亂)이 한창 진행 중인 상태였기에 남경의 민심이 대단히 불안했다. 임진왜란이 발발하자 기리시탄(切支丹: 크리스천의 일본어 표현) 다이묘였던 고니시 유키나가(小西行長: ?~1600년)가 천주교 신자 군인들의 사기 진작을 위해 스페인 출신 그레고리오 데 세스페데스(Gregorio de Céspedes: 1551~1611년) 신부를 군종신부로 조선에 데려와 1년여를 머물게 했으며 (1593년 12월부터 1595년 4월 무렵까지 체류),[12] 예수회 선교사 루이스 프로이스 (Luís Fróis: 1532~1597년)는 1594년 한 해에 일본에서 세례를 받은 조선인 포로가 2000명이나 되었다는 기록을 남겼다.[13] 이처럼 일본에 본부를 둔 예수회 조직을 통해 리치는 당시 일본의 조선 침략에 대한 정보를 전해 들었을 것이다.

당시의 상황에 대해서 리치는 다음과 같이 기록했다.

국고의 지출은 엄청났고 일본의 공세를 막아 내리라는 희망은 점차 줄어들었다. 당시 일본이 만약 중국 본토에 직접 군대를 보내 공격했다면 중국은 조선의 전쟁에서 군대를 철수시킬 수밖에 없었을 것이고, 본토를 방어하기에도 힘겨웠을 것이다. 이런 위협 속에서 남경에는 신부들을 받아들이려는

사람이 없어서 그들은 강변의 배에 머무는 수밖에 없었다.[14]

그러나 군사적 긴장이 약화되자 부유한 중국 관리였던 조가회의 초대를 받아 그의 집에 열흘가량 머무르며 친밀한 교제를 나눌 수 있었다. 조가회는 앞서 서광계가 언급했던 응천순무로, 리치의 친구였던 왕옥사(王玉沙)에게서 얻은 세계지도인 「여지산해전도」를 얻고 매우 기뻐하면서 소주 지역에 석판에 새겨 복사하게 하였다.[15] 남경에서 리치는 지도를 활용하여 자신을 환대해 주는 관료들을 만나 체류할 수 있는 거점을 마련할 수 있었다.

남경에서 리치는 오래 머물지 않았다. 황제가 머무는 북경으로 입성하는 것이 최종적인 목표였기 때문이다. 1598년 9월, 리치는 북경으로 향하는 선박에 황제에게 바칠 각종 선물을 싣고 출발하였다. 하지만 아직 정유재란의 영향으로 일본이 중국을 공격할 것이라는 소문이 남아 있고 외국인에 대해서 대단히 조심스러워하는 분위기가 가득한 북경에서 선물을 제대로 전달할 기회를 얻지 못했다. 북경의 예부 관리들 역시 유럽에서 온 이들을 어떻게 대우해야 하는지에 대한 사전 매뉴얼이 없었기에 그들이 가져온 자명종, 망원경, 렌즈 등의 선물을 조공품으로 접수하는 것도 쉽게 이루어지지 못했다. 결국 리치는 첫 번째 북경 방문에서 소기의 목적을 달성하지 못하고, 거점이 마련된 남경으로 다시 돌아왔다. 그나마 오고 가는 길에서 모두 대운하를 이용하는 선박을 타면서 중국의 수로 교통과 관행에 대한 지식과 경험을 쌓을 수 있었던 것이 수확이라면 수확이었다.

1599년 2월, 다시 남경에 거처를 마련한 리치는 북경 입성에 두 번째로 도전하는 1601년 1월까지 남경에 머물렀다. 그 사이 두 번의 실패를 겪지 않기 위해 각종 관료와 태감과의 교류를 확대하며 만반의 준비를 갖추었다. 15세기 전반에 북경으로 천도한 이후 남경의 정치적 위상은 떨어졌지만, 외형상 황제와 내각을 제외한 정부 기구가 북경과 동일하게 유지되었다. 육부, 도찰원(都察院), 한림원, 국자감(國子監), 홍려시(鴻臚寺) 등을 비롯하여 황실과 관계가 깊은 관서는 후대까지 잔존했다. 비록 북경 관료만큼의 세력이 있지는 않았으나 남경 관료들의 품질(品秩) 역시 명목상으로는 북경과 동일했다.[16] 또한 강남 문인들에게 남경은 과거 준비와 정보 교류의 중심지였다. 따라서 남경은 북경으로의 입성과 황제와의 만남을 준비하는 장소로서는 최적의 도시였다. 이처럼 북경 입성을 준비하는 기간에 서광계를 남경에서 만날 수 있었던 것이다.

대운하를 이용하여 북경을 왕래했던 리치

리치는 남경을 떠나 북경을 왕래할 때 대운하를 이용했고, 그 과정에서 그는 남다른 관찰력을 가지고 운하를 이용하는 선박과 운송의 특징을 기록에 남겨 놓았다. 대운하를 이용하는 중국인들에게는 일상적인 일이라 간과되기 쉬운 사소한 일에도 주의를 기울였기에, 리치의 기록에는 중국 측 자료에서도 쉽게 찾아보기 어려운 부분이 많다.[17]

리치는 대운하를 이용하면서 왕래하는 선박의 많음에 놀라움을 금치 못했다. "전혀 과장 없이도 중국의 선박이 세계의 나머지 국가의 모든 선박 수에 필적할 정도로 많다고 생각합니다. 이러한 계산은 내륙의 수로를 운행하는 선척에 한정했을 때는 진실로 정확합니다. 하지만 그들이 바다로 출항하는 선척의 수량을 본다면 대단히 적을 뿐 아니라 수량이나 구조상 모두 유럽에 비할 바가 못 됩니다."[18]라는 리치의 지적은, 비록 바다에서 운항되는 선박의 적음을 강조하는 것이기는 하지만, 오히려 내륙 수운에 얼마나 많은 선박이 이용되고 있는지 잘 보여 준다. 그는 남경과 북경을 두 번 오가면서 환관의 마쾌선(馬快船)에 탑승하여 대운하를 이용한 경험이 있었다.(〈그림 10〉 참조) 1459년 이후 공식적으로 1만 2000척의 조운선이 대운하를 왕래했

〈그림 10〉 명대의 환관이 사용하던 마쾌선
출처: 李昭祥 撰, 『龍江船廠志』, 卷2.

으며, 리치는 "진공(進貢)하는 조운선 외에도 각급 관리들에게 소속된 더 많은 선박이 왕래하였으며, 사적인 무역에 종사했던 선박은 더 많았다."[19]라고 했으므로, 이 책에서 언급하는 시기에 끊임없이 제기되었던 대운하의 병목 현상과 교통 체증 현상은 쉽게 상상할 수 있을 것이다.

시간이 흐르면서 대운하의 운행에서 우선순위가 정해졌다. 16세기 후반에 총리하도를 맡았던 만공(萬恭)은 대운하의 이용 우선권을 다음과 같이 정리하였다. 첫째가 조운선, 둘째가 조공선, 셋째가 관선, 마지막이 민간인들의 상선이다.[20] 조운선에는 황족과 관료, 군병들에게 지급될 양식이 실려 있었고, 만약 조운이 정해진 목표대로 이루어지지 못할 때면 북경의 민심이 흉흉해지곤 했으므로,[21] 국가권력의 입장에서 조운선에 대한 우선권 부여는 일견 당연한 조치였다.

하지만 이러한 원칙은 원칙일 뿐, 실제 상황에서는 다양한 권력자들이 북경과 강남을 연결하는 대운하의 우선적인 이용권을 놓고 치열한 경쟁을 벌였다. 리치의 기록은 고위급 관료 및 환관들의 선박이 대운하 및 이와 연결된 수로를 얼마나 특권적으로 이용하는지 잘 보여 준다. 리치는 이익이 많은 대운하의 이동에서 환관이 상당한 권력을 쥐고 있음을 금방 알아차리고 가능한 한 환관들과 함께 이동했다. 영향력이 센 환관이라면 자신의 배가 지나가는 시간에 맞추어 수문을 강제로 열게 했기 때문에 여정을 빨리

마무리할 수 있었다. 보통은 수문 하나도 통과하려면 엄청난 통행료를 물고
도 여러 날을 기다려야 했다.

환관을 태운 선박이 누리던 우선권에 대해 리치는 이렇게 기록했다.

양선(糧船)과 관선은 우선권이 있었지만, 어떤 경우에는 양선과 관선도 너
무 많아서 4일이나 그 이상도 기다려야 할 때가 있었다. 확실히 태감은 이런
상황에서 먼저 통과하는 허락을 받아 냈는데, 이는 다른 선박의 선장이 자신
의 선박에 와서 황제에게 바치는 선물을 직접 보게 함으로써 뱃길을 양보받
는 식이었다.[22]

이 자료는 리치 일행이 탑승한 선박이 운하에서 우선적으로 통과할 수
있었던 비밀이 황제에게 진상하는 예물에 있었음을 보여 준다. 당시에 황실
예물을 취급할 수 있었던 이들은 대부분 환관이었기에 결국 환관이 탑승한
선박에 조운선과 관선보다 먼저 통과할 수 있는 특권이 주어졌다. 앞서 살
펴본 것처럼 명대에 환관들의 사회적 영향력은 유례없이 컸고, 특히 명 중
엽 이후로는 각지로 파견된 환관들의 전횡이 심각해졌다.[23] 환관의 전횡은
종종 대운하에 대한 체계적인 유지와 보수를 와해시켰다. 이미 명 중기부터
환관들이 타고 다니는 마쾌선, 홍선(紅船), 좌선(座船)에 불법적으로 유통하
는 사염(私鹽)이나 세력 있는 상인들의 화물을 유통시키는 문제가 지적되었
다. 이는 조운을 지체시키거나 갑문을 파괴하는 요인이 되었다.[24]

『동관기사(冬官紀事)』에 기록된 만력 연간의 환관과 휘주 상인의 결탁 사
례는 이러한 문제의 심각성을 잘 보여 준다.[25] 당시 북경의 건청궁(乾淸宮)과
곤녕궁(坤寧宮)에 화재가 발생하였다. 소실된 궁전을 재건하기 위해 조달해
야 할 목재의 양이 막대했는데, 환관들이 물자 조달을 주관했다. 그 가운데
16만 근의 황목(皇木)이 휘주 출신 목상(木商) 왕천준(王天俊) 등에게 할당되

었다. 하지만 왕천준은 할당된 황목 외에 사적으로 목재를 탑재하여 운송했을 뿐 아니라, 16만 근 가운데 3만 2000여 근에 해당하는 세금 5만~6만 냥을 포탈(逋脫)했다는 혐의로 체포되어, 공부낭중(工部郎中) 하성서(賀盛瑞)에게 조사를 받았다. 그러나 왕천준을 비롯한 수십 명의 휘주 상인은 환관에게 자신을 비호해 달라고 요청했다. 결국 하성서는 정치적 압력 속에서 법적으로 처벌하는 대신에 황목에 대한 유통상의 금령(禁令)을 다음과 같이 재확인하는 것으로 수사를 마무리해야 했다.

(1) 황목이라는 구실로, 각 초관(鈔關: 왕래하는 선박과 물건에 대한 세금을 거두는 곳)에서의 징세 면제를 추구하는 것을 불허한다.

(2) 황목이라는 구실로, (운하에서 만나는) 관선과 민선에 대하여 우월권을 주장하는 것을 불허한다. 만약 위반 사례가 있으면 상례(常例)에 따라 손실을 배상해야 한다.

(3) 황목이라는 구실로, (경유하는) 주현에서 소요를 일으키거나 각부(脚夫)를 차출하여 운반하는 것을 불허한다.

(4) 황목이라는 구실로, 갑문에서 (순서를 기다리지 않고) 참월(攙越)하는 것을 불허한다.[26]

금령의 내용은 대운하에서 발생했던 관행을 금지하는 규정이었다. 대운하를 이용했던 리치나 조선인 최부도 이러한 관행을 목격한 바 있었다.[27] 환관과 같은 특권층뿐 아니라 그들의 비호를 받았던 유력 상인들 역시 이러한 권한을 남용했다. 청조가 들어선 후 환관의 활동 범위가 축소되어 대운하에서 환관들의 전횡은 사라졌지만, 운송상의 특권은 기인(旗人)과 같은 새로운 특권층에게로 이어졌다.[28]

반면 힘없는 상인들은 병목 구간에서 조운선과 관선이 다 지나갈 때까지

마냥 기다려야 했다. 사정이 여의치 못한 상인들은 대운하의 바로 옆에 샛길처럼 작은 물길을 불법적으로 뚫거나 상당히 돌아가야 하는 우회로를 선택해야 했다.[29]

외국인 조공단이 탑승한 선박

절강, 복건, 광동 등지로 들어오는 동남아 국가의 조공 사절단도 북경에 도달하기 위해 대운하를 이용했다. 앞서 만공이 정리한 우선순위에 따르면 외국인이 탑승한 조공단 선박은 조운선보다는 낮지만 일반 관선보다는 높은 우선권을 지니고 있었다. 황제에게 진공하는 공물을 휴대하고 있었기 때문이다. 명 초 정화의 원정단 파견을 전후하여 확대된 조공국은 오래 못 가 줄어들었지만, 안남(安南), 류큐, 섬라(태국) 등지로부터의 조공은 청조에까지 이어졌다. 물론 명·청 시대 중국과 가장 긴밀한 관계를 유지하며 가장 자주 조공단을 파견했던 조선은 줄곧 요동 지역을 경유해서 북경에 도달하는 육로를 이용했기에 대운하를 이용할 여지가 없었다. 만주족이 요동 지방을 점령했던 명 후반에 어쩔 수 없이 해로를 이용하던 17년(1621~1637년)의 기간이 있었는데, 요동반도의 여순(旅順)에서 산동반도의 북쪽에 위치한 등주(登州: 오늘날의 펑라이구)에 도달한 조선 사행단은 하북성 하간부(河間府)와 북경 사이에서 부분적으로 대운하를 이용했을 뿐이다. 1629년에 영원위(寧遠衛)의 경략(經略) 원숭환(袁崇煥)의 건의로 해로 노정을 등주에서 각화도(覺華島)로 변경한 이후에는, 정두원(鄭斗源: 1581~1642년)을 제외하고는 다시는 대운하를 구경할 수 없었다.[30]

리치를 비롯한 예수회 선교사들도 그들의 의지와 상관없이 중국 경내로 입국하거나 황제를 알현할 때는 조공 사절단으로 간주되었다. 이러한 정황은 청조에서도 크게 변화하지 않았다. 광서(光緖) 연간에 출간된『청회전사례(淸會典事例)』의 조공단 공도(貢道) 규정에 따르면, 조선은 봉황성(鳳凰城)을 통해, 류큐는 복건성으로, 면전(緬甸: 미얀마)은 운남성으로 입경하도록 규정하는 조항과 나란히 네덜란드가 배치되어 있다. 네덜란드는 순치 13년(1656년)에 광동성을 경유하도록 정했다가 강희 25년(1686년)부터 복건성으로 바꾸었고, 말레이반도 서쪽을 지칭하는 '서양'의 나라들에 대해서는 광동성을 통해 들어오도록 강희 6년(1667년)에 지정하였다.[31] 1800년을 전후로 청조를 방문한 매카트니 사절단과 애머스트 사절단도 그들의 의지와 상관없이 조공 사절로 간주되었음은 물론이다. 물론 조공단으로 분류되면 국적에 상관없이 조공 의례에 따라 무상으로 관선과 가마를 이용하고 역참에서는 필요한 식량과 의복을 지급받을 수 있었다.[32]

일반적으로 조공선은 관선보다 운송상의 우위에 있었으나, 청의 만주 황족이 탑승한 선박과 마주쳤을 때 우선순위를 쉽게 정하지 못하는 대치 상황이 전개되었다. 이에 대한 흥미로운 에피소드가 강희제를 만나고자 중국을 찾아왔던 포르투갈인 마노엘 드 살다냐(Manoel de Saldanha)에 대한 기록에 남아 있다.[33] 살다냐 일행이 탑승한 선박이 북직예(北直隸)의 대운하 구간에서 복건성으로 내려가는 황족의 선박과 마주치게 되었다. 운하가 협착했으므로 누군가 선박을 한쪽에 정박해 길을 양보해야 했다. 그러나 양쪽 모두 한 치의 양보 없는 대치 국면이 전개되었다. 마침 불어닥친 폭풍으로 살다냐가 탑승한 선박이 운하의 가장자리로 부득불 정박하게 되었고, 이후 양자의 대치 국면은 큰 충돌 없이 해결되었다. 이러한 대치가 발생한 것은 기본적으로 살다냐가 탑승한 선박이 황제를 알현하기 위한 조공선으로 취급되었기 때문이었다. 즉 조공선과 황족의 선박이 대치하면서 일종의 힘겨루기가 발생했던 것인데, 이처럼 운하에서의 우선순위를 둘러싼 공방은 경우에 따라 복잡한 양상을 띠었다.

물론 대치 국면은 쉽게 정리될 때도 있었다. 루마니아 출신으로 러시아

사절단의 일원으로서 1674년에 중국을 방문하여 1676년에 강희제를 알현한 니콜라에 밀레스쿠(Nicolae Milescu)의 분석에 따르면, 운하에서 두 선박이 마주쳤을 경우 상대방의 품급(品級)을 고려하여 여간해서는 싸움이 일어나지 않는 이유가 있는데, 이는 자신의 분수에 만족하는 중국인들의 사고방식 때문이라고 해석했다.[34]

조운선의 '편법' 운용을 발견한 리치

리치의 교제망은 대운하를 따라 여행하면서 확대되었다. 리치가 남경을 떠나 북경을 가는 여정에 산동 제녕(濟寧)을 방문했을 때 공부시랑 겸 총리하조(總理河漕)로 대운하 유통망을 관리하던 유동성(劉東星: 1538~1601년)을 사귀게 되었다. 유동성의 아들이 남경에 있을 때 리치와 매우 친하게 지낸 바 있었고, 마침 제녕에 살고 있던 이탁오(李卓吾: 1527~1602년) 역시 유동성에게 리치와의 오랜 우정을 근거로 그에 대한 우호적인 이야기를 전달해 주었다. 유동성은 관사에서 이탁오와 함께 리치 일행을 따뜻하게 환영했고, 유동성은 서방과 내세에 관한 리치의 이야기를 대단히 흥미진진하게 청취했다. 산서성 출신의 유동성이 평소 내세에 대한 관심이 많아 불교를 극진하게 믿었기 때문에, 기독교의 천국 이야기에 특별한 반응을 보였다고 생각된다.

리치는 황제에게 전달할 공물을 유동성에게 보여 주었고, 유동성은 그들이 만나야 할 사람들에게 소개 편지를 써 주었다. 배가 떠날 무렵 유동성은 수하의 관리를 보내어 병목 현상이 심각한 갑문에서 리치를 태운 배가 먼저 통과할 수 있도록 호송해 주었다.[35] 이처럼 높은 관직을 지닌 관료들의 소개 편지를 통해 리치는 특권적으로 대운하를 통과하는 방식에 대해 남다른 관찰을 할 수 있었다.

리치는 왕래하는 수많은 조운선을 보면서 이상한 점을 발견했다. 상인이 운송상의 특혜를 얻을 수 있는 틈새였다. 리치의 관찰력이 돋보이는 언급을 살펴보자.

중국인은 그들이 황제에게 헌납하는 공물이 모두 한 척에 탑재되는 것을 그다지 바람직하게 여기지 않았으며, 서로 다른 몇 척에 나누어서 운송하는 것이 더 좋다고 여긴다. 다만 황제 자신도 다른 생각이 있기에 이러한 방식에 대해서 못 본 체했다. 따라서 조정으로 운송되는 물품을 탑재한 무수한 선박이 북경에 도달할 때, 그중 상당수의 선박은 만재(滿載)되어 있지 않았다. 상인들은 이러한 기회를 이용해서 대단히 저렴한 가격으로 이러한 선박의 빈 공간을 빌릴 수 있었다. 이러한 방식으로 북경에 공급되는 물품이 현지에서 생산된 것보다 훨씬 많았으며, 이를 통해 국가는 결핍 문제를 해결하고 진제(賑濟)의 필요를 상당히 감소시킬 수 있었다. 따라서 사람들은 말하기를 "북경에서는 그 어떤 것도 생산되지 않지만, 그 어떤 것도 부족하지 않다."라고 한다.[36]

리치는 조량을 탑재한 조운선에서 빈 공간을 발견하고 이를 대운하 유통 과정에서 발생하는 의도적인 '낭비'라고 해석했다. 조운선은 운송상에서 우선순위를 지니고 있었으므로, 상인이 조운선의 빈 공간을 이용할 수 있다면 상품을 빠른 시간에 북경까지 이동시킬 수 있었다. 본래 상인들은 조운선에 자신의 사적 물건을 탑재할 수 없었다. 이로 인해 정작 북경의 조정이 중요시하는 조량 운송에 문제가 발생할 수 있기 때문이었다. 이러한 물건은 조운선에 합법적으로 부여된 운군이 운용할 수 있는 토의에 해당하는 상품은 아니었다. 조운선의 빈 공간을 상인이 일정한 비용을 지불하고 운송에 이용하는 대운하 유통의 '편법'이 리치를 통해 적나라하게 노출되었다.

하지만 리치의 관찰에 따르면 황제는 이를 묵인해 주었다. 왜일까? 리치는 이를 통해 북경의 물자 부족을 자연스럽게 해결할 수 있었기 때문이라고 해석했다. 그 결과 "북경에서는 그 어떤 것도 생산되지 않지만, 그 어떤 것도 부족하지 않다."라는 말이 유행할 정도로 조운선을 통한 조량 외의 다양한 물자가 조달되었다. 조운선에 탑승한 운군이나 수수들 역시 이 과정에서 주어진 업무 외의 운송료 수익을 거둘 수 있었다. 서로의 이해관계가 일치하면서 유통상의 '편법'이 묵인되는 관행이 성립한 것이다.

조금 후대의 일이지만, 명 말에 양주를 거점으로 염업에 종사하면서 미곡과 포(布)를 조운으로 거래해 '100만의 재산'을 모았던 휘주 상인 오일(吳逸)의 가문은 대운하의 이러한 관행을 이용해서 성공했던 사례였다. 오일이 출생했던 휘주의 지방지를 보면, 오일은 "양주에서 염업에 종사하고, 남경에서 전당업에 운영하였으며, 조운에서 미곡과 포를 거래해 100만의 재산을 모았다. 청군이 남하하자 아들 오윤복(吳允復)이 예천왕에게 군향을 헌납하여 원외랑(員外郞)을 제수받았"다고 전한다.[37] 여기서 "조운에서 미곡과 포를 거래하면서 100만의 재산을 모았다."라는 구절에 주목해야 하는데, 상인이 조운에 참여하여 돈을 버는 것은 이론적으로는 불가능한 일이기 때문이다. 전후에 관련된 설명이 없기에 정확한 상황을 파악하기는 곤란하지만, 리치가 발견했던, 조운이 이루어지는 대운하의 관행을 이해하면 쉽게 이해가 된다. 즉 조운선에 미곡과 포를 탑재하여 유통하면서 돈을 벌었던 것이다. 오일의 아들처럼 배후에 권력자의 지지가 있을 경우에는 더욱 쉽게 이용할 수 있는 관행이었다.

마테오 리치의 난제

리치는 리스본을 떠나 마카오까지 도달하는 기나긴 원양항해의 경험에 더하여 중국 내에서 다양한 대운하 이용 경험을 지닌 흔치 않은 인물이었다. 그는 바닷길과 내륙 수로 모두에 대한 풍부한 경험을 지니고 있었다. 월항이 개항되고 15년이 지난 후인 1582년에 마카오를 통해 중국에 입국했던 리치는 해양에 대한 명나라의 정책과 현실적인 교역 사이의 모순을 감지했다. 환관이나 관료 등 고위층과 함께 대운하를 이용해 남경과 북경 사이를 두 번이나 왕래하면서 대운하에서 발생하는 각종 운송상의 편법과 관행 등을 목도했던 리치는 1600년에는 대운하를 이용하면서 바닷길 대신에 지속적으로 선박 전복 사고가 발생하는 대운하를 고집하는 중국인을 이해할 수 없다는 듯 다음과 같은 의미심장한 기록을 남겼다.

대운하에 들어가는 비용은 대부분 선박을 원활하게 운송하는 유지 비용으로, 어느 수학자는 1년에 100만 냥에 달하는 돈이 소요된다고 계산하였다. 이것은 유럽인에게는 다소 이상하게 보인다. 유럽인이 지도를 통해 보건대, 북경까지 보다 짧고 보다 경제적인 해로를 선택할 수 있다고 판단하기 때문이다. 이는 분명 사실이지만, 바다와 해안을 침범하는 해적에 대한 두려움이 이토록 중국인들의 마음에 깊이 뿌리박혀 있기에, 그들은 해로를 통해 물자를 조정으로 운송하는 것이 더 위험하다고 믿는다.**38** (밑줄은 인용자가 표기)

이것이 "왜 중국은 효율적인 해운을 이용하지 않고 대운하에 집착하는가?"라는 '마테오 리치의 난제[利瑪竇難題]'였다.**39** 여기서 리치가 언급했던 해운이란 월항 등지에서 이루어지는 남양(南洋: 동남아시아) 무역이 아니라 강남과 북경 사이의 해도 조운이었다. 즉 그는 점차 활성화되는 동남 연해 지역의 해양 무역과 달리 여전히 대운하에 집착하는 조운 방식의 경직성에 주목했다. 이는 곧 조운이라는 국가적 물류에서는 철저히 해금의 정책적 기조를 유지하면서도, 국제적 물류에서는 통제된 거점과 암묵적인 밀무역을 허용했던 대운하 시대의 모순적인 구조와 특징을 보여 준다.

리치는 자신이 제기했던 난제에 나름대로 답을 제시하였다. 그것은 "바다와 해안을 침범하는 해적에 대한 두려움"이었다. 이러한 두려움이 중국인들의 마음에 깊이 뿌리박혀 있기에 바다를 통한 북경으로의 조량 운송을 위험하다고 믿는다는 평가였다. 중국인들의 마음에 깊이 뿌리박혀 있는 두려움이 해양이 더 위험하다는 기존 신념을 강화했다는 심리적인 분석이다. 과연 리치는 당시의 상황을 정확히 파악했던 것일까? 리치가 포착한 두려움이라는 심리를 이해하려면 당시 바다에 대한 명대 사람들의 인식을 구체적으로 검토할 필요가 있다.

바다에 대한 두려움의 실체: (1) 왜구

리치는 두려움의 실체로 "바다와 해안을 침범하는 해적에 대한 두려움"을 꼽았다. 여기서 말하는 해적에는 리치가 중국에 도착하기 전인 16세기 중엽에 중국 연해 지역을 소요에 휩싸이게 했던 왜구 세력이 포함되었다. 학계에서는 이들을 14세기에 창궐했던 왜구와 구별하여 '후기 왜구'라 부르기도 하고, 가정 연간에 가장 활성화되었기에 '가정 대왜구(嘉靖大倭寇)'라는 호칭을 붙이기도 한다. 명의 대외 관계를 잘 보여 주는 '북로남왜'라는 표현 역시 16세기 상황을 반영한 것이다. 당시 왜구의 피해로 인하여 당대(唐代)에 형성되어 상당 기간 유지되었던 '현명한 승려'라는 일본인의 이미지는 완전히 사라지고, 말 그대로 교활하고 호전적인 '왜구'로 일본인의 이미지가 대체되었다. 『삼재도회(三才圖會)』에 묘사된 '현명한 승려'가 왜구 등장 이전의 일본에 대한 이미지였다면 『학부전편(學府全編)』에 묘사되는, 맨발에 맨가슴을 드러내고 칼을 들고 있는 서 있는 해적의 모습은 왜구의 피해를 겪은 이후에 남은 심상이라 해도 좋을 것이다. 이처럼 동남 지역에서 왜

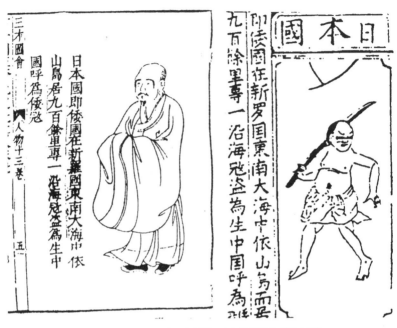

〈그림 11〉『삼재도회』(왼쪽)와『학부전편』(오른쪽)의 일본인 형상

구의 침략을 경험했던 중국인들에게 왜구는 두려움과 혐오의 대상으로 각인되었다.[40] (〈그림 11〉 참조) 임진왜란 이후가 되면 일본을 지칭하는 여러 표현 가운데 '왜노(倭奴)'라는, 비하하는 명칭이 국가 혹은 지역으로서의 일본을 지칭하는 표현으로 자리 잡게 되었다.[41]

앞서 언급한 것처럼 후기 왜구에는 일본에서 온 해적 세력만이 아니라 이에 호응한 중국 연해민이나 해상 세력이 다수 포함되어 있었다. 경우에 따라 포르투갈인이 포함되는 경우도 있었다. 이처럼 이른바 왜구 세력이 결코 조직적으로 잘 단결된 집단이 아니라 다양한 민족과 집단이 상호 경합하는 이해관계 속에서 연계된 조직인데도, 문제는 중국에서 가장 부유했던 동남 연해 지역이 왜구의 공격에 속수무책으로 피해를 당했다는 데 있었다. 특히 왜구 세력에 의하여 남경이 포위되기까지 하자 명 조정과 남경의 거주

민들은 큰 충격을 받았다. 당시에 남경을 공략하려 했던 왜구 세력은 사실상 60~70명에 지나지 않는 소규모 게릴라군이었으나, 대담하게도 항주를 통해 육지로 들어와 안휘성의 휘주부, 남릉(南陵), 무호(蕪湖)를 거쳐 남경까지 진격했다.[42]

16세기 중엽인 가정 연간에 중국 연해 지역에서 왜구의 피해가 가장 심각했던 곳은 강남 삼각주 지역이었다. 송강부(松江府)의 자림진(柘林鎭), 숭명현(崇明縣)의 남사진(南沙鎭) 등 강남 지역의 여러 항구도시가 일시적으로 왜구에게 점거당해 많은 시진(市鎭)이 전쟁터가 되었다. 부자들은 성벽을 갖춘 부(府)나 현(縣)에 해당하는 급의 대도시로 피신할 수 있었으나, 소농이나 전호(佃戶), 사민(沙民) 등 영세한 백성들은 도리어 관군의 정보를 왜구 측에 알려 주고 생계를 이어 갔다.[43]

중국 남부 지역에는 하천이 많고 상품경제가 발전하여 화북에 비하여 성벽이 없는 도시가 많았다. 성벽이 없는 연해 지역 도시에서는 왜구의 공격을 방어하기 위해 성벽을 신축하거나 재건하는 일이 대대적으로 발생했다. 왜구의 침략에 대한 두려움에서 도시민들이 주도적으로 축성을 요구하거나 시행하기도 했는데, 특히 절강과 복건의 연해 지역이 그러했다.[44] 이러한 상황은 연해 지역에 국한되지 않고 왜구의 침략 경로에 해당하는 양주와 소주 등 대운하 연변의 도시로도 확산되었다. 소주에서는 축성비의 부담을 기피하는 토착 신사층의 입김이 강하게 작용하여 축성론이 결국 성사되지 못했지만, 소주에 비하여 외지에서 들어온 상인 등 체류자가 많았던 양주에서는 체류민들의 의지와 재정적 기여에 힘입어 왜구의 침입을 방어하기 위한 신성이 구성의 남쪽에 건설되었다.[45]

중국 도시의 역사를 통시적으로 볼 때, 명대는 도시에 대한 축성 붐이 일었던 시대로 손꼽힌다. 국가가 주도하는 도시의 성곽 축조는 이전 시대인 송대와 원대에서는 발견하기 어려운 명대의 독특한 시대성을 잘 보여 준다.

명대에 도시 성곽은 크게 세 차례 광범위하게 축조되었다. 첫째는 명조 개창 직후의 성곽 축조이고, 둘째는 16세기 왜구의 연안 침공으로 인한 성곽 축조이며, 마지막은 왕조 말기의 성곽 축조였다.[46] 왜 명대에 도시에 대한 축성에 붐이 일었던 것일까? 일찌감치 이러한 현상에 주목했던 프레더릭 웨이드 모트(Frederick W. Mote)는 성곽 축조에 집착하는 명조의 특성은 곧 몽골 지배를 경험했던 한족 지배층의 정신적 불안정(psychological insecurity)이 반영된 것이라고 해석했다.[47] 좀 더 체계적으로 명대 성곽을 연구했던 에드워드 파머(Edward L. Farmer) 역시, 이민족 지배를 경험한 명조의 문화적인 보수주의(cultural conservatism) 혹은 복고주의가 명조의 대외 관계에 대한 태도뿐 아니라 의례적 질서에 대한 집착을 낳았고, 그 결과 성곽의 건설과 구조에까지 영향을 미쳤다고 해석했다. 즉 성곽 축조의 붐은 오랜 중국 역사의 산물이기도 하지만, 몽골 지배에 대한 한족 정권의 반작용이라는 것이다.[48] 그렇다면 16세기에 강남 지역의 대도시부터 중소 시진에 이르기까지 광범위하게 성곽이 축성된 것 역시 왜구의 피해를 받았던 강남인들의 정신적 불안정을 반영한다고 볼 수 있다. 왜구 침략에 대한 정신적 트라우마는 명조의 정신적·경제적 중심지인 강남 지역에 높은 성곽처럼 강하게 각인되었던 것이다.

문제는 1557년에 왕직이 투항하면서 잠시 안정되는 듯 보였던 왜구의 소란이 이후로도 불씨가 꺼지지 않고 이어졌다는 데 있었다. 명조는 왕직 세력을 진압한 후에 출현한 왜구 세력을 '새로운 왜구[新倭]'라고 불렀지만, 사실상 이들은 기존 왜구 세력의 잔당 세력으로 명조의 진압을 피해 주된 공략 지역을 복건성 연안으로 바꾸어 남하했을 뿐이다. 복건성 방면의 왜구에 대한 명조의 진압이 강해지자 그들은 다시 증일본(曾一本)과 임도건(林道乾)이라는 새로운 인물을 중심으로 광동성 연안으로 남하하면서 세력을 이어 갔고, 연해 지역의 불안정은 만력 연간까지 이어졌다.[49] 명 말에 편찬된 『지

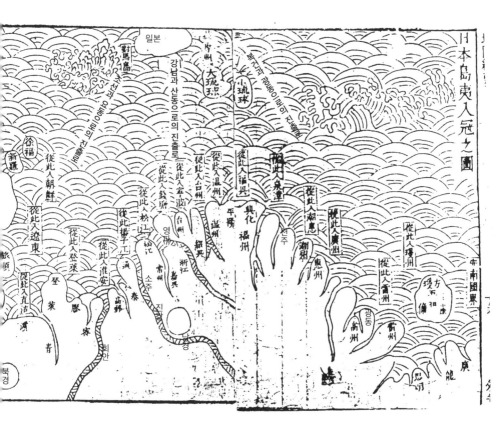

〈그림 12〉「일본도이입구지도」

출처: 朱國達 等輯,『地圖綜要』, 外卷.

도종요(地圖綜要)』에 실린 「일본도이입구지도(日本島夷入寇之圖: 일본 섬나라 오랑캐들의 침략 지도)」는 중국(서쪽)에서 일본(동쪽)을 바라보는 시각으로 그려졌는데, 왜구 세력이 일본 고토에서 절강과 남직예로 연결되는 중앙 노선으로부터 복건과 광동을 향하는 우측 노선으로 거점을 이동했음을 알 수 있다.(〈그림 12〉 참조) 따라서 리치가 중국에 들어와 체류하던 시기에 중국인들에게 왜구에 대한 피해의 기억은 과거형이 아니라 현재형이었다.

바다에 대한 두려움의 실체: (2) 임진왜란

하지만 리치가 언급했던 "바다와 해안을 침범하는 해적에 대한 두려움"에는 왜구 못지않게 도요토미 히데요시(豊臣秀吉)가 감행했던 두 차례에 걸친 조선 침략과 명에 대한 공격 가능성도 영향을 끼쳤다. 1598년, 리치가 남경에 도착했을 때, 정유재란이 진행 중인 상황에 대한 남경 시민들의 민심이 대단히 불안했음을 언급한 바 있다. 당시 남경 시민들은 "일본이 만약 중국 본토에 직접 군대를 보내 공격했다면 중국은 조선의 전쟁에서 군대를 철수시킬 수밖에 없었을 것이고, 본토를 방어하기에도 힘겨웠을 것"이라는 불안감을 지니고 있었다. 명이 임진왜란에 원병을 파견한 것은 명분상 조선의 구원 요청에서 비롯된 것이지만, 현실적으로는 임진왜란의 여파가 명의 요동 또는 수도 북경까지 확대되는 것에 대한 우려에서 말미암은 것이었다. 잘 알려져 있듯 명은 "중국을 안전하게 하려면 반드시 조선을 지켜야 하고, 조선을 안전하게 하려면 반드시 전라도와 경상도를 지켜야 한다."[50]라는 인식 속에서 조선을 번병(藩屛)으로 간주했다.

여기서 수도 북경이 지리적으로 조선과 인접했다는 사실이 중요했다. 일본군이 조선을 점령하면, 요동을 경유하는 육로와 전라도에서 산동으로 연결된 해로라는 두 가지 경로 모두를 통해 북경 진입이 용이해지기 때문이다. 이는 앞서 살펴보았듯 17세기 조선 사행단의 경로이기도 했다. 이러한 북경의 지정학적 특징에 대해 당시 조선에 파견되었던 부총병(副總兵) 척금(戚金: ?~1621년)이 류성룡(柳成龍)에게 전달한 내용은 시사하는 바가 많다.

예전에 성조(成祖) 문황제(文皇帝: 영락제)가 연경에 도읍을 정하고 선부(宣府)와 거용(居庸) 등의 관(關)을 어깨와 등으로 삼아 북쪽 오랑캐를 막고 산동과 조선을 왼팔로 삼아 해구(海寇)를 막았으니, 만일 조선을 구제하지 않으면 북경이 불안해진다.[51]

즉 영락제의 북경 천도 이후 산동과 조선은 한 묶음으로 해구를 방어하는 '왼팔[左臂]'로 인식되었고, 그 왼팔이 잘리거나 제 기능을 못하면 바로 북경이 위협을 받게 되어 있었다. 이에 명조는 일본의 침입에 대비하기 위해 요동보다 산동 지역의 방비에 더 심혈을 기울였다. 산동성은 조선과 바다로 연결된 군사적 요충지이자 물자의 보급기지였기 때문이다. 임진왜란 기간에도 산동에 대해서는 배후 기지로서 그 방어 능력을 강화시켰다.[52]

그런데 30여 년 전의 '후기 왜구'와 달리 히데요시의 일본군은 경제 중심지인 강남 지역을 공략하지 않고 곧바로 황제가 거처하는 북경 방향으로 진격의 방향을 잡았던 것이다. 「일본도이입구지도」에 묘사된 좌측 침략 노선이었다. 이전의 왜구 침략과 히데요시의 조선 침략이 명나라 사람들에게 동일한 계열로 인식되었음을 알 수 있다.

전쟁을 거치면서 일본에 대한 명의 인식은 더욱 부정적으로 흘러갔다. 동시에 일본 세력에 대한 위상을 이전과 다르게 보는 이들도 등장했다. 즉 이전의 해적떼[海寇]와는 차원이 사뭇 다른 대등한 세력이라는 '적국(敵國)'으로 간주한 것이다. 만력 연간의 주공교(周孔教)는 히데요시가 조선을 침략하여 명나라와 대등한 지위에 서려고 하는 점에 대해서 "명조 200년 이래 적국이 없었지만 이제부터 적국이 생겼는데, 이를 어찌 세월의 자연스러운 흐름으로 볼 수 있겠는가!"[53]라고 한탄했다. 즉 당시 일본은 명나라 개국 이래 200여 년 만에 등장한 위협적인 '적국'이라는 인식적 전환이다. 이는 화승총으로 무장한 일본군의 화력에 대한 경계심의 발로이기도 하지만, 이후 '적국' 일본에 대해서 책봉도 어렵지만 공적인 교역 루트의 개방을 더더욱 어렵게 만드는 배경으로 작용했다. 앞서 월항을 개항할 때에도 "특별히 일본[倭奴]과 교역하는 것은 엄금(嚴禁)"하였다.[54] 조총으로 무장한 일본에 대한 두려움과 경계의 강화였다.

임진왜란 발생 초기에 조선의 원군 요청에 따라 만력제가 사실상의 총책임자인 경략으로 임명했던 송응창(宋應昌: 1536~1606년)은 황제에게 올린 상주문에서 왜구 방어의 어려움과 북방 오랑캐 방어의 어려움의 차이를 다음과 같이 묘사했다. "장성은 연이어 있고 돈(墩)과 보(保)가 별처럼 많이 늘어서 있는 데다 산에 의지해 요새를 설치하여 대비하지만, 연해는 망망하고 아득히 멀어 끝이 없으니 방어하는 일이 수비군을 주둔시키는 것보다 힘듭니다. 무릇 왜적 방어가 오랑캐 방어보다 어려운 점이 이와 같습니다."[55] 송응창이 정확하게 지적한 바, "연해는 망망하고 아득히 멀어 끝이 없으니" 해안 방어에 대한 어려움이 내륙 방어보다 훨씬 어렵다는, 반복되는 언급은 대운하 시대에 해금을 끈질기게 유지시키는 강력한 심리적 기저 요인으로 작용했다.

임진왜란을 일으킨 일본에 대한 두려움은 이후 류큐와 대만에 대한 정책에도 영향을 미쳤다. 1609년에 일본이 명조의 충실한 조공국이었던 류큐를 합병한 직후 명조는 이 사실을 알았는데도 사실상 아무런 공식적인 반응을 보이지 않고 관망했다. 당시 조금이라도 류큐의 실정을 알고 도리를 분별할 줄 아는 연안 출신 지식인들은 중국이 대해를 건너 일본의 공격을 받는 류큐를 구원하러 가는 것이 불가능하다는 것을 공통적으로 인식하고 있었다. 복건성 연안 장락현(長樂縣) 출신으로 류큐에 관해 비상한 관심을 지니고 있던 사조제(謝肇淛: 1567~1624년)가 "생각건대 왜는 류큐와 영토가 연결되어 있어 굉장히 쉽게 공격할 수 있다. 중국은 대해를 건너 류큐를 구해 낼 수 있을까?"라는 회의적인 반응을 보인 것은 이러한 인식을 잘 보여 준다.[56] 3년 후인 1612년, 류큐가 일본의 배후 조정을 받아 진공하러 왔을 때에도 명에서는 이를 단번에 거절하지 못하고 오랜 고민 끝에 결국 수용했는데, 류큐의 배후에 있는 일본을 경계했기 때문이었다. 만약 일본으로부터의 '공물'인 류큐의 공물을 단번에 거절해 버리면 일본이 또 어떤 강경한 수단을 가지고 통공(通貢)을 요청하거나 대만의 계롱(鷄籠: 오늘날의 지룽)과 담수

(淡水: 오늘날의 단수이)를 점거할 수 있다는 우려가 당시 복건의 지식인들 사이에 공유된 상태였다.[57] 실제로 나가사키의 대관(代官) 무라야마 도안(村山等安) 등이 인솔한 열세 척의 정크선이 대만에 거점을 마련하기 위해 출병했다가 실패하고 복건 연해 지역에까지 와서 소요를 일으켰다.[58]

히데요시의 사망으로 마무리되는 『명사』 「일본전」의 마지막 단락은, 임진왜란으로 이른바 '항왜원조(抗倭援朝)'를 위해 조선에 군대를 파견했던 명나라 사람들에게 일본, 아니 왜구가 얼마나 두렵게 각인되었는지를 여실히 보여 준다.

> 오랜 시간이 지난 후, 히데요시가 사망하자 여러 왜구는 돛을 올려 [바다를 통해] 돌아가고, 조선의 환란 역시 평온해졌다. 그러나 관백(關白: 도요토미 히데요시)이 동국(東國: 조선)을 침략하면서부터 전후 7년 동안 수십만의 군대가 손상되고 수백만 량의 군향이 소모되어, 중국 조정과 조선은 최후까지 승산이 없었다. 관백이 사망하여 전쟁의 재앙이 비로소 그칠 수 있었고, 여러 왜구 역시 모두 퇴각하여 열도의 소굴을 지키게 되어 동남 [연안] 지역에 조금씩 편안하게 잠잘 수 있는 날이 찾아왔다. 히데요시[의 가문]은 모두 2대만에 망하였다. 명나라가 끝날 때까지 왜와 통교를 금지하는 법령은 대단히 엄했으며, 마을의 평민들은 왜구를 지칭하면서 서로 모욕을 주었는데, 심지어 이를 통해 어린 아이들의 입을 다물게 했다고 한다.[59] (밑금은 인용자가 표기)

연해 지역의 동네 아이들은 '왜구'라는 말만 들어도 두려움으로 입을 다물 수밖에 없었다. 임진왜란 이후 일본에 대한 두려움이 동남 해안에 대한 명의 태도를 좀 더 수세적으로 몰아갔던 것이다.

바다에 대한 두려움의 실체: (3) 유럽의 무장 세력

리치가 언급했던 "바다와 해안을 침범하는 해적에 대한 두려움"의 또 다른 대상에는 유럽에서 온, 막강한 화력으로 무장한 세력까지 포함되어 있었다. 그 시작은 포르투갈로, 15세기 전반에 정화의 남해 원정의 기지이자 동남아시아의 전형적인 집산항(emporium)으로 성장했던 믈라카는 1511년에 포르투갈 함대의 공격을 받아 함락되었다. 이후 포르투갈 함대는 세력을 확장하여 여러 무역 거점을 장악하고 요새화하여, 포르투갈에서 동아시아로 이어지는 바닷길을 장악해 나갔다. 이를 통해 정향(clove), 육두구(nutmeg), 메이스(mace)의 생산지로 유명한 말루쿠 제도까지 연결되는 향료 무역을 장악하려 했는데, 그 과정에서 최대 경쟁 상대는 이미 이 지역의 해상 무역을 주도하고 있던 중국 해상이었다.

정덕제(正德帝: 재위 1506~1521년)의 치세 말기인 1520년에 토메 피르스(Tomé Pires)가 인솔한 30여 명의 포르투갈 사절단이 남경에 도달했다. 당시 정덕제는 남순을 떠나 남경에 체류 중이었고, 믈라카에서 포르투갈의 통역으로 활동하던 아싼(亞三)이 황제의 측근인 강빈(江彬)에게 뇌물을 전달하여 황제와의 만남을 매개하려 했다. 물론 남경에서 정덕제가 포르투갈 사절단의 공식적인 알현을 받았는지 정확히 알려 주는 중국 측의 자료는 없지만, 당시 북경 회동관(會同館)에서 포르투갈인을 목도했던 조선의 사신 신상(申鏛)이 귀국 후 중종(中宗)에게 보고한 내용에 따르면 남경에서 짧게 만났음을 확인할 수 있다.[60] 다만 북경에 올라가는 과정에서 병에 걸린 정덕제가 1521년에 귀경한 지 석 달 만에 붕어하면서, 북경에서 포르투갈 사절단과 공식적으로 회견할 기회는 사라져 버렸다.[61] 이후 포르투갈은 광동성에 대한 거점 마련을 지속했고, 결국 무력과 뇌물을 사용하여 1557년에 마카오에 거점을 마련하고 무역 활동을 허가받았다.[62]

사실상 포르투갈의 경쟁력은 신식 화기에 있었다. 중국 관헌에게 '불랑기

(佛郎機)'라고 불렸던, 포르투갈인들이 가져온 화포가 동아시아에 불랑기포로 전래된 것도 이러한 배경에서 이루어졌다. 동아시아에서 패권을 다투는 세력에게 유럽인들이 가져온 신식 화기는 전투력 향상을 하는 데 이용 가치가 높았으므로, 포르투갈은 신식 화기를 세력을 확장하는 수단으로 활용할 수 있었다. 가령 기독교로 개종한 일본의 다이묘인 오무라 스미타다(大村純忠)가 나가사키에 포르투갈 선박을 타고 오는 예수회의 기항(寄港)을 허락한 것은 그 대표적인 사례라 할 수 있다. 나가사키에는 1571년부터 포르투갈 선박의 내항이 시작되었고, 이로써 나가사키는 마카오에 이어 포르투갈의 동아시아 무역 거점이자 예수회에 의한 일본 포교의 중심지가 되었다. 이처럼 포르투갈은 신식 화기를 전달하는 대가로 현지의 정치권력으로부터 상관(商館)을 건설할 수 있는 허가를 받아냈다.[63] 다만 여기서 포르투갈 선박의 역할은 마카오를 중계무역의 기지로 삼은 중개자에 지나지 않았음을 간과해서는 안 된다. 즉 당시 무역의 중심은 중국의 산물과 일본산 은의 교역이었고, 일본이 포르투갈 본국과 무역 거래를 한 적은 한 번도 없었다.[64]

16세기 후반에는 스페인령 필리핀에서 중국인들과의 무역 마찰이 발생하기 시작했다. 총독 고메스 페레스 다스마리냐스(Gómez Pérez Dasmariñas)는 선주민이 중국제 의복을 착용하는 것을 금지했다. 이는 기본적으로 중국 상인들과의 무역에서 스페인이 계속적으로 손해를 보는 것을 만회하기 위한 대책 가운데 하나였으나, 실효는 거의 없었다.[65] 1603년, 스페인 당국에 의해 마닐라에 거주하는 2만 명이 넘는 중국인이 학살된 사건은 월항과 마닐라 사이의 무역을 완전히 차단할 수도 있었던 큰 위기였다. 이는 오랫동안 축적되었던 중국인과 마닐라 당국의 갈등 구도가 폭발한 것이었다. 놀랍게도 중국 황제는 마닐라에 책임을 묻는 군대를 파견하지 않기로 했는데, 이는 이번 학살이 전쟁을 일으켜 군대를 피로케 할 만한 가치가 없다는 이유였다.[66] 이 과정에는 무역 단절을 결코 바라지 않았던 복건 상업 세력의 로

비가 개입되어 있었지만, 해양으로 진출하여 오래 머무는 해상들을 곱지 않은 시선으로 바라보며 적극적으로 보호하지 않았던 명조의 태도(이는 청조도 마찬가지였다.)도 여실히 드러났다.

1610년대가 되면 네덜란드 동인도회사(VOC)가 남중국해로 진입하여 대중국 무역의 창구를 확보하려 했다. 당시 VOC는 동남아시아에서 스페인 세력과 포르투갈 세력을 효과적으로 밀어냈으며, 일본에서도 점차 우세를 점했다. 대중국 무역 창구를 확보하기 위해 VOC는 1622년에 마카오 원정을 단행했다. 하지만 원정이 실패하자 준비했던 대안대로 팽호(彭湖)를 공격하여 점령했다. 이에 복건 당국은 매우 단호하게 VOC의 팽호 점령에 대응했고, 결국 1624년에 약 200척의 정크선과 1만 명의 병력을 앞세운 명군 함대는 팽호에서 VOC를 몰아내는 데 성공했다.[67]

이처럼 강력한 신식 무기를 앞세운 유럽의 무장 세력과의 충돌이 조금씩 증가하기 시작하면서, 중국에서는 리치가 체감한 외국인 혐오증(xenophobia)이 확산되기 시작했다. 유럽인들을 '양귀자(洋鬼子)', '번귀(番鬼)'로 부른 것은 그 단적인 사례이다. 그 배경에는 해양으로부터 다가온 피해, 즉 포르투갈 무장 세력과의 충돌, 왜구로 인한 트라우마, 임진왜란의 여파가 복합적으로 작용했다.

서광계의 변경 인식

당시 다수의 중국인이 바다에 대한 두려움을 갖고 있었지만, 연해 지역 출신 관료들 중에는 오히려 해양 세계에 대해 열린 자세를 가지고 새로운 문물의 도입에 주저하지 않았던 이들도 있었다. 복건 출신으로 만력에서 천계(天啓) 연간까지 11년 동안이나 수보직을 역임했던 섭향고(葉向高: 1559~1627년)는 대표적인 경우로, 해신인 용왕(龍王)과 천비(天妃)를 숭상하

며, 해양에 문호를 여는 것에 대해서 긍정적인 자세를 보여 주었다.[68]

리치와 교류했던 서광계는 좀 더 적극적으로 유럽의 최신 천문학과 군사 기술을 수용할 필요성을 역설했다. 그는 명조의 안보를 위협하는 두 가지 측면으로 북쪽의 육상 변경과 동남의 해상 변경 가운데 어느 쪽이 더 위협적인지를 비교했다. 그리고는 바다를 통해 해안으로 침입하는 유럽인과 일본인보다 북쪽 변경을 압박하고 있던 후금(後金) 세력이 우려하고 대응해야 할 대상이라고 결론지었다. 또한 그의 제자이자 역시 천주교 신자였던 산동성의 등래순무(登萊巡撫) 손원화(孫元化)가 마카오의 포르투갈 포병대를 등주로 불러들여 후금 세력을 막기 위한 전투 훈련을 하게 했다.

마침 후금 세력이 요동 지역을 장악하고 있었기에 1630년에 해로를 이용해 사행을 떠났던 진위사(陳慰使) 정두원이 등주에서 이들을 만날 수 있었다. 정두원은 손원화의 통역을 담당하던 예수회 선교사 주앙 호드리게스(João Rodrigues, 육약한(陸若漢): 1561~1633년)를 찾아갔고, 정두원이 서양 화포를 얻어가고 싶다고 하자 호드리게스는 화포뿐 아니라 천주교 서적과 망원경(천리경), 자명종 등을 전달하여 조선에 들여올 수 있었다. 하지만 서양에서 천체를 관측하고 원거리 항해에 놀랄 만큼 공헌했던 망원경이 조선의 조정과 사회에서는 거의 영향을 미치지 못했다.[69] 1712년(숙종 38년, 강희 51년)에 조선과 청이 국경을 정하기 위해 백두산에 올랐을 때 청의 대표 목극등(穆克登)은 망원경과 여러 측량 도구를 활용했지만, 조선의 대표 함경도 관찰사 이선부(李善溥)가 조정에 망원경을 보내 달라고 요청하자 조선 조정에서는 망원경 따위는 믿을 수 없다고 거절했다. 영조(英祖)는 1745년에 김태서가 정확한 역법 제작을 위해 청에서 구입해 온 망원경(당시 해그림자를 엿본다는 뜻으로 '규일영(窺日影)'이라고 불렸다.)에 대해서 태양을 곧바로 쳐다보는 것은 곧 태양을 상징하는 임금의 의도를 엿본다는 것으로 해석하며 무참하게 부숴뜨렸다.[70]

당시 다수의 중국 지식인도 서양 천문학에 대한 서광계의 열린 태도를 부정적으로 바라보았다. 가령 노조룡(盧兆龍)은 서광계가 기독교 신앙을 받아들였다는 점을 비판하면서, 종교적 이유로 예수회를 비호하고 마카오의 포르투갈이 구비한 화력을 적극 도입하려 한다고 모함하였다. 결국 노조룡의 모함은 명 말 해양 개방의 가능성을 한 번 더 좌절시켰다.[71]

하지만 서광계의 문제 제기는 대운하 시대 중국인들의 변경 의식이 대체로 서북 지역으로 포괄되는 육상 세력과 동남 지역으로 포괄되는 해상 세력으로 대별(大別)될 뿐 아니라 상호 연동되어 있음을 알려 준다. 이른바 16세기 중엽의 '북로남왜' 문제가 17세기 초반에도 이어지는 것으로, 육방과 해방 사이의 선택과 긴장이 이 시기에도 작동했던 것이다. 이러한 육방과 해방 사이의 긴장과 선택은 청대에서도 이어져, 1684년의 '사구통상(四口通商)'이나 1757년의 '일구통상(一口通商)' 정책으로도 재현된다.(6장과 7장 참조)

1608년 무렵에 그려진 중국인의 해양 지도

당시 남중국해를 중심으로 해양 무역에 종사했던 중국인들의 관점을 보여 주는 지도가 2008년에 영국 옥스퍼드 대학 보들리언 도서관(Bodleian Library)의 지하 수장고에서 발견되었다.(제작자를 모르기에 수장자의 이름을 따서 '셸던의 중국 지도'라고 불린다.) 가로 96.5센티미터, 세로 160센티미터의 위아래로 긴 벽걸이 지도였다.(〈그림 13〉 참조) 1608년 무렵에 작성된 것으로 추정되는 이 지도가 특이한 것은 이전에 중국을 중심에 두고 그렸던 지도와 달리, 지도의 중심이 타이완(대만) 해협의 남쪽에 위치한 남중국해라는 사실이다. 즉 지도에서 대륙은 전혀 중요하지 않게 취급된 반면, 남중국해의 축척은 17세기 무렵의 지도라고 할 때 놀라울 정도로 정확성을 유지할 뿐 아니라 '동양'과 '서양'으로의 항로도 자세히 표시되어 있다.

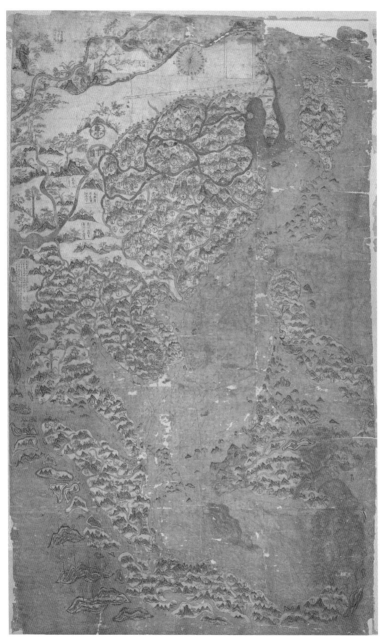

〈그림 13〉셀던의 중국 지도(1608년 무렵 제작)
출처: Wikimedia Commons.

지도의 중심이 육지가 아니라 하이난섬(해남도(海南島)) 이남의 바다라는 점에서 단적으로 알 수 있듯, 이 지도의 주된 이용자는 남중국해를 왕래하는 중국 해상이었다. 이 지도에서 주목되는 부분은 화려하고 빽빽하게 장식된 익숙한 육지가 아니라 광활한 바다에 그려진 항해 노선이다. 복건성 월항에서 열린 바다로 뻗어 나간 항해 노선은 모두 세 가닥인데, 그중 필리핀(루손(呂宋))을 경유하여 향료제도에 이르는 '동양' 노선과 동남아의 믈라카를 경유해서 인도양으로 연결되는 '서양' 노선은 앞서 언급한 장섭의 『동서양고』에서 언급한 노선과 일치한다.[72] 셸던의 지도에는 장섭이 주목하지 않았던 '북양(北洋)' 노선이 추가되어 있는데, 이는 일본 규슈의 서쪽에 있는 고토 군도까지 직통으로 연결되어 있다. 중국 월항과 일본 규슈를 직접 연결하는 북양 노선에 대해 중국 문인들의 문헌은 간과하거나 침묵했지만, 국제적 매개자였던 유럽인들의 기록에는 이에 대한 풍부한 자료가 남아 있고, 그 흔적이 '셸던의 지도'에도 고스란히 남겨진 것이다.[73] 실제 이곳을 근거지로 활동하던, 왕직-이단(李旦: ?~1625년)-정지룡(鄭芝龍: 1604~1661년)-정성공(鄭成功: 1624~1662년)으로 연결되는 해상 세력 및 이들과 연계된 일본 상인에게는 이 직항로야말로 명의 경제와 연결되는 생명줄이었다. 당시에는 중국에서도 남중국해로 진출하는 인구가 계속 증가하고 있었다.[74]

셸던의 지도를 통해 대략 1600년대를 살았던 중국 해상들의 인식을 읽을 수 있다. 겉으로는 조공 체제와 해금 정책이 강고하게 시행되는 것 같은 이 시대를 이해할 때 셸던의 지도는 분명 기존 관념과는 사뭇 다른 이미지를 강렬하게 노출한다. 밀무역과 묵인된 사무역이 점차 증가하는 모순적인 해양 인식을 이 지도처럼 가시적으로 명료하게 보여 주는 자료는 지금까지 없었기 때문이다. 셸던의 지도는 강력하게 웅변하고 있다. 당시 중국과 동아시아는 결코 바다로부터 고립된 사회가 아니며, 세계가 본격적으로 연결되기 시작하는 극적인 상황 속으로 빠져들고 있었음을 말이다.[75] 다만 그들은 화교 학자인 왕궁우(王賡武, Gungwu Wang)가 잘 묘사했듯, 이른바 제국의 통제나 배후 조정 없이 해양 세계를 활보하던 '제국 없는 상인들(merchants without empire)'이었다.[76]

1600년의 세계사적 의미

'바다의 제국'으로 불리던 포르투갈의 아시아로 향하는 장거리 교역로에 16세기 후반이 되면서 균열이 생기기 시작했다. 포르투갈 본국과 인도령을 합친 전체 운영에 통일성이 상실되기 시작했고, 수많은 중간 거점과 요새의 건설과 유지에 자금을 투입하는 데 부담이 느껴졌으며, 1581년 이후부터 포르투갈의 국왕 자리를 스페인의 펠리페 2세(Felipe II)가 겸임하게 된 것도 영향을 미쳤다.

이러한 상황에서 네덜란드가 강력한 경쟁자로 등장했다. 16세기 전반에 일어난 종교개혁 운동의 영향을 받아 칼뱅파 신교도가 다수를 차지하게 된 네덜란드인들은 가톨릭을 강요하는 스페인의 펠리페 2세에게 반항하여 1568년에 반란을 일으켰다. 스페인 국왕이 왕위를 계승한 포르투갈은 그때부터 자동적으로 네덜란드와 적대적인 관계가 되었다. 신교도가 많은 벨기에 안트베르펜의 부유한 상인, 금융업자, 수공업자들도 스페인에 저항하여 네덜란드의 암스테르담으로 몰려들었다. 암스테르담의 경제력은 급속하게 불어났고, 해운업이 발전한 네덜란드의 상인들은 동인도 지역에서 오는 향신료의 불안전한 공급 문제를 공세적으로 해결하기 위해 포르투갈이 독점하던 동방 항로에 도전장을 내밀며 후발 주자로 나섰다. 1595년 4월에는 총 100문 이상의 대포와 10만 길더(guilder)가 넘은 은화 및 많은 물품을 가득 실은 네 척의 선박이 암스테르담을 출항하여 예상치 못한 각종 곤경을 극복하며 15개월 만에 겨우 자바섬 서부의 반튼(Banten)에 도착했다. 한 세기 전

바스쿠 다 가마의 항해 때처럼 많은 선원이 중도에 사망했고 도중에 배 한 척을 포기했다. 나머지 세 척은 1597년 8월에 가까스로 네덜란드로 돌아갔는데, 출발 당시 240명이던 승무원은 87명으로 3분의 2가 줄어든 상태였다. 완벽한 성공은 아니었지만 이를 통해 포르투갈의 도움 없이 동방과 직접 교역할 수 있다는 것이 증명되었다. 포르투갈이 독점하던 동방무역에 17세기를 이끌어 갈 네덜란드가 개입한 것이다.

포르투갈의 독점적 지위가 흔들리기 시작하자 네덜란드와 북해 지역에서 경쟁적인 관계에 있던 잉글랜드도 동방무역에 본격적으로 가담하기 시작했다. 다만 동방무역은 동남아 지역까지 왕래에 최소 1년 반이 걸리므로 그동안은 출자금을 회수할 수 없었다. 만약 선박에 문제가 생겨 돌아오지 못하면 엄청난 손실이 발생하는 '고위험 고수익' 사업이었다. 따라서 동방무역은 의욕만 가지고 뛰어들 수 있는 사업이 아니었다. 수많은 선대를 장기간 유지할 수 있는 막대한 자금력이 필수적이었다. 동인도 무역에 뛰어든 사람들은 사업의 모체가 되는 회사 조직을 만들어 막대한 공동 자금을 모집하고, 확실한 성공을 기약하기 위해 자신들이 동인도 무역을 독점할 것을 국왕 엘리자베스 1세(Elisabeth I)에게 요청했다. 궁정의 유력자를 통한 공작이 성공하여 1600년 12월 31일, 국왕의 특허장이 발포되었다. 당시 잉글랜드는 율리우스력(Julius calendar)을 사용하였으므로, 현재 우리가 사용하는 그레고리력(Gregorian calendar)으로 환산하면 1601년 1월 10일의 일이었다. 훗날 영국과 아시아의 바다에, 중국의 역사 전개에 큰 영향을 미치게 될 회사가 탄생한 것이다. 바로 영국 동인도회사(East India Company, EIC)였다. 동인도회사를 설립한 주체는 런던 상인들의 조합이었고, 국왕은 15년 동안 그들이 동인도 무역을 '독점'하도록 인가했다. 1601년 3월, 500여 명이 넘는 사람을 승선시킨 네 척의 동인도회사 선대가 110문의 대포로 무장하고 동남아시아로 출발했고, 아체(Ache), 반튼, 믈라카 등지를 경유하며 교역해 1603년 9월에 네 척 모두 무사히 잉글랜드로 돌아왔다. 동인도회사의 첫 번째 항해는 이렇게 성공적으로 시작되었다.[77]

잉글랜드보다 약간 늦기는 했지만, 네덜란드의 암스테르담에서도 기존의 여섯 개 회사가 합병하여 1602년 3월에 '연합 동인도회사'가 탄생했는데, 네덜란드어 명칭의 앞 글자를 따서 VOC로 불렸다. 영국 동인도회사처럼 네덜란드 공화국 정부는 이 연합 회사에 특허장을 부여하여, 네덜란드와 동인도 사이의 희망봉 경유 무역을 21년간 '독점'하도록 허락해 주었다. 이후 동남아시아에서 VOC가 보여 준 공격적인 진출은 영국 동인도회사를 능가할 정도로 인상적이었다. 1603년 12월, 네덜란드 동인도회사의 선박 열두 척이 동남아시아로 출항했다. 네덜란드 동인도회사는 동남아시아 해역에 진출하자마자 말루쿠 제도와 반다(Banda) 제도의 향신료 무역을 독점하기 위해 선발 주자였던 포르투갈 및 스페인의 선박과 무력으로 충돌하는 것을 감수했다. 결국 향료제도의 향신료 무역을 독점하기 위해 네덜란드 동인도회사는 영국 동인도회사와의 경쟁적인 전투에서 승리하고, 1619년에는 반튼 왕국 내의 항구도시 자카르타를 점령해 바타비아라는 새로운 이름을 부여했다. 동남아시아 교역권의 패권이 믈라카에 거점을 두었던 포르투갈에서 바타비아에 거점을 마련한 네덜란드로 이전되었고, 네덜란드는 1622년에 펑호 점령을 시작으로 1624년에는 대만에 교두보를 마련하고, 1641년에는 1511년 이래로 포르투갈이 점령해 오던 믈라카까지 점령하는 등 동방 교역의 주요 거점을 대부분 확보했다. 네덜란드는 일본 히라도(平戸: 이후 나가사키로 이전됨)와 대만의 상관을 비롯해 동아시아와 동남아시아에 20여 곳의 상관을 설치하며 17세기 내내 교역 네트워크를 확대했다.

당시 아시아에 진출한 네덜란드 선박은 아시아 각국과 현지인들의 협조 없이 장기간 체류는 물론 교역에서 소기의 목적을 달성하기가 대단히 어려웠다. 현지 세력의 요구에 유연하게 적응하는 세력에 교역의 우선권이 주어지곤 했기에, 유럽의 해상 세력이 아시아에서 활동하던 17~18세기는 '동반자의 시대'로 불리기도 한다.[78] 일본과 자바에서 현지 세력이 요구하는 의례와 관례에 유연하게 '적응'하며 교역의 독점권을 확대했던 네덜란드 동인도회사는 '동반자'라는 표현이 매우 잘 어울리는 국영기업이었다.[79]

국제법의 아버지이자 우리에게는 라틴어 이름 그로티우스로 알려진 네덜란드의 학자 하위흐 더흐로트(Huig de Groot: 1583~1645년)가 『자유로운 바다(Mare Liberum)』를 저술하며, 그 어떤 국가도 바다에 대한 독점적인 관할권을 주장할 수 없다고 했던 것도 바로 이 무렵이었다. 물론 바다에 대한 그로티우스의 주장은 사실상 포르투갈과 스페인이 1494년의 토르데시야스 조약으로 양분하던 세계의 바다에 진입하려는 네덜란드 동인도회사의 이해관계를 대변하기 위해 등장하였다. 겉으로는 바다에 대한 자유로운 항해를 주창하지만, 사실상 이윤이 발생하는 해양 교역로에 대한 '독점'권에 대한 또 다른 '독점'을 위한 도전장으로 활용된 것이다. 그로티우스의 상대역으로 잉글랜드의 법학자 존 셀던(John Selden)이 있었는데, 셀던은 네덜란드와 영해권을 놓고 대립하던 잉글랜드의 찰스 1세(Charles I)를 위해 『닫힌 바다(Mare Clausum)』를 집필하였고, 잉글랜드의 바다 주권이 북해 전역으로 확대되는 데 크게 기여했다. 그로티우스와 셀던 사이에 벌어진 경쟁을 통해 합리적 관할권과 이동의 자유가 혼합된 바다의 국제법이 탄생할 수 있었다.[80]

이러한 모든 변화는 리치가 대운하를 이용하여 북경을 왕래하며 중국인들의 "바다와 해안을 침범하는 해적에 대한 두려움"을 감지하던 무렵의 바다에서 발생하고 있었다. 유럽의 새로운 강국으로 떠오르는 잉글랜드와 네덜란드가 왕실과 국가의 특허권을 획득한 동인도회사를 남중국해로 파견하며 광활한 바다에 대한 독점권과 자유권을 가지고 치열한 법리적 논쟁을 벌이고 있을 때, 중국을 둘러싼 바다(동중국해와 남중국해)에서는 화력을 앞세운 무역의 세계화가 본격적으로 시작되었다. 해양 세계에 익숙하지 않은 북경의 조정과 관료들이 이러한 바다로부터의 변화를 체감하기는 시기상조였을까? 그들은 이러한 변화를 직간접적인 보고를 통해 감지했겠지만, 대다수는 "바다와 해안을 침범하는 해적에 대한 두려움"이라는 익숙한 프레임으로 이해했다. 그리고 해양신이었던 마조(媽祖) 역시 내륙의 운하신으로 그 위상이 변화되는데, 이에 대해서는 다음 장에서 살펴보겠다.

5장

1666년, 소금 상인 정유용이
천비궁을 다시 건립하다

1666년, 양주 천비궁의 이전 건립

1666년(강희 5년) 8월, 양주 성곽의 남쪽에 위치한 광릉역(廣陵驛)에 새로 이전된 천비궁(天妃宮)의 낙성식이 거행되었다. 은으로 1000냥 이상이 소요되는 천비궁 건립을 재정적으로 지원하면서 장소를 물색하고 노동력을 동원하는 모든 번거로운 과정을 앞에서 주도했던 이는 양주에서 활동하던 휘주 (흡현) 출신의 염상 정유용(程有容)이었다. 정유용과 친밀한 관계에 있던 (흡현 출신의) 동향 상인 민세장(閔世璋: 1607~1676년)과 (흡현 출신의) 황조미(黃朝美) 등이 정유용의 리더십에 고무되어 재정을 후원했고, 이러한 후원에 힘입어 천비궁 건립은 4월에 시작되어 5개월 만에 순조롭게 완성되었다. 많은 지역민이 낙성식을 축하하기 위해 모였지만, 정작 천비궁을 방문하여 참배하는 주된 이용객은 광릉역 앞으로 흘러가는 대운하의 선박 이용자들이었다. 남북을 왕래하는 조운선을 비롯한 각종 선박의 선주와 승객들은 양주 광릉역에 정박할 때마다 천비궁에 들려 안전한 운송을 천비, 즉 마조에게 기원했던 것이다.

사실 마조는 해양 여신이기에 마조를 제사하는 천비궁이 내륙의 대운하 도시인 양주에 건립된다는 것은 예사로운 일이 아니었다. 천비궁의 신앙 대상인 마조는 북송 초기에 복건 보전현(莆田縣) 미주도(湄洲島)에서 태어난 임씨(林氏) 집안의 딸로 알려져 있고, 그녀의 사후에 항해자들에게 영험이 있다고 알려지면서 해신으로 숭배되었다.[1] 이후 복건 상인들은 마조를 자신들의 대표적인 신앙 대상으로 삼았다. 마조 신앙의 세 중심지는 복건, 대만, 천진에 있는데, 모두 바다에 인접하거나 둘러싸인 곳이다. 그런데 복건 출신이나 대만 출신도 아닌 휘주 출신의 정유용, 민세장, 황조미가 힘을 합쳐 대운하 도시인 양주에 천비궁을 건립했던 것은 분명 주목할 만한 일임이 틀림없었다.

17세기 중엽에 대운하의 주요 도시를 여행하며 각지의 명사들과 교류하던 위희(魏禧: 1624~1681년) 역시 양주에 천비궁이 있다는 사실에 놀라면서 이에 대한 기록을 남겨 놓았다.[2] 이에 따르면 천비궁은 1666년에 양주에 처음 건립된 것은 아니었다. 1666년보다 이미 150년 정도 앞선 명 중엽에 양주에 천비궁이 건립된 바 있었다. 따라서 이번 건립은 '창건'이 아니라 자리를 옮겨서 다시 건립하는 '이건(移建)'이자 '재건'이었다.

명 중엽에 양주로 마조 신앙을 전파했던 이들은 역시 복건 상인이었다. 그들은 바다에서 항해하는 도중 신비스러운 천비의 도움으로 목숨을 건진 바 있었는데, 이후 양주를 경유하는 도중에 선박이 갑자기 무거워지며 정지해 버리는 불가사의한 상황에 직면하게 되었다. 100여 명이 모여 배에 연결된 동아줄을 힘을 다해 끌었지만 조금도 나아가지 않았다. 오도 가도 못하는 어려움에 처한 복건 상인들은 다시금 천비에게 점을 치니 "여신이 이곳을 좋아한다."라는 점괘가 나왔고, 그들이 돈을 갹출하여 천비궁을 건립함으로써 운행을 지속하였다는 것이다. 그 시점이 정확하게 언제인지는 모르지만, 그로부터 얼마 안 지난 1528년(가정 7년)에 천비궁을 각관(権關: 세관) 관서에 건립하면서 그 신상(神像)도 만안궁 망루(望樓) 옆으로 옮기게 되었다. 만안궁은 화신(火神)을 제사하는 사당이었다. 왜 복건 상인은 해양이 아닌 양주까지 왔을까? 무엇 때문에 정유용은 천비궁의 위치를 성 안의 만안 궁에서 성 밖의 광릉역으로 옮겨 재건한 것일까? 어떤 연유로 이번 천비궁 이전은 복건 상인이 아니라 휘주 출신 상인들이 주도했던 것일까? 그리고 이를 통해 정유용은 무엇을 기대했을까?

정유용의 천비궁 재건 이야기

위희가 남겨 준 천비궁 기록에는 정유용이 천비궁을 재건하게 된 이유가 자세히 기록되어 있다. 이를 기본 틀로 삼아 정유용이 천비궁을 재건하게 된 경위를 정리하면 다음과 같다.[3]

정유용은 휘주 흡현 출신으로, 다른 흡현 출신의 상인 가문 사람들과 유사하게 장사를 위해 고향을 떠나 양주로 이주하여 살고 있었다. 3장에서 언급한 왕직 역시 흡현 출신으로 해상으로 활동하기 이전에 염업에 종사했었다. 흡현은 안휘성 휘주부의 여섯 개 현 가운데 부성(府城)이 위치한 중심지로, 같은 휘주부의 휴녕현(休寧縣)과 함께 외지로 상인을 많이 배출하기로 유명한 지역이었다. 왕사성(王士性: 1546~1598년)은 이 지역 상인들이 객지에서 송사(訟事)에 휘말릴 경우에 무리를 지어 돈을 추렴하는 등 집단적인 대응에 장점이 있다고 지적했다.[4] 양회 염운사가 위치한 양주는 휘주부 여섯 현 출신의 상인들이 모두 모여드는 지역이었지만, 청대가 되면 특히 흡현 출신들이 염상 조직의 우두머리인 총상(總商)의 과반을 차지한다고 할 정도로 흡현 출신들의 세력이 강했다.[5]

정유용이 언제 출생했는지는 알 수 없으나, 그는 장사를 시작하기 전에 과거 준비를 하였다. 1685년(강희 24년)에 출간된 『양주부지(揚州府志)』를 보면 명·청 교체의 동란기를 거치면서 집안 사정이 악화되자 정유용은 과거 준비를 포기하고 염업에 종사하였다고 한다.[6] 이를 통해 정유용이 명 후기부터 확산되기 시작하는 '기유종상(棄儒從商)', 즉 유학을 포기하고 상업에 종사하여 성공했던 부류 가운데 하나였음을 알 수 있다. 이는 앞서 살펴본 것처럼, 상업을 하면서도 유학을 좋아한다는 '고이호유'의 전통이 강했던 휘주인들에게는 낯선 사례가 아니었다.

정유용은 양주에서 부인을 취한 지 10년 만에 처음 아들을 얻게 되었는데, 늦게 낳은 아들이 걸핏하면 천연두(두창(痘瘡))로 고생했고, 그 후 얻은 둘째 아들도 천연두로 거듭 위독한 상황에 처하게 되었다. 걱정이 가득하던 어느 날 정유용은 여신이 자신의 가정에 임하는 꿈을 꾸었다. 여신을 둘러싼 시위(侍衛)의 성대함이 마치 왕후와 같았고 독특한 향기가 공중에 가득하고 정원에 광명이 발생하는 것을 보니, 정유용은 여신이 자신이 들어서 알고 있던 천비라고 생각했다. 이에 정유용은 부인과 함께 머리를 조아려 울며 두 아들을 살려 달라고 애걸하였다. 여신은 그를 보며 탄식하기를, "다시 살리는 것은 불가하지만, 나는 장차 그대를 위해 다시 갚아 주리니, 이후는 병환이 없을 것이고 많은 남아를 얻으리라."라고 하였다. 정유용은 곡하며 힘들게 잠에서 깨어났다.

아니나 다를까 두 아들은 일찍 죽었으나, 꿈에서 천비가 말한 대로 이후 정유용의 나이 33세에 다시 아들을 낳기 시작하여 이후에 얻은 여덟 명의 자식은 모두 건강하게 잘 자라났다. 정유용은 이것이 천비의 은덕이라고 생각했지만, 별다른 보답의 방법을 찾지는 않았다.

그렇게 여러 해가 지난 어느 날, 양주 신성 안에 위치한 만안궁을 방문했던 정유용은 그 안에 보존되어 있던 신상을 보고 깜짝 놀랐다. 자신이 수 년 전에 꿈속에서 만났던 여신과 똑같은 모습이었기 때문이었다. 오랜 기간 방치되어 있던 신상을 회수한 정유용은 스스로 점을 치고, 바로 만안궁 뒤뜰에서 천비에 대한 감사의 제사를 지낼 준비를 하였다. 그때 고향 친구로 양주에 함께 이주하여 여러 가지 일을 의논하던 민세장이 만류하며 다음과 같은 조언을 해 주었다. "여기서 천비를 제사하는 것은 아니 될 일이야. 만안 궁은 화신을 제사하는 곳인데, 천비는 수신(水神)이 아닌가! 오행(五行)의 생극(生剋)에 적합하지 않으니 수로의 연변에서 제사드리는 것이 적당하네." 이를 옳게 여긴 정유용은 다시 집터를 잡는 점을 쳐서, 광릉역의 운하 동편에 위치한 공터를 고르고 천비궁을 새롭게 건립하였다. 그 자리는 회안과 양주를 연결하는 한수(邗水)라고도 불리는 회양 운하가 흐르는 곳이기에, 조운선을 비롯하여 양회 염구에서 생산된 소금을 운송하는 염운선 및 갖가지 물건을 실은 선박들이 주야로 끊임없이 왕래하는 곳이었다.

이처럼 정유용이 천비궁을 새로 건립하게 된 직접적인 이유는 천연두로 사망한 두 아들 대신에 다시 여덟 명의 건강한 자식을 생육하게 해 준 천비의 은혜를 갚기 위해서였다. 본래 바다에서 안전한 항운과 관련하여 영험이 있다고 알려졌던 천비였지만, 양주의 정유용에게는 남아의 생육을 주관하는 여신으로 인식되고 있었음을 알 수 있다. 위희 역시 마조에게는 "강과 바다를 주관하고 천연두를 섭리(攝理)하고 사람들이 아들을 기원할 때 대단한 영험"이 있음을 알고 있었다. 민간 사회에서 본래의 신앙이 민간의 수요에 따라 그 기능과 영험함이 변질되는 사례는 어렵지 않게 찾을 수 있으며, 중국에서 관음(觀音), 마조를 비롯한 수많은 여신이 여성의 관심사였던 생육과 관련한 기이한 영험함이 많았으므로 여신 사묘에서 여성의 종교 활동역시 장려되고 있었다.[7] 같은 맥락에서 청대 천진의 천후궁에도 남아 출산을 기원하는 염상들의 행렬이 끊이지 않았다.[8] 그렇기는 해도 마조는 해양여신이고, 그 핵심적인 기능도 해상 항운에 대한 안전과 관련을 두고 있다. 양주의 천비궁에도 이러한 관련성이 숨겨 있으므로, 우선 마조 신앙의 확산과정부터 살펴보자.

마조 신앙의 형성과 확산

마조는 오늘날까지도 중국 연해 지역에서 숭상하는, 그리고 동남아시아를 비롯한 세계 각지로 흩어진 화교들이 가장 숭상하는 신령 중의 하나이다. 마조는 민간에서 사용되는 여러 속칭 가운데 가장 광범위하게 사용되는 이름일 뿐이며, 공식적인 명칭은 '해신낭랑(海神娘娘)', '천비', '천비낭랑(天妃娘娘)', '천후(天后)', '천상성모(天上聖母)' 등 시대에 따라 다양하였다. 마조 신령이 처음 국가권력의 관심을 끌었던 시기는 남송 시대였다. 당시 복건의 보전현에 세워진 백호순제묘(百湖順濟廟)에서는 매년 봄과 가을에 파견된 관리가 성대한 제전(祭典)을 주관하였다. 바다로 왕래하는 항해자들이 강한 풍랑이나 해적선을 만날 때마다 등장하곤 했던 마조는 늘 위험에서 구해 주는 '자비로운' 여신이었다. 마조의 영험함이 관부에 보고될 때마다 황제는 봉호(封號)를 내려 주면서 현창해 주었다.[9]

전통 시대의 마조 신앙에 대한 국가의 공인화 과정은 오늘날까지 이어지고 있어 주목된다. 2006년 6월에 마조제전(馬祖祭典)은 중국 제1차 국가급비물질(國家級非物質) 문화유산 목록에 들어갔고, 푸젠(복건) 메이저우(미주)의 마조묘는 전국중점문물보호단위(全國重點文物保護單位)로 지정되었다. 그리고 2009년 9월에는 유네스코의 세계 무형 문화유산으로 선정되었는데, 이는 중국 정부가 '중화 민족'으로 통합하고자 하는 타이완, 홍콩, 마카오를 연결하는 신앙으로 마조가 적합했기 때문이다.[10] 1999년 12월에 포르투갈로부터 중국으로 반환된 마카오의 이름이 마조에서 유래되었다는 주장도 있다.[11]

이처럼 국가권력이 평범한 여성에 관한 신성(神性)을 공인해 주었을 뿐 아니라 적극적으로 후원했던 이유는 무엇일까? 이미 남송 시대에 항해자들을 위험으로부터 보호해 주는 신으로서 마조가 영험하다는 인식이 상당히 확산되었다는 점을 꼽을 수 있다.[12] 마조는 그 영력으로 해상에서 조난당한 아버지와 오빠를 구하려 했는데, 아버지밖에 구하지 못해 회한을 품고 바다에 몸을 던져 신이 되었다고 한다. 이 이야기가 바다로 항해를 떠나는 뱃사람들의 마음을 울렸고, 복건 지역 뱃사람들이 숭배하는 마음으로 시작된 신앙은 그들의 진출과 함께 중국 연안으로 퍼졌다. 마조를 기리는 묘가 항구에 세워지고, 마조의 작은 형상을 배 안에 안치하는 선두마(船頭媽)의 풍습도 확산되었다.[13]

또한 남송 조정이 수도를 개봉에서 항주로 옮긴 정황에도 주목할 필요가 있다. 즉 북방 지역을 포기하고 강남 지역으로 피신한 남송 정권은 동남 연해 지역에 대한 관심이 이전 시대와는 비교할 수 없을 정도로 높아졌다. 만약 국가권력이 해상에서 발생한 소란을 진압하거나 무역선을 운행하는 과정에서 마조의 '신조(神助)'를 확보할 수 있다면, 이는 곧 관부 측의 사기를 북돋는 동시에 잠재적인 소요 가능성을 진압하는 계기가 될 수 있었다.[14]

남송을 멸망시킨 몽골의 원조는 이전보다 더 적극적으로 마조 신앙을 후원하였다. 흥미로운 것은 이 역시 수도의 위치 변동과 관련되어 있다는 사실이다. 중국을 정복한 쿠빌라이 칸이 수도를 대도로 선정하면서 다시 강남의 풍부한 양식을 북방까지 운송해야 할 상황이 전개되었다. 수도로 곡물을 운송하기 위해 항주와 대도를 이어 주는 대운하가 새롭게 개통되었으며, 이때 원조는 대운하보다 바닷길을 즐겨 사용하였음은 1장에서 서술한 바와 같다. 역대 왕조를 통틀어 해도 조운에 대한 의존도가 가장 높았던 원조에서 해운의 안전은 곧 수도의 운명을 좌우할 만큼 중요해진 것이다. 실제로 바다에서 전복된 조운선의 선원들이 마조의 등장으로 생명을 건졌다는 '미담'이 자주 보고되었다. 이러한 배경에서 이전 시대부터 해운의 보호신으로 대중성을 확보해 오던 마조는 1278년(지원 15년)에 원조로부터 천비라는 봉호를 받았다.[15] 이를 시작으로 원조는 마조를 모두 아홉 차례나 책봉하며 그 위상을 높여 주었다.

북경, 즉 당시 대도의 대표적인 위성도시로 급성장한 천진에 해운의 안

전을 기원하는, 마조에 대한 사당이 세워진 시기도 원대였다. 천진이라는 이름을 가진 군사적 요충지와 성벽이 세워진 것은 영락제가 황제 자리에 올라 북경 천도를 추진하던 시기의 일이므로, "천후궁이 먼저 세워지고 이후에 천진성이 생겼다.(先有天后宮, 後有天津城.)"라는 설명이 오늘날까지 전해진다.[16]

이러한 분위기는 명 초에 영락제가 수도를 북경으로 옮기고 1415년에 바닷길을 이용한 조운을 정지시키면서 자연스럽게 사라졌다. 홍무 연간(1368~1398년)만 해도 수도는 남경이지만 해도 조운에 대한 금령이 없었고, 홍무제는 해운

〈그림 14〉 바다에서 전복된 조운선의 선원을 구하기 위해 나타난 마조
출처: 조영헌, 『대운하와 중국 상인: 회·양 지역 휘주 상인 성장사, 1415~1784』(민음사, 2011), 348쪽.

에서 발생하는 마조의 영험함을 치하하며 책봉을 한 적이 있었다.[17] 영락제가 정화의 원정단을 파견할 때까지만 해도 마조 신앙에 대한 현창의 분위기는 오히려 더 확산되는 것처럼 보였다.[18] 복건성 장락현(長樂縣)에는 정화의 업적을 새겨 넣은 비문(「천비지신령응기(天妃之神靈應記)」)이 1431년에 세워졌는데, 성공적인 원양 원정의 배후에 천비의 보우하심이 있음을 특기하고 있다.

바다를 보니 큰 파도는 하늘에 닿았고 큰 물결은 산과 같았으며 여러 오랑캐의 땅이 안개와 아득함으로 막혀 있었다. 그러나 내가 돛을 넓게 펴서 주야로 달려 그 거친 파도를 큰길처럼 건널 수 있었던 것은 참으로 조정의 위엄과 복으로 말미암은 것이다. 특히 우리는 천비의 보호를 받았다. 천비의 영은 확실히 예전에 유명했지만 현재도 왕성하다. 어둠과 안개 속에 혹시 바람과 파도를 만나도 신이 돛과 돛대에 등불을 비추어 신령함과 빛이 함께 임하니 험한 바다가 평온해지고, 연달아 넘어져도 지켜 주니 근심이 없었다. 외국에서 공손하지 못한 왕을 사로잡고 다른 나라를 침략하는 오랑캐 도적 떼를 초멸하니 이로 말미암아 바닷길이 맑고 평안해지고, 외국인들이 우러러 의지하였다. 이 모두가 신이 내려 준 것이고, 신의 감응도 헤아릴 수 없을 정도로 많다.[19]

복건 장락현의 태평항(太平港)은 정화가 서양으로의 항해를 떠날 때마다 정박하면서 동북 계절풍이 오기를 기다렸던 곳으로, 4차 항해를 위해 장락현에 도착했을 때 병사들이 천비에게 기도를 드릴 수 있도록 남산(南山) 삼봉탑사(三峰塔寺) 옆에 천비궁을 건립했다. 그리고 마지막 7차 항해 때 천비궁을 중수하고 이 비석을 세웠다.[20]

하지만 1415년에 조운 루트를 대운하로 일원화하고 1433년에 정화가 사망한 이후에 더는 해양 원정이 이루어지지 않을 뿐 아니라 명의 해금 정책역시 점차 강화되면서, 관부에서 마조 신앙을 현창해야 할 필요성은 외형적으로 사라져 버렸다. 오히려 마조 신앙의 추종자들은 명조의 해금 정책과 갈등을 빚었다. 복건성을 비롯한 동남 연해 지역의 상인과 어민들은 독실한 마조 신앙을 가지고 항해를 강행하며 외국 혹은 밀무역 세력과의 교역에 종사했기 때문이다.[21] 영락제 이후 명의 관리들은 왜구와 해적의 격퇴에 한하여, 혹은 동남아와 류큐를 왕래하는 사신단이 해난 상황에서 구조될 경우에 한하여 마조의 존재를 언급할 뿐이었다. 광동에서는 유교적 신념이 강한 신

사들이 마조 사당을 음사(淫祠)로 규정하고 천비궁을 폐기하거나 다른 용도의 건물로 전용하기도 했다.[22] 명대에 마조는 항해의 수호신이라는 본래의 의미가 은폐되고 왜구를 나포하는 신령 정도로 그 의미가 축소된 것이다.[23] 명 중엽에 복건 상인이 바다가 아니라 대운하를 이용하며 양주에 등장한 이유를 여기서 찾을 수 있다.

청조의 등장과 함께 이러한 추세는 다시 일변하였다. 대만에 근거지를 두었던 정성공 세력을 진압하는 과정에 마조가 나타나 해군을 도와주었다

〈그림 15〉 시랑이 이끄는 청 수군의 대만 정벌을 돕기 위해 나타난 마조
출처: 조영헌, 『대운하와 중국 상인』, 349쪽.

는 이유로 청조는 1680년(강희 19년)에 마조에 대한 책봉을 재개하였다.[24] 마조의 가호가 대만 정벌에 얼마나 도움이 되었는지에 대해서는 증명하기도 어렵고, 그렇게 중요한 사실이 아닐지도 모른다. 그러나 결과적으로 1683년(강희 22년)에 시랑(施琅)이 이끄는 청조의 수군은 대만 정복에 성공하였고, 이듬해인 1684년(강희 23년)에 청조는 마조의 존호를 천비에서 천후로 격상시켰다. 그리고 청 말까지 모두 열세 차례나 작위를 높여 주는 가봉(加封)을 실시하였다. 청 중기에 전국적으로 천후궁이 건립되었던 사례가 많은 것은 이러한 국가정책의 변화와 맥을 같이한다.

요컨대 남송부터 청 말까지 마조 신앙과 사묘는 국가권력의 적극적인 지원이 있을 때마다 급속하게 확산될 수 있었다. 다만 정유용이 재건한 시기는 1666년이므로, 청조의 통치가 시작되었지만 아직 대만 정벌이 이루어지기 이전이어서 그 이름은 천후궁이 아니라 천비궁이었다.

해신에서 하신으로의 변화

여기서 다시 생각해 보고자 하는 것은 명 시기의 마조 신앙이다. 해금 정책이 비교적 강고하고 마조에 대한 국가권력의 관심이 저조했던 명의 마조 신앙은 큰 타격을 받을 만했다. 하지만 실상은 그렇게 진행되지 않았다. 양주의 사례처럼 명대에 새로 건립되거나 중건되었던 천비궁의 사례가 심심치 않게 발견된다. 회안 지역, 양주 지역, 진강 지역의 천비궁 가운데 건립 연대가 알려진 것은 다섯 곳이고, 그 가운데 네 곳이 명대에 설립되거나 중건되었다.[25] 이 지역은 해양 도시가 아니었다. 그렇다면 국가권력의 후원이 전혀 없는 상황에서 천비궁이 생기거나 중건되는 현상을 어떻게 설명해야 할까?

먼저 명대 천비궁의 역할과 관련한 다음의 두 자료를 살펴보자.

(1) (항주) 해아항(孩兒巷) 북쪽에 위치한 천비궁에서는 수신을 제사하는데, 홍무 초기에 건립되었다. (……) 사묘의 지붕은 하늘을 닿을 듯 높고 황제 신상이 그곳에 있다. 땅에는 짝을 맞추어 후토(后土) 신상이 세워져 있다. 그 뒤로 큰 하천이 흐르고 여신상(女神像)이 있으니, 높여 부르기를 천비라고 한다. 운군이 조량을 운송하는 곳으로, 양자강과 바다, 황하, 한수(漢水)로 연결되니 모두 천비를 높이 받든다.[26]

(2) 조운선과 상선이 왕래하는 곳으로, 양자강과 바다, 황하, 한수의 물가

에서는 모두 마조를 엄숙하게 신봉하였다. 영험이 많이 나타나니, 사람들의 진실한 경외감에 감응한 것이다.[27]

전자는 전여성(田汝成: 1504~1557년)이 항주에 대해 기록한 부분에서, 후자는 진사원(陳士元: 1516~1597년)이 장강과 한수 사이, 즉 호북성에 대해 기록한 부분에서 가져온 것이다. 모두 명대의 천비가 수로를 이용하는 조운선과 상선의 이용자들에게 광범위하게 숭배되고 있음을 말해 준다.

그렇다면 조운 루트가 대운하로 일원화된 이후 마조는 조량 운송의 안전을 기원하는 하신(河神)으로 그 의미가 확대되었다고 볼 수 있다. 해도 조운에 종사하던 운수 노동자들이 부득불 대운하를 이용하게 되었으니, 신앙의 대상이 그들과 함께 내륙으로 전파된 것도 전혀 이상한 일이 아니었다. 북경 천도를 추진하는 영락제를 도와 해도 조운을 주관하며 천비의 영험함을 경험한 바 있던 진선은 회안의 청강포에 영자궁(靈慈宮)을 건립하여 조운의 원활함을 도모하였다. 영자궁은 이후 혜제사(惠濟祠)라고도 불렸는데, 실체는 마조를 제사하는 사묘였다.[28](〈그림 16〉 참조) 조운선도 황하, 회수, 홍택호, 대운하가 만나는 이곳에서 해운에 못지않은 위험에 노출되어 있었던 것이다. 이에 조운선의 운군과 수수들에게 운송의 안전을 기원할 수 있는 수신 가운데 하나로 마조가 부각될 수 있었다. 청대에 들어서면 조운이나 하공을 담당하는 관료들이 직접 천비궁을 중건하는 일에 앞장서는 일이 잦아지는데, 이 역시 마조 신앙에 의지해서라도 조운을 원활하게 유지해 보려는 관료들의 지향점을 보여 준다.[29]

명대 천비궁의 확산에 국가권력의 '적극적'인 개입은 잘 드러나지 않는다. 여기서 '적극적'인 개입이란 마조 신앙에 대한 국가권력의 후원이나 현창을 말한다. 국가권력이 바다로의 항해를 해금이라는 명목으로 금지했기 때문에 해신이었던 마조는 운수 노동자들의 필요에 따라 하신이 되어 내륙

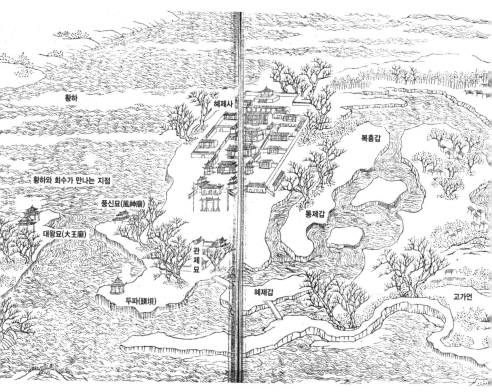

〈그림 16〉『남순성전』에 묘사된 혜제사
앞으로 꾸불꾸불한 운하와 여러 갑문이 보이고, 오른쪽에는 황하, 홍택호의 물줄기가 보인다. 아래쪽 제방이
고가언이다. 출처: 『南巡聖典』, 卷97, 「名勝」; 조영헌, 『대운하와 중국 상인』, 352쪽.

으로 침투하였다. 그 와중에 마조는 내륙의 하도(河道) 운송 및 이에 연계된
황하의 수재로부터 보호해 주는 수신으로 의미가 확대되어 민간 사회에 수
용된 것이다.[30] 항주 출신의 낭영(郞瑛: 1487~?)이 잘 지적했듯이, 명 초까지
해도 조운으로 인해 중시되었던 마조 신앙이 "이후부터 바다 선박에 대한
영험이 하나같지 않고, 사방에서 은혜를 입은 사람들이 각기 천비묘를 세우
니, 지금 각지에 마조가 존재"하는 상황이 전개되었다.[31]

영험함이 있다고 알려진 민간신앙이 생성 초기의 성격에 국한되지 아니

하고, 그 신앙인들의 필요에 따라 다양한 신성을 추가해 나가는 것은 송나라 이래 민간신앙의 중요한 특징이었다. 이때 백성들이 신앙을 선택하는 기준은 대체로 평판, 이용 가능성, 비용으로 정리할 수 있다.[32] 게다가 마조는 여신이었으므로 명대에는 아들 출산에 영험함이 많은 '가족신(家族神)'으로 그 성격이 확대되었다. 명대의 마조는 신앙인들의 필요에 따라 유연성을 가지고 해신 혹은 하신, 때로는 가족신으로 변모하면서 그 교세를 내륙으로 확대해 나갔다.[33] 또한 용왕 신앙이 강한 절강성 연안에서는 마조가 용왕의 딸(용녀(龍女))이라는 형태로 수용되었다. 주산(舟山) 군도의 항해 수호불(守護佛)로는 보타산(普陀山)의 관세음보살이 있었는데, 여기서는 마조가 관세음보살의 화신이라는 새로운 의미가 추가되기도 했다.[34] 1666년에 천비궁을 재건한 정유용에게도 천비는 남아의 생육을 주관하는 가족신으로 먼저 체감되었음은 앞서 언급한 바와 같다.

각지에 천비궁의 건립을 주도한 인물은 물론 복건인이었다. 복건성 사람들은 마조를 자신들의 향토 신앙으로 간주했으며, 복건 상인들이 외지로 진출할 경우 천비궁이 그들의 회관(會館) 기능을 수행하였다.[35] 양주의 천비궁 역시 복건 상인이 처음 건립하였다. 하지만 그렇다고 해서 모든 천비궁이 복건인의 전유물로 남았다고 말할 수는 없다. 1666년에 양주의 천비궁 재건을 주도한 세력이 휘주인 네트워크였던 것처럼, 본래 복건인을 통해 전파된 마조 신앙도 이 신앙이 필요한 다른 지역민들에게 언제든지 전유될 수 있었다. 일반적으로 산서 상인과의 관련성이 강한 것으로 알려진 관우 신앙과 관제묘(關帝廟)도 산서인들과 직접적인 관련 없이 건립되거나 중건된 사례가 적지 않다.[36]

명대에 천비궁의 확산을 주도했던 요인은 조운과 마조 신앙의 관련성, 대운하를 이용한 유통량의 증가였다. 이는 기본적으로 대운하를 통한 국가적 물류에 대한 국가권력의 강제력 속에서 발생한 현상이었다. 동시에 운하 이용자들의 필요에 따라 변용되는 종교 시설의 사회적인 기능도 발견할 수 있다. 더 나아가 신령들도 그 영험함을 근거로 서로 경쟁하고 있음을 알 수 있다.

위치 변화를 통한 양주 천비궁의 기능 회복

그렇다면 정유용은 천비궁 재건을 통해 무엇을 기대했을까? 여덟 자식을 건강하게 자라게 해 주었던 마조에 대한 감사의 표현에 감추어진 사회적인 기대 효과는 없었을까? 정유용의 천비궁 재건 이야기의 말미에 위희가 남긴 다음과 같은 표현은 이에 대한 해석의 실마리를 제공한다. "이는 대개 단지 정군(程君: 정유용)의 지극한 마음만을 갚기 위한 것['酬']이 아니라 남북으로 왕래하는 선박의 이용자들이 모두 두려움이 없기를 기보(祈報)하는 바가 있었기 때문이지만, 정군의 공이 그렇다고 무시할만한 것은 아니다." 여기서 언급된 "남북으로 왕래하는 선박의 이용자들이 모두 두려움이 없기를 기보하는 바가 있었기 때문"이라는 점은, 만안궁에서 광릉역으로 위치가 변화한 것이 가진 중요성을 알려 준다.

만안궁은 양주에서도 신성 내부에 있었다. 명 초의 양주에는 본래 구성이라 불리는 하나의 성곽만이 있었으나, 왜구의 침략 위협이 강했던 1555년에 구성의 동편 외곽으로 신성이 신축되었음은 앞서 언급했다. 신성 지역은 구성과 대운하 사이에 위치하여 운하를 통해 성곽을 왕래하는 사람들이 거처하던 숙박 시설과 각종 시장가가 형성되었던 곳으로, 도시 경제의 중심지로 부각된 신흥 개발 지역이었다.[37] 즉 만안궁은 남쪽의 대운하와 비교적 멀지 않은 곳인 신흥 개발 지역에 있었으나, 신성이 건축됨으로써 대운하와 연결되기가 어려워졌다. 대운하와 연결되려면 남쪽의 파강문(把江門)을 경유해야 하는 불편함이 생긴 것이다.(〈그림 17〉 참조)

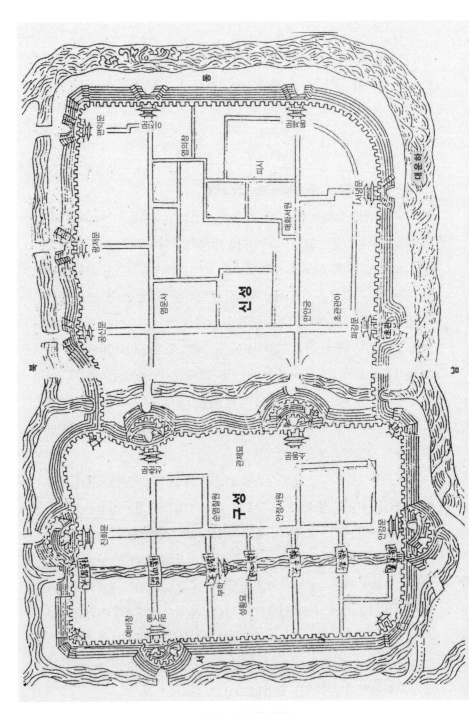

〈그림 17〉 청대 양주 성곽도
출처: 嘉慶『重修揚州府志』, 卷首,「輿圖」, 2b~3a; 조영헌,『대운하와 중국 상인』, 231쪽.

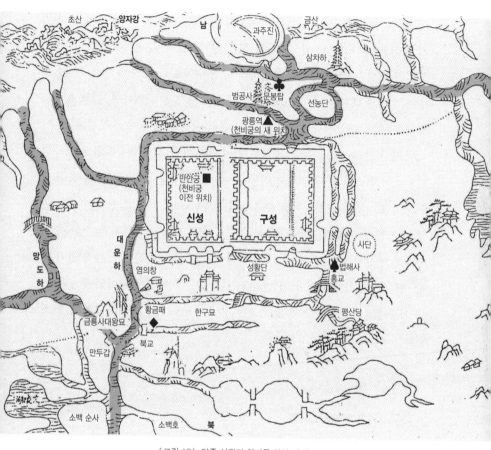

〈그림 18〉 양주 성곽과 천비궁 위치 변화
천비궁의 이전 위치는 ■로 표시. 출처: 嘉慶『重修揚州府志』, 卷首,「輿圖」;
조영헌, 『대운하와 중국 상인』, 363쪽.

한편 광릉역은 양주 성곽 외부의 남쪽 운하 연변에 자리 잡고 있었다.(〈그림 18〉 참조) 대운하를 이용하는 선박들이 반드시 경유하는 지점이었다. 즉 천비궁은 도시 내부의 시장 인접 지역에서 도시 외곽의 수로 교통로 인접 지역으로 이동한 것이다. 마조가 비록 가족신으로서 영험을 지니고 있었고 정유용 역시 이러한 영험함의 '은혜'를 입었지만, 이번 이전을 통해 수신으로서 지닌 본 역할을 되찾은 것이다.

천비궁의 위치 변동이 발생한 직접적 요인은 오행의 원리상 수신인 천비가 화신을 제사하는 만안궁에 적합하지 않기 때문이었다. 같은 흡현 출신의 상인 민세장의 조언이었다. 아직까지도 택지(擇地)와 이장(移葬)을 할 때 풍수와 오행에 대한 신념이 중국인들에게 강고한 것을 고려하면, 전통 시대의 오행 원리에 따라 사묘를 옮기는 것은 전혀 이상한 일이 아닐 것이다.

하지만 본래 의도와는 상관없이 천비궁의 이전 결과 대운하를 이용하는 사람들이 편리하게 되었다. 천비궁을 이전하는 과정에 참배자들의 접근 편이성이 고려되었을 것이라고 추측할 수 있다. 4개월 만에 이전이 완료될 만큼 순조롭게 진행된 것은 정유용의 헌신적인 노력도 있었지만, "남북으로 왕래하는 선박 이용자들이 모두 두려움이 없기를 기보하는 바가 있었기 때문"이라고 했다. 따라서 위치 변화를 통해 양주 천비궁은 남아의 출산을 돕는 기능에서 수운의 안전을 도모하는 수신 사묘로서의 기능을 회복할 수 있었다.

대운하의 말뚝 제거 사업

그렇다면 정유용은 어떤 인물이기에 운하 이용자들의 이해관계를 대변하여 천비궁 이전을 주도했을까?『양회염법지』를 보면, 정유용이 염업에 종사했던 상인이었다는 사실에 덧붙여 그가 "시세의 변화를 잘 헤아리는" 능력이 뛰어나서 치부에 성공했다는 해석을 달아 놓았다.[38]

하지만 정유용이 장사를 시작하기 전까지 그의 집안은 부유하지 못해 준비하던 과거를 그만두고 장사를 선택했음은 앞서 설명했다. 정유용은 당시 휘주 흡현인들에게 대단히 매력적인 소금 유통의 중심지 양주로 진출했고, 가정 형편이 넉넉하지는 않았으므로 직접 소금의 운송과 판매에 가담했던 '산상(散商)'부터 시작했을 것이다.(2장 참조) 산상들은 염장에서 생산된 소금을 구매하여 중개 도시인 의진(儀眞)과 회안까지 운송하는 일을 맡았으므로, 회양 지역을 가로와 세로로 연결하는 염운하와 대운하는 그들의 생활 터전이었다. 정유용은 소금을 운송하며 운하 이용의 중요성과 함께 운송업자들의 고충을 체득했음이 틀림없다. 이러한 경험이 천비궁의 위치 선정에 영향을 주었다.

이러한 관련성을 보여 주는 정유용에 대한 또 다른 일화가 있다. 천비궁을 이전한 지 8년 후인 1674년(강희 13년)에 있었던 양주 대운하의 말뚝 제거 사업이다. 이번 사업 역시 정유용과 민세장이 함께 주도했다.

> 양주를 지나는 운하는 남문에서 5리 남쪽을 지나간다. 염운선과 조운선 및 거대한 선박이 이곳을 지나면서 파괴되는 피해가 수백 년간 이어 오는데, 이때 사람들은 1000만 금의 재산 손실을 입거나 인명 피해를 당하기 일쑤였다. 그래서 노인들은 이러한 현상을 물 아래 '신장(神樁: 귀신이 박은 말뚝)'이 있다는 식의 신비한 괴담으로 설명하곤 하였다. 강희 13년(1674년) 정월에 운하에 물이 줄어들자 말뚝이 보이기 시작했는데, 거대한 녹나무가 무수히 하상(河床)에 박혀 있었다. 민세장이 말하기를 "예전에 어느 승려가 사람을 모아 물속의 말뚝을 뽑으려고 하루 단위로 급료를 지불했지만, 하나의 말뚝도 뽑을 수 없었다. 지금 물이 말라 말뚝이 보이니, 이 시기를 놓칠 수 없다."라고 하였다. 이에 정유용과 함께 눈이 내리는 것을 무릅쓰고 직접 시찰하고, 동료 방자정(方子正)과 왕언운(汪彦雲)에게 일을 맡겼다. 민세장은 재정을 지원하며 무리에 외치길, "큰 말뚝을 뽑아 온 자에게는 한 냥을 지급하고, 작은 것을 뽑은 자에게는 이보다 적게 지급한다."라고 하니, 사람들이 앞다투어 참여하여 단 3일 만에 160여 개의 말뚝을 뽑아 올릴 수 있었다. 이로부터 왕래하는 선박의 근심거리는 영원히 제거되었으며, 다시 3일이 지나자 운하의 물이 크게 불어났다.[39] (밑금은 인용자가 표기)

이 자료는 민세장의 선행에 초점이 맞추어져 있는 위희의 기록이다. 따라서 민세장이 대운하의 말뚝 제거 사업을 주도하고 정유용이 협력했던 것으로 표현되어 있다. 하지만 정유용에 대한 지방지 자료를 보면 정유용이 사업을 주도한 것으로 기록되어 있다.[40] 천비궁의 이전 과정에서도 잘 나타나듯 정유용과 민세장이 함께 도모한 사업이 많았다. 가령 양주의 법해사(法海寺)를 중건하는 일에 대해서 양자는 의견에 일치를 보고 400냥을 함께 출연할 뿐 아니라 중건 사업을 주도하였다.[41] 그들은 휘주 흡현 출신이라는 동향 관계를 기반으로 청 초에 양주의 각종 공익사업을 주도하던 '동지'적 관계망의 핵심 인물이었다.[42] 따라서 대운하의 말뚝 제거 사업도 누가 먼저냐를 떠나 함께 도모했던 것이 분명하며, 동료인 방자정과 왕언운은 실무를 맡았다.[43]

우선 오랜 기간 대운하를 왕래하는 선박의 근심거리였던 하저(河底)의 말뚝을 제거하는 과정 자체가 흥미롭다. 대운하의 물속 바닥에 녹나무가 박혀 있던 이유에 대해서는 관련 기록이 없다. 다만 대운하가 구부러지는 광릉역 앞의 형세를 고려한다면 물의 흐름을 조절하기 위해 이전 시대 누군가가 박아 놓았던 시설이었던 것이, 이후 물의 흐름이 바뀌면서 오히려 왕래하는 선박을 위협하는 말뚝처럼 기능했을 것이다. 내가 2010년 1월에 양주를 답사했을 때 수서호(瘦西湖) 부근의 한 사당에서 과거 대운하의 물이 너무 빨리 흐르지 않도록 물속에 박아 놓았다는 거대한 청동 솥(지름 약 2미터)을 네 개 발견하였다. 과거에는 대운하의 수량이 풍부하고 왕래하는 선박이 많았으므로 이러한 종류의 제어 장치가 많았을 것이고, 정유용과 민세장이 제거했던 말뚝 역시 이러한 성격의 제어 장치였을 것이다.

이와 함께 남문에서 5리 남쪽에 위치한 문제의 구간이 바로 천비궁이 재건된 광릉역과 거의 동일한 지점이라는 사실이 주목된다. 자료에서 묘사하는 바, 이곳은 "염운선과 조운선 및 거대한 선박이 이곳을 지나면서 파괴되는 피해가 수백 년간 이어 오는" 지역인 동시에 "조운선과 염운선 및 갖가지 물건을 실은 선박들이 주야로 끊임없이 왕래하는 곳"이었다. 대운하를 이용하여 남북을 왕래하는 선박이라면 반드시 거쳐야 하는 수로 교통의 요지에 천비궁을 이전했던 정유용은, 그로부터 8년 뒤에는 바로 그곳을 경유하던 운송업자들의 위협 요소를 민세장과 함께 제거했던 것이다. 이러한 정황은 정유용과 민세장이 앞장서서 양주의 수로 관련 시설에 대한 정비 작업을 추진했다는 유력한 증거가 된다.

정유용의 노림수

천비궁 재건과 대운하의 말뚝 제거 사업을 정리해 보면 다음과 같다. 휘상 정유용은 마조 신령의 영험함을 경험한 뒤 마조를 깊이 신앙하였고, 그 표현으로 천비궁을 대운하 연변으로 옮겨 재건하였다. 정유용의 행위는 개인적인 신앙의 표현으로 볼 수 있지만, 그 결과 사회적인 파급효과를 지니게 되었다. 즉 대운하를 이용하는 사람들은 이전보다 쉽게 천비궁에 접근할 수 있었다. 그리고 마조에 대한 제사와 기원을 통해 정신적인 안정감과 각종 편의를 제공받았다. 아울러 이곳을 왕래하는 선박들에 위협 요소가 되었던 하저의 말뚝을 제거함으로써, 실제로 왕래하는 선박의 근심거리를 제거해 주었다.

이러한 정유용의 행위는 대운하 도시인 양주에서 '선행'으로 평가받을 만했기에, 이곳을 왕래하던 강서성 사람 위희도 이를 놓치지 않고 포착하여 기록으로 남길 수 있었다. 이에 더하여 정유용 그룹의 '선행'은 실제로 양주에서 활동하는 휘주 상인들에게 장기적으로 긍정적인 효과를 발휘하기 시작했다. 우선 대운하를 관리하며 조운을 책임지는 관료들과의 관계를 생각해 보자. 정유용은 수신 사묘를 재건함으로써 기한에 맞추어 원활하게 진행되는 조운을 기원하던 조운 관료 및 하도 관료들의 여망을 채워 주고, 더 나아가 그들과의 밀접한 관계 형성의 발판을 마련했다. 정유용이 사묘를 중건했을 뿐 아니라 운하에 박혀 있던 말뚝을 제거했다는 사실은 이러한 연결 가능성을 염두에 둘 때 더 자연스럽게 해석된다. 조운 관료 역시 마조에 대한 경외심에 대해서는 일반 선주에 비해 결코 뒤지지 않았기 때문이다.[44]

이와 관련하여 양주에 천비궁이 재건된 지 약 50년 후에 조운총독 시세륜(施世綸)이 회안에 천비궁을 건립하였다. 회안 천비궁의 위치는 구성의 서남 방향 모퉁이에 위치한 만유지(萬柳池)로, 성곽과 대운하를 연결하는 성호(城濠)의 성격을 지닌 곳이다.[45] 양주와 마찬가지로 대운하 유통로의 안전한 유지 및 조운의 원활함을 기원하기 위해 건립된 것으로, 관료와 상인의 이해관계가 천비궁을 매개로 연결되고 있음을 보여 준다.

하지만 회양 지역에서 더 중요한 것은 대운하를 이용하는 불특정 다수, 즉 선박 이용자와 운송업자들의 현실적인 필요였다. 만약 그들의 필요를 제대로 충족시킬 수 있다면, 그것이 의도되었건 아니건 상관없이, 운하 도시에서 명망을 드높일 수 있는 효과적인 전략이 될 수 있었다. 명 후기 이래로 종교 시설에 대한 각종 기부행위가 곧 학위와 함께 지역 엘리트임을 분별하는 기준이라는 인식이 확산되면서, 신사층 사이에서도 사묘에 대한 기부 문화는 점차 사회적 강제력을 지니게 되었다.[46] 『천공개물(天工開物)』의 저자로 유명했던 송응성(宋應星)은 『야의(野議)』라는 책에서 명 후기의 양주를 대표하는 거대 염상들의 재력과 지출 규모를 정리했는데, 이를 통해 그들의 지출 내역을 파악할 수 있다. 양주의 자본이 많은 상인들은 대부분 산서, 섬서, 휘주의 세 지방에서 온 외지 상인들이었다. 송응성의 계산에 따르면, 만력 연간에 염업이 한창 번성할 때 양주의 거대 염상들은 3000만 냥 정도의 자본금을 운용해 매년 900만 냥의 이익을 남겼다고 한다. 그 가운데 100만 냥 정도가 염세 납부로 충당되고 300만 냥이 '잡다한 비용[無端妄費]'으로 지출되지만, 그래도 늘 500만 냥의 이익이 남았다. 여기서 300만 냥의 '잡다한 비용'이 공적·사적으로 지출되는데, 그 항목을 보면 승려, 도사(道士), 거지, 품꾼 등에게 지출하거나 교량이나 사찰을 짓는 데에 사용되었다.[47] 즉 각종 교제, 지역사회에 대한 기부, 아랫사람에 대한 돌봄, 종교 후원 등으로 지출하는 비용이 세금의 세 배에 달했다는 이야기인데, 이것이 양주에서 거대 염상으로 활동하고 인정받기 위한 일종의 '품위 유지비'라고 할 수 있었다. 양주에서 지역 엘리트를 꿈꾸는 상인들에게 이러한 품위 유지비 지출은 필수적이었다. 정유용과 같은 휘주 상인은 상황 파악에 빨랐고, 대처 방식 역시 민첩하였다.

정유용과 협력하여 수신 사묘의 중건에 참여했던 민세장에 대한 휘주인들의 평가를 보면 다음과 같은 대목이 등장한다. "선행을 할 때 가능한 한 자신의 이름이 드러나는 것을 꺼렸지만, 지역의 지식인과 거리의 행려자들은 이 일을 가리키며 입을 모아 칭송하는 자가 헤아릴 수 없었다."[48] 천비궁 중건과 상인의 위상 제고는 이렇게 연결되었다.

정유용이 민세장과 함께 법해사를 중건했을 때도 마찬가지다. 양주의 수로 지도를 보면 알 수 있듯 배를 타고 평산당(平山堂)을 유람하려면 반드시 법해사를 경유해야 했다.(〈그림 18〉 참조) 이후 "평산당을 유람하는 자들은 모두 법해사에 올랐는데, 모두 정유용의 공덕을 칭송하였다."[49] 17세기 교통의 요지에 위치한 종교 시설을 후원하는 도시민들, 그 가운데 상인들이 기대했던 바가 바로 이런 평판이 아니었을까?

천연두를 관장하는 신령을 제사하는 두신전(痘神殿)을 건립하며 지역사회에서 명망이 높았던 흡현 잠산도(岑山渡) 정씨의 후예인 정몽내(程夢鼐)가 1745년(건륭 10년)에 회수의 신령에게 제사하는 회독묘(淮瀆廟)를 중건한 것도 마찬가지 노림수가 깔려 있었을 것이다. 더구나 회독묘가 위치한 회안의 나가교(羅家橋)는 왕래하는 상인들이 폭주하고 거주민들이 다닥다닥 붙어

사는 번화가였다.[50] 왕래하는 사람들로 붐비는 곳에 위치한 사묘, 그것도 지역사회의 현안과 밀접하게 연관된 종교 시설을 '자발적으로' 정비하는 것은 사회적 인지도를 높일 수 있는 보증수표나 다름없었다. 이렇게 제고된 명망과 신뢰도가 다시금 활동 무대인 회양 지역 상계(商界)에서 지배 구조의 강화로 이어졌음은 물론이다.[51]

아담 샬의 사망과 양광선의 공격

1666년, 중국명으로 '탕약망(湯若望)'이라고 불렸던 독일 출신 예수회 선교사 요한 아담 샬 폰 벨(Johann Adam Schall Von Bell)이 북경의 자택에서 가택 연금된 상태로 사망했다. 사망 당시 75세의 아담 샬은 뇌졸중으로 반신불수가 되어 말조차 제대로 할 수 없었다. 10여 년 전인 1656~1657년 사이에 황제인 순치제(順治帝: 재위 1644~1661년)가 그의 집에 예고도 없이 스물네 차례나 방문하여 격의 없는 대화를 나누었던 것을 상기하면 대단히 비참한 죽음이었다. 이유가 있었다. 당시 역법을 주관하는 흠천감(欽天監)의 감정(監正)으로 임명되어 황제의 측근에서 천체 관측과 역법 문제를 도맡아 처리하던 아담 샬로 인해 자리와 체면을 모두 잃었던 대통력(大統曆)의 천문가이자 반(反)기독교 문인들의 대변인이었던 양광선(楊光先)과 회회력(回回曆)의 천문가 오명훤(吳明烜) 등이 집요하게 비방하며 공격했기 때문이었다.[52] 특히 아담 샬을 총애하던 순치제가 1661년에 사망하자 양광선의 공격은 거세졌고, 청에 모반을 꾀했다는 대역죄로 아담 샬을 고발했다. 1664년(강희 3년)에 네 명의 만주 보정대신(輔政大臣: 소니(索尼), 오보이(鰲拜), 숙사하(蘇克薩哈), 어빌룬(遏必隆)을 지칭)에게 둘러싸여 사실상 실권을 휘두르기 어려웠던 어린 강희제에게 올린 상주문의 내용은 다음과 같다.

서양 사람 탕약망(아담 샬)은 본래 유대 나라의 정법(正法)을 모반한 도적의 우두머리 예수[耶蘇]의 잔당이나 다름없는 자입니다. 명나라 말에 그 나라의 조공도 받들지 않은 채 몰래 바다를 건너 북경으로 들어왔습니다. 사악한 신하 서광계는 탕약망이 가진 기묘하고도 정교한 기물을 탐내어, 바다를 지키는 법률[海律]로써 저들을 막아 쫓아내지 않고 도리어 그를 조정에 천거하였습니다. 이에 탕약망은 역법을 고친다는 구실로 몰래 사교를 전하였습니다. 그것이 오늘날까지 이어져 역모가 점차 커지게 되었습니다. (……) 이미 지난 20년 동안 100만 명의 신도를 받아들여 천하 각지에 널려 있사온데 무엇을 하려는 뜻이겠사옵니까? 갖가지 역모는 하루 이틀에 이루어지는 일이 아니옵니다. 만약 속히 잘라 버리지 아니한다면 정말로 호랑이를 길러 후환을 남기는 일이 될 것이옵니다.[53] (밑금은 인용자가 표기)

양광선의 고발로 아담 샬은 유죄판결을 받고 능지처사를 선고받았다. 다만 고령을 감안하여 그 선고는 장형(杖刑)과 유형(流刑)으로 경감되었고, 이마저도 과거의 공적을 참작하여 집행되지 않고 죽을 때까지 가택 연금을 당했다. 그러나 이 사건이 계기가 되어 기독교는 청조 내에서 금지되었고, 교회는 폐쇄되었으며, 다른 선교사들은 광주로 추방되었다.[54] 같은 시기에 연금당했던 예수회 선교사 페르디난트 페르비스트(Ferdinand Verbiest, 남회인(南懷仁): 1623~1688년)가 훗날 강희제의 친정(親政)을 계기로 신원(伸冤)의 노력을 기울여 1669년 무렵에는 아담 샬과 그 동료들의 결백이 입증되었고, 양광선은 무고 등의 죄로 체포되어 참수형을 선고받았다. 강희제는 양광선이 연로하였다는 이유로 참형을 면해 주었으나, 양광선은 고향으로 돌아가는 길에 73세의 나이로 사망하고 말았다. 그의 고향은 공교롭게도 휘주 상인의 본거지인 휘주부 흡현이었다.[55] 1664년에 제기된 양광선의 비방 내용은 기독교에 대한 중국 지도층의 염려와 두려움이 무엇인지를, 그리고 그것이 이후 1784년까지 간헐적으로 이어졌던 청 황제들의 기독교 탄압의 맥락과 크게 변화되지 않았음을 보여 준다.[56](7장과 8장 참조)

아담 샬이 당시에 유럽에서 배워 온 천문학적 지식과 정확한 역법 계산은 1644년에 청군이 입관(入關: 만주족 군대가 산해관(山海關)을 넘어 북경을 점령한 것)한 직후 명조의 후계자로서 천명을 받았음을 입증하려 했던 만주족 지배층에 실질적인 도움이 되었다. 선교사였던 아담 샬이 1644년에 청조로부터 정5품의 흠천감 감정으로 임명된 것이나, 중국인을 로마 가톨릭으로 개종시키기 위해 과학과 천문학을 활용하려 했던 마테오 리치의 전략[57]이 실제로 주효했다는 예수회의 '확신'(물론 최종 결과는 그렇지 않았다.)도 모두 이 때문이었다. 당시에 천문학, 수학, 물리학 등의 과학 지식은 보편성을 가지고 서양과 중국을 연결하고 지구적인 차원에서 '수렴'하게 하는 중요한 매개물이었다.[58]

물론 예수회가 당시에 서양에서 발흥하던 첨단 과학 지식을 온전히 중국에 전달한 것은 아니었다. 예수회 선교사들의 천문 지식은 동아시아 지도층에 어필하기에 충분했지만, 이미 유럽에서 확산되고 있던 지동설에 대해서는 함구한 채 가톨릭교회의 엄격한 우주관에 따라 아리스토텔레스와 프톨레마이오스의 천동설만을 전수했다.[59] 예수회를 통해 중국인들에게 전달되었던 '최신'의 천문 지식이라 해도 당시 서양에서 발생하던 혁명과도 같은 과학 지식의 진면목을 파악하기에는 역부족이었다.

중국인들에게 좋은 평판을 얻기 위해 과학을 활용했던 아담 샬이 북경에서 사망했던 해이자 정유용이 천비궁에 투자하면서 대운하 도시 사회의 긍정적 평판을 확보하려 경주하던 1666년을 유럽의 과학사에서는 '경이로운 해(Annus mirabilis, the year of wonders)'라고 부른다. 천연두의 유행과 런던 대화재의 악재 속에서도 근대적 세계관의 정초(定礎)를 놓았던 아이작 뉴턴(Issac Newton: 1642~1727년)의 기념비적 발견이 이루어진 해였기 때문이다.

1666년, '경이로운 해'

1666년에 뉴턴은 24세로 약관에 불과한 석사과정생이었다. 갈릴레오 갈릴레이(Galileo Galilei: 1564~1642년)가 사망했던 1642년에 영국 링컨셔의 울즈소프라는 작은 마을에서 태어난 뉴턴은 1657년에 이탈리아에서 실험 아카데미가 설립되고 1660년에는 런던에 왕립 학회가 설립되는 등 과학 지성의 움직임이 강해지던 분위기 속에서 성장했다. 뉴턴은 1661년에 케임브리지 대학의 트리니티 칼리지(Trinity College)에 입학하여 루카스 석좌 수학 강좌에서 당대의 수학자 아이작 배로(Issac Barrow: 1630~1677년)를 만났다. 배로의 강의는 뉴턴의 수학적 관심을 크게 자극했다. 뉴턴은 1664년에 특대생(特待生)으로 선발되어 칼리지로부터 음식과 의복비 및 일정한 급료를 받으며 석사 학위를 받을 때까지 자유롭게 연구할 수 있는 자격을 획득했다. 그리고 1665년에 케임브리지에서 학사 학위를 받았으나, 런던에 페스트가 창궐해 도시 전체가 쑥대밭이 되고 대학 측이 학내까지 페스트가 번질 것을 우려해 휴교 조치를 내리자 어쩔 수 없이 울즈소프의 집으로 돌아갔다. 당시 런던 인구의 16퍼센트에 달하는 7만 5000여 명 이상의 목숨을 앗아 간 페스트의 유행으로 국왕인 찰스 2세(Charles II)는 런던을 떠났고, 케임브리지 대학도 1667년 봄이 되어서야 교문을 다시 열었다.

1666년 9월에는 런던 대화재가 발생했다. 제빵사의 사소한 부주의로 시작된 화재는 거센 바람과 함께 목재 건물이 다닥다닥 붙어 있던 런던 시내를 일주일 동안 화염에 휩싸이게 했다. 도시 위로 떠오른 검은 구름은 무려 100킬로미터나 떨어진 옥스퍼드에서도 볼 수 있었고, 약 1만 3000채의 집, 87개의 교회, 세인트폴 대성당, 런던 증권거래소, 세관과 감옥까지 파괴되었다. 공식적인 사망자 수는 단 네 명으로 기록되었지만, 아무도 그 기록을 믿지 않았다. 음모론이 퍼졌다. 일부는 이 화재가 가톨릭교회의 소행이라고 주장했고, 어떤 이들은 영국과 해상 지배권을 놓고 전쟁을 벌였던 네덜란드

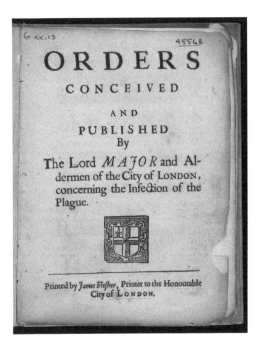

<그림 19> 전염병 발병을 우려한 런던의 시장과 부시장이 1665년에 공표한 명령.
출처: Wikimedia Commons, © Science Museum Group.

나 프랑스의 탓으로 돌렸다. 프랑스 동인도회사는 영국이나 네덜란드의 동인도회사보다 늦은 1664년에 설립되었지만, 후발 주자의 장점을 살려 17세기 후반의 인도양 해역 세계에서 자국 국기를 내걸고 일전을 불사르는 경쟁을 벌이고 있었다.[60] 그야말로 1666년의 런던은 페스트와 대화재로 인해 공포와 암울함으로 가득했다.[61]

놀랍게도 뉴턴은 '페스트의 시대'(뉴턴이 23세 되던 해부터 집에서 보낸 18개월)에 런던을 떠나 고향 마을에서 과학혁명을 일으킬 업적의 기초를 놓았다. 그 유명한 사과 이야기도 이때의 일이다. 1666년 5월 16일, 뉴턴은 달이 어떻게 지구 주위를 공전하는지 고민하며 울즈소프의 정원에 있는 사과나무 옆에 앉아 있었고, 우연히 사과가 땅에 떨어지는 모습을 보면서 지구의 중심이 잡아당기는 힘이 사과와 달에 똑같이 작용한다는 것을 깨달았다. 만유인력의 법칙이 탄생하는 순간이었다. 모든 물체의 입자는 다른 물체의 입자를 끌어당기며, 그 힘의 크기는 뉴턴의 수학 공식에 의해 계산되었다. 울즈소프에 있던 기간에 뉴턴은 미적분이라는 수학의 새로운 영역을 확립했고, 광학 연구도 시작했다. 모두 역병이 돌던 1665년부터 1666년 사이에 이루어진 것들이었다.(〈그림 19〉 참조) 학교가 1667년에 문을 열자 뉴턴은 케임브리지로 돌아가 트리니티 칼리지의 선임 원구원이 되었고, 이듬해 배로가 사임한 자리에 취임해 수학 석좌교수가 되었다. 그는 당시에 발견한 여러 원리를 바로 발표하지는 않았지만, 1687년에 『프린키피아(Principia)』라 불리는 과학책을 출간하며 만유인력의 법칙을 세상에 알렸다.[62]

그는 "내가 더 멀리 보았다면 이는 거인들의 어깨 위에 올라서 있었기 때문이다.(If I have seen further, it is by standing on the shoulders of giants.)"라는 말로 앞선 시대의 요하네스 케플러(Johannes Kepler)나 갈릴레오 등의 공로를 인정했지만, 만유인력의 법칙과 이것을 수학적으로 표현한 공식들은 천문학에서 갈릴레오의 발견이나 케플러의 행성 운동 법칙을 뛰어넘는 기념비적인 발견이었다. 실질적으로 이후 200년 가까이 태양계에 관한 한 뉴턴의 이론보다 더 의미 있는 진전은 이루어지지 않았다. 천문학과 물리학에 대한 뉴턴의 발견은 알베르트 아인슈타인(Albert Einstein)이 등장하는 20세기 초반까지 과학계를 이끌어 오며 현대 과학의 변혁을 이끈 것으로 평가받는다.[63]

물론 당시 유럽 세계가 모두 근대적 세계관으로 진입했던 것은 아니었다. 중세적인 세계관은 이후로도 상당 기간 유럽 사회에서 영향력을 잃지 않았다. 양광선의 비방으로 아담 샬이 1666년에 죽기까지 가택 연금을 당했듯이, 지동설을 주장했던 갈릴레오는 1633년의 재판에서 자신의 주장을 철회하는 긴 고백서를 남긴 후 1642년에 세상을 떠날 때까지 여생을 엄격한 가택 연금 상태로 지냈다. 교회가 갈릴레오의 『대화: 천동설과 지동설, 두 체계에 관하여(Dialogo sopra: due massimi sistemi del mondo)』를 금서 목록에서 제외한 것은 1757년의 일이었다.[64] 또한 1666년의 런던 대화재 때 런던을 떠나 피신했던 찰스 2세는 3년 전인 1663년에도 여전히 폐결핵에서 유래한 연주창(連珠瘡, scrofula)에 걸려 고생하는 백성들을 직접 만져 주기 위해 옥스퍼드의 크라이스트처치 대성당(ChristChurch Cathedral)을 방문했다. 당시에 연주창은 '왕의 악(King's Evil)'이며 왕이 만져 주는 것 외에는 치료법이 없다는 신념이 팽배했기 때문이다.[65] 그럼에도 불구하고 뉴턴의 등장 이후 유럽의 과학이 확실하게 중국을 비롯한 동아시아 국가들이 따라올 수 없을 만큼 도약해 상황을 역전했다고 평가해도 과언이 아닐 것이다. 그 티핑 포인트(tipping point)였던 1666년은 이제 서양인뿐 아니라 전 세계 사람들에게 '경이로운 해'로 기억되고 있다.

전근대에 먼 길을 떠나는 여행자라면 땅의 길잡이(산, 강, 건물 등)를 보고 방향을 잡을 수 있지만, 바닷길을 떠난 뱃사람들은 하늘의 태양과 달과 별을 보고 방향을 잡을 수밖에 없었다. 대니얼 부어스틴(Daniel J. Boorstin: 1914~2004년)이 잘 지적했듯, "천문학이 뱃사람들의 도우미였고, 콜럼버스의 시대가 코페르니쿠스의 시대를 이끈 것은 당연한 일이었다."[66] 전자파와 범지구 위치 결정 시스템(GPS)이 등장하기 전까지 천문학은 해양으로 진출하는 데 필수 불가결한 요소였고, 항해와 천문학은 상보적으로 발전했다. 고래로부터 발전했던 중국의 천문학 지식 역시 송·원 시대의 해양 진출과 명 초 정화의 대원정을 가능케 한 지적 토대였다. 하지만 아담 샬과 양광선의 사례가 보여 주듯 17세기 중엽에 중국의 천문학은 외부로부터의 새로운 지적 유입에 대해 방어적인 태도를 보이기 시작했다. 당시 바다로의 항해와 교류에서도 중국이 이전보다 괄목한 만한 진보를 이루었다는 징후를 발견하기 어려웠다. 천문학과 항해가 상보적으로 발전한다는 원리를 상기할 때, 이 두 현상을 우연의 일치로 보기는 어려울 것 같다.

이러한 고찰을 통해 1666년에 마조를 제사하는 천비궁이 대운하 도시에서 재건되었던 이야기 역시 흥미로운 에피소드를 넘어 시대적인 시사점을 제공한다. 본래 마조는 해양 항해에 대해 팽창하는 욕망 속에서 등장한 신령이었지만, 점차 내륙의 인공 수로인 대운하의 도시로 전파될 수밖에 없었던 시대적인 맥락이 있었던 것이다. 이는 앞서 언급한 것처럼 명대의 해금 정책에서 기인한 것이지만, 다음 장에서 본격적으로 언급할 청조의 강력한 해금 정책과도 직접적으로 연관되어 있다. 이는 1661년(순치 18년)부터 반청 해상 세력을 방어하기 위해 20여 년 동안 철저하게 시행된 연해 지역에 대한 천계령(遷界令)이다. 바다로의 항해와 교역이 국가 안보를 위해 철저하게 종속되고 차단되는 동안에도 대운하를 통한 유통과 교역은 북경의 새로운 지배자들을 위해서 변함없이 기능을 회복하며 유지했고, 양주의 천비궁은 이러한 배경 속에서 중건될 수 있었던 것이다.

항해와의 필연적 관련성이 사라져 버린 천비궁(혹은 천후궁)은 이후 청조의 현창과 보호 속에서 수로를 따라 내지로 깊숙이 확산되었다. 그 가운데 1731년(옹정 9년) 절강총독 이위(李衛: 1688~1738년)가 항주에 있던 서양 천주당을 허물고 그 자리에 거대하고 화려한 천후궁을 건립했던 사건이 주목된다.[67] 항주의 천주당은 무림문(武林門) 내성의 동북 모퉁이에 위치했는데, 무림문은 북경까지 연결된 경항 대운하의 남쪽 끝단의 부두에 인접했다. 이위는 이를 기념하여 천후궁에 비석을 세우고 「천주당개위천후궁비기(天主堂改爲天后宮碑記)」라는 글을 자랑스럽게 남겼다.[68] 수로 교통이 편리한 위치에 있던 천주당을 허물고 천후궁을 건립한 것에는 대운하를 이용하는 선박 이용자들의 안전을 기원하기 위함이라는 뜻이 내포되어 있었지만, 보다 근본적으로는 불온한 기독교 포교의 거점을 없애기 위한 옹정제(雍正帝: 재위 1723~1735년)의 종교 정책으로 인한 결과였다. 요컨대 이위는 옹정제의 뜻을 받들어 통제가 어려운 천주당을 통제할 수 있는 천후궁으로 대체함으로써, 안보를 강화하는 동시에 내륙의 물류까지 활성화하려 했던 것이다. 대운하를 이용했던 이들이 선박에 탑승하기 전 안전을 희구하기 위해 천후궁에 들렀다가 비문을 읽으며 서양 종교의 신인 천주와 중국 민간신앙의 신인 마조를 어떻게 기억 속에 내재화했을지 자못 궁금하다.

6장

1684년, 강희제가
대운하를 이용해
강남 순방을 시작하다

1684년, 강희제의 첫 번째 강남 순행

음력으로 강희 23년(1684년) 9월 28일, 강희제는 북경의 자금성을 떠나 강남 지방을 향한 첫 번째 순방길에 올랐다. 청의 역동적인 정치사에 자주 등장하는 황제 남순이었다. 강희제가 여덟 살의 어린 나이로 황제에 즉위한 지 23년이 지나 서른한 살이 되던 해였고, 청의 통치가 시작된 지 40년이 지난 시점이었다. 처음 출발할 때는 동쪽으로의 순방, 즉 동순(東巡)으로 시작했지만, 이내 산동 지역까지만 순방하려는 계획을 양자강 하류의 강남 지방까지 확대하면서 강희제의 첫 번째 남순의 막이 올랐다.[1] 총 60일이 걸리는 여정 동안 강희제는 300여 명이 넘는 신료 및 호종(扈從) 군대와 함께 육로와 대운하를 동시에 이용하여 소주까지 남하하였다가 11월 29일에 자금성으로 돌아왔다. 양주를 방문지에서 제외했는데, 이는 명과 청의 교체기에 사가법(史可法: 1602~1645년)이 이끄는 명군이 양주에서 만주군에 강렬하게 저항하자 청은 그 앙갚음으로 양주 일대 백성 '80만 명'을 학살함으로써 양주가 '저항'의 도시로 각인되었기 때문이다. 청의 지배층은 양주를 일벌백계(一罰百戒)로 다스리려 했지만, 당시 극적으로 살아남은 왕수초(王秀楚)는 그 참상을 『양주십일기(揚州十日記)』로 기록하여 청의 폭력성을 널리 알

렸다.[2]

순방 경로를 강남으로 확대하면서 내세웠던 남순의 첫 번째 목적은 다름 아닌 치수에 있었다. 황제가 앞장서서 물 관리를 위한 순방을 떠난 것이다. 그 명분을 제공한 것은 청 초에 유달리 많이 발생했던 황하의 범람이었다. 강희제는 신료들과 주고받은 문서와 심도 있는 토론 등을 통해 치수 공정이 쉽지 않음을 이해하고 있었지만, "아직 직접 공사 현장을 경험하지 못하여 물살의 강함과 제방의 원근 및 고하를 분명히 알 수 없도다."[3]라는 답답한 심정을 가지고 남순을 개시했다. 실제 남순을 통해 대운하의 물 관리와 조운을 중시했던 강희제 덕분에 순치 연간까지 회복되지 않던 대운하의 물류 체계는 안정을 되찾았다.[4]

1676년(강희 15년)에 회안에서 발생하여 주변 지역으로 확산된 황하 범람으로 인한 수해(水害)는 1683년(강희 22년)에 이르러서야 겨우 진정될 수 있었다. 문제의 발단은 여름철의 장마였다. 불어난 황하의 물은 황하와 회수가 만나는 청강포에서 제방을 무너뜨리고 거대한 호수인 홍택호로 넘쳐 들어왔다. 그러자 홍택호와 대운하를 분리해 주던 고가언 제방이 불어난 수위를 견디지 못하고 서른네 곳에서 터지고 말았다. 그 여파로 고우(高郵)의 청수담(淸水潭)에서 양주의 대택만(大澤灣)까지 약 100여 미터에 달하는 대운하의 제방까지 무너졌다. 대운하를 이용하는 모든 물류가 막혀 버린 것은 말할 것도 없거니와 회양 지역이 수몰되어 겪은 피해가 헤아릴 수 없었다.[5] 1장에서 언급한 것처럼, 황하-회수-대운하로 연결된 청강포 지역의 수리 체계에서 한 곳에서 문제가 발생하면 다른 곳까지 연동되는 특징을 잘 보여 주는 사건이었다.[6]

이처럼 심각한 수준의 수재가 발생하면 황제가 취할 수 있는 대응 방식은 대략 두 가지였다. 하나는 치수를 책임지는 고위급 하공 관료를 교체하거나 해당 관료에게 배상 책임을 물리는 것이다. 이는 치수 업무에 대한 고위 관료의 책임을 분명히 지움으로써 반복적인 사고의 발생을 방지하려는 최고 통치권자의 의지를 표방하는 것이다. 물론 이러한 인사 정책은 곧 그 어떠한 수재에 대해서도 황제는 책임지지 않겠다는 회피의 방식이기도 했다.[7] 수재에 대한 최종 책임을 하공 관료에게 떠맡기는 방식은 관료계의 기강을 정비하는 측면에서 일시적인 효과를 발휘하기도 했지만, 장기적으로는 오히려 하공 관료들의 보신가적(保身家的) 태도와 사재(私財) 축재를 부추기는 요인이 되어 청 말까지 문제시되었다.[8]

또 다른 대응 방식은 피해 지역에 대한 대대적인 세금 감면과 다양한 구호 사업이다.[9] 회양 지역의 경우, 수재의 정도에 따라 체납되었던 세금을 감면 혹은 면제해 주거나, 죽창(粥廠)이나 피서처(避署處)와 같은 구호 시설을 개설하였다. 가령 1698년(강희 37년)에 수재를 당해 세금이 제대로 납부되지 않았던 회양 지역에 대해서 강희제는 이듬해 납부되지 않은 은 19만 냥과 미맥(米麥) 11만 석을 전부 면제해 주었다.[10] 이와 함께 수도로 운송되던 조량의 일부를 재해 지역으로 공급하는 보완책도 마련되었다.

따라서 치수 문제를 해결하려고 황제가 직접 순방하러 나선다는 것은 상당히 예외적이면서도 적극적인 조치였다. 그렇다면 황제는 왜 앞장서서 물 관리를 위한 강남 순행을 개시했던 것일까? 강희제의 첫 번째 남순과 마지막인 여섯 번째 남순에서 하달된 상유문을 통해 강희제의 의도를 살펴보자.

남순의 목적

첫 번째 남순의 본격적인 치수 순방 업무가 시작된 것은 10월 17일, 산동성 담성현(郯城縣)에 도착하면서부터였다. 그날 강희제는 하공 업무를 총괄하는 하도총독(河道總督) 근보(靳輔: 1633~1692년)를 접견하여 치수 상황을 보고받았다.[11] 근보는 한인 출신의 기인으로, 양황기(鑲黃旗)에 소속되어 있었다. 1652년에 관학생(官學生)으로 국사원(國史院) 편수(編修)에 제수되어 순치제의 실록을 찬수하는 부총재(副總裁)를 지내고 강희 초년에 내각학사(內閣學士)가 되었다. 독서인으로서의 경력을 기반으로 1671년(강희 10년)에 안휘순무(安徽巡撫)로 제수받은 근보는 지방 행정의 직무 능력까지 인정받게 되어, 황하의 범람이 심각하게 발생했던 1676년의 이듬해에 치수 문제를 해결하기 위해 하도총독으로 임명받아 1688년까지 13년 동안 그 직무를 책임졌다. 보통은 3년, 길어야 6년을 넘지 못했던 하도총독을 13년간이나 책임지고 있다는 것에서 근보에 대한 강희제의 두터운 신임을 확인할 수 있다. 다음날 숙천(宿遷)을 방문한 강희제는 근보에게 "황하가 누차 제방이 터지고 물이 범람하여 오랫동안 백성들의 해로움이 되었으니, 짐이 직접 지방에 가서 형세를 살피고 제방 공정을 시찰하고 싶었는데, 드디어 오늘 나아가게 되었다."라고 감회를 술회한 후, 본격적인 순시를 시작하였다.[12]

10월 19일에 황하가 지나가는 강소성 도원현(桃源縣) 중흥집(衆興集)에 도착한 강희제는 한림원장원학사(翰林院掌院學士) 손재풍(孫在豐)을 금룡사대왕묘(金龍四大王廟)에 보내어 하신에게 제사를 지내는 한편, 자신은 직접 황하 북안(北岸)의 여러 하공 업무를 순시하였다. 당시 강희제는 호종하던 근보에게 "짐은 항상 하무(河務)에 주의를 기울였다."라고 운을 떼면서, "대저 운도(運道: 대운하)의 근심은 황하에 있"기에 황하가 범람하지 않도록 제방 관리와 준설 업무에 만전을 기할 것을 당부하였다.[13] 초반부터 남순의 목적이 황하뿐 아니라 북경으로의 조운로인 대운하의 보수와 관리에 있음을 알 수 있다.

강희제의 여섯 번째이자 마지막이 된 남순은 1707년(강희 46년)에 이루어졌다. 당시 남순을 마무리하는 귀경길에 호부와 이부에 각각 내린 상유는 황제의 관심사를 보다 구체적으로 보여 준다. 강희제는 이부(吏部)에 대한 상유를 통하여 지난 남순 과정에서 처리했던 각종 치수 사업을 상기시키고,

첫 번째 남순 시에 호종하면서 하공에 대한 기본 대책을 마련했던 하도총독 근보를 재평가했다. 근보는 앞서 언급한 많은 업적에도 불구하고 1688년(강희 27년)에 하직했는데, 그 이유는 그가 주도하여 개착했던 중하(中河)가 투입했던 비용에 비하여 실효성이 적다는 신료들의 비판 때문이었다. 중하란 토사를 많은 머금은 황하의 강한 물줄기를 피하기 위해 회수가 만나는 청구(淸口)의 북쪽, 즉 황하와 대운하가 중복되는 구간에 준설한 운하였다.[14] 그런데 그로부터 20여 년이 지난 시점에 강희제는 근보가 건립했던 중하의 효과를 인정한 것이다.

강희제가 높이 평가했던 중하의 효과는 두 가지였다. 첫째는 "중하를 통해 조운이 안정화되었다는 것[漕輓安流]"이고 둘째는 "상인과 백성들에게 도움이 되었다는 것[商民利濟]"이다.[15] 강희제는 1689년(강희 28년)의 두 번째 남순에서 중하를 직접 순시한 직후에 하도총독과 조운총독에게 "하도는 조운 및 민생과 밀접한 관계를 맺고 있는 것"이라는 사실을 강조하면서, 지형과 수로의 특성을 잘 고려하라고 당부한 바 있었다.[16] 강희제가 남순에서 주목했던 하공의 실체가 황하 치수 그 자체보다 이를 통한 대운하의 정상적인 운행에 있었음을 알 수 있는 대목이다.

또한 강희제는 같은 날 호부에 하달하는 상유를 통해서도 "짐이 누차 운하를 순시하며 남순하는데, 경과하는 지방마다 각 성에서 올라오는 조운선을 만났다."라면서 곡물 운송에 종사하는 조운 기정(旗丁)에 대한 포상을 지시하였다. 대운하를 이용하였던 강희제는 장거리 운송 업무의 고충을 겪는 조운선의 실상을 직접 목도한 후, 그 종사자들을 포상함으로써 조운에 종사하는 운송업자들이 중간에 곡물을 빼돌리는 폐단이 줄어들기를 기대했다.[17] 조운선의 운송업자들이 운송 도중에 대운하 연변의 주요 도시에서 조량을 빼돌리는 사례는 이미 명대부터 보고된 일이지만, 왕조 교체 이후에는 기강이 더욱 해이해지는 경향을 보였으므로 강희제의 조치는 시의적절했다고 볼 수 있다.[18] 강희제는 북경의 물자 대동맥인 대운하에 대한 통제력이 중요하다는 점을 확실히 인식하고 있었고, 대운하에 결정적인 위험 요인으로 작용했던 황하에 대한 치수와 대운하에 대한 시찰을 겸한 남순을 반복적으로 거행한 것이다.

하공과 조운을 한꺼번에 해결하는 묘책

첫 번째 남순에서 한림원장원학사를 파견하여 제사를 지냈던 금용사대왕묘는 황하와 대운하의 관련성을 잘 보여 주는 종교 시설이다. 청조는 1665년(순치 2년)에 금용사대왕을 황하신(黃河神)으로 칙봉(勅封)하는 동시에 용왕(龍王)을 운하신(運河神)으로 칙봉했던 바가 있었다.[19] 그렇다면 금용사대왕은 운하와는 별개로 황하만을 주관하는 신령이었을까?

금용사대왕묘의 신앙 대상인 사서(謝緖)는 남송 시대 이종(理宗)의 황후였던 사태후(謝太后)의 친족으로, 몽골군이 남침했을 때 항주 금룡산(金龍山)에 은거하던 도중 강물에 몸을 던져 익사하였다. 이후 주원장이 명을 개창하며 여량홍(呂梁洪)에서 전투를 벌일 때 도와주었다고 하여 '금용사대왕'이라는 칭호를 부여받았다.[20]

이후 금용사대왕을 제사하는 사묘에는 대운하를 이용하는 자들의 방문이 이어졌다. 1448년(정통 13년)에 총독조운우참장(總督漕運右參將) 탕절(湯節)은 산동성 제녕의 천정갑(天井閘)에 금용사대왕묘를 새롭게 중건했다. 조운의 성수기가 되면 천정갑에는 매일 1000척이 넘는 조운선이 왕래하였는데, 대부분의 선박 이용자들이 금용사대왕묘를 방문하여 운송의 안전과 부의 축적을 기원했기 때문이었다. 탕절은 하속 관원들과 '지방의 의사(義士)'들로부터 자금을 모아 금용사대왕묘를 이전보다 크고 화려하게 중건했다. 또한 '왕래하는 호의자(好義者)'로부터 돈을 거두어 신상도 새로 건립하였다.

즉 금용사대왕묘의 중건을 주도한 자는 조운 관료였고, 이에 대한 재정 지원은 제녕 지역의 신사들이, 그리고 대운하를 이용하는 자들이 감당한 것이다. 그 결과 이전에는 홍수가 날 때면 대운하의 물이 넘쳐 나고 갑판(閘版)이 하강하지 않아서 선박이 열흘에서 보름 정도까지 기다려야 했지만, 금용사대왕묘를 중건한 이후에는 "하류가 불어나도 갑판이 유실되지 않으며 선박 역시 평탄한 길을 지나는 것처럼 주행하니, 어찌 신(금용사대왕)의 도우심이 아니겠는가?"라며 감탄하는 상황이 되었다.[21] 이러한 상관관계가 얼마나 근거가 있는지는 확인할 수 없지만, 현지의 실무 관료는 금용사대왕묘의 중건에 담긴 정성과 지원이 실제 하공의 성과로 이어졌다고 믿었다.

금용사대왕과 조운의 관련성은 천계 연간(1621~1627년) 금용사대왕에 대한 명조의 칙봉을 통해서도 확인할 수 있다. 당시 회안 지방을 경유하여 북상하던 조운선 선단이 청구에서 그만 멈추고 말았다. 물이 부족해서 배들이 더는 전진하지 못하는 상황에 봉착했는데, 당사자들은 황급하여 속수무책이었다. 기록에 따르면 당시 금용사대왕의 신령이 강림하여 "만약 나를 위해 봉호(封號)를 요청한다면 곧 물로써 보응하리라."라는 제안을 했고, 당시 조운총독이었던 소무상(蘇茂相: 1566~1630년)이 승낙하고 상소문을 올렸다. 그러자 "큰 물결이 일어나면서 조운선 행렬이 날아가듯 물을 건넜다."라고 한다.[22] 소무상은 이를 기념하기 위해 1626년(천계 6년)에 금용사대왕에게 기원을 드렸던 관리 스물아홉 명의 이름을 함께 기록한 비문을 세웠다.[23] 비문은 상당 부분의 글자가 깨져 있으나, 당시의 긴박한 상황과 함께 신령의 도움으로 비가 5일간 내려 조운선이 무사히 통과했음을 알려 준다. 이듬해인 1627년, 금용사대왕은 숭정제(崇禎帝: 재위 1628~1644년)로부터 '호국제운(護國濟運: 조운을 도와 나라를 보호하다.)'이라는 봉호를 추가로 사여받았다.[24]

금용사대왕 신앙과 조운의 관련성은 청조에 들어와서도 사실 크게 변화하지 않았다. 근보와 함께 청대 대표적인 하도총독으로 손꼽히는 장붕핵(張

鵬翮: 1649~1725년)은 금용사대왕의 '영험함'이 드러나기 시작한 시점을 대운하로 조운 루트가 일원화된 1415년으로 파악한 후, "수백만 명의 사람을 도와서 수해의 고통을 면해 주고, 수백만 석의 식량을 보호함으로 조운 창고를 가득하게 해 주는 것으로 금용사대왕의 혁혁한 신공(神功)보다 더 큰 것이 없다."라고 평가했다.[25]

조운과의 관련성에 대해서 명 말의 진계유(陳繼儒: 1558~1639년)는 다음과 같이 언급한 바 있다.

> 오행(五行) 가운데 물['水']보다 중요한 것이 없고, 물 가운데 황하보다 중요한 것이 없고, 황하(의 기능) 가운데 조운보다 중요한 것이 없으며, 조운 가운데 수재를 대비하는 것보다 더 중요한 것이 없고, 인륜 역시 충의보다 중요한 것이 없으니, 이를 종합하여 금용사대왕 신앙이 성립한 것이다.[26] (밑줄은 인용자가 표기)

진계유는 치수에서 황하의 치수만큼 어렵고 중대한 것이 없다고 보았는데, 그 이유는 황하가 대운하를 이용하는 조운의 성공 여부에 결정적인 영향을 미치기 때문이었다. 사실상 황하의 토사와 그로 인한 끊임없는 물줄기의 변동은 대운하의 기능 유지에 가장 큰 걸림돌이었다.[27] 명 말부터 "황하는 운하를 해치는 적이다[黃河者, 運河之賊也]"라는 말이 조운 및 하공의 관료들에게 운위될 정도였다.[28] 중국은 오래전부터 황하를 다스리는 자가 천하를 얻는다는 믿음이 있었으므로, 대운하 유통이 수도 북경의 물자 공급에 중요했던 시기에 수도의 안정적인 존립을 위해서라도 황하 치수는 선결 과제가 아닐 수 없었다. 따라서 북경을 점령하며 새로운 국가를 세웠던 만주족 지배층이 금용사대왕을 황하의 신으로 칙봉한 것은 황하 자체에 대한 치수의 원활함을 기원하면서도, 실제로는 황하와 연동된 대운하의 유통(조운)

을 염두에 둔 것이다.

그러므로 명대뿐 아니라 청대까지 금용사대왕은 하공과 조운에 대한 신령스러운 체험을 동시에 기원하는 제사의 대상이 되었다. 강희제가 남순을 시작하면서 금용사대왕에 대한 제사를 드렸던 것도 황하 치수에 대한 기원과 함께 대운하의 정비, 즉 조운의 정상적 운영까지 기대하고 있었음을 보여 준다.

1692년(강희 31년)에 하도총독을 교체하면서 강희제가 털어놓았던 고충역시 이러한 맥락에서 이해할 수 있다. "짐이 청정(聽政)한 이후, 삼번(三藩)과 하무, 조운의 세 가지 대사를 궁중의 기둥 위에 적어 놓았다. 하무에서 제대로 된 인물을 얻지 못하면 필히 조운을 그르치게 될 것이다."[29] 보정대신들의 섭정에서 벗어나 친정을 시작했던 강희제가 선결 과제로 꼽았던 세가지가 삼번, 하공, 조운이라는 것이다.

여덟 살이라는 어린 나이로 황제가 된 강희제는 국정을 처리할 능력이 부족했으므로 오보이 등 네 명의 대신이 정무를 보좌한다는 명분으로 사실상 황제의 권력을 대행했다. 열네 살이 되어 친정을 시작하고 가장 세력이 강했던 오보이 집단까지 제거하면서 조정 내부에서 황권을 약화하는 세력들을 소멸시킨 강희제였지만, 나라 안팎으로는 여전히 불안정한 요소들이 존재했다.

무엇보다 남명(南明) 세력을 진압하는 공로로 성장했던 남쪽의 세 번부(藩部) 세력, 즉 삼번이 문제였다. 광동에서 평남왕(平南王)으로 봉해진 상가희(尚可喜)와 아들 상지신(尚之信), 복건에서 정남왕(靖南王)으로 봉해진 경중명(耿仲明)과 아들 경계무(耿繼茂), 손자 경정충(耿精忠), 운남에서 평서왕(平西王)으로 봉해진 오삼계(吳三桂)를 가리키는 삼번은 중국 남부 지역까지 통일하는 전쟁 과정에서 강력한 군벌로 성장해 이제는 청조에 큰 위협이 된상태였다. 삼번은 각자 막대한 녹기병(綠旗兵)과 투항병을 보유하고 그 지휘 및 임면권을 마음대로 행사했는데, 이는 통제하기 어려운 지방 할거의 국면을 연출했다. 남명 세력을 진압하기 위해 이들의 성장과 할거를 용인하던 청조였지만, 일단 남명 세력이 제거되자 곧 후환(後患)의 대상이 된 것이다. 더구나 이들은 동남 연해 지역을 거점으로 삼았기에 청조가 여전히 의심스럽고 불안하게 여기는 해양 세력과 언제든지 연계할 수 있었다. 광동을 지배하던 상가희와 상지신 부자는 마카오의 포르투갈인들이나 아담 샬 등 예수회 신부들과 친밀한 관계를 유지하고 있었다.[30]

그야말로 남방 지역을 장악한 삼번 세력을 성공적으로 제압하는 것이 청조의 장기 지속 여부를 결정하는 시금석이 될 정도였다. 강희제가 삼번을 폐지하려고 하자 오삼계 등은 반란을 일으켰고, 여기에 대만의 정씨(鄭氏) 세력도 합세하면서 청조는 입관 이래 최대의 위기에 직면했다. 삼번의 난과 함께 극성에 달했던 정씨 해상 세력의 반청 운동은 청에 대한 복수설치(復讎雪恥)와 명조 회복('복명(復明)')을 바라는 조선인의 기대감을 한껏 고무시켰다.[31] 친정을 시작한 강희제가 선결 과제로 삼번을 첫 번째로 꼽은 이유가 여기에 있었고, 실제로 강희제는 군사력을 모두 집중하고 엄청난 재원을 쏟아 넣어 삼번의 난이 일어난 지 8년 만인 1681년에 남방 지역에서 일어난 반란을 진압할 수 있었다. 삼번의 난과 정씨 세력 할거 시기에 사태를 조심스럽게 관망하던 조선 역시 두 난이 진압된 이후부터 현실적으로 청의 중국 지배를 인정할 수밖에 없었고, 양국 관계는 이전 왕조인 명과의 관계처럼 사대자소(事大字小)로 윤색된 안정적인 관계로 점차 변화하게 되었다.[32]

삼번의 난이 진압되면서 강희제에게 남은 문제는 하공과 조운으로 압축되었다. 그런데 하공과 조운은 동전의 양면처럼 밀접하게 관련된 것이므로 강희제는 하도총독 임명을 통해 이 둘을 한꺼번에 해결하고자 하였다. 남순 역시 하공과 조운의 문제를 현장 시찰을 통해 한꺼번에 해결하려는 묘수(妙手)였다.

아울러 삼번의 난이 진압되었으나 여전히 남아 있을지 모르는 반청 세력이 밀집한 남방 지역으로의 순방을 통해, 강남 한인 세력들을 회유하고 민정(民情)을 순찰하는 기능도 기대할 수 있었다. 가령 남순 기간에 곡부(曲阜)의 공자묘를 방문하여 제례를 행하며 유학 경전에 대한 진강(進講)을 듣거나 남경의 명 태조(明太祖) 능묘를 배알했던 것은 다분히 이러한 목적을 염두에 둔 정치적인 회유의 손짓이었다.[33] 이처럼 새로 정복한 지역에 대한 민정 순찰 및 한인 사대부의 중심지인 강남 지역에 대한 회유를 염두에 둔 남순을 통해, 강희제는 '천하 통일'을 대내적으로 과시하고 공고화하려 했다.[34] 이처럼 강희제는 1684년의 첫 번째 남순을 통해 삼번의 난 진압과 관련된 정치적 과시의 성격을 감추지 않았다. 이러한 자신감은 해양에 대한 태도에도 영향을 끼치고 있었다.

네 곳의 해관 설치

남순이 시작된 1684년을 주목하는 또 다른 이유는 그해에 강희제가 연해 지역의 네 곳에 해관을 설치하였기 때문이다. 남순보다 약 3개월 20여 일 전인 음력 6월 5일, 구경(九卿) 회의의 논의를 거쳐 호과급사중(戶科給事中) 손혜소(孫蕙疏)가 강희제에게 "해양 무역에 마땅히 전문 관리를 설치하여 세금을 걷어야 합니다."라는 상소문을 올렸다. 이에 강희제는 "해양 무역은 실로 백성들의 생계에 유익하도다. 다만 (전문 관원을) 창설하여 세과(稅課)를 거둠에 있어 만약 정례(定例)가 없다면 상인들에게 큰 부담이 될 것이다."라는 상유를 내리면서, 관차(官差: 세관에 파견하는 관리)의 전례를 참조하고 각 부서에서 능력 있고 현명한 관리를 차출하여 해관 사무를 보게 하였다.[35] 그 결과 강소성, 절강성, 복건성, 광동성의 대표적인 항구도시인 상해, 영파, 하문, 광주에 각각 강해관(江海關), 절해관(浙海關), 민해관(閩海關), 월해관(粵海

關)이 설치되어 해외무역의 관리를 담당하게 되었다.[36]

이를 통해 민간 선박의 출항이 공식적으로 허용되었고, 유럽의 상선뿐 아니라 동남아 각지의 선박들도 중국 연해 지역으로의 교역을 확대하기 시작했다. 그렇다면 해관의 설치를 해금이 풀린 시점, 이른바 '개해금'의 시발점으로 평가할 수 있을까? 1684년에 강희제가 해관을 설치한 일이 지닌 역사적 의미와 실상을 객관적으로 파악하기 위해 먼저 그 배경이 되었던 그직전의 천계령과 그 대상이 되는 해상 세력에 대해서 살펴볼 필요가 있다.

정씨 해상 세력의 계보

앞서 언급한 것처럼, 1644년의 입관 이후 청조가 직면한 강력한 반청 세력으로 삼번, 그리고 복건 하문에 거점을 둔 정씨 세력이 있었다. 명의 마지막 황제 숭정제가 1644년에 북경에서 목을 매달아 자살한 후 남방 지역에서는 남명 세력이 여러 계보로 나뉘어 각개전투식으로 반청 운동을 펼쳐 나갔다. 그 가운데 복건성의 해상 교역으로 성장했던 정지룡과 그 아들 정성공이 청조에 가장 위협적인 세력으로 성장했다.(〈그림 20〉 참조)

정지룡은 1645년에 복건의 복주(福州)에서 당왕(唐王) 주율건(朱聿鍵: 1602~1646년)을 황제로 옹립하고 융무제(隆武帝) 정권을 수립했다. 주율건은 태조 주원장의 9세손으로 1602년에 하남성 남양(南陽)의 당왕부(唐王府)에서 태어나, 숭정제의 죽음 이후 위기 상황 속에 남경에서 등극한 복왕(福王) 주유숭(朱由崧: 홍광제(弘光帝))이 청군에 붙잡혀 포로가 되자 새로운 남명 세력으로 등장했다. 홍광제가 남경에서 등극하여 그의 세력이 강남 지역을 일시적으로 점령했을 때 강남에서 출발하는 조운이 단절되어 북경의 경제 상황이 악화되었는데, 이 소식이 소현세자(昭顯世子)를 따라 심양에 머물던 빈객 임광(任絖)을 통해 조선에 알려지면서 조선 사회는 처음으로 남명

〈그림 20〉 1633년, 정지룡이 이끈 명의 수군이 네덜란드와 전투를 벌이는 모습.
출처: Wikimedia Commons.

정권의 존재를 인식하게 되었다.[37]

융무제는 정지룡의 아들 정성공을 대단히 신임하여 황제의 성인 주씨(朱氏)를 하사하고, 이름도 '성공(成功)'으로 바꾸게 하고 어영중군도독(御營中軍都督)의 관직을 하사했다. 즉 이름이 주성공으로 바뀐 것이다. 이후 복건 일대와 대만 일대에서 그를 '국성야(國姓爺: 나라의 성을 제수받은 어르신)'라는 존칭으로 불렀고, '국성야'의 복건 방언인 '콕선야(Koksenya)'가 해상에서 활동하던 서양인들에게 '콕싱아(Coxinga)'로 표기되어 오늘날까지 전해지고 있다.

정지룡이 등장하기 이전에도 동아시아 해역 세계에서 활동하던 중국인들의 계보가 있었다. 특히 1610년대에는 복건 천주 출신의 이단이라는 인물이 주목된다. 그는 일본의 히라도와 나가사키를 거점으로 삼아 대만과 복건을 연결하는 해상 네트워크의 중국인 지도자로 부상했다. 이단의 사후 그가 구축했던 해상 교역망은 그의 부하였던 정지룡에게 계승되었다. 정지룡은 1624년에 일본 히라도에서 아들 정성공을 낳았는데, 모친은 일본인 하급 무사의 딸이었다. 일반적으로 정성공을 천주의 남안현(南安縣) 사람이라고 하지만 이는 조상의 호적일 뿐, 출생지는 일본이고 모친 역시 일본인이었다. 정씨 부자의 이력과 활동 범위는 당시 중국 연해 지역에서 활동하는 혼혈인 혹은 경계인의 삶을 상징적으로 보여 준다. 또한 해금-조공 체제를 기반으로 한 명조의 변경 정책이 '게임의 룰'처럼 강고해 보이지만, 내부적으로 자치적인 해상-무장 세력이 이어지고 있음도 알 수 있다. 2장에서 언급한 것처럼, 이단 이전에 왕직이 유사한 해상 네트워크를 형성하며 16세기 중엽의 해상 세계를 제패했으므로, 정씨 세력은 왕직에게서 시작된 해상 경계인의 계보를 이어온 셈이다. 다만 이단의 등장 이후 17세기에 중국 동남해의 해상 교역과 해상 네트워크에서 주도권은 천주와 장주 등 복건 지방의 사람들이 장악했다.[38]

천계령의 부작용

융무제에게서 평국공(平國公)의 작위까지 받았던 정지룡은 1646년에 복건성에서 군대를 철수시켜 청군이 융무제를 체포하도록 사실상 방치해 두고 청에 투항했다.[39] 하지만 아들 정성공은 부친과 결별하고, 멀리 광서 지역에서 잔명을 이어가던 계왕(桂王) 영력제(永曆帝) 주유랑(朱由榔: 1625~1662년)를 섬겼다. 사실상 명의 마지막 황제였다. 영력제는 정성공을 연평군왕(延平郡王)으로 책봉했고, 정성공은 이후 해상에서 반청 세력의 대표적인 지도자로 활동하며 청조를 괴롭혔다. 1659년에 정성공 세력은 남명 정권의 상징적인 수도이자 자신이 유학을 공부했던 남경을 탈환하려는 목적으로 양자강 하류로 진입했다. 당시 정성공의 군대가 양자강과 대운하가 교차하는 진강과 과주(瓜洲)를 함락하며 조운을 차단하자, 대운하를 따라 북상하여 북경까지 공격할 것이라는 소문이 유포되었다. 하지만 결국 남경 공략이 실패로 끝나면서 정성공 세력은 청군에 밀려 해양으로 퇴거하고 대만을 거점으로 반청 운동을 이어 갔다. 이 과정에서 대만을 점령하고 있던 네덜란드 세력을 바타비아로 철수시켰는데, 이로 인해 정성공은 중국 민족주의자들의 영웅으로 추앙받게 되었다.[40] 최근에는 정씨 세력의 정체성을 반청 세력이라기보다는 해상에서의 무역 이익을 추구하는 해상 집단으로 파악하는 연구가 많아졌다. 이는 정성공의 아들 정경(鄭經: 1642~1681년)이 집권하던 시기에 진행된 청조와의 교섭 등 남명에 대한 충성과 모순되는 현상을 이해하는 데 도움을 준다.[41]

이에 대한 대응으로 청조는 1655년(순치 12년)에 처음으로 해금령을 반포하고, 1661년(순치 18년)에는 연해 지역에 대대적인 천계령을 시행하였다. 바다의 경계를 옮긴다는 뜻처럼, 해안으로부터 일정한 지역(산동성은 40리, 복건성은 30리, 광동성은 50리)을 완전히 비워 버리는 강력한 조치였다. 해안선 전체를 비움으로써 정씨 세력에 대한 일체의 물자 공급이나 교역을 중단시키고 고립시키려는 전략이었다. 천계령은 당시 청조에 정씨 세력이 얼마나 큰 근심거리였는지를 여실히 보여 준다.[42]

천계령의 효과는 확실하게 드러났다. 청조의 해금령 기조하에 시행된 천계령을 통해 대만의 정씨 세력은 고립되기 시작했고, 연안 지역에서 무역의 이익을 매개로 정씨 세력에 협조하거나 투항했던 세력이 현저하게 줄어들었다. 정씨 세력 중에는 이해관계에 따라 모여든 이가 많았으므로, 경제적 이해관계가 변화되고 청조의 초무책이 효과를 발휘하면서 내부적인 결속력은 급속히 약화되었다.[43]

한편 천계령으로 말미암아 연해 지역은 사회경제적으로 심각한 타격을 입었고, 연해민의 생계도 위협을 받게 되었다. 은 유입의 감소로 물자에 대한 구매력이 급감한 것도 지역 경제에 큰 타격을 입혔다. 천계령으로 인해 은 유입이 줄어들었고, 은 수입의 감소는 전반적인 판매의 부진을 초래하였다. 상품의 거래와 판매가 부진해지자 상인들이 큰 손해를 입게 되었고, 이는 수공업자의 생산에도 직접적인 악영향을 줄 수밖에 없었다. 결국 물가가 하락하는데도 판매가 부진한 디플레이션 상황이 초래되어 지역 경제 전체가 침체를 면치 못하는 상황이 지속되었다.[44] 그 와중에 천계령의 여파로 일본과 중국 사이에 조선의 중개무역이 활성화되었는데, 일본이 비단 등의 중국 제품을 수입할 때 바닷길을 이용하지 못하자 조선을 통한 중개무역에 의존했기 때문이다.[45]

천계령 실시로 청조는 정씨 세력을 고립시켜 복속시키는 데는 성공했으나, 이로 인해 복건성을 비롯한 연해 지역의 경제가 파산 직전에 이르고 대외 교류가 완전히 차단된 것은 부작용이었다. 그런 의미에서 월항이 개항된 1567년부터 천계령을 반포한 1661년까지의 약 90년간이 동중국해에서 해상무역이 번성한 시기로 평가된다. 정지룡이 해외 은의 유입지인 동남 연해의 상업 붐 속에서 대두했다면, 거액의 군사비가 은으로 투입되었던 북방 군사 지대에서 여러 세력과의 각축 속에서 성장한 것이 누르하치와 홍타이지의 만주족이었다.[46] 이렇게 유사한 상황에서 해양과 내륙에서 성장한 두 세력이 결국 청조의 정복 과정에서 대치하게 되었다는 점이 흥미롭다.

결국 천계령의 부작용에 직면한 연해 지역민들이 강력하게 해금의 해제를 요구했고, 이는 해상에서 진행되던 교역의 흐름에 비추어 볼 때 극히 자연스러운 반응이었다. 청조 역시 정씨 세력이 진압되고 연해 지역과 해양의 질서가 안정 국면에 들어선 1683년에 천계령을 해제하였다. 여기서 명조와 사뭇 다르게 보이는 청조의 해양 정책이 등장하는데, 바로 해관을 설치하여 민간무역을 허용한 것이다. 하지만 이는 청조의 일관된 입장이라기보다는 강희제 개인의 개성, 그것도 재위 후반기에는 사라져 버린 특성으로 보인다. 이는 명조의 일반적인 해금 정책 속에서도 영락제의 개성으로 인해 원양으로 원정단을 파견한 것과 흡사했다.

해양 교역에 대한 새로운 활력소

강희제는 천계령을 해제하면서 내각대학사 석주(石柱)를 광동과 복건으로 파견하여 현지를 시찰하게 했다. 직접 광동과 복건의 연해 일대를 시찰했던 석주는 "복건성과 광동성의 연해 거주민들이 떠들썩하게 무리 지어 분향하며 꿇어앉아 맞이하는데, 이마가 땅에 닿도록 굽혀 환호하는 연도의 무리가 끊이지 않을 정도"였다고 보고했다.[47] 이에 강희제는 연해 백성들의 삶이 해상무역이나 어업과 관련이 있는데 왜 해상무역을 허가하지 않는지를 물어보면서, 변강대신(邊疆大臣)들에게 마땅히 국계민생(國計民生)을 염두에 두고 해상무역 문제를 처리하라는 지시를 내렸다.

해관의 설치는 우선 천계령(1661~1683년)으로 완전히 닫혀 있었던 해양 교역에 새로운 활력을 주입하였다. 1684년의 해관 설치로 내륙에 기원을 둔 청 제국이라는 우산 아래서 중국 해상들이 대외 교역을 할 수 있는 문이 열렸다. 이후부터 동중국해와 남중국해의 주된 '플레이어'가 된 중국 해상과 유럽 상인들 사이의 협력과 경쟁이 치열하게 전개되었다.

해관이 설치된 이후 중국 상선의 도항처 가운데 일본의 나가사키가 포함되어 있었음에 주목할 필요가 있다. 1세기 이상 단절되었던 중국의 명·청과 일본은 중앙정부 사이의 공적 접촉이 없는 상태에서도 비공식적인 통상을 연 것이다. 당시 강남뿐 아니라 복건과 광동의 항구에서 출항한 선박도 나가사키로 대거 건너가면서 일본의 은과 동의 유출 문제 및 넘쳐 나는 상선에 의한 밀무역이 문제시되었다. 이에 1715년 3월, 일본의 나가사키 봉행소

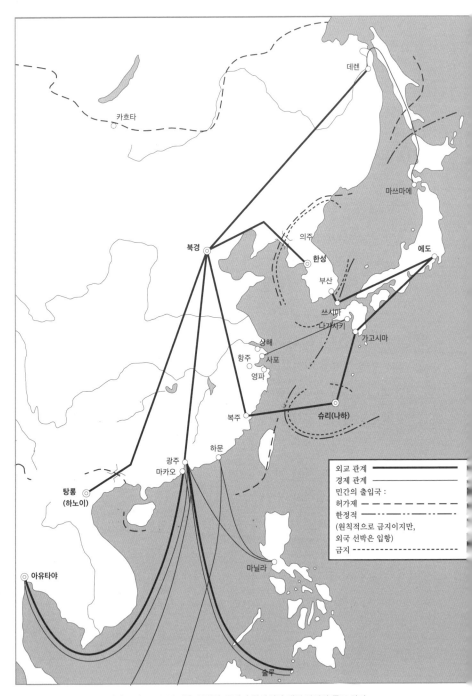

〈지도 6〉 1684년 이후 형성된 18세기 동아시아 대외 관계와 통교 관리

(奉行所)에서는 쇼토쿠 신례(正德新例)라 불리는 무역 제한 조치를 중국인 상인에게 내렸다. 취지는 중국인 해상의 내항 수를 대폭 줄이고, 나가사키의 당통사(唐通事: 통역사) 명의로 '신패(信牌)', 즉 입항 허가서를 발급하되, 이것을 지니지 않은 선박은 이후 입항과 무역을 불허하는 것에 있었다. 신패가 중국에 전달되자 신패의 성격을 놓고 한동안 소동이 벌어졌지만, 결국 청의 강희제는 이것이 외교 공문서가 아니라 민간 차원의 문서라고 판단하고 묵인해 주었다. 이에 청 측에서도 상인 단체를 통해 통제했고, 18세기 중엽에는 절강 상인의 본거지인 사포(乍浦)가 대일 무역의 거점으로 성장했다. 명분을 보다 중시했던 중국과 실리에 치중한 일본이 각자 챙길 것을 챙기면서 일정한 묵인 속에 교역이 이루어지는, 대단히 임기응변적인 대응 방침이라 할 수 있다. 이처럼 1684년 이후 동중국해와 남중국해에는 조공이라는 외교적 프로토콜이 외피처럼 존재하기는 했으나 그 실효성은 약해졌으며, 대신 실리를 우선시하는 유연하면서도 다양한 형태의 해양 교역이 점차 확산되어 갔다.[48] 복건의 하문과 광동의 광주는 남양 무역의 허브 항구로 주목받았는데, 하문은 중국 상선의 최대 출항지로 성장했고, 광주는 특히 서양 선박의 입항지로 각광을 받았다. 1684년에 해관이 설치된 네 곳은 모두 1842년의 난징 조약 때 문호를 개방한 다섯 개 항구에 포함되었다.

이처럼 17세기 후반 이래로 18세기까지 중국 해상과 유럽 상인이 바다의 주역이 되었다는 사실은, 이전 시대인 명대에 활약하던 일본 선박의 쇠퇴 및 그 이전 시대에 활약했던 무슬림 해상의 '부재'(실제 부재는 아니었다.)와도 관련된 현상일 것이다. 즉 무슬림 해상과 일본 선박의 역할을 중국 해상과 유럽 상인이 대체했다는 뜻이다.[49] 물론 동아시아 해역에서 유럽 상인에 대해서 말하자면 16세기에 주역이었던 포르투갈의 자리는 17세기에는 네덜란드가, 18세기로 접어들면서는 영국과 미국이 차지하게 되었다.

안보와 이윤의 '절충'

이제 해관의 설치가 기존의 해금과 관련하여 어떤 의미를 지니는지 다시 음미해 보자. 1684년에 해관을 설치한 이후 교역에 대한 청조의 규정을 담은『청회전사례(淸會典事例)』의 기록은 다음과 같다.

(강희 23년) 산동, 강남, 절강, 광동의 각 항구에서는 해외 반출이 금지된 화물을 소지한 경우에는 조례에 따라 처벌하지만, 그 외에 상민(商民) 등이 바다에 나가 무역을 하고자 하는 경우에는 지방관에게 신고하고 성명을 등기하고 보증인을 세우고 증명서를 발급받고 배에 호명(號名)을 새기고서 수구관(守口官)에게 검사를 받으면 출입하며 무역하는 것을 허가한다.[50]

우선 해외무역을 희망하는 상민이 일정한 수속을 거치고 조건을 만족하면 출입과 무역을 허용하고 있다. 예외적으로 금지된 화물이 있는데, 이는 염초(焰硝), 유황(硫黃), 군기(軍器), 장판(樟板) 등 무기 제조와 관련된 것이었다. 이러한 금지 품목은 국가의 안보와 직결되는 것이므로 금수품(禁輸品)이 되는 것은 당연했다. 다만 상인에게 요구하는 조건을 보면, (1) 성명 등기, (2) 보증인 세우기, (3) 증명서 발급, (4) 선박 신고, (5) 관리에게 최종 검사로 대단히 까다롭게 규정했다. 게다가 이들은 순무가 발행하는 부조(部照), 포정사(布政司)가 발행하는 사조(司照), 지현이 발행하는 현조(縣照), 해방청(海防廳)이 발행하는 청조(廳照)라는 네 장이나 되는 도항 허가증을 신청하고 취득해야 했다. 도항 허가증에는 도항처와 회항 기한(연해 무역은 2년, 외양 무역은 3년)이 기재되어 있었으며, 허가받은 행선지가 아닌 곳으로 도항하거나 기한을 넘기는 체재는 엄격히 금지되었다.[51] 확실하게 신분 보장이 되는 상인에게만 무역을 허가하겠다는 취지였지만, 해양에서의 자유로운 활동을 무제한 허용하지 않겠다는 의지 역시 담겨 있었다. 1684년의 해관 설치와 해양 교역의 허가는 1683년까지의 천계령에 비하면 전향적(前向的)인 조치임은 틀림없지만, 여전히 제한적이고 통제할 수 있는 범위에서의 개방이었다. 연해 지역의 안보를 지킨다는 해금의 본래적인 의미를 완전히 폐기한 것으로 보기는 어려울 것 같다.[52]

이후로도 『청회전사례』에 보이는 해금 조치의 정비 과정을 보면 바다로 나가는 배의 용도에 따른 설비의 규모와 크기, 그에 따른 탑승 인원과 탑재할 수 있는 식량의 양을 연달아 규정하고 있다. 초기에 해상의 정씨 세력과 오랜 전투를 벌인 쓰라린 경험이 있는 청은 선박에 대한 등록을 의무화하고, 출항에 관해서는 각급 지방관이 도항 허가증을 교부하게 했으며, 각 항구에서는 금수품을 검사하고 세금을 징수하게 했다. 탑재 식량의 제한은 궁극적으로 무역을 구실로 국내의 미곡 등 물자를 해외로 유출하거나 해상의 불온 세력과 결탁하는 것을, 혹은 중국인이 해외로 이주하는 것을 사전에 차단하기 위한 조치였다.

그런데 미곡을 운송하기 위해 해운의 필요성이 제기될 경우에는 해금 완화론자와 해금 강화론자 사이의 의견 대립이 첨예하게 드러났다. 상품화폐 경제의 발달에 따라 지역 간 분업화가 진행되면서 연해 지역 간에는 해운으로 미곡을 운송하자는 요구가 높아지고 있었다. 쌀값의 폭등 상황이 심각할 때는 일시적으로 연안 지역 사이의 미곡 운송이나 일부 섬라(태국) 등지로부터의 미곡 수입을 허용할 때도 있었다.

그러나 해운을 통한 미곡 운송에 대해서는 신중론이 우세했다. 예를 들면 1744년(건륭 9년) 복건순무 주학건(周學健)이 복건의 쌀값이 폭등하는 문제를 해결하기 위해 강소 지역에서 상선을 이용한 해운으로 미곡을 조달하는 방안을 제출했던 적이 있었다. 이에 대하여 대학사 악이태(鄂爾泰)와 양강총독(兩江總督) 서리 윤계선(尹繼善)의 반대 내용을 보면 다음과 같다.

해금을 해제한 후에 믿고 살필 수 있는 것은 증명서 한 가지에 불과하니, 빠른 배가 복건으로 (미곡을) 운반한다는 명분으로 외양(外洋)에다 내다 팔아 많은 이익을 올리면 어찌 증명서로써 그것을 막을 수 있겠습니까? 그 사이에 의외의 사고가 발생했다거나 침몰했다고 거짓으로 보고하면 망망대해에서 어찌 조사하여 힐책할 수 있겠습니까? 또한 하물며 속일 마음이 있는 소민(小民)이 몰래 해양의 여러 나라를 끌어들여 사통하고 정탐할 수 있으니, 또한 막지 않을 수 없습니다.[53]

이들이 우려했던 내용은 ① 미곡을 다른 지역으로 운송한다고 하면서 이를 외양에서 외국인에게 판매하는 것을 막을 수 없다는 것, ② 해양 사고가 일어났다고 거짓으로 보고하고 미곡을 빼돌릴 경우 망망대해에서 조사할 방법이 없다는 것, ③ 미곡 운송을 구실로 해양의 다른 나라 세력과 결탁하여 불온 세력이 될 수 있다는 것까지 세 가지였다. 이는 강소성과 복건성 사이의 해양에서 발생하는 미곡 운송에 대한 우려 사항이었지만, 강소성과 천진 사이의 해양에서 조량 해운을 금지하게 했던 요인과도 정확히 일치한다. 절실한 경제적 필요에 따라 해운이 개방될 수 있으나, 안보의 유지라는 대전제에 종속된 '제한적' 개방이라는 인식의 틀은 아직 근본적으로 변화하지 않았던 것이다.

요컨대 1684년의 해관 설치와 해양 교역의 재개는 천계령 직후에 등장했기에 해금이 완전히 풀리는 것처럼 보이기 쉬우나, 실제로는 해금이 상당히 완화된 것일 뿐 자유로운 교역으로 진전한 것은 결코 아니었다. 천계령이 풀렸다는 의미에서 '개해금'이라고 부를 수 있을지 모르지만, 자유로운 해상 교역이 결코 아니었기에 '개해금'은 오해의 소지가 많은 표현이다. 청조는 여전히 동남아로의 이주에 대해서도 엄금했는데, 이는 정씨 세력과 유사한 반청 세력이 될지 모른다는 우려 때문이었다. 치세 말기에 접어든 64세의 강희제는 1717년(강희 56년)에 남양 무역(南洋貿易)을 금지했다.[54] 또한 앞서 언급한 것처럼 양자강 이북 지역에서 조량의 해운은 여전히 금지된 상태였다. 그나마 1694년(강희 33년)에 요동 지방의 극심한 기근을 해결하기 위해 성경(盛京: 심양)으로 식량을 해상으로 운송한 것과 '을병(乙丙) 대기근' (을해년(1695년)과 병자년(1696년) 사이에 발생했던 기근)을 당해 구원을 요청했던 조선에 대해서 1698년(강희 37년)에 3만 석의 미곡을 해운으로 진제(賑濟)했던 것이 특기할 만한 해운이었다.[55] 하지만 이 역시 1684년에 해관을 열었던 강희제의 자신감에 넘치는 개성 표출의 연장선으로 볼 수 있고, 치세 중기까지 나타난 특성이었다. 따라서 1684년의 해관 설치는 정씨 세력의 진압 이후 한결 유연해진 국가권력의 안보적 자세와 연안 지역의 절실한 경제적 필요가 '절충'된 결과로 평가하는 것이 적절할 것이다. 제국의 안보 관점에서 통제할 수 있는 범위의 해상 교역만 허용된 것이다.

황제의 남순로가 된 대운하가 의미하는 것

1684년에 강희제는 해관을 설치하고 남순을 개시했다. 해양에서 반청 세력인 정씨 세력에 대한 진압이 (1683년에) 완료되면서 정씨 세력의 본거지였던 복건성을 비롯한 동남 해안의 네 항구도시에 해관이 설치되었다면, 내륙에서는 반청 세력인 삼번의 난이 (1681년에) 진압되면서 강남 지역으로의 남순이 시작되었다. 따라서 해관 설치와 남순에는 모두 거대한 두 반청 세력을 성공적으로 진압했던 강희제의 통일된 제국 경영에 대한 자신감과 방향성이 담겨 있었다.

청조가 해상신으로 추앙받던 천비의 작위를 천후로 높여준 것도 바로 1684년의 일이다.[56] 대만에 근거지를 두었던 정씨 세력을 진압하는 과정에 마조가 나타나 시랑이 이끄는 청조의 수군을 도와주었다는 이유였다. 마조에 대한 청조의 책봉 재개는 원대에 마조 신앙을 적극적으로 후원한 분위기와 맥락이 닿아 있다. 원조가 해도 조운의 원활함을 위해 마조의 도움이 필요했던 것처럼, 청조는 저항 세력을 진압하고 해외무역을 보호하기 위해 다시금 마조의 도움이 필요해진 것이다.[57] 하지만 마조 신앙에 대한 현창이 청조의 제국 경영에 철저하게 복속되어 진행되었던 것처럼, 해관의 설치와 해양 교역의 재개 역시 제국의 안보에 종속되어 진행되었다는 점을 간과하면 안 된다.

남순 역시 내륙의 삼번과 해양의 정씨 세력을 진압한 강희제가 대내적으로 남방 지역의 한인에 대한 지배력을 확대하려는 시도였다. 한족의 중심 지역인 강남과 남경을 순회하면서 혹시라도 재발할 수 있는 삼번과 같은 반청 세력을 사전에 진압하고 회유와 통제를 병행하려는 고도의 정치적 전략이 담겨 있었다.

당시 강희제의 남순은 동서남북 네 방향으로 진행된 순행 정치의 일환이었다. 성경을 왕래하는 동순(강희 초반에는 산동 지역으로의 순행을 동순이라 불렀으나, 점차 성경으로의 순행을 지칭하게 되었다.), 오대산(五臺山)을 왕래하는 서순(西巡), 열하(熱河: 피서산장)를 왕래하는 북순(北巡)을 시작한 강희제는 마지막으로 강남을 왕래하는 남순을 더함으로써 네 방향으로 순행 정치를 하는 구도를 정립했다. 이는 정주민에게는 상당히 낯선 '움직이는 조정'이었다. 다민족 제국을 경영하기 위한 청조의 독특한 의례이자 통치 방식으로, 끊임없이 이동하던 유목 군주의 특성까지도 반영된 것이었다. 물론 만주족은 몽골인과 같은 유목민은 아니었지만, 청의 만주 지배층은 정주인보다는 유목민의 순행 습속을 활용하는 데 전혀 주저함이 없었고, 실제로도 다양한 민족과 지역을 지배하고 통합하는 데 효과가 있었다.[58]

이는 주로 자금성에 머물거나 갇혀 있던 이전 시대 명조의 황제들과 비교해 볼 때 극명하게 대조된다. 예외라고 한다면 북경으로 천도하던 시기에 영락제가 막북으로 친정을 감행한 것, 그리고 정덕제의 북순 및 남순의 사례가 있을 뿐이다.[59] 순행을 통해 강희제는 일반적인 문서 행정과 관료제로는 불가능한 현지 엘리트와의 만남 및 이를 통한 우익 세력의 확대를 도모할 수 있었다. 아울러 방대한 순행 경로에 대한 재정비와 지역 경제의 활성화도 기대할 수 있었다. 실제로 강희제는 남순 기간에 대운하 도시에서 지역 엘리트인 신사층만 만난 것이 아니라 상인들을 직접 접견했다. 양주에서 휘주 상인은 대운하의 하공 비용을 출연(出捐)하고 황제를 맞이하는 연회를 준비하는 일에 크게 공헌했다. 남순의 목적이 황하와 연계된 대운하의 수리 체계를 순시하고 정비하는 데 있었으므로, 이에 대한 성공적인 결과는 남순의 '서상(瑞祥)'으로 해석될 수 있었다. 강희제는 이를 「남순도(南巡圖)」에 담아 성세의 시각화 도구로 활용했다.[60]

여기서 대운하가 남순의 루트로 이용되면서, 황제의 이동로이자 체류지로서의 기능이 추가되었다. 게다가 이번 남순을 시작으로 강희제는 치세 말기까지 총 여섯 차례의 남순을 거행했고, 건륭제 역시 할아버지를 모방하여 총 여섯 차례의 남순을 시행하는 선례가 마련되었다. 이는 수도 북경에 대운하가 연결된 동일한 구조를 지닌 명대에는 없었던 현상이었다. 이는 명대에 비하여 청대에 황제가 대운하를 더욱 중시하는 이유가 되었으며, 대운하 유통로의 모든 지역은 남순 때마다 초긴장 상태가 되었다. 그야말로 황제부터 시작하여 조운·하공 관리, 대운하 도시의 수많은 지방관, 강남의 신사와 상인, 희극 단원, 운수 노동자에 이르기까지 거의 모든 계층에 대운하는 초미의 관심사가 되었다. 운하 도시의 관료와 상인들도 황제를 알현하기 위해 북경까지 갈 필요가 없어졌고, 남순을 매개로 황제와 현지의 유력자 사이에는 암묵적인 '소통'의 코드와 '거래'가 형성되었다. 이는 마지막 8장에서 다룬다.

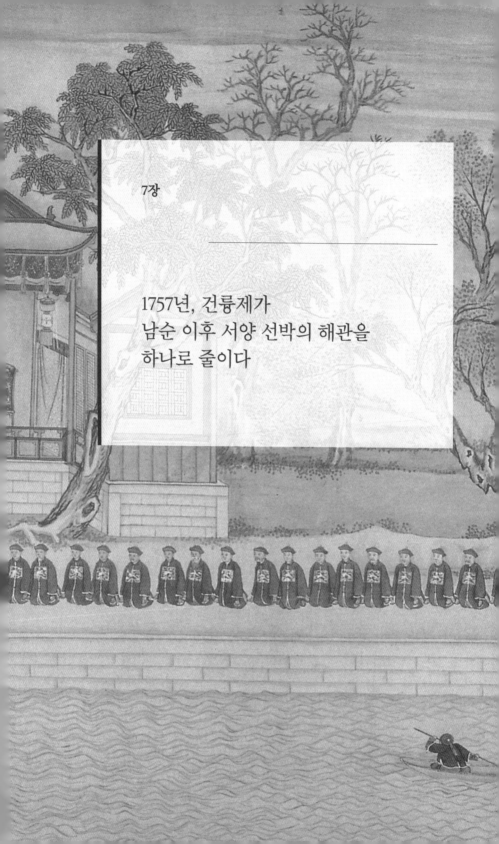

7장

1757년, 건륭제가
남순 이후 서양 선박의 해관을
하나로 줄이다

영파에 출현한 영국 선박의 정체

1750년대가 되면서 건륭제는 점차 동남 연해 지역에서 들려오는 유럽인들의 북상 소식에 신경이 쓰이기 시작했다. 그 가운데 1755년(건륭 20년) 4월에 절강성 영파에 등장했던 홍모인(紅毛人) 선박에 대한 절강제독(浙江提督) 무진승(武進陞)의 주접(奏摺)이 문제의 발단이었다.[1] '빨간 머리털의 사람'를 뜻하는 '홍모인'은 보통 네덜란드인을 지칭하지만 점차 서양인을 범칭하는 용어로 확대되었는데, 유럽인들의 국적에 대한 지식이 부족했던 무진승은 당시 영파에 진입한 서양 선박을 '홍모인'의 '번선(番船)'이라고 통칭했다. 하지만 그 선박은 영국 동인도회사에 소속된 선박이었다. 영국인들이 탑승한 오랑캐 선박('번선') 한 척이 영파에 와서 무역을 시도했던 것인데, 선박에는 외국인 선원과 시종들까지 모두 40여 명이 탑승해 있었다. 한동안 영파에 나타나지 않았던 서양 선박의 등장이었으므로, 절강성의 군무(軍務)를 책임지고 있던 무진승은 선박을 나포하여 조사했다. 그 결과 뭔가 수상하고 불안한 점을 발견하여 건륭제에게 보고했다. 그들은 광동성의 마카오 사람들이라고 진술했는데, 변발(辮髮)을 한 사람이 없었다.

상주문을 받아본 건륭제 역시 이 문제가 뭔가 예사롭지 않다고 느꼈다.

변발이란 청이 입관 이후 명을 정복해 가면서 한인들의 순역(順逆)을 판단하기 위해 시행했던 강력한 정책으로, 이미 변발 시행으로부터 100년도 더 지난 시기이자 일반적으로 청의 전성기로 평가받는 18세기 중엽에 변발을 하지 않은 이가 마흔 명이나 오랑캐의 선박에 탑승하여 영파까지 도달했다니 쉽게 믿어지지 않았다. 하지만 노련한 건륭제는 먼저 외국인과 내국인을 구별할 필요를 느끼고 양광총독(兩廣總督) 양응거(楊應琚)에게 그 가운데 내지 거민이 포함되어 있는지 조사하라고 명령했다. 변발을 자른다는 것은 곧 만주족의 통치를 인정하지 않겠다는 저항이나 마찬가지였기에 건륭제는 "마카오는 먼 벽지의 지방이다[奧門地方僻遠]. 마땅히 주의해서 사찰해야 이러한 풍조가 퍼지는 것을 막을 수 있다."라는 말을 덧붙였다.

곧 양응거의 조사 결과가 건륭제에게 보고되었다. 다행히 내지의 거민은 발견되지 않았으며, 변발을 하지 않은 탑승원들은 모두 마카오에 체류하던 오랑캐('번인(番人)')라는 답변이었다. 안심이 된 건륭제는 변발 외에 이 사건과 관련된 다른 문제를 제기하지 않았다. 아마도 건륭제는 변발이라는 민감한 사안에 집착했던 나머지 왜 영국 선박이 마카오에서 영파까지 올라왔는지에 대해서는 주의를 기울이지 못했던 것 같다.[2]

하지만 다음 해에 또 영국 선박이 영파에 도달했다는 무진승의 상주가 전달되자 건륭제는 그제야 이 사건의 본질이 변발이 아니라 무역에 있음을 감지하기 시작했다. 무진승이 보고한 내용을 보면 1756년(건륭 21년) 6월 15일에 한 척의 홍모선이 또 영파에 정박하여 무역을 시도했는데, 조사해 보니 그 선박의 주인인 '갈라분(噶喇吩, The Griffen)'이 '갈라파(噶喇吧: 인도네시아의 자카르타)'에 가서 외국인 미조(味嘲, Thomas Fitzhugh)와 통역인 '홍임(洪任)'을 태워 영파로 왔다고 했다. 건륭제는 서양인들이 연이어 영파로 무역하러 오는 배후에는 분명 이익을 노리는 본지의 아행(牙行: 중개인)이나 통사(通事)가 연루되어 있을 것이라고 감지하고 군기대신(軍機大臣) 등에게 철저한

조사를 명령했다.[3]

아니나 다를까 조사해 보니 1756년 여름에 영파에 도달한 영국 선박은 한 척이 아니었다. 양광총독 양응거가 그해에 올린 상주에 따르면, 본래 '양선', 즉 서양 선박은 광주의 월해관으로 많이 오지만, 1756년에는 6월 이래 도착한 양선이 열네 척에 지나지 않아 특히 적었다고 했다. 상당수의 양선이 절강 지역으로 올라간 것이다. 어떻게 하면 서양 선박의 북상을 저지할 수 있을까? 건륭제는 양응거에게 민절총독(閩浙總督) 카르지산(喀爾吉善)과 함께 영파 절해관의 관세를 월해관의 수준 이상으로 올리도록 조치했다. 영파까지 오더라도 높아진 관세로 인해 이윤이 줄어들면 서양인들이 자연히 마카오로 돌아가고 현지인과의 결탁도 사라질 것이라 기대했다. 하지만 이러한 조치는 영파로 진입하려는 서양인들의 의도를 제대로 파악하지 않고 내린 소박한 기대의 소치였다. 관세를 조정했는데도 서양 선박의 영파 진출은 끊이지 않았고, 이듬해에는 천진까지 도달했다. 그렇다면 영국인들은 왜 영파로 진입하려 했으며, 건륭제는 왜 이를 저지하려 했을까?

제2의 마카오가 될 것을 우려하다

영파에 서양 선박이 출몰했던 것은 조부인 강희제가 1684년에 영파를 비롯한 네 곳에 해관을 설치하고 해양 무역을 허용했기 때문이었다. 하지만 명대 이래로 서양 선박은 포르투갈과의 교역에 대한 경험과 관습 등의 이유로 대부분 광주의 월해관을 통해 왕래했다. 월해관은 1557년 이래로 포르투갈이 점거하던 마카오가 인접해 있었기에 다른 서양인들도 중국에 대한 정보를 얻거나 체류하기에 편리했다. 그런데 1755년부터 영파에 등장한 서양 선박이 이듬해에는 좀 더 확대된 규모로 등장했을 뿐 아니라, 그 선박에는 변발을 하지 않은 이들까지 상당수 포함되어 있었던 것이다.

건륭제가 서양 선박의 영파 출현에 긴장했던 것은 나름의 이유가 있었다. 1757년(건륭 22년) 2월 22일, 건륭제가 호부를 통해 민절총독 카르지산과 양광총독 양응거에게 하달한 조서를 보자.

본래 서양 선박은 모두 광동으로 모여드니 월해관에서 조사하여 관세를 거둔다. 절강성의 영파는 우연히 한 번 도달한 것에 지나지 않는다. 근년에 간사한 아행(牙行)들이 이들과 결탁하여 이익을 탐하니, 영파까지 오는 서양 선박이 대단히 많아졌다. 장래에 오랑캐의 선박이 운집하고 체류하는 날이 길어지면 또 다시 광동성의 마카오가 생기는 것이다. (영파가) 해안의 요충지이고 백성의 풍속에도 모두 관계가 있기 때문에 관세 규정을 개정하는 것이다. 광동성보다 (관세를) 조금 무겁게 하면 서양 상인들은 이익이 없어져 (영파로) 오지 않게 될 것이다. 이로써 제한하는 것은 본래 증세(增稅)에 목적이 있는 것이 아니다. 이것을 해당 독무(督撫)들이 밝히 알도록 효유(曉諭)하라.[4] (밑금은 인용자가 표기)

건륭제는 현재 영파에 서양 상선이 오는 것은 많지 않으나, 이를 허용할 경우 영파가 '광동성의 마카오'처럼 될 것을 우려했다.

마카오는 명 중엽에 포르투갈의 거점이 된 후 예수회 선교사들의 내지 진입 및 해양 교역의 거점으로 발전하였고, 청 초에 천계령이 내려진 상황에서도 예외적인 적용을 받으며 포르투갈을 비롯한 서양인들과 중국 사이의 유일한 통로 역할을 감당했다. 명 말부터 네덜란드인들은 이곳에 정박하며 마카오의 지배권을 놓고 포르투갈과 다투었으며, 영국 상인은 1654년(순치 11년)부터 마카오에 정박하기 시작했다. 1684년에 네 곳의 해관이 설립될 때 마카오에는 월해관이 관할하는 하급 세관이 설치되었고, 광주에서 교역의 업무가 끝나면 바로 떠나야 했던 서양 선박들은 마카오에 체류하며 광주로의 왕래를 준비했다. 1717년(강희 56년), 강희제가 중국 상인들의 남양 무역을 엄격하게 금지하는 명령을 내릴 때에도 마카오의 서양 상인은 남양과의 교역을 허가받았기에 서양 상인들에게 마카오는 그야말로 '특혜' 지역이었다. 옹정제의 치세 초기 단계에는 정박한 외국 선박이 스물다섯 척에, 거주하는 서양인이 3500여 명을 넘어섰다. 물론 점차 성장하는 광주에서의 무역으로 인해 이후 마카오의 무역은 명 말의 상황만큼 호황을 누리지는 못했으나, 청 초기의 마카오는 광주를 왕래하는 서양 상인들의 거점이자 포르투갈의 배타적인 구역으로 기능했다.[5]

이런 도시가 '먼 벽지의 지방'에 있는 것은 비록 만족스럽지는 않아도 용인할 수밖에 없는 일이었지만, 강남의 해안 도시에까지 허용하는 것은 대단히 위험하게 느껴졌다. 영파는 '해안의 요충지[海疆重地]'였고 청 내부의 '간사한 아행'들과 결탁해 있었기에, 서양인들이 영파를 자유롭게 출입한다면 이후 중국 내지로 진입하거나 백성들에게 '이단'의 교리를 퍼뜨릴 가능성이 높았다. 게다가 영파는 절동 운하(浙東運河)로 항주로 연결되었기에 사실상 대운하 유통권에 해당하는 지역이었다. 대운하 유통권에 서양 상인이 자유롭게 출입한다는 것은 당시로서는 도저히 용납하기 어려운 일이었다. 이처럼 건륭제는 영파가 '제2의 마카오'가 될 것을 염려했고, 이를 미연에 방지하기 위해 광주를 제외한 모든 항구에서 서양으로부터 오는 선박들을 봉쇄하려 했던 것이다.[6]

무엇보다 건륭제가 염려했던 것은 서양인들이 내지인들과 결탁하는 문제였다. 마카오는 이전부터 예수회 선교사들의 내지 진입로이자 유럽 선박의 정착지였기에 중국인과 유럽인들 사이의 관계 형성이 용이했다. 무엇보다 조부인 강희제가 마카오를 천자의 교화가 미치지 않는 교회라는 '화외교문(化外教門)'의 특수 지역으로 간주하고 천계령으로부터 제외해 주었기에,[7] 건륭 연간에 북경의 조정은 늘 긴장한 상태로 마카오를 예의 주시하고 있었다. 그런데 이 문제가 강남의 해안 도시인 영파에서 발생한 것이다. 실제로 영파는 18세기에 중국에서 활동하던 예수회가 일본 도쿠가와 막부의 금교 정책이 완화된 틈을 타 다시 일본 선교를 꾀하는 교두보 가운데 대만, 숭명도(崇明島)와 함께 가장 적합한 곳으로 거론되는 지역이었다.[8] 건륭제가 예수회의 진출 경로를 미리 알았을 가능성은 희박하지만, 그의 염려에는 근거가 있었던 셈이다.

당시 서양 선박에 탑승했던 영국인이 누구였는지, 그들과 결탁했던 '간사한 아행'이 누구였는지는 이 책의 주제와 관련하여 대단히 중요한 사안이므로 잠시 후에 자세히 언급하기로 하고, 먼저 이러한 건륭제의 염려가 표출된 시점과 배경에 대해서 살펴보자.

건륭제의 2차 남순과 그 배경

1757년(건륭 24년) 2월 22일, 당시 건륭제는 북경의 자금성이 아니라 강남의 중심 도시인 소주의 행궁(行宮)에 체류하고 있었다. 건륭제는 제위에 오른 후 두 번째 남순을 거행하며 항주까지 남하하던 중이었다. 1월 11일에 북경을 출발한 건륭제는 2월 13일에는 양자강을 건너 2월 18일에 소주에 도착했고, 24일까지 7일간 소주에서 머물렀다. 건륭제는 남순 도중에 경유지의 현안을 시찰하면서도 각지의 관리들에게서 상주나 주접을 받으면 이에 신속하게 대응해 처리했다.

호부를 통해 카르지산과 양응거에게 조서를 하달했던 2월 22일, 건륭제는 이번 순행의 목적이 황하와 운하에 대한 치수에 있음을 다시금 상기시키며 두 명의 하도총독인 백종산(白鍾山: 당시 남하총독(南河總督))과 장사재(張師載: 당시 동하총독(東河總督)) 등에게 특명을 하달했다. 남순 과정에서 황하와 회수가 만나는 회안과 고가언에 대해서는 직접 돌아보며 치수 상황을 확인했으나, 강소성 북부의 서주(徐州) 일대는 황하 범람으로 위험할 수 있으므로 제방과 운하의 준설에 대한 상황을 정비하게 한 것이다. 이는 무엇보다 남순의 가장 큰 목적이 순방하는 지역민들의 일에 힘쓰는 '근민(勤民)'에 있음을 강조한 것이다. 아울러 지금까지 경유했던 산동 및 서주에서 숙천(宿遷)까지는 모두 검소하게 순행을 맞이했으니, 앞으로도 너무 과하게 준비하지 말고 "이로써 짐이 고생하는 백성을 생각하여 하공을 친히 돌아보려는 본뜻에 부합"할 것을 명했다.[9]

물론 이러한 건륭제의 수사(修辭)는 남쪽으로 순행을 할 때마다 판박이처럼 반복되었지만, 이를 곧이곧대로 믿는 관리들은 거의 없었다. 무엇보다 이 언급을 통해 숙천 이후부터의 경유지, 즉 회수와 황하가 만나는 회안, 양주, 진강, 그리고 현재 머물고 있는 소주에서 화려한 접대가 이어지고 있음을 알 수 있다. 강희제가 남순 기간에 보여 주었던 하공과 조운에 대한 관심 및 역할과 비교했을 때, 건륭제의 남순에서 하공에 대한 관심이 사라진 것은 아니지만 그 비중은 현저히 떨어졌다. 그 대신에 건륭제는 청의 성세를 상징하는 중국 동남부의 부유함과 상업적 번성을 축하하고 강남의 학술 공동체와 관계를 돈독히 하려는 의지를 드러냈다.[10]

이는 남순 여행을 결정하는 과정에서부터 드러났다. 건륭제의 첫 번째 남순은 재위 16년차인 1751년에 거행되었다. 2년 전인 1749년(건륭 14년)에 강남의 총독과 순무 등은 강남성(江南省)의 신사, 기로(耆老), 사인(士人), 백성들이 합심으로 황제의 남순을 원한다는 상소를 올렸고, 건륭제는 조부인 강희제가 시행했던 여섯 번의 남순 사례를 검토하여 허락하되, 황태후의 육순(六旬)이 되는 1751년에 모친을 모시고 출발하겠다고 답변했다. 친히 모후를 모시고 '천하제일의 강남 명승(名勝)'을 보여 드린다는 것으로 남순의 요청을 받아들이는 명분을 마련한 것이다.[11] 모후를 모시고 유람을 다닌다는 데 누가 감히 쉽사리 반대할 수 있었을까? 남순의 동기가 강희제와는 완전히 다른 기반에서 시작되고 있음을 확인할 수 있다.

4년이 지난 1755년 6월, 하도총독이자 양강총독 서리인 윤계선은 안휘, 강서 등의 총독들과 함께 황제의 두 번째 남순을 간절하게 주청했다. 4년 전의 남순에 대한 좋은 기억을 간직하던 건륭제는 승낙했고, 이에 윤계선은 1차 남순에서 방문하지 않았던 소주 한산사(寒山寺), 남경 서하산(棲霞山)의 산사 등 강남의 명승지를 정비하여 황제 및 황태후의 어람(御覽)을 준비하겠다고 상주했다. 그러자 건륭제는 해당 지역이 행궁에서 멀지 않은 곳에 있기에 허락한다고 답하면서, 새롭게 건축할 구조물의 도면을 올려 자신의 검토를 받도록 했다.[12] 강남 명소는 황제의 남순을 맞아 '북경의 풍격(風格)'을 갖추도록 변형되었고, 건륭제는 방문지에서 엄청난 양의 시문(詩文)을 남기면서 은밀하게 '교화'의 의미를 덧붙였다. 보통 하루나 이틀 정도 체류하는 기존의 행궁이나 체류지와 달리 1757년 2월에 건륭제가 소주에서 일주일이 넘도록 체류했던 것도 이처럼 새롭게 정비된 소주의 명소를 돌아보기 위함이었다. 1763년에 소주인 곽충항(郭衷恒: ?~1775 이후)이 간행한 『강남명승도영(江南名勝圖詠)』은 그 결과물이었다. 건륭의 세 번째 남순이 거행된 지 바로 이듬해에 간행된 이 서화집에는 이전에 세 차례 순행할 때 관원과 상인에게 황제가 하사한 시문이 그림과 함께 수록되었다.[13]

『강남명승도영』에 수록된 풍경 가운데 2차 남순과 관련해서 주목되는 곳은 양주의 천녕사(天寧寺) 행궁이다. 강희제도 남순 도중 양주의 천녕사를 방문했던 적은 있었으나, 이곳에 황제가 주필(駐蹕: 황제가 순행 중에 머무는 것)할 수 있는 행궁이 건립된 것은 2차 남순이 시행되기 1년 전인 1756년이 처음이었다. 당시에 천녕사 행궁을 건립했던 이들은 양주의 상인들이었다. 그들은 황제의 방문을 대비하여 인근의 관음산사(觀音山寺)도 건립했다.[14] 건륭제 역시 남순으로 인한 지역사회의 과다한 준비와 소비로 인한 출혈을 조심스러워하면서도, 양회 지역 상인들의 '신속하고' '자발적인' 출연에 대

차수	서력	연호	황제의 나이	기간(음력)	소요 일수
1차	1751년	건륭 16년	41세	1월 13일~5월 4일	139일
2차	1757년	건륭 22년	47세	1월 11일~4월 26일	105일
3차	1762년	건륭 27년	52세	1월 12일~5월 4일	113일
4차	1765년	건륭 30년	55세	1월 16일~4월 21일	124일
5차	1780년	건륭 45년	70세	1월 12일~5월 9일	117일
6차	1784년	건륭 49년	74세	1월 21일~4월 23일	121일

해서만큼은 별다른 거리낌 없이 수용하겠다는 뜻을 상유에서 자주 피력했다. 그리고 실제로 2차 남순에서 건륭제는 양주에서 4일을 체류했는데, 자신을 위해 새로 건립된 천녕사 행궁에서 이틀을 주필하고 강희제의 4차 남순 시기에 건립되었던 고민사(高旻寺) 행궁에서 또 이틀을 주필한 후 양자강을 건너 남하했다. 고민사 행궁 역시 양주의 염상들이 강희제의 남순을 영접하기 위해 '자발적으로' 건립했음은 물론이다.[15]

남순 경로에 있는 지역의 관과 백성들이 남순 때마다 체감하는 부담은 이만저만한 것이 아니었다. 우선 남순 여행에 걸리는 평균 기간이 115일로, 건륭 연간에 서순이 평균 36일, 동순이 평균 60일, 북순이 평균 88일이 소요되었던 것에 비하여 길었다. 남순의 수행단도 약 3000명이 넘었는데, 다른 방향의 순행보다 규모가 컸다. 수행단과 함께 이동한 말, 노새, 낙타 등 네발짐승의 수도 거의 1만 마리에 가까웠다. 노선은 거의 강희제가 택했던 길을 따랐는데, 육로 이용과 대운하 이용이 거의 반반씩을 차지했다. 일행이 배로 이동해야 하는 곳에서는 운하와 제방이 새롭게 준설되었다. 육로를 이용할 때는 지역에서 필요한 말을 공급해야 했다. 야영할 수 없는 장소나 지역에서 자원할 경우 황제의 임시 거처인 행궁이 건립되었다. 남순에 드는 비용의 추정치는 정확하지 않으나, 매번 적어도 은 300만 냥 이상이 소요되었다고 한다.[16]

이러한 비용은 매년 필요한 것이 아니었다. 건륭제가 남순을 결정했던 1751년, 1757년, 1762년, 1765년, 1780년, 1784년에만 조달되면 되었다. 지역의 담당 관리에게 이처럼 특별 예산을 조달할 수 있는 능력이 있을 리는 만무했지만, 앞서 언급한 양주 염상들처럼 지역의 유력 상인 가운데는 이를 또 다른 '투자'로 생각하고 '자발적으로' 출연하는 일들이 점차 많아졌다.

건륭제와 양주 염상의 유착

건륭제는 양주를 비롯한 회양 지역에서 활동하는 염상들에 대한 고마움을 표시하지 않을 수 없었다. 2차 남순 도중에 회양 지역에 도달한 건륭제는 염상들에게 대대적으로 포상을 시행했다. 그런데 그 방식이 특이했다. 보통 염상들에게는 세금 감면이나 소지한 염인의 양을 추가해 주었는데, 이번에는 고과 성적이 우수한 관원들에게 하사하곤 했던 명예로운 품급을 부여해 주었다. "양회의 여러 상인은 모두 벼슬아치의 명단에 오르지 못한 이들이지만, 할당된 업무를 맡아 처리하며 적극적으로 공적인 일을 우선하니 마땅히 특별한 은혜를 베풀어 장려함을 보여 주어야 한다. 그들은 본래 직함(職銜)이 있는데 이미 3품에 이른 자에게는 모두 봉신원경(奉宸院卿) 직함을 상으로 부여하고, 3품에 미치지 못하는 자에게는 모두 각 정대(頂帶) 1급을 더하게 하라."[17] 봉신원이란 청대 내무부(內務府) 소속 삼원(三院)의 하나로 황가의 원유(苑囿: 사냥 등에 쓰일 동물을 기르는 황실 동산)를 관리하고 수선하는 등의 사무를 담당했는데, 봉신원경은 정3품의 관직이었다. 공로가 많은 상인들에게는 봉신원경의 직함을 주고 적은 상인들에게는 관원의 등급을 보여 주는 관식(冠飾)인 정대를 한 등급 올려 주었다. 건륭제가 치하했던 양회 염상들이 감당했던 '공적인 일'이란 회양 지역의 하공, 조운, 염정에 관련된 재정 지출이나 지역사회의 종교 사묘에 대한 중건 등을 포괄하는

데, 사실상 황제 남순을 맞이하는 지역사회의 필요를 채우는 일이었다.[18] 염상들은 건륭제의 남순을 맞아 운하 도시의 '공적인 일'에 투자함으로써 비록 허함(虛銜)이지만 관품을 얻었고 염정·조운·하공 관료들과의 관계를 더욱 돈독히 쌓아 갈 수 있었다.

2차 남순에서 관품을 사여받았던 염상들에 대한 구체적인 명단이 5년 뒤인 1762년(건륭 27년)에 거행된 3차 남순에 대한 청의 실록에 등장한다. 건륭제는 남하하던 도중에 이번에도 양주의 천녕사 행궁에 머물면서 '공적인 일'에 공헌했던 염상들에 대한 대대적인 의서(議敍)를 시행하는 상유를 하달했다.

짐의 이번 남순에는 양회의 여러 상인이 할당된 업무를 맡아 처리하며 적극적으로 공적인 일을 우선하니 마땅히 성대한 특은(特恩)을 베풀어 장려의 뜻을 보여 주어야 한다. 이에 이미 봉신원경의 직함을 받았던 황리섬(黃履暹), 홍징치(洪徵治), 강춘(江春), 오희조(吳禧祖)에게는 각각 가일급(加一級)을 허락하고, 이미 안찰사(按察使)의 직함을 받았던 서사업(徐士業), 왕립덕(汪立德), 왕욱(王勗)에게는 모두 봉신원경의 직함을 추가해 주고, 이지훈(李志勳), 왕병덕(汪秉德), 필본서(畢本恕), 왕도(汪燾)에게는 안찰사의 직함을 허락하며, 정징계(程徵棨)에게는 6품의 직함을 지급하고, 정양종(程揚宗), 정적(程玓), 오산옥(吳山玉), 왕장형(汪長馨)에게는 각각 가일급을 허락한다.[19]

2차 남순과 3차 남순에서 사실상 동일한 형식의 의서가 양회 염상들에게 시행되었다. 이를 통해 양주 염상들이 지속적으로 남순에 필요한 각종 공무와 연회의 준비에 앞장섰으며, 건륭제 역시 차등에 따른 의서를 베풂으로써 상인들의 '자발적인' 협조를 더욱 장려하고 있음을 알 수 있다. 여기서 언급된 16인의 염상 가운데, 산서 출신의 이지훈[20]과 관적이 불분명한 필본서,

왕도의 3인을 제외한 13인(약 80퍼센트)이 모두 휘주 출신 상인이었다.[21] 이 가운데 이미 봉신원경 직함을 가지고 있던 황리섬, 홍징치, 강도, 오희조는 모두 휘주부 흡현 출신의 염상으로, 5년 전의 2차 남순에서 봉신원경 직함을 받았던 이들이었다. 『양주화방록(揚州畵舫錄)』에는 이들이 양주에서 소유하거나 중건했던 정원과 사찰, 행궁에 대한 정보가 풍부하게 담겨 있다. 일반적으로 중화요리의 정수로 알려진 만한전석(滿漢全席)이라는, 기인과 한족들의 연회 요리를 합쳐놓은 형태의 요리가 건륭제의 남순 기간에 양주에서 탄생하였는데, 이 역시 『양주화방록』에 기록되어 있다.[22]

이들은 화려하고 아름다운 원림을 소유하고 있었으며, 건륭제는 남순 기간에 이들의 원림을 방문하여 시문을 쓰고 편액(扁額)이나 대련(對聯)을 하사해 주었다. 오늘날까지 양주의 유명한 관광지인 수서호도 남순을 맞이하여 황제의 어람용으로 만들어졌다. 염상 왕석공(汪石公)이 사망하자 그 부인인 '왕태태(汪太太)'는 남편의 각종 업무를 도맡아 처리했는데, 그 와중에 건륭제의 남순을 수개월 앞두고 다른 염상들과 함께 성곽 북쪽의 황무지에 항주 서호(西湖)의 풍경을 모방한 호수와 원림을 조영하였다.[23] '가녀린 서호'라는 뜻을 가진 수서호라는 이름은 여기서 온 것이다. 수서호의 명물이 된 법해사의 백탑(白塔) 역시 건륭제의 3차 남순을 맞이하기 위해 염상들이 만든 탑으로 알려져 있다. 북경의 황궁에서 늘 보았던 백탑(베이하이 공원에 위치한 라마교 백탑)이 없다는 건륭제의 말을 듣고 강춘(1721~1789년)을 비롯한 염상들이 소금으로 급조하여 황제의 환심을 산 이후, 6차 남순 때에 지금의 모습으로 재건되었다.[24] 1785년(건륭 50년)에 건륭제는 자신이 총애하는 신하와 백성 가운데 3900명을 선발하여 북경 건청궁에 불러와 '노인'으로 대접해 주었는데, 당시 65세의 강춘을 포함시켰다.[25] 남순을 통해 형성된 건륭제와 양주 염상 사이의 밀접한 유착 관계가 없이는 있을 수 없는 일이었다.

이처럼 양주 염상들은 남순 기간에 황제에게 필요한 각종 재정 지출을

〈표 7〉 건륭제가 남순 기간에 양주 염상에게 사여한 내역

차수	연도	사여 내역
1차	1751년 (건륭 16년)	남순을 준비하는 과정에서 백성에게 누를 끼치지 않기 위하여 급한 공무마다 연수(捐輸)와 보효(報效)로 참여하는 양회 상인에게 일체의 부담을 맡기는 대신에, 이에 공이 있는 상인에게는 직함과 정대(頂帶)를 사여함.
2차	1757년 (건륭 22년)	양회의 여러 상인이 남순과 관련한 공무에 적극 공헌하였으므로, 그들에게 직함을 사여함. 3품의 직함을 갖고 있는 자들에게는 봉신원 직함을 하사하고, 3품에 미치지 않는 자들에게는 각각 가일급을 하사함.
3차	1762년 (건륭 27년)	(1) 남순과 관련한 공무에 공로가 있는 양회의 여러 상인에게 의서를 내림. (2) 남순 도중에 양회 강상(綱商: 총상)이 부담하고 있던 교제(交際), 응수(應酬)의 부담을 덜어 줌.
4차	1765년 (건륭 30년)	이번 남순에는 양회 중상에게 연수하는 부담을 주지 말라고 상유를 하달했으나 자발적으로 연수하였으니, 각자의 직함에 가일급을 상으로 허락함.
6차	1784년 (건륭 49년)	여러 상인이 남순을 위해 행궁인 천녕사 내부에 만수사(萬壽寺)를 중건하였고, 황제는 이를 기뻐하며 '만수중녕사(萬壽重寧寺)'라는 이름을 사여해 줌.

아끼지 않고 지원했고, 황제 역시 각종 사여와 의서를 통하여 상인들을 격려해 주었다. 『양회염법지』를 통해 파악할 수 있는 양주 염상에 대한 건륭제의 사여 기록을 정리하면 〈표 7〉과 같다.[26] 남순과 관련한 공무의 부담은 결코 줄지 않았다. 하지만 적어도 황제의 눈에 양주의 여러 상인[衆商]이 보여 준 태도는 '자발적'인 헌신에 가까웠다. 허함에 가까운 직함을 하사하고 관원이 착용한 모자를 하사하는 것은 황제에게 전혀 어려운 일이 아니었다. 황제는 이러한 방식으로 양주 상인들을 길들이려 했고, 이는 상인들도 오래전부터 바라던 바였다. 황제와 대운하 도시인 양주의 상인 사이의 유착 관계는 건륭제의 남순을 통해 더욱 깊어졌다.

1757년, 네 곳에서 한 곳으로 줄어든 바다의 창구

이제 다시 건륭제가 1757년의 남순 당시에 소주에서 언급했던 서양 선박에 탑승했던 영국인이 누구인지, 그리고 그들과 결탁했던 '간사한 아행'이 누구인지 살펴보자. 7장 서두에서 인용했던 『청실록』에 기록된 무진승의 주접에는 영파에 출현한 서양 선박에 40명이 탑승하였다고 했지만, 실제 무진승의 주접을 보면 탑승자는 모두 58명이었다. '홍모인' 5명, '귀자(鬼子)' 5명, 변발을 한 광동 향산현(香山縣) 사람 8명, 변발을 하지 않은 선원과 시종이 40명이었다.[27] 실록에는 건륭제가 주목했던 변발을 하지 않은 40명에 대한 조사와 결과만이 실려 있고, 조사 결과 그들이 모두 외국인이라는 사실이 밝혀진 것은 앞서 언급했다. 무진승이 당시에 정확하게 파악하지 못했을 뿐, 실제 그 선박에는 홍모인과 외국인(귀자)으로 파악한 10명까지 포함해 모두 50명의 외국인이 탑승했던 것이다.

무진승은 주접에서 '홍모인'이라고 언급한 다섯 명 가운데 유일하게 한 명의 이름과 특징을 기록했다. 그는 '한어(漢語)'에 능통한 '홍임'이었다. 이듬해에 영파에 다시 출현했던 서양 선박에 탑승했던 통역인도 홍임이었다. 그는 '홍임휘(洪任輝)'라고도 불리던, 영국 동인도회사의 통역사 제임스 플린트(James Flint)였다. 플린트는 1736년(건륭 원년)에 영국 상선을 타고 중국에 온 후 돌아가지 않고 남아 만다린과 광동 방언을 익혔고, 중국어가 능통하다는 장점으로 말미암아 이후 동인도회사에 통역인으로 고용되었다. 그는 스스로 '홍임휘'라는 중국어 이름을 붙이고, 영국 동인도회사의 입장을 대변하면서 중국인과 영국인 사이에서 교섭 능력을 발휘했다. 당시에 영국 동인도회사에는 플린트처럼 한어에 능한 사람이 없었기에 행상(行商)이나 관료들과의 교섭에 플린트가 개입되지 않을 때가 없었다. 1755년에 영파로 선박을 파견할 때에 책임자 새뮤얼 해리슨(Samuel Harrison)과 함께 플린트가 동행한 것도 그의 교섭 능력으로 새로운 교역항을 개척하기 위함이었다.[28]

영국은 상황이 용이하지 않았는데도 1755년부터 1757년까지 매년 플린트를 탑승시킨 상선을 영파로 파견하며 문을 두드렸다. 하지만 건륭제는 오히려 1757년의 남순 도중에 영파가 제2의 마카오가 될 것을 우려하며 서양인들의 교역을 광주로 제한하고자 하는 뜻을 분명히 밝혔다. 이 문제를 해결하기 위해 건륭제는 광동 지역과 광서 지역을 총괄하던 양광총독 양응거를 복건 지역과 절강 지역을 총괄하는 민절총독에 임명하여 파견했다. 연해 지역을 순시했던 양응거의 판단은 건륭제와 마찬가지로 강경했다. 외국 상인들이 절강에 오는 것은 절강의 생사(生絲)와 비단, 복건의 차와 강서의 도자기 등을 구입하기 위한 것으로, 영파가 생산지와 가까워 싸게 살 수 있기에 관세 인상으로 영국인들의 북상을 막을 수 없다고 했다. 그러나 절강 지역의 천연 지형과 방어 상황이 광동만 못하고, 강남은 국가 경제의 중심지이므로 서양 선박이 자유롭게 왕래하지 못하게 해야 한다는 주장을 펼쳤다. 즉 해안 방어라는 안보 유지의 관점에서 영국과의 무역 문제에 대처한 것이다.[29]

결국 건륭제는 남순을 마치고 북경으로 돌아온 지 5개월이 지난 1757년 11월 10일(양력 12월 20일)에 이러한 문제를 미연에 방지하기 위해 극단적인 명령을 확정했다. 광주를 제외한 모든 항구에서 서양 선박들을 봉쇄하라는 명령이었다.

영파는 본래 양선이 몰려드는 곳이 아니므로 앞으로 양선은 오직 광동에 정박하고 교역하는 것을 허락할 뿐 다시는 영파에 올 수 없다. 혹시 다시 영파에 올 경우 반드시 그 선박을 광동으로 회항시키고 절강의 해구(海口)로 들여서는 안 된다. 미리 월해관에 명하여 해당 상인들에게 이를 알리게 하라. (……) 이를 통해 광동성 백성들의 생계와 아울러 감관(贛關), 소관(韶關) 등에 모두 이로울 뿐 아니라 절강의 해방을 정돈하고 기강을 확립할 수 있을 것이다. (……) 또한 영파 지역에는 간사한 거간꾼이 있어 외국인과 결탁하고 있으니, 만약 거간꾼들이 양행(洋行)을 설립하거나 천주당의 설립을 도모하고 있다면 마땅히 모두 엄격하게 금하고 내쫓아야 한다. 그래야 외국 상인들이 의탁할 바가 없어지고 오는 길을 차단할 수 있을 것이다.[30]

서양 선박에 '일구통상'을 알리는 이 상유를 통해 청의 해양 정책은 일변했다. 시작은 영파로 북상하려는 영국 선박을 차단하는 것이었지만, 결국 모든 서양 상인의 대외 무역 창구가 광주의 월해관 하나로 제한되었다.

이 조치는 효과를 발휘해 1758년에는 절강성에 출현하는 서양 선박이 한 척도 없었다. 하지만 1759년 5월에 영국 선박이 다시 영파에 출현했다. 영국에 1759년은 퀘벡에서 벌어진 프랑스와의 전투에서 승리해 캐나다를 통제하게 되면서 북아메리카를 확보하는 결정적 계기를 마련했던 해였다.[31]

이번에는 정해진(定海鎭) 총병관 나영홀(羅英笏)이 쌍서도에 정박한 영국 선박을 적발했다. 선박에는 플린트를 비롯해 모두 열두 명의 서양 상인들과 타수(舵水)가 탑승해 있었다. 플린트는 광동에서 빈 배로 출발했고, 무역을 위한 화물과 자금은 이후에 올 대형 선박에 실려 있다고 진술했다. 이에 절강순무 장유공(莊有恭: 1713~1767년)이 플린트가 탑승한 선박을 6월 1일에 광동으로 되돌려 보냈다.[32] 그런데 플린트 일행은 원양으로 나가 청 관원들의 감시로부터 자유로워지자 선로를 북쪽으로 돌려 6월 23일에 천진의 대고(大沽) 앞바다까지 북상하여 올라갔다. 천진에서 다시 체포된 플린트의 진술에 따르면, 그들은 월해관 감독 이영표(李永標)의 부패와 갈취 문제를, 그리고 광주 양행의 무역 독점 문제를 항의하고 해결하기 위해 영파에 갔으나 의견이 수용되지 못하자 황제에게 직접 억울함을 호소하기 위해서 왔다고 했다.[33]

플린트의 천진 출현은 건륭제의 경계심을 더욱 강화할 뿐이었다. 건륭제는 1759년 12월에 양광총독 이시요(李侍堯)가 상주한 「방범외이조규(防犯外夷條規)」 5개조를 승인했다. 그 내용을 간략하게 정리하면 다음과 같다.[34]

(1) 외국 선박은 교역이 종료되는 즉시 귀국시키고 광주에서 월동(越冬)을 위한 체류를 허가하지 않는다.

(2) 광주에 도달한 외국 상인은 양행에 우거(寓居)해야 하며 행상이 그 감독과 조사를 책임진다.

(3) 중국 행상이 외국 상인의 자본을 빌리는 것이나 외국 상인에게 고용되는 것을 허락하지 않는다.

(4) 외국 상인이 사람을 고용해서 우편 등 소식을 내지로 전하는 폐단을 금지한다.

(5) 외국 선박이 황포(黃埔)에 정박하면 군대를 파견하여 감독한다.

이는 광주에서 서양 상인과 교역하는 것을 허락하지만 서양인들의 체류 기간과 활동 범위를 철저하게 규제하고 감독한다는 상당히 일방적인 조건의 규범이었다. 1842년에 난징 조약이 체결되기 전까지 서양 상인들의 대외 교역 창구가 광주 하나로 국한되는 '일구통상' 정책의 기본 골격이 여기서 확정되었다. 이제 서양 상인들은 공식적으로 광주를 제외한 다른 지역으로 접근하는 것이 전면 차단되었다. 서양 상인들은 플린트의 항의를 통해 중국에서 더 많은 이득을 볼 것이라 기대했으나, 결과는 통상 무역의 확대가 아니라 축소와 통제의 강화로 돌아왔다. 강희제가 네 곳의 항구를 개방한 지 70여 년 만에 그 손자인 건륭제가 한 곳만 남기고 다른 창구의 문을 닫은 셈이다. 건륭제에게는 통상보다 방어가 더 중요했다.[35] 어쩌면 통상을 허용했던 강희제가 예외적이라고 보는 것이 더 적절할 것이다.

건륭제의 두려움?

앞의 상유를 보면 건륭제는 광주로 항구를 일원화함으로써 얻을 수 있는 이점을 세 가지로 파악했다. 물론 이는 양광총독이나 민절총독 등 연해 지역을 관할하는 관리들의 의견에 기초한 것이었다. 첫째는 광동성 백성들의 생계이고, 둘째는 감관과 소관이 번영하는 것이고, 셋째는 절강 지역의 해방을 정돈한다는 것이다.

'사구통상'이 시작된 이후에도 실제로 가장 많은 서양 선박이 집결하여 상업이 활성화되었던 곳은 광주였지만, '일구통상' 정책으로 대외 교역항인 광주의 위상은 더욱 높아지게 되었다. 이로 인해 광주에서 활동하는 상인들이 대외 교역의 이윤을 독점적으로 향유할 수 있게 되었음은 쉽게 이해할 수 있다. 감관과 소관은 광주의 주강(珠江)과 강서성을 남북으로 연결하는 감강(贛江) 사이를 연결하는 대유령(大庾嶺)에 설치된 관(關, pass)이었다. 일구통상 정책으로 광주-주강-대유령-감강-파양호(鄱陽湖)-양자강-양주-대운하-북경으로 이어지는 교통로가 수도 북경에서 광주를 연결하는 최단거리의 교통로로 각광받게 되었고, 서양과 교역하는 거의 대부분의 수출입 상품 역시 이 루트로 운송되었다.[36]

당시에 서양 상인들이 선호했던 도자기의 상당수는 도자의 명산지 강서성 경덕진(景德鎭)에서 감강을 따라 광주까지 장거리로 운송되었고, 그 과정에서 감관과 소관을 통과했다. 주강 삼각주와 대유령의 장삿길은 '일구통상' 정책을 통해 남북을 연결하는 요충지가 되었다. 따라서 대유령의 남쪽인 광동성에 속한 소관과 북쪽인 강서성에 속한 감관은 전에 없는 번영을 구가했지만, 한 번에 갈 수 있는 바닷길에 비하여 경제적으로 효율적인 운송로는 아니었다.[37] 어쨌든 광동성 백성들의 생계와 감관과 소관 등의 두 가지 이점은 모두 경제적인 요인으로, 광주와 '일구통상'으로 활성화된 교통로의 이해관계를 대변하고 있었다. 양광총독을 비롯하여 광동성의 관리들

은 '광주인(Cantoneers)'들이 선호하는 방향으로 정책을 입안했다.[38]

그런데 건륭제가 세 번째로 언급한 절강의 해방 정돈은 앞선 두 가지 경제적 이익과 달리 소극적으로 대처하는 이점이라 할 수 있다. 그 아래 이어지는 영파 지역의 '간사한 거간꾼'은 이른바 매판(買辦) 세력을 말하는 것인데, 그들이 외국 상인을 끌어들이는 매개체는 양행과 천주당 설립이었다. 이는 반대로 서양 상인들이 영파로 진입하려는 의도가 양행과의 교역에, 그리고 천주당에서의 거점 마련 및 전교 가능성에 있었음을 보여 준다. 따라서 이러한 연결 고리를 우려했던 건륭제는 아예 서양 상인들이 의탁할 근거지를 미연에 방지하기 위해 극단적으로 세 항구를 폐쇄해 버린 것이다. 건륭제가 남순을 통해 절강성을 방문할 때마다 평호(平湖)에서 항주까지 약 300리에 달하는 해안 제방인 해당(海塘) 공정에 심혈을 기울여 바닷물의 내지 진입을 막고 대운하의 조운을 안전하게 보호했듯이,[39] 내지를 서양인의 '오염'으로부터 보호하기 위해 '단절'이라는 명대 이래의 방식을 선택한 것이다.

이 문맥에서 볼 수 있는 것은 '강건성세(康乾盛世)'의 전성기이자 '십전노인(十全老人)'으로 불리며 대외적인 상무(尙武) 능력을 과시하던 건륭제의 이미지가 아니다. 오히려 영파 지역에서 발생할 수 있는 '어떤' 가능성에 대한 깊은 우려와 일말의 두려움이 엿보인다. 그런데 이러한 우려와 두려움이 비단 건륭제만의 느낌이었을까? 18세기로 접어든 강희제의 치세 후반기부터 동남 연해 지역에는 지역사회를 불안하게 만드는 외래인들과 접촉하는 일이 증가했고, 이것이 지속적으로 북경의 조정을 민감하게 자극하여 결국 일구통상이라는 폐쇄적인 국면으로 전환되는 중요한 계기를 마련했다.[40] 청조의 성세라 일컬어지는 18세기에 강희제, 옹정제, 건륭제가 정도의 차이는 있지만 모두 유사하게 체감했던 동남 연해 지역에 대한 우려와 두려움의 실체는 대략 두 가지였다.

우려와 두려움의 실체 (1):
늘어나는 해외 이주와 '불온한' 서양 세력과의 결탁

첫 번째 걱정거리는 중국 내지인의 해외 이주가 증가하고 서양인들의 도래가 잦아지면서 생겨났던 내지인과 서양인들 사이의 결탁이었다. 연해 지역의 중국인들이 남중국해의 동남아 지역으로 왕래하는 역사는 오래되었지만, 강희제가 네 곳의 항구를 개방했던 1684년 이후로 동남아 현지에 체류하는 중국 상인들은 급속히 증가했다. 사구통상 이후 도쿠가와 막부의 무역 제한 정책으로 인하여 일본과의 교역이 상대적으로 감소했던 대신에 남양 무역의 비중이 높아졌다. 남중국해의 무역 전선에 본격적으로 뛰어든 서양인들과의 경쟁 또는 협력은 중국 상인들의 해양 진출과 교역을 확대시키는 중요한 변수였다. 중국 선박들은 스페인령 마닐라와 네덜란드령 바타비아와 같은 식민지 항구를 왕래하면서 중국인들과 화물을 실어 날랐고, 그곳에서 연해 지역의 해상들은 고국을 벗어나 새로운 직업과 기회를 찾을 수 있는 길을 발견했다.[41] 동남아를 왕래하는 남양 무역이 번성하면서 왕래뿐 아니라 이주까지 증가했다.

해양 세계로의 이주는 만주족 통치자들이 바라는 바가 아니었다. 게다가 동남아시아의 무역항에서는 서양인들과의 교류가 자유로웠고, 이를 통해 더 먼 세계로의 이동과 교류도 발생하기 시작했다. 1684년에 프랑스의 루이 14세(Louis XIV)를 알현했던 심복종(沈福宗, Michael Shen)은 이러한 경로를 잘 보여 준다. 심복종은 『중국의 철학자 공자(Confucius Sinarum Philosophus)』를 파리에서 출간했던 벨기에 출신의 예수회 선교사 필리프 쿠플레(Philippe Couplet: 1624~1692년)와 남경에서 만난 후 그를 따라 마카오에서 포르투갈 선박에 탑승하여 자바의 자카르타로 갔다. 그리고 그곳에서 유럽으로 떠나는 네덜란드 선박에 탑승하여 벨기에의 안트베르펜에 도착했다. 이후 '중국인 개종자'라는 유명세를 얻었던 심복종은 프랑스와 영국 등지를 돌아다니며 첫 중

〈그림 21〉 심복종의 초상화.
영국 왕실의 초상화가 고드프리 넬러(Godfrey Kneller)가 1687년에 제임스 2세(James II)의
요구에 따라 그린 초상화. 일반적으로 '중국인 개종자'라고 불리는 이 그림은 영국에 온
중국인의 첫 방문을 기념했다. 출처: Wikimedia Commons.

국인 신부가 되기 위한 공부를 시작했다. 하지만 다시 중국으로 돌아가기 위해 리스본에서 중국행 선박에 탑승했던 심복종은 중간에 바다에서 사망하고 말았다.[42] (〈그림 21〉 참조)

'사구통상' 이후 복건성의 하문 등지에서 필리핀, 인도네시아, 베트남, 태국 등으로 향한 상인들과 남양 방면으로의 이주민(화교)이 증가했다. 이주민들은 반청 활동의 온상으로 여겨져 끊임없이 경계 대상이 되었다. 강희제는 자카르타의 중국인 재상처럼 중국인들이 다른 국가와 외부 정권 밑에서 관직에 기용되지나 않을까 우려했다.[43] 결국 강희제는 1717년(강희 56년) 초반에 중국 상인의 남양 도항을 금지하는 명령을 내렸다. 연해의 백성들이 남양으로 나아가 불온한 외국 세력과 결탁하는 것을 방지하기 위함이었다.[44] '남양 금항령(南洋禁航令)'은 10년 뒤인 1727년(옹정 5년)에 해제되지만, 내지인과 외국인 사이의 결탁에 대한 염려는 여전했다. 청조는 해외무역을 허용했을 때에도 해외에 2년 이상 머무른 이들에게는 가혹한 처벌을 내렸다. 2년은 상인들이 해외 항구에서 적당히 사업하는 데 필요한 최대한의 시간이었다. 옹정제는 1727년에 "해외를 다니는 대부분의 상인은 법을 지키지 않는 자들"이라고 경고하며, 2년 넘게 해외에 머무르려 한다면 그들은 "외국인들과 비밀리에 공모하려는 계획"을 가진 것으로 간주하였다.[45]

그런데도 복건과 광동처럼 오랫동안 해양 세력과 교역해 온 역사를 지닌 지역에서는 바다로의 진출이 끊임없이 진행되었다. 해금령이 반복적으로 반포된다 하더라도 무역과 이주를 통해 얻을 수 있는 이윤의 욕구를 억제하는 데는 역부족이었다. 북경 조정의 안보 의식이나 이념적 우선순위와는 상관없이, 이득이 되는 틈새를 찾아 해상무역과 그에 의존하던 해양 이민은 중지되지 않았다. 복건성의 해안 지역은 가장 왕성하게 바다로 사람을 송출하던 지역이었다. 복건의 내륙 지역이 산맥으로 가로막혀서 내륙 운송이 너무 어렵고 그 비용이 높았으므로, 중국의 다른 지역과 연결되는 무역로는 모두 바닷길을 이용해야 했다.

반면에 영파는 대운하 유통망의 남단이었던 항주와 절동 운하로 연결되어 있었으므로, 절강성은 해양 유통망보다 대운하 유통망과 연결된 내륙 유통망의 범주에 포함되기 쉬웠다. 영국 동인도회사가 광주에서 영파로 무역 거점을 옮기려 했던 시도에 대해 건륭제가 민감하게 반응했던 것도 이러한 유통망의 구조 속에서 이해할 수 있다. 영파로 진입하게 되면 수도 북경과 직결되는 대운하 유통망 및 양자강 등 내지 깊숙이 연결되는 자연 하천망까지 직접 연결된다. 영국 동인도회사가 영파로 진입하려는 1756년 무렵부터는 인도양에서 활동하던 페르시아 상인들도 영국인들의 매개를 통해 광주로 몰려들기 시작했다.[46]

이러한 시점에서 영파에 출현한 영국인 플린트는 특별히 두 가지 점에서 건륭제를 놀라게 했다. 하나는 플린트가 탑승한 선박이 정박했다가 발각된 곳이 영파 앞바다의 쌍서항이었다는 점이다. 쌍서는 16세기 중엽에 포르투갈이 거점으로 삼아 왜구 세력과 교류하던 섬의 항구였다. 당시에 쌍서를 방문했던 포르투갈인 페르낭 멘드스 핀투(Fernão Mendes Pinto)의 여행기에 따르면, 쌍서는 '영파의 관문'으로 포르투갈 상인들의 월동지일 뿐 아니라 일본 은과 포르투갈 금화를 탑재한 정크선들의 왕래가 잦은 국제무역항이었다.[47] 또한 왜구 토벌로 명성이 자자했던 주환이 사활을 걸고 왜구와 외국 세력의 거점을 제거하기 위해 토벌에 성공했던 항구였다.(3장 참조) 그런데 200여 년이 지난 후에 다시 그곳으로 더 강력해진 서양인들이 출몰한 것이다.

다른 하나는 이보다 더 충격적이었는데, 플린트와 거래하던 내지의 '간사한 아행'이 실제로 발각된 것이다. 그는 휘주 무원현 출신의 생원(生員)이자 상인이었던 왕성의(汪聖儀)였다. 서양인들에게 왕성의는 'Shing Y Quan'으로, 그 아들 왕란수(汪蘭秀)는 'Young Shing Y Quan'으로 불렸다. 천진에서 붙잡힌 플린트에 대한 조사 결과, 그는 1747년에 광주에서 왕성의에게 차를 구매하면서부터 관계를 형성하기 시작했음이 밝혀졌다.[48]

또한 1755년과 1756년에 플린트가 영파에 출현했을 때 왕성의 부자는 영파로 차를 조달했었다. 그들이 조달했던 차는 안휘성에서 생산되는 녹차였던 희춘차(熙春茶)와 송라차(松羅茶)였다. 오랜전부터 차 산지로 유명했던 고향 안휘성에서 질 좋은 차를 구매하여 광주보다 훨씬 가까운 영파로 가져가 영국인들에게 판매하려 한 것이다. 그들은 휘주에서 신안강을 따라 항주로 이동하고, 다시 항주에서 절강 운하를 이용해 영파까지 선박을 이용해 차를 운송했을 것이다. 이후 희춘차와 송라차는 유명한 1773년의 '보스턴 차 사건' 당시에 보스턴 앞바다에 쏟아 버린 차 340상자의 일부분을 차지했다.[49]

플린트가 왕성의 부자를 신뢰했던 것은 이유가 있었다. 왕씨 부자는 휘주 차상(茶商)들과 네트워크가 있었기에 안휘성에서 생산된 고급 녹차를 원하는 수량만큼 안정적으로 공급할 수 있었다. 이러한 네트워크를 기반으로 주문 단계에서 비교적 정확한 가격을 제시하여 흥정으로 인한 마찰의 소지가 줄어 서양인들에게 신뢰를 주었다.[50] 이러한 배경 속에서 왕씨 부자가 광주에서 플린트와 맺은 중개인으로서의 관계를 영파까지 이어 왔으니, 이는 건륭제가 의심했던 대로 서양 상인들을 영파로 유인하는 '간사한 아행'이었던 셈이었다. 관계가 탄로 나자 왕성의는 내지로 도망했다가 강서성 낙평현(樂平縣)에서 붙잡혔고, 무원현과 광주 등지에 흩어져 있던 자산은 모두 국가에 몰수되었다.[51] 플린트는 마카오에서 3년 동안 감금당했다가 본국으로 돌아가라는 명령을 받았다. 그로부터 31년 뒤에 매카트니 사절단이 중국을 방문했을 때 부사(副使) 조지 스탠턴(George Staunton: 1737~1801년)은 통역사를 찾았는데, 그때 플린트가 유일하게 중국어를 배웠던 영국인임을 알게 되었다.

우려와 두려움의 실체 (2): 기독교의 내지 전파와 확산되는 기독교 네트워크

건륭제가 염려했던 동남 연해 지역의 두 번째 걱정거리는 '천주당의 설립'이라고 표현된, 대외 무역항을 중심으로 확산된 기독교도 세력의 네트워크였다. 물론 청 황제들은 북경 자금성에서 예수회 선교사들을 가까이에 두고 천체 관측, 지도 제작, 예술 활동 등의 면에서 활발한 교류를 이어 갔으며, 이는 이전의 명 황제들과 비교할 때 괄목할 만한 변화였다. 순치제와 아담 샬의 교류, 서학에 관심이 많았던 강희제가 페르비스트에게 대포 제작을 부탁하여 삼번의 난 진압에 도움을 받은 것, 1715~1766년에 베이징에 거주하며 강희제, 옹정제, 건륭제의 치세 기간 내내 궁정에서 서양식 원근법을 전수하고 원명원의 서양루(西洋樓)를 바로크 양식으로 설계했던 주세페 카스틸리오네(Giuseppe Castiglione, 낭세녕(郎世寧): 1688~1768년)의 활동 등은 그 대표적인 사례였다.[52]

강희제와 예수회 선교사들 사이에는 「황여전람도(皇輿全覽圖)」라는 지도 제작을 매개로 상호부조의 관계가 형성되었다. 이 지도는 1708년(강희 47년)부터 10년에 걸쳐 전국적으로 진행된 대규모 측량 조사를 기반으로 완성되었는데, 청대 지리학의 놀라운 수준을 보여 주는 작품으로 평가받는다.

이는 예수회 선교사들이 보유한 측량술을 비롯한 과학 기술의 발달로 인해 가능해진 측면도 있으나, 뒤에 가려진 정치적인 동기도 간과할 수 없다. 여기서 '정치'란 바로 새로 확장된 변강(邊疆)에 대한 통치자의 통치 의지였고, '과학'이란 이를 뒷받침해 주는 예수회 선교사들의 기술적 지원이었다. 강희제는 조아킴 부베(Joachim Bouvet, 백진(白晉)) 신부를 총책임자로 하여 장바티스트 레지(Jean-Baptiste Régis, 뇌효사(雷孝思): 1663~1738년) 신부 등 열두 명의 예수회 선교사에게 지도를 제작하라고 명하였고, 선교사들은 각지에서 '흠차(欽差)' 혹은 '대인(大人)'이라 불리며 우대를 받았다. 조선을 측량하자는 선교사 측의 요구가 있었으나 강희제의 윤허를 받지 못하여 실현되지 못하였고, 레지 신부가 확보했던 조선에 대한 단편적인 기록이 전해질 뿐이다.[53] 강희제의 관심은 명의 영토였던 내지가 아니라 변경에 있었으며, 러시아의 침략을 막기 위해 선교사들에게 흑룡강(黑龍江) 연안과 시베리아를 중점적으로 측량하도록 했다. 1689년(강희 28년)에 이미 중국과 러시아 사이의 네르친스크 조약 체결에 기여했던 예수회 선교사들은 지도 제작의 공헌으로 강희제로부터 '보교(保敎)'의 시혜를 받게 되었다.[54]

네르친스크 조약은 전근대 중국의 외교사에 한 획을 그었던 사건으로 기억된다. 양력으로 1689년 8월, 러시아 대표 표도르 골로빈(Fyodor A. Golovin) 백작은 청 측 대표 송고투(索額圖), 동국강(佟國綱)과 시베리아 자바이칼의 네르친스크(니포초(尼布楚))에서 처음으로 만나 경계를 획정하고 담판을 지었다. 네르친스크 조약으로 청과 러시아 사이의 국경선은 아무르강(흑룡강) 북쪽을 따라 우다강 유역까지 정해졌고, 1727년의 카흐타 조약으로 부랴트 지역과 하카스(하카시야) 남부까지 중앙유라시아를 가로지르는 약 4300킬로미터에 달하는 거대한 선형 국경선으로 확정되었다.[55]

네르친스크 조약이 체결될 당시에 청에서는 포르투갈인 예수회 선교사 토마스 페레이라(Thomás Pereira, 서일승(徐日昇))와 프랑스인 장프랑수아 제르비용(Jean-Francois Gerbillon, 장성(張誠))이 참여했다. 네르친스크 조약은 라틴어를 기준으로 작성되고 만주어와 러시아어가 보조적인 공식 텍스트로 인정되었다. 만주어 문서에서 중국은 '대청국(大淸國)'을 뜻하는 다이칭 구룬(daicing gurun)이 아니라 '중앙의 국가'를 뜻하는 두림바이 구룬(dulimbai gurun)으로 지칭되었다. 많은 사람이 이 담판의 대등성을 지적하며, 담판의 정신은 당시에 유럽에서 막 초기 형태가 출현한 국제법 원칙이었다고 주장했다.[56]

국제조약에서 '중국' 개념을 다언어 텍스트로 만주, 몽골, 중원의 여러 지역을 포함하는 국가라고 고정한 것은 네르친스크 조약이 첫 번째 사례라고 할 수 있다.[57] 이 조약은 이전의 명과 사뭇 다른 청의 유연한 외교 방식으로 설명되곤 하지만, 청조의 일반적인 특징이라기보다는 서양 선교사에게까지 각종 특권과 어명을 하달했던 강희제 개인의 캐릭터로 해석하는 것이 적합하다. 물론 이처럼 대등한 조약이 가능했던 배경에는 '몽골의 위협'에 대한 청과 러시아의 이해관계가 일치된 이유가 있었고, 선교사들 역시 서양의 국제법을 소개하려는 사명보다는 조약의 타결을 통해 황제의 신임을 획득하여 포교의 권한을 획득하기 위한 목적이 강했다.[58] 그럼에도 불구하고 강희제라는 걸출한 인물이 없었다면 네르친스크 조약의 '선진성'을 설명하기 곤란하다. 1689년에 대륙에서 체결된 대등한 조약은 5년 전에 바다로 향하는 네 곳의 해관을 열어 주었던 강희제의 자신감 및 유연성과 연결되어 있다.

강희제가 선교사를 바라보는 시각 역시 하나가 아니었다. 황제 측근에 붙었던 북경의 선교사들에 대한 신뢰와 달리 중국 각 지역에서 활동하던 선교사들에게는 이중적인 자세를 취했다. 특히 강희제 치세 후반기부터 각지의 천주교 선교사에 대해, 그리고 그들과 연결된 중국인 네트워크에 대해 의구심과 두려움이 증가하기 시작했다. 1717년(강희 56년) 4월의 광동갈석총병관(廣東碣石總兵官) 진묘(陳昴)의 상소는 이를 잘 보여 준다. "천주교는 서양에서 들어와, 지금은 각 성에 교당을 설립하고, 비류(匪類)를 모집하는데, 이들의 속셈을 헤아리기가 어렵습니다. 현재 광주성에는 교당이 설립되어 안과 밖에서 광범위하게 퍼지고 있습니다. 이에 더하여 동류의 양선이 모여들고 있으니, 어찌 그들이 연결되어 일을 일으키지 않으리라고 알 수 있겠습니까?"[59] 광주에 건립된 천주당과 그곳에 모이는 중국인들, 그리고 광주항에 입항하는 유럽 선박 사이의 연계 고리에 대한 합리적 의구심이 강희제에게 보고된 것이다. 바로 4개월 전에 남양 무역을 금지한 강희제로서는 불안하지 않을 수 없었다.

실제로 강희제는 치세 말기에 각 지방에 산재하는 선교사와 기독교 개종자들의 존재를 우려하였고, 몇 차례 선교 활동 금지령을 내렸다. 청은 백련교(白蓮敎)와 천희(千禧) 불교 종파가 점점 늘어나면서 발생하는 소동에 시달린 바 있었는데, 기독교도들 역시 종말론적 시각에서, 그리고 자신과 믿음을 같이 하지 않는 외부 세계에 대항하는 집단적 결속이 강하다는 점에서 이들과 유사했다.[60] 무엇보다 유럽에서 온 서양인은 중국에 흡수되거나 융화되어 그 가치를 배우던 과거의 오랑캐와 달랐다. "서양인의 목적은 자신들의 구미에 맞게 중국을 변화시키고, 중국이 서양의 가치를 공유하도록 만드는 것이었다."[61] 그런 의미에서 1716년(강희 55년)에 강희제가 해양 방어의 중요성을 강조하면서 "오랜 세월 뒤에 중국은 해외의 서양 국가들로 인해 곤혹스러워질지도 모른다. 이는 짐이 예견하는 말이다."라고 했던 직감적인 예언은 놀랍도록 정확한 것이었다.[62]

기독교에 대한 우려와 적대감은 옹정제의 치세 기간에 더욱 노골적으로 표출되었다. 1720년대 초에 옹정제는 기독교를 백련교와 같은 민간신앙의 하나로 간주하고, 북경과 광주 외의 지역에서 활동하는 선교사들에 대한 강희제의 선교 금지령을 더욱 강화했다. 누르하치의 4세손에 해당하는 만주 귀족인 수누(蘇努) 일족이 기독교로 대거 개종했던 것이 영향을 미쳤다. 황위 계승을 둘러싼 강희 연간의 극심한 암투를 뚫고 황위에 올랐던 강희제의 넷째 아들 윤진(胤禛: 옹정제)은 즉위 후 자신과 경쟁했던 여러 형제를 제거해 나갔는데, 특히 자신에 대한 부정적인 소문의 근원으로 여덟째 아들 윤사(胤禩)와 아홉째 아들 윤당(胤禟)을 지목하여 박해하고 죽을 때까지 감옥에 감금했다. 옹정제는 윤사를 만주어로 개를 뜻하는 '아키나(akina)'로, 윤당을 돼지를 뜻하는 '서스허(seshe)'로 부르게 했다고 전하는데, 옹정제가 동생들을 '아키나'나 '서스허'라는 비칭(卑稱)으로 개명시킨 것은 사실이지만, 그것이 돼지나 개를 의미한다는 이야기는 만주어를 모르는 후대 사람들이 오해하여 잘못 만들어 낸 속설이었다.[63]

분명한 것은 수누가 윤사의 참모가 되어 활동했다는 것이다. 옹정제가 윤사를 처벌하면서 수누 일족을 연좌시켰고, 수누의 자손이 모두 열렬한 기독교도였기에 박해는 더욱 가혹해졌다. 윤당 역시 기독교에 흥미를 갖고 선교사와 교제를 나누었다. 이는 모두 기독교에 대한 옹정제의 반감을 가중시켰다.[64]

옹정제는 즉위 이듬해인 1724년(옹정 2년)에 기독교의 포교 금지령을 강력하게 시행하고, 북경을 제외한 곳들에서 활동하는 선교사는 모두 광주의 마카오로 추방하는 한편, 교회당은 무너뜨리거나 다른 용도로 사용하도록 명했다. 같은 해에 수누의 일족 역시 만리장성의 내장성(內長城)을 넘어 우위(右衛)로 귀양 가라는 명령을 받았다. 6장에서 언급했던 것처럼 당시 지방의 주요 도시에 건립되어 있던 천주당은 지방 관공서로 전용되거나 천후와 같은 민간 신을 모시는 사당으로 재건되었다. 이는 지방의 종교적 풍습을 '교화'하고 국가가 통제할 수 있는 공동체 종교 의례에 대한 기반을 수립하려 했던 정풍(整風) 정책의 일환이었다.[65]

동시에 옹정제의 강력한 포교 금지령은 중국과 가톨릭 사이에서 발생한 전례(典禮) 논쟁(Chinese Rites Controversy)의 직접적인 결과였다. 이는 명 후기부터 중국에서 포교할 때에 중국인 신도에게 어디까지 중국 전통의 전례를 허용할 수 있느냐는 점을 둘러싼 논쟁으로, 발단은 마테오 리치의 사망(1610년) 직후인 1613년, 그의 예수회 후계자인 니콜라스 론고바르디(Nicolas Longobardi, 용화민(龍華民): 1559?~1654년)가 '하느님(Deus)'의 호칭 문제에 대해 이견을 가지고 교황청에 편지를 보내면서 시작되었다. 물론 내부적으로는 '적응주의(accommodation)' 선교 방침을 취하며 북경 조정과 밀착했던 예수회와 그들의 전략에 반발했던 스페인계 탁발 수도회(프란치스코회, 도미니코회, 아우구스티노회) 사이의 노선 갈등도 무시할 수 없었다. 그들은 예수회의 노선에 반대하며 복건과 광동 등의 지방 사회에 진입하여 아래로부터 시작되는 선교를 지향했다.[66] 어쨌든 이는 황제와 교황의 개입과 충돌이라는 중국과 서양 간의 갈등으로 확산되었다.

이러한 갈등의 요소가 1757년 건륭제의 '일구통상' 조서에서도 천주당과 유럽 상인들의 결탁 가능성에 대한 두려움으로 표출된 것이다. 무라오 스스무(村尾進)는 플린트의 영파 출현으로 인해 우연히 발생한 것처럼 보이는 1757년의 '일구통상'이라는 결정의 배후에는 광주와 주강, 마카오로 구성된 해양의 변경 지역을 통제할 수 있는 곳으로 디자인하려는 청조의 의도가 있었음을 밝혔다. 이는 선교사, 내항(來航) 민간인, 조공이라는 대외적 요소들을 광주 지역이라는 공간 속으로 국한하는 과정이었고, 사실상 청조의 가톨릭 선교사 배제 운동이었다는 것이다. 이처럼 '기독교 배제의 출구'로 광주가 기획되었다는 사실과 화이(華夷)의 '잡거'에서 '분리'로의 전환이라는 측면에서 근세 일본의 나가사키와 광주의 공통점을 찾을 수 있을 것이다.[67] 1784년이 되면 이러한 갈등 요인이 드디어 폭발한다.(8장 참조)

왜 광주인가?

그렇다면 건륭제는 왜 네 개 항구 가운데 광주를 유일한 유럽과의 교역 창구로 선택한 것일까? 첫째, 대외무역 창구로서 광주가 지닌 오랜 전통과 마카오와의 인접성을 꼽을 수 있다. 광주는 송대 이래로 시박사(市舶司)가 설치된 대표적인 대외 항구였으며, 명대에 시박사가 철폐되었으나 포르투갈이 1557년에 마카오를 거점으로 삼으면서 유럽인들의 접근이 비교적 용이했다. 게다가 강희제가 네 곳에 해관을 설치한 1684년 이후부터 1753년까지 영국 동인도회사의 상선 189척이 중국에 도래했는데, 그중에 월해관으로 온 상선이 157척으로 83퍼센트, 민해관으로 온 상선이 17척으로 9퍼센트, 절해관으로 온 상선이 15척으로 8퍼센트를 차지했고, 강해관까지 도달한 사례는 없었다. '사구통상' 이래로 영국을 비롯한 유럽의 선박 대다수는 광주 월해관으로 입항하는 것이 관례처럼 익숙한 상태였다.[68] 1729년(옹정 7년)에서 건륭 20년(1759년)까지 네 개 해관 가운데 월해관은 전체 관세 수입의 62퍼센트를 차지해 비중이 가장 높았고, 그다음은 민해관 25퍼센트, 절해관 11퍼센트, 강해관 1.7퍼센트의 순서였다.[69] 월해관의 관세 수입이 다른 해관에 비하여 압도적으로 많아지자 황제는 월해관에만 흠정(欽定) 해관감독을 파견하였고, 다른 해관의 세무 업무는 지방관에게 겸임하게 하였다.

둘째, 광주에서 활동하는 광동과 복건의 상인들이 유럽 상인들과 거래했던 경험이 풍부했고, 그에 따라 적응력도 좋았기 때문이다. 그들 중에는 유럽인들과의 교류를 통해 유럽의 정세에 밝은 이들이 많았고, 상대하는 유럽의 언어를 초보적으로 구사할 수 있는 상인도 나타나기 시작했다. 반진승(潘振承: 1714~1788, 자는 손현(遜賢), 호는 문암(文巖))과 같은 공행(公行)은 그 대표적인 사례였다. 동문행(同文行)을 창시한 반진승은 '반계(潘啓)'라고도 불렸는데, 계는 본명이고 진승이 휘(諱)였다. 외국인들은 그 이름 뒤에 '관(官)'을 붙여 '반계관(潘啓官, Puankheque)'이라 호칭했는데, 본명과 연납(捐納)을 통해 얻은 허함이 합해진 것임을 알 수 있다. 반진승은 연납을 통해 3품의 관품을 제수받았고, 이후 반진승을 계승했던 셋째 아들 반유도(潘有度)는 2품의 관품까지 올라갔다.[70]

광동 13행 가운데 유일하게 100여 년을 유지한 동문행을 창시한 반진승의 가장 큰 장점은 서양어에 능통했던 데에 있었다. 족보에 의하면 1714년에 복건성 천주에서 태어난 반진승은 광동으로 이주한 후 필리핀 마닐라에 비단과 차를 가지고 세 차례 왕래하는 과정에서 외국어를 배웠다고 한다. 필리핀에서 출항 시기를 기다리며 스페인, 포르투갈, 영국의 상인을 만나 각각 스페인어, 포르투갈어, 영어를 배울 수 있었을 것이다. 플린트처럼 한어가 유창한 통역사를 보유하지 못한 서양인들에게 서양어 구사가 가능한 반진승은 매력적인 파트너였음이 틀림없다. 그 결과 1757년에 건륭제가 일구통상 정책을 시행했을 때 그는 이미 광주 무역업계에서 유명 인사가 되어 있었다. 또한 그는 스웨덴 동인도회사와의 거래를 통해 유럽까지 왕래한 것으로 알려져 있다.[71] (〈그림 22〉 참조) 반진승과 같은 이들이 이후 19세기에 외국 회사의 중국인 매니저로 활동하며 중국인과의 거래를 주선하는 매판 역할을 감당했다.

〈그림 22〉 광주에서 스웨덴 상인과 거래하는 양행(반진승으로 추정됨)
출처: 스웨덴 베네르스보리 박물관(Vänersborgs museum)

셋째, 광주는 청조 입장에서 항구의 방어 조건에 유리했다. 서양 선박이 광주의 황포항으로 입항하려면 호문(虎門)을 반드시 경유해야 하는데, 호문은 천혜의 요새와도 같은 곳이었다. 수심이 얕고 물길 양측으로 관병의 방어가 용이하여, 왕래하는 유럽 선박을 통제하는 데 다른 해관 지역보다 유리했다.

마지막으로 광주가 북경 조정과 거리가 가장 멀리 떨어진 해관이라는 점도 주효했다. 중국인과 외국인이 교류하며 접촉하는 것을 극도로 경계했던 청조는 점차 왕래가 잦아지고 세력이 강해지는 유럽인들과의 교역 창구를 중국의 핵심지로부터 가장 먼 곳으로 국한한 것이다. 비록 수량이나 교역량은 많지 않았으나 16세기에서 18세기 중엽까지 다수의 항구로 다양한 방식으로 접근할 수 있었던 서양과의 무역 루트가 18세기 중반에 하나의 항구로 국한되고 방식 역시 공행을 경유하는 방식으로 일원화되었다.

절해관이나 강해관과 비교할 때 월해관이 북경으로 바로 연결될 수 있는 대운하 유통망에 속하지 않는다는 점이 중요했다. 앞서 언급한 것처럼 영파

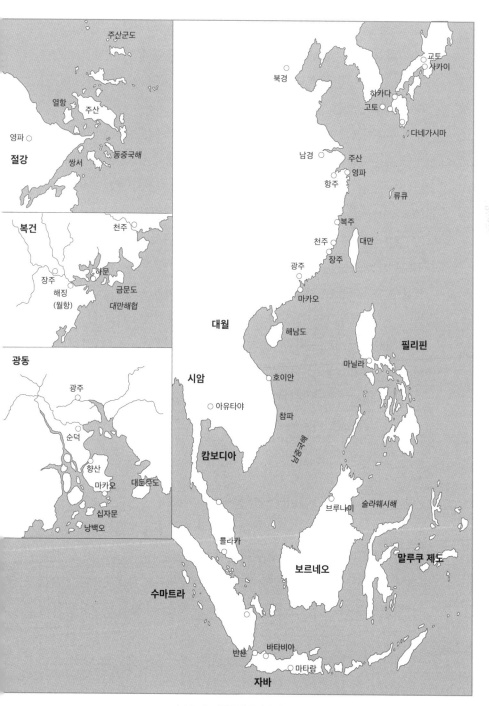

주산군도

열항
주산
영파
쌍서
동중국해
절강

복건
천주
장주
하문
해징
(월항)
금문도
대만해협

광동
광주
순덕
향산
마카오
대둔륜도
십자문
낭백오

북경

교토
사카이
하카다
고토
다네가시마

남경
주산
항주
영파
류큐

복주
천주
대만
광주
장주
마카오

대월
해남도

필리핀
마닐라

시암
아유타야
호이안
참파

캄보디아
남중국해

술라웨시해
브루나이

보르네오
믈라카

말루쿠 제도

수마트라

자바
반튠
바타비아
마타람

〈지도 7〉 남중국해 무역의 거점

와 상해는 내하(內河) 수로망을 통해 쉽게 대운하로 연결될 수 있었고, 다시 수도 북경뿐 아니라 대운하와 연결된 장강 루트를 통해 진강, 남경, 한구(漢口), 중경(重慶) 등 내지로 진입하기가 용이했다.[72] 한번 개방될 경우 내지로의 손쉬운 진입을 막기 곤란한 지역이었다. 이에 비하여 광주와 하문은 대운하 유통망과의 직접적인 연결 고리가 없었다. 광주는 높은 산맥으로 둘러싸인 하문에 비하여 대유령을 통과하기만 하면 내하 수로망으로 쉽게 연결된다는 장점이 있었다. '일구통상'의 실시 이후 광동 무역 체제(廣東貿易體制, Canton Trade System: 1757~1842년) 시기에 활성화된 주강-대유령-감강-양자강-대운하-북경 노선이 그것인데, 이는 내륙의 육로와 수로를 경유했기에 원양으로 빠지는 해운보다 통제하기가 쉬웠다. 이에 비하여 복건의 내륙 지역은 높은 산맥으로 가로막혀서 내륙 운송이 어려웠고, 하더라도 운송비가 많이 추가되었다. 만약 하문이 대외무역의 창구로 개방된다면 외국과의 교역을 위해 부득이하게 바닷길을 연계하지 않을 수 없었을 것이고, 서양인들 역시 환영하지 않았을 것이다. 요컨대 광주는 적절한 통제가 가능하면서도 중국 내지에서 생산된 물건과 유럽인이 가져온 물건을 교역하는 창구로 편리하다는 '안보'와 '이윤'의 장점을 겸비한 곳이었던 셈이다.

서북 변경 정책과 연동하는 해양 정책

조금 시야를 확대해서 1757년을 조망하면 동남 연해 지역에 대한 건륭제의 일구통상 정책이 서북 변경에 대한 정책과 연동되어 있음을 알 수 있다. 1757년부터 1759년 사이에 광동 무역 체제가 성립되는 배경에 서북 지역에서 발생한 준가르 정복전과 이에 군사력을 총동원해야 했던 정황이 있었다.

청군의 입관 이후에도 서북 지역의 변경 문제는 말끔하게 해결된 상태가 아니었다. 만주 지배층은 귀부(歸附)했던 몽골인을 팔기제(八旗制)로 편제하는 등 여러 부족으로 나뉜 몽골족을 포섭하려는 노력을 기울여 제국 초기의 안정 국면에 큰 효과를 거두었지만, 정통 몽골족과는 구별되는 서몽골 지역 오이라트(Oyirad)계의 갈단 칸(Galdan Khan: 1649~1697년)과 그가 이끄는 준가르 제국은 1750년대까지 청의 통치를 거부하며 독립 유지를 고수했다. 1754년에는 준가르의 수령 아무르사나(Amursana)가 내전에서 불리해지자 갑자기 병사 2000명과 유목민 2만 명을 인솔하여 중국 변경으로 내려와 건륭제에게 복속을 요청하는 사건이 발생했다. 이에 건륭제는 1755년에 대규모 군대를 일리로 파견하여 아무르사나의 경쟁자였던 다와치(Dawachi)를 제거했다. 이후 아무르사나가 다시 청군에 반란을 일으켰으나, 건륭제는 1757년에 장군 조혜(兆惠: 1708~1764년)가 인솔하는 두 번째 대군을 파견했다. 결국 아무르사나가 1757년에 시베리아로 피신하다 병으로 사망하자, 청군은 오늘날 천산산맥 이북의 준가르 초원에서 준가르 부족을 완전히 '초멸(剿滅)'하는 학살을 자행하여 준가르를 복속시켰다.[73] 그리고 1759년에 이르러서야 준가르 원정을 완수하고 새로 점령한 준가르 초원(천산 이북)과 타림분지(천산 이남) 지역을 '신강(新疆)', 즉 '새로운 강역'이라고 선포했다.[74]

이처럼 청조는 1755년에서 1759년 사이에 서몽골 지역을 정복하기 위한 군사 원정에 엄청난 재정을 투자해야 했다. 특히 1757년은 신강 정복에 분수령과도 같은 해였다. 위원(魏源)의 『성무기(聖武記)』에 따르면 1754년(건륭 19년)에서 1760년(건륭 25년) 사이에 약 3300만 냥의 군비가 소요되었다. 그 대부분은 호부의 은고(銀庫)에서 지출되었는데, 매년 호부에 들어오는 수입 가운데 반이 강남 지역으로부터 징수되었다. 따라서 건륭제는 준가르 제국 정벌을 위한 두 번째 대규모 군대를 파견하기 직전에 강남으로의 순행을 통해 강남 사회의 질서를 안정적으로 유지할 필요가 있었던 것이다. 그리고 남순 도중인 1757년 2월에 소주에서 영파 문제에 대해서 특별히 상유를 내리면서 서양 상인의 교역을 광주 한 곳으로 국한한 것 역시 엄중한 서북 지역의 군사 문제를 염두에 두고 가장 중요한 재원인 강남 지역을 외부의 '오염'으로부터 보호하고 질서를 유지하려는 전략적인 고려가 깔려 있었다.[75] 건륭제가 1784년에 마지막 남순을 거행하면서 "짐이 지난 50년을 지내면서 무릇 두 가지 대사(大事)를 거행했는데, 하나가 서사(西師)이고 다른 하나가 남순이다."라고 회고했던 것 역시 서북 지역으로의 군사 원정과 강남 지역으로의 순행이 건륭제의 인식 속에서 오랫동안 연동되어 있었음을 보여준다.[76]

이러한 연동 관계는 앞서 1717년(강희 56년)에 남양 무역의 금지령에서도 동일하게 발생했다. 1690년대 이래로 동남 해상에서 '해적'들의 출몰이 발생되어 확대되는 상황에서 서북방에서는 청과 준가르의 대치가 이어졌다. 준가르에 대한 전면 공세를 앞두고 전쟁 물자를 동원해야 하는 강남 지방에 대한 안돈(安頓)이 필요했다. 강희제 역시 청군이 북방에서 준가르와 전쟁을 수행하는 동안에 동남 연해에서 해적이 횡행할 가능성을 우려했다. 이에 서북과 동남에서 동시에 전란이 발생하는 것을 피하기 위해 중국 상선의 남양 도항을 금지한 것이다. 이는 서북 지역으로 힘을 집중하기 위한 일종의 예방 조치였다.[77]

대운하 시대의 동남 연해에 대한 상품 교역과 관련한 해양 정책은 사실상 국가 안보와 이를 뒷받침해 주는 물적 기반에 대한 고려 속에서 변화되는 변경 정책의 일환이었다. 피터 퍼듀(Peter Perdue)는 청조가 준가르 제국 정복을 통해 서북 변경에서 거둔 승리에 도취된 나머지 서북 변경의 정책 기조를 그대로 동남의 해양 변경 정책에 적용했다고 해석했다.[78] 즉 1760년대부터 1830년대까지 청의 관리들은 서북에서 만들어진 선례를 따라 영국 상인을 통제했다는 것이다. 신강으로 상품을 보내는 강남의 비단 공방들이 얻은 이윤은 광동 무역에서 얻은 이윤과 마찬가지로 내무부로 귀속되었다. 서북 지역에서 복무한 많은 순무와 총독들이 남부 해안에서도 복무했다.[79]

인적 연관성, 동일한 정책, 동일한 언어로 변경 정책들은 통합되어 있었다. 서북 변경과 동남 해안에 대한 정책의 연동성은 19세기 후반에 벌어진 새방파(塞防派)와 해방파(海防派) 사이의 논쟁에서도 확인할 수 있다.[80]

1757년의 일구통상 정책 수립은 광대한 제국을 안보와 이윤의 두 가지 동력 속에서 유지하려는 건륭제의 전략적 고려에서 나온 판단이었다. 물론 「방범외이조규」에는 관료가 '이인(夷人)'인 외국 상인을 대면할 수 없다는 중화 의식이, 그리고 서구 상인들의 공격적 진출에 대한 경계심이 농후하게 담겨 있다. 18세기 중엽 이후로 청은 '중화 제국'의 이미지를 뒷받침하려는 듯한 천조(天朝) 의식을 점차 전면에 드러내었고, 러시아와의 외교도 네르친스크 조약에서 보여 주었던 유연성이 사라지고 급속히 경직화되어 갔다.[81] 건륭제의 일구통상 정책은 해안의 통제와 무역 이익의 획득이라는 두 가지 욕구를 하나도 포기하지 않으려 하면서도, 전자가 후자를 압도해 가는 분기점을 보여 준다. 균형을 잃어버린 치우침 현상은 1784년까지 더욱 강화되었다.

8장

1784년, 건륭제가
대운하를 이용해
마지막 강남 순행을 마치다

1784년, 건륭제의 여섯 번째 남순

1784년 정월 초삼일(양력 1월 24일), 양회 염장의 소금 유통 관련 업무를 총괄하는 (만주인) 양회염정(兩淮鹽政) 이령아(伊齡阿: ?~1795년)는 강남으로 순행하려고 준비하던 건륭제를 위하여 '보련항(寶蓮航)'이라는 크고 호화로운 어용 선박을 제조하여 청강포에서 기다리겠다는 주접을 올렸다. 황제가 대운하를 이용해 강남을 왕래하는 기간이 대략 3개월에 달하므로, 기존에 황제가 탑승하는 안복로(安福艫)라는 선박보다 더 화려하여 마치 궁궐에 있는 것처럼 느낄 수 있는 선박을 준비해서 모시겠다는 의도였다. 안복로는 황제가 회안의 청강포에 도착할 때부터 갈아타고 남하했던 어주(御舟)로, 큰 것은 전장 31미터, 폭 6미터에 달했다.(〈그림 23〉 참조) 그 외에도 황후가 탑승하는 선박은 상봉정(翔鳳艇)이라고 불렸고, 큰 선박인 안복로가 진입하기 어려운 부두에는 그보다 작은 여의선(如意船)을 준비해 놓았다.[1]

하지만 건륭제의 반응은 그리 좋지 않았다. "또 쓸데없는 일을 만들었구나. 주접을 읽었으나 기쁘지 않도다.(又多一事, 覽奏不爲欣悅也.)" 그러자 이령아는 다시 주접을 써서 염상인 강광달(江廣達)과 정겸덕(程謙德)이 회남과 회북의 총상과 산상을 인솔하여 건륭제의 여섯 번째 남순을 맞이하기 위해

〈그림 23〉「건륭남순도」중 안복로를 타고 대운하를 이동하는 건륭제
출처: The Metropolitan Museum of Art Collection.

100만 냥의 기부금을 마련했다고 보고했다. 이번에도 건륭제는 "필요하지 않다."라는 비답을 내렸다. 군기대신이 '보련항'을 끌고 북상하지 말되 양주에 정박시키고 기다리라는 황제의 뜻을 이령아에게 전달했다. 그리고 남순에서 귀경하는 길에 이령아를 접견하고 기부금을 수령하며 이에 대한 상을 내려 주었다.[2]

보련항이라는 대형 어용 선박을 제조했다는 사실은 새로운 일이었겠지만, 이미 여러 차례 진행된 남순 과정에서 양주의 돈 많은 염상들이 '자발적으로' 기부금을 바치는 것은 황제에게도 익숙한 일이었다. 다만 보통 최소 300만 냥 이상이 소요되었을 것으로 추정되는 남순을 위해 그 비용의 3분의 1에 해당하는 100만 냥이나 되는 기부금을 준비했다는 점이 특기할 만한 일이었다.

기부금 모금을 주도했던 강광달과 정겸덕은 18세기 후반 양주의 대표적인 염상으로, 건륭제의 남순을 영접하는 과정에서 희극 극단에 대한 지원 활동으로도 이름이 올라 있는 이들이었다. 양주의 유력한 염상들은 자신의 가문에서 직접 희반(戱班)을 운영하였다.[3] 그 시작은 상인 서상지(徐尙志)

가 소주의 유명 배우들을 모집하여 노서반(老徐班)을 운영한 것에서 유래한다. 이후 황원덕(黃元德), 장대안(張大安), 왕계원(汪啓源), 정겸덕, 홍충실(洪充實), 강광달이 각각 자신의 희반을 운영하여, 양주에 유명한 '칠대내반(七大內班)'이 성립되었다. 그 결과 18세기에 양주는 소주와 함께 희극 활동이 가장 왕성한 지역으로 성장하였다.[4] 이름에 등장하는 상지(尚志), 원덕(元德), 대안(大安), 계원(啓源), 겸덕(謙德) 등은 모두 비즈니스 상표이고, 상인의 본명은 아니었다. 장대안은 섬서성 출신 염상 장하(張霞)이고,[5] 나머지 여섯 사람은 모두 휘주 상인이다. 양주 염상들은 희반을 운영하며 건륭제가 양주에 남순할 때마다 강남 문화의 정수를 향유할 수 있도록 준비했다. 건륭제의 남순에 황하와 대운하에 대한 치수 정비를 순시한다는 목표가 사라진 것은 아니지만, 강희제의 남순에 비하여 점차 강남 지역의 고급문화를 향유하려는 경향이 강해졌음은 7장에서 언급했다. 건륭제의 남순이 집중되었던 1750~1780년대에 양주를 비롯하여 강남의 주요 도시와 대운하와 인접한 여러 명승지에서는 황제의 순방을 기대하고 대대적인 정비와 건설의 붐이 일어났다.[6]

압도적인 경제력을 기반으로 한 강남의 문화적인 힘은 건륭제에게 경계심도 불러일으켰으나 결국은 여섯 번이나 강남으로 향하는 구심력으로 작용했다. 성공의 사다리인 과거에서 강남인들이 보여 주었던 힘은 대단했고, 점차 권력의 상층부는 강남 출신 인사들로 채워졌다. 이와 함께 강남에 건립된 사원, 사당, 정원, 호수, 도서관 등 명승지도 압도적으로 많았다. 대운하와 연결된 항주, 소주, 양주, 남경과 같은 강남의 도시와 그 주변의 명소를 방문하지 않았다면 진정한 문화인이라고 주장하기 곤란할 정도였다. 물론 건륭제는 강남 한족의 도시 문화가 고결하고 순박한 만주족의 기질에 미칠 폐해를 모르는 바는 아니었다. 그래서 건륭제는 만주족 정체성을 강조하고 훈련하기 위해 승덕(承德: 열하)과 목란 사냥터로 여행하는 북순을 즐겼던 것 못지않게, 문화적인 야심을 가지고 강남을 방문하는 순행을 기획하고 조부의 선례를 따라 여섯 차례 진행한 것이다.[7]

마지막 남순에 대한 양주 상인의 아쉬움

1784년은 건륭제가 대운하를 이용해 강남 지역으로 마지막 순행을 한 해였다. 1684년에 시작된 청 황제의 남순은 1784년까지 약 100년 동안 모두 열두 차례 이루어졌다. 강희제와 건륭제가 각각 여섯 차례 남순을 거행했지만, 그 사이에 13년간 재위했던 옹정제는 단 한 차례의 남순도 떠나지 않았다.

옹정제는 남순만이 아니라 사방으로의 순행을 모두 거행하지 않았다. 아버지 강희제와 달리 허세와 과시욕 그리고 정제된 미적·심미적 취향을 거의 가지고 있지 않았던 옹정제의 취향이 순행의 부재를 부분적으로 설명해 준다. 또한 45세의 원숙한 나이에 제위에 오른 옹정제는 즉위한 해부터 강희제의 치세에 확산되었던 사치 풍속을 경계하며 일침을 가했는데, 사치한 풍속은 상인이 가장 심하고 각처의 소금 상인이 모두 그러하지만 회양 지역이 더욱 심하다면서 이를 시정하라는 상유를 내렸다.[8] 부유한 회양 지역 상인에 대한, 강희제나 건륭제와는 사뭇 다른 옹정제의 관점이 강남으로의 남순에 전혀 관심을 보이지 않았던 또 다른 이유를 설명해 준다.

명대에도 1415년에 대운하 정비를 완료했던 영락제가 1416년과 1417년에 각각 대운하를 이용해 북경과 남경을 왕래했고, 정덕제 역시 1519년에 대운하를 이용하여 남경을 왕래하는 남순을 거행했다.[9] 남순의 목적에는 여러 가지가 있지만, 공식적인 목적은 정덕제의 경우 영왕(寧王) 주신호(朱宸濠)의 반란 진압과 치안 유지에 있었고, 청의 강희제와 건륭제는 하공에 대한 정비와 민정 시찰에 있었다. 전통 시대에 수천 명에 달하는 황제의 거대한 남순단이 대운하를 이용하여 남북을 이동한다는 것은 그렇지 않아도 유일한 조운로로 중시되던 대운하에 대한 대대적인 관심과 재정비를 촉발했다. 순행 경로에는 치안을 유지하고 만일의 사태를 대비하는 과정에서 부담감과 긴장감이 고조되었지만, 이는 황제가 체류하는 거점 도시에 활력으로 작용했다.

양주의 부유한 상인들에게 아쉬웠던 것은 단 하나였다. 그것은 황제의 잦은 방문도 아니고, 남순을 준비하기 위한 경제적 부담도 아니었다. 오히려 황제가 나이가 듦에 따라 남순의 횟수가 줄어드는 데 있었다. 1751년에서 1765년까지 15년 동안 1차에서 4차까지 네 차례의 남순이 줄기차게 이어졌으나, 이후 15년 동안 남순이 거행되지 않았다. 황제의 나이는 어느새 일흔에 도달했다. 강희제는 여섯 차례의 남순을 모두 54세 이전에 했다. 사방으로의 순행 가운데 가장 긴 여정이기에 체력이 뒷받침되어야 했던 것이다.

그러다 1780년(건륭 45년)에 일흔의 건륭제는 다섯 번째 남순을 거행하고, 다시 4년 뒤인 1784년에 여섯 번째 남순에 나섰다. 이제 일흔넷의 고령인 데다가 조부의 남순 횟수인 여섯 번까지 채웠으니 건륭제는 더는 남순을 시도할 힘과 명분을 잃었던 것 같다. 이제 황제는 강남으로 내려가지 않았다. 1784년은 양주의 휘주 상인이 건륭제를 만났던 마지막 해였다. 건륭제의 기력과 의지가 모두 쇠할 즈음부터 약속이나 한 듯 회양 지역 경제와 양주 상인 모두 맥이 풀린 듯했다. 양주의 도시 문화에 활력을 불어넣어 준 것은 양주 상인들의 재력인 듯싶었지만, 근본 요인은 외부적인 곳에 있었던 셈이다. 황제의 남순을 준비할 때 대운하를 비롯한 수로 체계는 재정비되었고, 도시의 문화 시설은 떠들썩하게 단장되었다. 그런데 1784년 이후로는 이처럼 강력한 동기와 활력이 양주에 부여되지 않았다.

그동안 수많은 에너지를 지역사회와 유통로에 쏟아부었던 대운하 도시의 상인들에게 최고의 고객이 방문하지 않는 것은 사실 맥이 빠지는 일이었다. 공교롭게도 이후 황하의 물줄기는 다시 불안정해지기 시작했고, 이와 동반해서 대운하의 물류 체계와 이에 대한 치수 정책은 위기를 맞이했다. 수도를 경제 중심지로 옮기지 않고 북경에 두는 한, 대운하를 안정시키기 위해서는 황하-회수-대운하의 연쇄 구조로 연결된 치수 체계의 유지와 보수를 위해 막대한 재정과 에너지를 투입해야 했다.

1784년의 광주 교안 사건

1784년 4월 23일(양력 6월 10일), 건륭제는 마지막 남순을 마치고 북경으로 돌아왔다. 그로부터 3개월 뒤인 음력 7월 중에 광주에서 섬서성 서안(西安)으로 포교하기 위해 가던 기독교도들이 '발각'되었고, 호광총독(湖廣總督)이 8월 9일에 황제에게 보고하자 건륭제는 8월 20일(양력 10월 4일)에 관련된 상유를 하달했다. 건륭제는 27년 전에 영파에 출현한 영국인이 내지인과 결탁할까 봐 염려하고 두려워 했던 일을 떠올릴 수밖에 없었다. 이는 결국 18세기 최대 교안(敎案)으로 불리는 사건으로 확대되었다.

발단은 서양 국가들과의 대외 교역이 활발하게 진행되던 광주에서 나타났다. 광주의 공행이 관리하는 상관 안에서 잠시 체류하던 서양인 네 명(조반니 다 사사리(Giovanni da Sassari), 주세페 마테이(Giuseppe Mattei), 루이지 란디(Luigi Landi), 조반니 바티스타 다 만델로(Giovanni Battista da Mandello))가 중국인 협조자의 도움을 받아 내륙에 진입하여 섬서성 서안으로 선교를 떠난 일이 발각된 것이다. 체포된 서양인에게 광주의 라마당가(羅瑪當家)[10]에서 발송된 서신이 발견되었는데, 이에 따르면 섬서에 가서 선교하기 위해 채베드로(蔡伯多祿)를 호남성(湖南省) 상담(湘潭)에 잠시 머물게 하고 따로 사람을 호북성 번성(樊城)에 보내어 직접 서안으로 향하여 만나기를 모의했다. 즉 광동성 광주-호남성 상담-호북성 번성-섬서성 서안까지 연결된 기독교 조직망과 자유로운 왕래의 흔적이 발견된 것이다.

호광총독 특성액(特成額)이 조사하여 보고한 내용에 건륭제는 깜짝 놀랐다. 1757년부터 1759년 사이에 '일구통상' 정책과 「방범외이조규」를 통해 외국인들의 내지 이동과 종교 활동을 금지한 바 있었는데, 어떻게 이렇게 내지에 서양인 선교사가 단속에 걸리지 않고 자유롭게 왕래할 수 있었던 말인가? 건륭제는 광동순무 손사의(孫士毅)에게 조사를 명했고, 이 과정에서 서양인 선교사 열여덟 명과 중국인 수백 명이 관련자로 체포되었다.[11]

손사의 등이 올린 상주 내용에 따르면, 서안은 기존에 천주당이 있는 곳이었다. 이에 금령을 내려 일반 백성의 거주지로 바꾸게 하였으나, 지난해(1783년)에 호광 사람인 초진강(焦振綱)과 채록상(蔡祿商)이 서양인을 서안에 끌어들여 성서를 공부하려고 모의했다. 이에 1784년 4월에 광주로 내려가 복건 용계현(龍溪縣) 출신의 채베드로와 함께 치라이관(哆囉夷館)에서 네 명의 서양인을 끌어들여 호광으로 오게 했다. 그들은 광동성 소주부(韶州府) 낙창현(樂昌縣) 사람인 사베드로(謝伯多祿) 및 광동성 조경부(肇慶府) 고요현(高要縣) 사람 사록무(謝祿茂)와 동행하여 이동하던 중에 체포되었다.

서안은 이미 당대(唐代)의 수도(당대의 명칭은 장안)였을 때 네스토리우스파(일명 '경교(景敎)' 혹은 '아시리아 동방교회') 선교사들이 진입하여 거주했을 정도로 기독교 접촉의 역사가 깊은 도시였다. 당시 시리아권에 속한 기독교 공동체였던 네스토리우스파의 교리가 중국으로 전래되는 과정은 781년에 「대진경교유행중국비(大秦景敎流行中國碑)」에 새겨져 장안 시내 서북쪽에 위치한 의녕방(義寧坊)의 대진사(大秦寺)에 세워졌다. 하지만 9세기에 대진사가 파괴될 때 이 비석 역시 땅속에 파묻혀 잊힐 뻔 했으나, 약 800여 년이 지난 1620년대에 극적으로 발굴되었다. 당시 중국에 들어와 활동하던 예수회 선교사 니콜라스 트리고(Nicholas Trigault: 1577~1628년) 등이 한자와 시리아 문자로 새겨진 이 비문을 라틴어로 번역하여 유럽에 널리 알렸으며, 1856년에 홍콩에서 발행되던 개신교 선교사들의 잡지인 《하이관진(遐邇貫珍,

Chinese Serial)》에도 게재되어 큰 반향을 일으켰다.[12] 이런 역사를 지닌 서안으로 또 진입하려던 사건이었기에 선교사들을 체포했던 청의 관리들은 긴장하지 않을 수 없었다.

체포된 이들을 광주로 송치하는 것 외에 다소 의외의 인물에게 처벌이 내려졌는데, 바로 7장에서 소개한 광동 13행 반진승에게 내려진 백은 12만 냥의 벌금형이다. 죄목은 서양인의 월경(越境)을 초래했다는 것이다. 반진승이 손사의에게 올린 품(稟)에 따르면, 문제의 편지를 발송했던 라마당(羅瑪當)이 머물던 치라이관은 반진승이 관할하던 곳으로, 반진승이 통제를 잘하지 못하여 채베드로와 연결되었고, 서양인이 월경하는 사태까지 확대되었다는 진술을 담고 있다. 「방범외이조규」에서 외국인이 상관에서 길을 잃거나 고의로 내지로 진입하여 문제가 발생할 경우, 이에 대한 책임을 공행에게 물었음은 7장에서 언급한 바와 같다. 따라서 외국인에 대한 '보증 상인[保商]'이었던 반진승이 이런 일을 미연에 방지하지 못했기에 이에 대해 책임져야 한다는 논리가 성립했다.

반진승은 자신에게 부과된 벌금 12만 냥을 자진해 납부하여 공적 용도에 충당하기를 희망했다. 여기서 흥미로운 것은 이 벌은의 사용처였다. 청조는 반진승이 낸 벌금으로 1784년 9월 24일에 범람했던 하남성 휴주(睢州)의 황하 지역에 대해 지지부진했던 하공 비용에 충당토록 했다. 1784년 여름은 휴주의 황하 범람으로 대운하로 북상하던 조운선의 운행에 큰 차질이 발생한 상태였다. 봄에 대운하를 이용해 강남을 순행했던 건륭제는 휴주의 범람으로 조운에 차질이 생기는 것에 특별히 주목하면서 "조운은 국가 창고에 관련된 것(漕運爲天庾攸關)"이므로 북경으로 곡물을 운송하는 조운의 안정화에 대한 근본적인 대책을 마련하라고 명령했다.[13] 청조가 매년 100만 냥 가까운 비용을 들여 황하와 회수를 치수하는 것은 사실상 모두 북경의 '국가 창고(天庾)'를 채우기 위한 대운하의 정비에 목적이 있었다.[14] 황하와 연동된 대운하의 조운 체계에 대해 마지막이기는 하지만 남순을 마치고 돌아온 건륭제의 관심이 고조된 상태에서 교안으로 발생한 자금을 바로 하공에 사용하여 조운을 정상화한 것이다.

1775년(건륭 40년) 이후에 벌은은 이미 과실에 대한 면벌부로 인식되거나 본래 과실이 없는 관원에 대한 관용적인 처분 방식으로 활용되었고, 그 액수도 보통 3만 냥 전후였다. 이에 비추어 볼 때 반진승에게 부과된 12만 냥은 결코 적은 액수가 아니었다. 최대 액수는 1794년(건륭 59년)에 양회염정 전덕(全德)이 납부했던 38만 4000냥이었다. 이후 광주에 대해서 치안 유지와 통제가 강화되었음은 물론이다.

서양인과 회교도의 연계 가능성에 노심초사하는 건륭제

이 정도의 사건은 광주에 대한 통제를 강화하는 선으로 끝날 법도 했지만, 건륭제에게 이 사건은 우연으로 느껴지지 않았다. 오히려 서양인과 회교도들을 한 뿌리로 인식하고, 양자 간의 연계 가능성에 노심초사하는 건륭제의 언급이 주목된다.

근자에 서양인과 회인(回人)은 본래 하나의 종교에 속한다고 들었다. 금년(1784년)에 감숙성(甘肅省)에서 거스르는 회족(回族)들이 사건을 일으켰고 서양인은 섬서성까지 들어와 전교하니 마침 연결될 좋은 기회를 만나게 되었다. 또한 섬서성과 감숙성의 두 성은 일반 백성과 회족들이 어울려 사는 곳으로 (선교사들과) 결탁해 미혹된 일을 선동하고 분란을 일으킬까 염려된다.[15]

서양 선교사와 회교도들이 만날 가능성을 극도로 우려했던 건륭제는 이 사건을 엄격하게 조사하라는 상유를 내리고, 이를 군기대신 화신(和珅)이

호광총독 특성액, 양광총독 서상(舒常), 광동순무 손사의, 섬감총독(陝甘總督) 복강안(福康安), 섬서순무 필원(畢沅) 등에게 하달했다. 18세기에 중국 각지를 연결하여 구축되었던 기독교 네트워크는 기존에 북경에서 왕성하게 활동했던 예수회가 아니라 프란치스코회와 같은 탁발 수도회가 노력한 결과였다. 18세기에 프란치스코회는 포르투갈 신부와 이탈리아 신부들의 근거지인 마카오로부터 지하 선교 조직이 형성되어 있던 사천성, 호남성, 섬서성, 산동성, 직예 등의 지역으로 선교사들을 정기적으로 파견했다.[16] 이는 주로 북경과 마카오를 거점으로 활동하며 하향식의 전도 정책을 펼쳤던 예수회와는 완전히 다른 전략이었다.

건륭제가 언급했던 '감숙성에서 거스르는 회족들'이 일으킨 사건은 감숙성 고원(固原) 지역에서 발생한 석봉보(石峰堡) 전투로 불리는 회교도 반란이었다. 당시에 신강 지역의 회족 사이에는 마명심(馬明心: 1719~1781년)이라는 새로운 지도자가 출현하여 세력을 형성했다. 이에 따라 기존의 교단을 구교(舊敎: 화사(花寺) 교단)라고 불렀고, 마명심의 교단을 신교(新敎: 자흐리 교단)[17]라 불러 구별했다. 두 교단은 사사건건 충돌하며 대립했는데, 이러한 갈등 구조에 청조가 개입하였다. 청의 난주(蘭州) 총독을 자기편으로 끌어들이는데 성공한 구교는 신교를 토벌하려 했고, 이는 청조에 대한 신교의 반란으로 이어졌다. 건륭제가 파견한 진압군은 1781년에 마명심을 포함한 8000여 명을 사살하고 반란 진압에 성공했다. 하지만 3년 뒤인 1784년에 신교는 다시 반란을 일으켰고, 감숙성의 석봉보를 중심으로 전오(田五)라는 지도자가 청조를 상대로 항쟁을 이어 갔다. 결국 청조가 이들을 강력하게 진압하는 과정에서 2만여 명이 살육당하고 살아남은 자들은 다른 지방으로 보내져 노비가 되었다. 이후 청조는 신교와 구교라는 구별을 하지 않고 '반란에 참여한 회교도들[從逆回匪]'를 모두 사교도(邪敎徒)로 규정하였다. 즉 회족 전체에 대한 정책이 일변한 것으로, 무슬림 전체를 의심하는 눈으로 보기 시작한 것이다. 회교도 반란의 진압에 공로가 있던 아계(阿桂), 복강안, 화신에게는 포상이 뒤따랐다.

이처럼 1784년에 건륭제는 성사되지도 않은 일이었지만, 서양인과 회교도들이 만날 가능성을 극도로 우려하고 있었다.[18] 하지만 이미 이 사건이 발생하기 전부터 청조는 기독교(가톨릭)를 사이비 토착 종교 집단과 마찬가지로 경계하기 시작했다. 마치 청조가 기독교를 이슬람교와 구분하지 못하는 것처럼 보였다. 제국 내에 무슬림 인구가 적지 않았기에 이슬람교를 기독교와 혼동한다는 것은 납득하기 어려워 보이지만, 청조는 분명 기독교를 토착 이단과 명확히 구분하지 못했다.[19] 아니, 통제를 위해 의도적으로 구분하지 않았을 가능성이 더 크다. 당시 광주 교안의 여파는 산동성에서 활동하던 스페인의 프란치스코회까지 미쳤다. 1784년부터 시작된 대규모 박해로 말미암아 1650년부터 시작된 산동성에서의 스페인 전교 활동은 1785년에 사실상 종료되었다. 마닐라에 있던 프란치스코회 총본부는 1801년에 산동성에서의 활동을 포기하기로 결정했고, 1813년에는 중국으로부터 전부 철수하였다.[20]

한편 1784년은 북경에서 조선인 최초의 천주교 세례자가 탄생한 해였다. 동지사(冬至使)의 서장관(書狀官)으로 임명된 부친 이동욱(李東旭)을 따라 북경을 방문했던 이승훈(李承薰: 1756~1801년)은 북경의 천주당을 찾아가 선교사들과 접촉했고, 예수회의 장 드 그라몽(Jean de Grammont, 양동재(梁棟材): 1736~1812?년) 신부는 이승훈에게 '베드로'라는 세례명으로 세례성사를 주었다. 초대교회의 베드로처럼 조선 교회의 반석이 되라는 뜻이 담겨 있었다. 각종 서양 기기와 한역 서학서를 가지고 귀국한 이승훈은 조선 천주교의 '개교 성조(開教聖祖)'라 일컬어지는 이벽(李檗: 1754~1786년)에게 서학서를 전달했고, 이들을 중심으로 천주교 신앙 공동체가 조선에 급속히 퍼져나가기 시작했다.[21] 일단 세례 교인이 조선에 전래되고 양반 사인들 사이에 뿌리를 내리기 시작하자 그동안 서학에 호기심을 가지고 있던 조선의 상황은 완전히 달라졌다. 1791년의 신해교난(辛亥敎難)을 시작으로 1801년의 신유박해(辛酉迫害)까지 천주교에 대한 대대적인 탄압이 일어나 천주교를 신봉했던 남인들은 심각한 타격을 받았다. 여기에 황사영(黃嗣永)이 신유박해 때 혹독한 탄압을 받은 조선 교회의 상황과 그 대책을 담아 북경 교구로 보내려던 밀서('황사영 백서')가 발각되자, 조선 조정은 이 사건이 청나라와 서양이 관련된, 정권을 전복하려는 시도라고까지 생각했다.[22] 200여 년 전의 일본과 다른 상황이면서도 묘하게 유사했다. 선교사가 들어오기 전에 '자발적으로' 서학의 형태로 기독교 신앙을 받아들이기 시작했다는 점에서 차이가 있었다. 그렇지만 선교가 '너무' 성공적이었던 점이 유사했다. 기독교가 빠르게 퍼져 나가면서 통치자들이 위협을 느끼게 되었고, 그리하여 "선교사들과 개종자들을 박해하는 것뿐만 아니라 '쇄국'정책을 펴도록 했던 것"이다.[23]

이처럼 18세기 후반에 중국 내부에서는 '서양(the West)'에 대한 '위기의식'이 고조되기 시작했고, 1784년의 교안을 계기로 대외적으로 더욱 보수화되었다. 조선에서도 1784년에 이승훈이 세례를 받은 이후 확산된 천주교 세력에 대한 위기의식과 이를 막기 위한 통제가 강화되었다. 공교롭게도 이때부터 서양과 중국 사이의 무역액은 급증하기 시작했다.

미·중 교역의 시작과 '아메리칸 임팩트'

건륭제의 남순과 광주의 교안 사이인 1784년 7월 초십일(양력 8월 25일), 360톤급의 미국 상선 '중국 황후(Empress of China)호'가 중국에 도착했다. '중국 황후호'는 미국에서 중국으로 보낸 첫 번째 선박으로, 1784년은 오늘날까지 흥미진진하게 전개될 미·중 교역의 시작점으로 기억될 만하다. 중국 황후호는 태평양 노선이 아니라 북아메리카 동부의 뉴욕을 출발하여 대서양과 인도양을 거쳐 6개월여 동안 1만 3000마일 이상을 항해한 끝에 광주에 입항했다. 선장은 필라델피아 출신의 아일랜드인 존 그린(John Green)이었고 슈퍼카고(supercargo: 화주를 대표해 상선에 승선하는 화물 관리인)이자 비즈니스 대리인으로 새뮤얼 쇼(Samuel Shaw: 1754~1794년)가 승선했다. 당시에 중국 황후호를 통해 인삼, 모직물(camlet), 모피, 호초(胡椒, pepper), 납(lead) 등 시가 13만 6000여 냥의 물품이 중국으로 유입되었고, 반대로 차, 자기, 비단, 남경포(南京布, Nankeen) 등 시가 7만 1700여 냥의 물품이 미국으로 유출되었다. 당시 미국이 획득한 순이익은 투자액의 25퍼센트 정도였다.[24]

놀랍게도 인삼은 중국에 대한 미국의 최대 수출품이었다. 18세기 초에 아메리카 대륙에서 인삼이 발견되자 영국, 프랑스, 스웨덴의 선박들은 그것을 중국으로 수출하기 시작했다. 특히 1747년에 매사추세츠에서 야생삼이 다량으로 발견되기 시작하면서 미국 곳곳에서 서부의 금광 개발과 흡사한 '삼 찾기' 붐이 일어날 정도였다. 당시에 영국의 식민지였던 미국은 인삼을 중국으로 직접 수출할 수 없었으나, 1776년의 독립선언과 1783년의 파리 조약을 통해 완전한 독립국으로 인정받으면서 중국과 직접 교역하려고 시도했다. 당시에 미국에서는 영국 동인도회사가 공급하는 중국산 차를 고가로 매입해야 했기에 중국에 갖다 팔 수 있는 물품으로 인삼에 주목한 것이다. 중국 황후호에 선적된 인삼은 전체 화물 금액 27만 달러 가운데 24만 달러를 차지했고, 물량으로 치자면 그 시즌에 중국에서 수입한 전체 인삼량의 50퍼센트를 차지할 정도로 많았다. 광주의 중국인들은 독립국가인 미국 국민을 뭐라고 불러야 할지 몰라 결국 '새로운 사람들'이라 부르며 배에 꽂힌 성조기를 '화기(花旗)'라 불렀는데, 그로 인해 미국에서 온 북미삼은 '화기삼(花旗蔘)'이라는 이름을 얻게 되었다. 미국인들은 화기삼 등을 팔아 안휘성의 녹차인 희춘차와 복건성의 홍차인 무이차(武夷茶), 엄청난 양의 도자기 등을 싣고 1785년에 뉴욕항으로 돌아왔다.[25] 희춘차는 영국 상인 플린트가 휘주

상인 왕성의에게 주문했던 녹차였다.(7장 참조)

1784년에 중국 황후호가 광주에 도착했을 때 미국인들을 상대했던 '보증 상인'은 앞서 언급했던 반진승이었다.[26] 7장에서 언급했듯 '일구통상'을 계기로 성공 가도를 달리던 반진승이 미국과의 무역 개시에도 결정적인 역할을 하고 있음을 확인할 수 있다. 다만 그로부터 한 달여 후에 발생한 광주의 교안 사건에 연루되었던 반진승은 12만 냥의 벌금을 납부했으니, 이때부터 반진승은 외부 활동을 대단히 조심하게 되었다. 반진승의 사업을 물려받아 1788년에 반계관 2세가 된 셋째 아들 반유도는 자신의 신분과 재력을 남에게 과시하지 않는 것으로 서양 상인들에게 깊은 인상을 주었다. 1793년에 영국의 사신 매카트니는 광주에서 반유도와 이익행(而益行)을 경영하던 또 다른 행상인 석경관(石鯨官, Shy Kinqua)을 만났는데, 당시에 매카트니를 수행한 부사 조지 스탠턴의 기록에 따르면 석경관과 달리 반유도는 자신의 지위를 잘 드러내지 않는 신중함을 보였다.[27] 이는 부친의 경험에서 말미암은 지혜였음이 틀림없다.

16세기 전반부터 시작하여 이른바 대항해시대의 흐름 속에서 동아시아에 진출한 포르투갈, 스페인, 네덜란드에 비하면 미국은 그야말로 후발 주자였다. 하지만 '중국 황후호'의 도래 이후 중국과 미국 사이에 해양 교역에 대한 욕구와 기회는 급증하였다. '중국 황후호'는 뉴욕에서 출항했지만, 이미 이전부터 필라델피아에서는 아시아로 향하는 선박이 출항했으며, 이후에는 메사추세츠의 보스턴과 세일럼 등지로 출항지가 증가했다. 1784년을 시작점으로 1833년까지 48년 동안 미국에서 중국으로 파견한 선박은 약 1000척에 달하는데, 이는 지난 100여 년 동안 영국이 중국에 파견한 선박 수의 44퍼센트에 해당할 정도로 많은 수였다. 영국이 중국과 100여 년 동안 통상하던 나라였음을 상기한다면, 이는 매우 빠른 성장이었다. 1790년대 이후가 되면 미국은 영국에 이어 중국과 교역량이 두 번째로 많은 서구 국가가

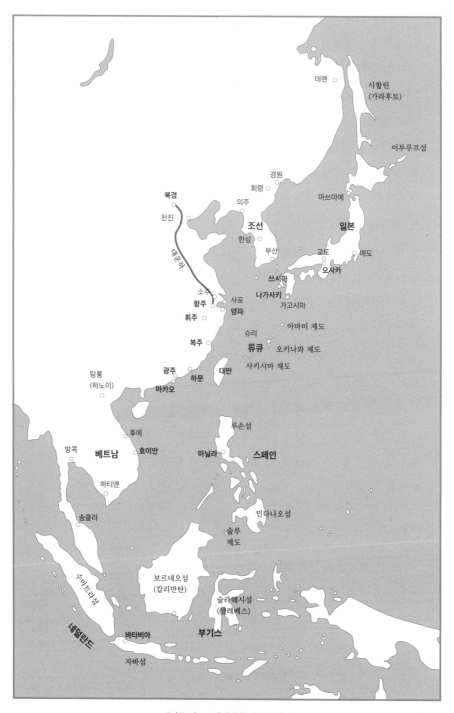

데렌

사할린
(가라후토)

이투루프섬

경원

회령

마쓰마에

북경

천진

의주

조선

일본

대운하

한성

부산

교토

에도

쓰시마

오사카

소주

사포

나가사키

항주

영파

가고시마

휘주

슈리

아마미 제도

복주

류큐

오키나와 제도

대만

사키시마 제도

탕롱
(하노이)

광주

하문

마카오

후에

루손섬

방콕

베트남

호이안

마닐라

스페인

하티엔

송클라

민다나오섬

술루
제도

보르네오섬
(칼리만탄)

술라웨시섬
(셀레베스)

수마트라섬

네덜란드

바타비아

부기스

자바섬

〈지도 8〉 18세기의 동아시아 해역

될 정도로 교역량이 증가했다.[28]

남중국해를 중심으로 포진한 유럽인들의 진출기지였던 광주, 나가사키, 바타비아의 세 항구도시를 검토한 레오나르트 블뤼세(Leonard Blussé)는 "중국인, 일본인, 네덜란드인들이 1780년대부터 1790년에 걸쳐 아시아로 진입하기 시작한 새로운 미국인들을 맞이한 곳이 바로 이 세 항구도시"였으며, 따라서 18세기에서 19세기로 넘어가는 약 30년은 동아시아 지역뿐 아니라 세계적으로도 '터닝 포인트'가 될 만한 시기라고 지적했다.[29] 당시에 유럽에서 진행된 프랑스 혁명과 나폴레옹 전쟁의 여파로 남중국해에서 네덜란드의 역량은 현저하게 약화되고 그 자리를 미국이 대체하기 시작했다. 이후 새로운 국제 교역 항구로 싱가포르, 홍콩, 상하이, 요코하마가 부상하기 시작했다. 네덜란드가 독점하던 일본과의 교역에 대한 미국의 개입 역시 18세기 후반부터 시작되었다. 네덜란드가 프랑스 혁명군에 점령당한 1795년 이후로는 일본 나가사키로 네덜란드 깃발을 꽂은 덴마크와 미국의 선박이 왕래하기 시작했다. 1866년의 제너럴셔먼호 사건은 비록 무력이 동원된 충돌 사건이었지만 조선과 미국의 관계를 한 단계 진전시키는 결정적인 계기를 마련했다. 이처럼 1784년의 중국 황후호 도래 이후 대운하의 중요성이 감소하는 동시에 동아시아에서 해양의 중요성이 증가하기 시작하면서 이른바 해양발 '아메리칸 임팩트(American impact)'가 체감되기 시작했다.[30]

레이디 휴스호 사건의 여파

1784년 11월, 광주 황포항에 정박해 있던 영국 동인도회사의 선박 '레이디 휴스(Lady Hughes)호'에서 발생한 사건은 이후 중국과 서양 사이의 외교 관계에 불길한 전조가 되었다. 양력 11월 24일에 레이디 휴스호에서 발사한 예포(禮砲)가 '우연히' 옆에 정박해 있던 중국 선박에 떨어져 구경하던 두 명의 중국인이 사망했다. 레이디 휴스호의 선장은 탄환을 발사한 포병을 밝히지 않으려 했으나, 중국은 상호 책임 원칙에 따라 그 배의 관리자를 체포하고 서양과의 모든 무역을 취소하겠다고 위협했다. 당시에 광주에서 장사하던 영국인들과 중국 황후호의 미국인들을 비롯하여 외국 상선의 선원들 대부분이 힘을 합쳐 저항했으나 결국 중국 당국의 단호한 입장을 이기지 못하고 레이디 휴스호는 해당 포병을 중국 측에 인도했다. 그는 1785년 1월에 교수형을 당했다.

이 사건을 계기로 광주의 동인도회사 의회는 중국 정부의 사법적 영향력에서 벗어나지 않고서는 영국인을 안전하게 보호할 수 없다고 확신하게 되었다. 레이디 휴스호 사건은 이후 영국이 중국에 요구하는 자유무역, 치외법권, 영토 할양이라는 일련의 요구를 하나의 일괄 조치로 요구하게 되는 촉매제가 된 것이다.[31] 이로 인해 영국 내부에서도 기존의 광동 무역 체제에 불만을 품고 황제를 직접 만나 무역에 관한 담판을 짓는 것으로 여론이 급변하였다. 9년 후인 1793년에 영국 최초의 전권대사인 매카트니 경이 파견되어 건륭제와 만나고, 다시 20여 년 뒤인 1816년에 윌리엄 피트 애머스트(William Pitt Amherst: 1773~1857년) 경이 파견되어 가경제(嘉慶帝: 재위 1796~1820년)와 접견하는 데 실패하는 등 일련의 과정은 1840년 아편전쟁의 발단이 사실상 1784년에 광주에서 발생한 여러 사건과 잇닿아 있음을 보여 준다.[32]

마침 18세기 후반은 중국에 대한 유럽 지식인들의 인식이 우호적인 입장에서 멸시로 변화되는 과정과도 맞물려 있었다. 1773년에서 1814년 사이에 예수회가 일시적으로 해체되고 19세기 초에 유럽의 대학에서 중국학 과정이 개설(1814년 파리에서 시작)된 이후 예수회가 주도하던 중국 정보의 전달 방식은 끊어졌다. 그 과정에서 예수회보다 덜 객관적이며 그 이해가 깊지 않은 계몽주의파의 중국 이해가 유럽에서 주도적인 담론을 차지하게 되었다. 극단적인 사례이기는 하지만, 예수회의 알레산드로 발리냐노(Alessandro Valignano, 범례안(范禮安): 1539~1606년)는 일본과 중국을 아담의 후예라고 인정하는 '백인'으로 불렸으나, 18세기 후반의 데이비드 흄(David Hume), 이마누엘 칸트(Imanuel Kant) 등은 중국인을 인종적으로 열등한 '황색인'으로 간주하였다.[33]

전례 논쟁과 기독교 포교에 대한 옹정제의 전면적인 금교령(1724년)으로 중국과 유럽의 지적 교류에 큰 장애가 발생하고, 이후 사상적 폐쇄성이나 서로에 대한 무지와 오해가 깊어 간 것도 18세기 중반 이후 유럽인들의 급격한 대중국 인식 악화에 영향을 주었다.[34] 유럽인들의 시각에서 주목하고 해석했던 중국 열풍인 '시누아즈리(chinoiserie)' 역시 처음에는 에덴동산 같고 풍요로우며 당당했던 중국의 이미지로 시작되었으나, 1720~1730년대의 종교적 충돌 이후 점차 중국 남성을 유약한 여성처럼 묘사함으로써 부정적으로 왜곡하기 시작했다.[35]

대운하 시대의 종점, 1784년

요컨대 1784년은 대운하에 대한 국가권력의 관심과 활력이 마지막으로 제공된 시기이자, 내부적으로는 바다에서 접근하는 서양 세력에 대한 '의구심'이 고조되는 한편 외부적으로는 서양과의 해양 교역이 급증하는 전환점이었다. 즉 1415년을 전후하여 급증했던 대운하에 대한 국가권력의 관심이 1784년 이후로 급속하게 하락하고 남북을 연결하는 국가적 물류라는 대운하의 핵심적인 기능이 약화되기 시작한 반면에, 해양으로의 교역 확대는 거부할 수 없는 시대적 흐름이 된 것이다. 이런 측면을 종합적으로 고려하여 1784년을 대운하 시대를 지탱하는 동력이 쇠퇴하는 시점인 동시에 대운하 시대의 종점으로 파악하였다.

외견상 18세기 후반은 분명 강희제, 옹정제, 건륭제로 이어졌던 '성세'였음에 분명했다. 특별히 멀리서 와서 내막을 잘 모르는 외국 사절들의 눈에 띄는 것은 대부분 '도시의 번화함'뿐이었다. 비록 조선의 사신들은 명의 의관과 법도를 잃어버린 만주족 치하의 지식인들을 정신적으로 멸시하는 태도를 꽤 오랫동안 견지했지만, 북학파 사신들이 방문하고 기록했던 18세기 후반 '연경'의 경제상은 분명 태평의 분위기였다.[36] 연행을 통해 접한 북경의 첨단 문물과 새로운 경험이 총체적으로 표현된 회화 작품이 「태평성시도(太平城市圖)」이다. 도로에는 수레와 인파가 가득하고 번창한 상점과 위용 있는 패루(牌樓)가 등장한다. 「태평성시도」가 구현하는 공간은 의식주에 대한 걱정 없이 항상 축제 분위기를 누릴 수 있는 태평성대의 모습이며, 이는 조선 후기 사회가 지향하던 이상 사회이자 연행을 통해 직접 견문했던 북경의 이미지였다.[37](〈그림 24〉 참조) 1784년에 연경을 다녀온 강세황(姜世晃)도 자금성의 영대(瀛臺)에서 보았던 낯설고 진기한 빙희(氷戲)를 그림으로 남겼는데, 황제가 타고 온 가마와 용주(龍舟), 얼음 위에 설치된 홍살문, 스케이트를 타면서 활을 쏘는 무관들의 모습은 여유롭고 태평스럽기만 했다.[38]

대운하를 이용해 남북을 왕래하는 상인들이나 광주에서 행상들과 교역했던 외국인들도 일상적인 교역 과정에서 경험하던 부패를 체감할 수 있는 있을지언정 청이 쇠락하거나 위태로워진다는 조짐을 느끼기는 어려웠다. 하지만 "성세는 일반적으로 게으름과 용속함을 가져오기 마련이다. 게다가 이에 수반하는 화려한 풍조는 번영이라는 허상에 의해 행복으로 포장되고, 마음속에 층층이 쌓여 있는 파란만장함을 은폐한다."[39] 남순이 '자발적인' 강남 지역 상인들의 대접과 후원 속에서 융성하게 마무리되고, 불안했던 교안이 강력한 조치로 단속되는 듯했을 뿐 아니라 처음 접하는 미국의 상인들까지 '자발적으로' 도래하여 교역을 원하는 상황에서 건륭제가 외부 세력에 대해서 자고(自高)하는 마음을 절제하기란 여간 어려운 일이 아니었을 것이

〈그림 24〉「태평성시도」
조선 후기, 비단에 색. 출처: 국립중앙박물관.

다. 청 전기의 폭발적인 에너지와 융합의 포용력은 이미 정점을 지나 쇠락의 국면으로 접어들고 있었지만, 18세기 말까지 이를 체감하기는 쉽지 않았다. 강남 지역으로의 순행을 통해 건륭제가 자신감을 품게 되는 것은 외부 세계와의 소통이 줄어드는 것과 18세기 후반에 동시에 발생했다.[40]

1780년대 이후에 청조가 외부 세계에 보여 준 모습은 18세기의 일반적인 모습과는 달랐다. 1780년에서 1800년 사이에는 아편전쟁을 일어나게 한 배경, 즉 무역 증가로 인한 긴장감, 서양인들의 불만, 청 정부의 방어적 자세가 확연하게 등장했다.[41] 조지 3세(George III)가 영국의 대사로 파견했던 매카트니 사절단을 접견했던 건륭제의 태도는 이러한 측면을 잘 보여 준다. 1792년 9월에 런던을 떠난 매카트니의 선단은 1793년에 광주에 잠시 정박했다가, 건륭제의 80세 생일인 만수절(萬壽節)을 축하하기 위해 왔다고 주장하며 해로를 통해 천진까지 도달했다. 열하의 여름 별궁에서 건륭제와 화신의 정중한 접대를 받은 매카트니는 광동 무역 체제의 규제 철폐, 국제무역을 위한 새로운 항구의 개항, 정당하고 형평에 맞는 관세의 책정 등을 요구했다. 건륭제와 그의 대신들은 아무런 동요 없이 영국의 요구를 묵살했다. 그 대신에 건륭제는 조지 3세에게 보내는 칙서에서 중국은 다른 나라의 물건이 전혀 필요 없기 때문에 대외무역을 확대할 생각이 전혀 없음을 분명히 전했다. 당시로서는 대항할 수단이 없었던 매카트니는 대운하와 육로를 이용해 광주로 내려갈 수밖에 없었다. 돌아가는 길에 매카트니는 일기에 "중국은 오래되고 미치광이 같은 일등급 군함이다. 운 좋게도 유능하고 기민한 장교들이 계속 등장하여 과거 150년 동안 용케 배를 띄워 놓고 단지 배의 크기와 외양만으로 이웃을 위압해 왔다."라고 평가하는 동시에, 조타석에 있는 열등한 인물들로 인해 중국은 천천히 "해변에서 산산이 부서질" 것이라는 의미심장한 말을 덧붙였다.[42]

이 무렵에 유럽인들은 지구상에서 사람이 살 수 있는 모든 해안에 대한

〈그림 25〉 매카트니 사절단의 눈에 비친 건륭제의 이미지
윌리엄 알렉산더(William Alexander)의 그림을 1797년에 판화로 옮긴 작품. 화가 알렉산더는
양력 1793년 9월 30일에 열하를 출발하면서 건륭제를 직접 볼 기회가 있었으며, 그 이미지를 근거로
초상화를 그렸을 것이다. 출처: Wikimedia Commons.

지도를 작성했다. 대운하 시대가 저물어 가던 18세기 후반에는 그동안 외부 세계로부터 완전히 고립되어 있던 뉴질랜드와 오스트레일리아 등 태평양 도서 지역까지 상호작용의 웹(Web)이 확장되었다. 뉴질랜드는 1769년에, 오스트레일리아는 1788년에 연결되었다. 매카트니가 건륭제를 만난 1793년은 영국 왕실의 후원을 받은 조지 밴쿠버(George Vancouver)가 오스트레일리아에서 알래스카와 북아메리카에 이르는 해안선과 조류를 탐사하는 조사를 마치고 해도를 작성했던 시기였다. 앞서 보았듯이 같은 시기에 중국과 무역 협정을 맺기 위해 북경을 방문한 사절단은 건륭제에게서 해양 교역에 대해서 냉담한 반응을 들었다. 당시에 중국과 건륭제에게 해양에 대한 방어력이나 나아갈 역량이 없었던 것은 아니었다. 다만 윌리엄 맥닐(William Mcneill) 부자의 지적처럼 "연로한 황제가 1793년까지 전 세계를 단일 웹으로 묶는 것이 바다라는 사실을 깨닫지 못하고" 있었을 뿐이었다.[43](〈그림 25〉 참조)

여러 가지 의미에서 18세기 후반 동아시아의 내외적 질서는 동요하기 시작했다. 15세기 이래로 300년이 넘도록 효율적으로 운영되던 대운하를 중심으로 한 장거리 교역망의 번영은, 그리고 해금 정책과 조공 체제의 기조하에 밀무역으로 이루어지던, 혹은 국가권력의 통제를 받는 제한된 국제무역으로 이루어지던 틀은 18세기 후반에 모두 위기를 맞이했다. 대운하 시대에 최적화된 국가 운영의 패러다임이 해양을 포괄하는 방향으로 전향적으로 변화하지 않는 한, 인도양과 태평양을 통해 압박해 들어오는 해상 세계의 위협과 요구 속에서 중화 질서가 와해되는 것은 시간문제였다. 따라서 19세기 중엽의 아편전쟁과 19세기 후반의 청일전쟁에서 당한 잇단 패배는 한때의 강점이 약점의 근원으로 급속히 전환되었던 18세기 후반의 역설적인 상황에서 기인한 것이다. 특별히 1784년은 청의 황제가 대운하를 이용하여 강남 지역을 순행한 마지막 시기, 즉 대운하 시대의 종점인 동시에 해양 세력인 미국과의 상업 교류 및 양국의 영향력 교차가 시작되는 시점이 된다. 즉 중국적 세계 질서의 쇠락을, 해양으로부터 비집고 들어오기 시작하는 미국의 영향력을 상징적으로 보여 주는 터닝 포인트라 할 수 있다.

맺는 글

‘대운하 시대’의 종결, 그 이후

'주저'하다는 표현을 주저한 이유

이제 드디어 이 책의 부제를 설명해도 될 때가 된 것 같다. 중국은 왜 해양으로의 진출을 '주저'했는가?

'주저'하다는 표현에 따옴표를 단 것은, 이미 대부분의 독자가 눈치챘듯이 '주저'라는 애매한 표현을 나 스스로 주저했기 때문이다. 역사책에서, 그것도 중국이라는 거대한 제국의 해양 인식과 정책을 묘사하는 데 '주저'라는 표현이 과연 적합한가?

솔직히 능력의 한계다. 10년이 넘도록 명과 청, 특히 대운하 시대의 해양 정책을 이해하고자 수백 권의 사료와 연구서를 읽고 묵상한 결과 떠오른 한 단어, 그것이 바로 '주저함'뿐이었다. 수십 명의 내로라하는 전 세계의 명·청사 연구자들과 토론하고 논쟁하면서 등장하는 '해금', '개해금', '조공', '호시' 등등의 용어가 있었으나 늘 핵심을 비껴간다고 느꼈다. 그 끝없는 대화와 논쟁의 마무리에 다시금 스멀스멀 떠오르는 표현이 바로 '주저'였다. 수년 동안 이 표현이 부끄러워 중국, 일본, 미국, 캐나다, 한국에서 만난 여러 학자 앞에서 감히 꺼내 놓지 못했다. 그렇게 오랜 시간 주저했다.

아주 우연한 기회에 대운하 시대의 명과 청의 해양 진출에 대한 태도와 실제를 '주저'한다는 표현으로 토로했는데, 의외로 반응이 나쁘지 않았다. 반론이 없는 것은 아니었으나, '주저'하다는 표현보다 더 그럴싸한 대안을 제시한 것은 아니었다. 반론자들 역시 '주저'라는 표현이 너무 문학적이기에 실증적 역사학에 적합하지 않다는 원론적인 문제 제기를 할 뿐, 해금도 아니고 개해금도 아닌 당시의 다층적이고 복잡한 해양 정책을 어떻게 더 표현할 수 있느냐는 나의 항변에 '유구무언'이었다. 물론 수 년 내에 '주저'보다 더 그럴싸한 표현이 대안으로 등장할지 모른다. 이 표현의 유효기간이 마무리되는 시간이 단축되길 진심으로 바란다.

'주저'한다는 자세(姿勢)는 자신 있게 나아가지도 못하지만, 그렇다고 맥없이 물러서지도 않는 참으로 애매하고 이중적인 상태를 말한다. 주저하는 표현에는 사실 역설이 담겨 있다. 대단히 수동적인 것 같으나, 동시에 능동성을 배태하고 있는 것이다. 당시에 적나라하게 노출되지 못했을 뿐, 숨은 잠재력을 지닌 미래 지향적인 용어라고 할 수 있다. 이는 성서의 미덕 가운데 하나인 '비움' 개념, 즉 케노시스(kenosis)와 유사하다. 통섭(consilience)이라는 세계관 위에서 비움은 "아무런 목적도 없이 방치하거나 포기하는 행동이 아니라, 하나님의 본성과 조화를 이루어 선한 목적을 위해 창조적·적극적 방식으로 행동하기 위해 준비된 상태"를 말한다.[1] 조금 더 나아가 '주저'하다는 표현에는 나아감에 대한 열망과 잠재력이 배태되어 있지만, 동시에 그럴 수 없는 두려움과 상처가 포함되어 있다.

실제로 대운하 시대가 종결되는 1784년 이후에 중국은 자의 반, 타의 반 해양에 대한 적극적인 개방과 진출을 모색하는 '운명적인' 길로 걸어갔다. 19세기 중엽까지는 강제적으로 해양에 문호를 열었던 것 같으나, 19세기 후반부터 중국은 해양으로의 진출을 조금도 주저하지 않았다. 오히려 '양무(洋務)'와 북양 함대(北洋艦隊), 윤선초상국(輪船招商局) 등을 필두로 적극적인 해양 진출을 모색했다. 난징 조약이 체결된 1842년에 완성된 위원의 『해국도지(海國圖志)』는 이러한 내재적 모색을 상징한다. 이 책에서 위원은 해양 방어를 강화하고 서양의 우수한 기술을 도입함으로써 해양 세력인 서양에 대항하기를 주장하였다.[2] 이러한 힘의 전환을 외부의 '충격'만으로 설명할 수 없다. 그 이전 시대인 대운하 시대의 주저함에 담긴 축적된 열망과 잠재력을 이해할 때 이 전환은 비로소 이해된다. 그리고 그 흐름은 21세기의 일대일로와 중국발 해양 문명론으로 연결된다.[3] 여는 글에서 대운하 시대의 해양에 대해서 "중국과 그 주변은 정적이고 단절되고 폐쇄된 곳이 결코 아니라, 물자와 인력, 정보가 끊임없이 교류하고 있었던 곳"이라고 언급했던 것도 바로 이 같은 맥락에서였다.

다만 이러한 교류는 대운하 및 이와 연결된 북경으로 수렴되고 이와 관련된 이해관계 속에서 통제되거나 풀렸기에 늘 해금과 개해금 사이에서 극단을 초극하지 못하고 왕복을 지속했을 뿐이다. 해금 일변도도 아니었으나 해양에 대한 개방으로 자유롭게 나아가는 추세도 아니었다. 타자인 서구인들이 보기에는 답답하고 폐쇄적이었겠지만, 당시에 중국에서 살았던 백성들은 그렇게 느끼기 어려웠다. '개방'이나 '합리'라는 표현을 붙이기는 곤란하겠지만, 대운하 시대에 최적화된 시스템으로 1000만 제곱킬로미터가 넘는 거대한 제국(청의 경우)을 운영하는 데 이보다 더 지혜로운 해양 정책을 상상할 수 있을까? 이러한 상태에 대해서 해양 진출을 '주저'했다고 표현한 것이다.

해양 진출 동기의 결핍?

따라서 이 시기의 중국에 대해서 해양 진출에 대한 동기가 결핍되었다는 기존의 설명 방식은 재고가 필요하다. 해양으로 진출해야 할 절실한 필요와 동기가 없었기에 해양 세력인 유럽과의 경쟁에서 역전당했다는 설명이기 때문이다. 이러한 결핍설의 근거는 역설적이게도 중국은 '지대물박(地大物博)'하기 때문이라는 풍요 담론이다. 그리고 이러한 풍요 담론에 빠짐없이 등장하는 결정적 사례가 바로 1793년에 매카트니 사절단을 맞이했던 건륭제의 거만한 모습과 영국의 조지 3세에게 전달했다는 칙서의 내용이다.

사해(四海)를 다스리는 천조는 오직 국내의 문제를 적절하게 해결하는 것만 신경 쓸 뿐 희귀한 물건에는 관심이 없다. 지금 너희가 충의를 중시하여 멀리서 여러 물건을 바쳤으니, 특별히 아문(衙門)에 명령을 하달하여 이를 접수하게 하였다. 사실상 멀리 있는 많은 국가에까지 천조의 은덕과 능력이 미쳤으며, 너희가 보았듯이 그들은 이에 대한 보답으로 산해(山海)의 수많은 물건을 여기까지 가져왔다. 그럼에도 불구하고 우리는 진귀한 물자에 관심이 없을 뿐 아니라, 우리는 너희 나라의 생산물이 조금도 필요하지 않다. 따라서 일부 사절을 북경에 주재하게 해 달라는 너희의 요구는 천조의 규범에 적합하지 않고 너희에게도 도움이 되지 않는다. 따라서 세부 지침을 하달하여 너희 조공단을 안전하게 귀국하게 해 주겠다. 너희는 이러한 우리의 뜻에 순응하여 충의를 강화하고 영원한 의무를 맹서함으로써 천조의 은덕을 누리기를 원한다.[4]

오만하게 느껴지는 건륭제의 입장은 수 세기 동안 이러한 방식에 익숙했던 당시 중국 지식인들의 보편적인 정서를 반영하는 듯하다. 그러나 정말로 대운하 시대의 중국은 해양으로 진출하여 교역할 동기가 없을 정도로 지대물박했을까? 영토가 넓다는 '지대'는 부정할 수 없다. 하지만 그렇다고 물산이 풍부하다는 '물박'까지 대운하 시대를 특징짓는 개념으로 일반화할 수 있을까? 아마도 당시의 은 유입을 떠올리는 독자가 있을지 모르겠다. 혹은 중국 여행에서 경험한 다양한 과일과 음식을 생각하면서 대운하 시대의 중국 역시 풍요롭고 지대물박했을 것이라고 의심 없이 받아들이는 독자들이 있을지도 모르겠다.

그런데 동시에 대운하 시대에 연거푸 발생했던 각종 기근과 자연재해를 기억해 보자. 티머시 브룩은 수많은 지방지 자료를 뒤지면서 15세기 중엽의 경태 연간부터 시작되어 명 말까지 여섯 차례나 간헐적으로 발생했던 가뭄, 기근, 전염병, 메뚜기 떼 등으로 인한 자연재해를 표현하는 데는 존 버니언(John Bunyan)이 1678년에 발표한 소설 『천로역정(Pilgrim Progress)』에 등장하는 '낙담의 늪(Slough of Despond)'보다 더 적실한 표현이 없다고 지적했다. 소빙기를 겪었던 명대의 중국은 그야말로 '곤경에 빠진 제국(troubled empire)'이었다.[5] 임진왜란에 조선을 돕기 위해 군대를 파병했던 명이 그로 인해 막대한 재정을 지출하면서 결국 파산의 길을 재촉했다는 해석도 있다.[6]

그렇다면 청은 명과 달리 풍요로운 지대물박의 제국이었나? 17세기의 소빙기 기후로 인한 자연재해에 속절없이 멸망했던 명과 달리 청은 자연재해도 슬기롭게 극복하는 우등 제국처럼 보였다. 각종 구황 서적을 발행하고 명민한 황제의 솔선수범 속에서 내우외환을 극복했다.[7] 을병 대기근을 겪었던 조선을 향해 구호 미곡을 육상과 해상으로 조달하며 의기양양하게 「해운진제조선기(海運賑濟朝鮮記)」를 기록했던 강희제 때만 해도 지대물박이라는 말은 현실이 되는 듯 보였을 것이다.[8] 중국사에 익숙한 독자들은 강희제의 성세자생인정(盛世滋生人丁: '성세에 불어난 백성'이라는 의미로 인두세를 면제해 주었던 인구)도 떠올릴 것이다. 대체로 거기까지가 풍요의 전성기였다.

강남의 풍요를 전유하려던 청 황제들의 노력은 시간이 갈수록 절실해졌지만, 결국 완전한 통합에는 실패하고 말았다. 그나마 대운하가 있었기에 북경의 황제들은 강남을 왕래하며 풍요의 상징을 자신들의 업적인 것처럼 과시할 수 있었다. 하지만 『대의각미록(大義覺迷錄)』의 출판과 절판이 상징적으로 보여 주듯, 화이 일가(華夷一家)라는 만주 지배층의 발화는 일부 친만(親滿) 한족들의 공허한 메아리로만 명맥을 유지할 뿐이었다.[9] 강남의 명소마다 수도 없이 자신의 시를 남겼던 강희제와 건륭제의 친필 비문은 문화인의 품위를 여지없이 뭉개며 부끄러움 없이 지금까지 남아 있다.[10] 옹정제의 공포 정치 속에서 지방 각지의 불만은 조금씩 노출되기 시작했다. 아무리 지대물박하다고 한들 정치가 다양성을 포용하지 못하고 장거리 유통망이 각종 '누규(陋規)'로 동맥경화를 불러일으킬 때, 한쪽의 성찬(盛饌) 속에 다른 한쪽은 굶주림을 면치 못하게 된다. '십전노인'이라 자부하던 건륭제의 대일통(大一統)은 사실상 강력한 폭력과 '만주 제국주의'에 압도된 팍스 시니카(Pax Sinica), 즉 성세로 분식(扮飾)된 부분적인 풍요였을 뿐이었다. 건륭제는 각종 전투에서 거둔 승리를 비문에 새기고, 지도로 만들며, 판화 작품으로 그려 내도록 지시했다.[11] 하지만 이러한 군사적 성취를 현창하면 할수록 건륭 후기로 접어들면서 제국의 곳곳에서 불만과 반란의 조짐은 더욱 커져 갔다.

건륭제가 제위에서 물러나자마자 기다렸다는 듯이 발생했던 백련교의 반란(1796~1804년)은 성세의 분식으로 가려질 수 없는 풍요 속의 빈곤과 불만의 골이 얼마나 깊어졌는지를 보여 주었다. 백련교의 봉기 이후로 대륙 곳곳에서 치솟은 봉화를 어떻게 지대물박으로 은폐할 수 있을까? 내륙이 백련교의 봉기로 소란할 때 바다에서도 해적들이 불길이 일 듯 일어났다. 인구의 증가, 토지의 부족, 무역의 증대, 베트남 쌀에 대한 수요 등이 배경이 된 상황에서 외국의 해양 세력과 결탁한 영리한 '바다의 도둑 떼', 즉 해도(海盜)들이 출현하여 광동성 앞바다를 혼란에 빠뜨렸다. 하지만 이들은 도둑 떼나 반란군이 아니라 돈을 벌기 위한 해상(海商) 세력이라는 점에서 명 후기의 왜구와 큰 차이가 없었다.[12] 대운하 시대와 그 이후에도 중국의 해안 지역에서는 돈을 벌기 위해 해양으로 진출하려는 욕구와 시도가 끊임 없이 이어졌던 것이다. 대운하로 물자 조달에 문제를 못 느끼던 북경의 집권자들만이 해양으로의 진출 의욕이 결여되어 있었다고 볼 수 있다. 문제는 해적들이 투항하면서 청조의 관리들이 19세기 초엽에도 해양 방어에 전혀 문제가 없다는 잘못된 안전 의식을 갖게 되었다는 점이다.[13] 『디테일의 힘 (細節決定成敗)』을 저술했던 왕중추(汪中求)는 18세기까지 지대물박한 것처럼 보였던 중국이 급속하게 위기 국면으로 전환되는 상황을 "청나라 경제는 한동안 발전하다가 결국 고인 물처럼 침체 국면에 들어섰다."라고 지적했다.[14]

그럼에도 불구하고 대운하 시대의 해양에 대한 진출 의욕에서 나타난 중국과 서양의 큰 격차는 인정하지 않을 수 없다. 15세기에서 18세기까지 유럽의 대규모 항해와 동아시아로의 진출에는 크게 여러 동기가 존재했는데, 대체로 상업적 동기, 종교적 동기, 과학적 동기, 정복의 동기라는 네 가지로 정리할 수 있다.[15] 같은 맥락에서 새로운 변화에 대한 동기의 '결핍'이라는 요소 역시 세계사의 변화에 영향을 주는 무시할 수 없는 요인으로 거론된다.[16] 따라서 해양 진출에 대한 동기가 결핍되거나 현저하게 낮았다는 점에서 대운하 시대에 유럽과 중국의 차이는 분명해 보인다. 다만 앞서 누차 강조한 것처럼 당시에 중국이 유럽처럼 해양력을 키워야 할 필요가 있었는지는 완전히 차원이 다른 문제다. 게다가 유럽을 다 합친 것만큼 영토가 큰 제국이라 하더라도 항상 풍요로웠던 것은 아니었다. 해양 진출의 동기가 상쇄될 만큼의 풍요로움을 체감하였다고 설명하려면 지대물박 이상의 논리가 필요해 보인다.

북방 민족의 위협?

해양 진출에 대한 동기가 결여되었다는 설명과 함께 유력했던 기존의 해석으로 북방 민족의 위협이 강했기에 중국이 해양으로 진출할 여유가 없었다는 설명이 있다. 이른바 '몽골 위협설'이다. 특히 몽골족의 위협이 몽골

제국의 붕괴 이후에도 여전했기에 명과 청 역시 국력을 북쪽의 변경 지대로 집중할 수밖에 없었다는 관점이다.

본론에서 살펴본 것처럼 몽골 제국이 붕괴한 이후에도 명은 북원 세력을 진압하지 못했을 뿐 아니라 명 말까지 몽골의 위협을 제대로 통제하지 못했다. 홍무제는 무칼리의 후예 나하추를 압박하여 투항을 이끌어냈고 영락제는 직접 '50만 대군'을 이끌고 다섯 차례나 몽골 친정을 감행하여 동몽골 세력은 크게 위축되었으나, 대신 동몽골과 대립하던 서몽골의 오이라트 세력이 발호하는 등 몽골의 후예라 불릴 만한 세력의 위협은 종식되지 않았다.[17](2장의 토목보의 변 참조) 이른바 '북로'라 통칭되는 몽골 세력을 막기 위해 오늘날 우리가 볼 수 있는 벽돌과 석재로 만들어진 만리장성이 서북쪽 오아시스에 있는 가욕관(嘉峪關)에서 동쪽 해안선과 만나는 산해관까지 축조되었던 것도 바로 명 후기(16세기)였다.[18]

하지만 만리장성을 쌓았다 하더라도 북변 방어는 여전히 어려웠다. 중국인 가운데 북방 지역으로 들어가 이적(夷狄)과 함께 새로운 군사 세력을 만드는 이가 속출했기 때문이었다. 당시의 북변 문제 전문가였던 정효(鄭曉: 1499~1566년)는 『황명사이고(皇明四夷考)』(1564년 서간본)에서 "옛말에 외이(外夷)가 중화에 들어왔으나, 지금은 화인(華人)이 외이로 들어간다."라고 지적했다. 즉 당시의 북로는 단순한 북방 이민족의 침입이 아니었다. 그 지역에서 중국인과 주변 민족이 뒤섞여 변경 사회를 형성하고 있었기에 내(內)와 외(外)의 구분이 어려웠던 것이다. 이는 동남 지역의 연해민과 뒤섞인 왜구 세력과 유사했다.[19]

긴 국경을 통한 육지 방어에는 익숙했으나 해양력이 약했다는 점에서 대운하 시대의 중국은 동시대의 오스만 제국이나 제정 러시아와 유사했다.[20] 김호동은 이것이 '실력'의 문제라기보다는 '의지'의 문제이자, 내륙과 해양을 어떻게 인식하고 있었는지 사고방식(mentality)의 차이로 파악했다. 즉 몽골 제국이 붕괴한 이후에 아시아에 들어선 명과 청을 비롯한 오스만 왕조, 사파비 왕조, 무굴 제국 등은 모두 몽골 제국의 정치적 카리스마를 모방하는 '육상 제국(continental empire)'을 지향했다는 것이다. 이것이 유럽의 해양 지향성과 대비를 이루는 아시아의 내륙 지향성이었다.[21]

같은 맥락에서 중국의 리보중(李伯重) 역시 해양력의 약화가 광활한 육상 변경과 해상 변경을 모두 가지고 있는 명 제국에 가장 위협적인 곳에 역량을 집중했던 국방 전략에서 말미암은 결과였다고 해석한다. 그는 북쪽의 압록강 입구에서 남쪽의 북륜항(北侖港)까지 1만 8000킬로미터에 달하는 해안선을 지닌 중국을 이른바 '육해 복합형 국가'라고 규정한다. 그리고 명나라 이전까지 위협적인 '남쪽의 우환[南患]'과 '바다의 우환[海患]'이 존재하지 않았음을 상기시키면서, 15세기부터 해상 세력이 비로소 중국의 새로운 위협으로 등장했다고 평가한다. 이때부터 명 조정은 '북쪽의 우환', 즉 북로 문제를 해결하지 못한 채 새로 출현하는 남쪽과 해상의 위협에 맞닥뜨렸다는 것이다. 당시의 명 조정은 방대한 규모의 군대를 보유했지만, 실제로 동원할 수 있는 군사력은 아주 제한적이었다. 이에 가장 위협적인 북쪽에 역량을 집중하고, 그 외에는 소극적으로 대응하는 전략을 취했다. 이처럼 북변의 위협에 대응하는 것이 우선시되는 과정에서 해양력이 약화될 수밖에 없었다고 보았다.[22]

벤저민 엘먼(Benjamin Elman) 역시 '육상에 기반을 둔(land-based)' 청조에 해상 세계는 '정복해야 할 중심(center of subversion)'일 뿐이었다고 보았나. 대표적으로 마테오 리치의 「곤여만국전도」로 촉발된 해양 세계에 대한 명 말 지식인들의 관심은 17세기의 만주족 지배 이후 중국에서 사라졌다. 따라서 예수회의 지도 제작술은 18세기까지 고증학의 발전과 연동되어 서북 지역에 대한 지리학 방면에 기여했지만, 아편전쟁 이전까지 해양 세계에 대한 진지한 탐구는 예수회가 중국에 처음 도래했던 명 말 수준에서 조금도 진보되지 않았다고 평가했다.[23] 앞서 언급한 위원의 『해국도지』가 출간되어 해양 세계에 대한 중국인들의 진일보한 인식적 변화를 보여 준 것도 아편전쟁이 마무리될 즈음이었다.

이처럼 북변의 막대한 상비군을 먹여 살리고자 시행된 개중법, 1449년에 황제가 몽골에게 사로잡힌 토목보의 변, 1550년에 수도가 몽골군에 포위된 후 건설된 북경 외성과 새롭게 증축된 만리장성 등으로 인해 서북 변경은 중앙 재정을 축내면서 발전을 저해하는 요소로 각인되었다. 명조 문인 관료들에게서 자주 발견되는 '변경 지역에 대한 심기증(心氣症, borderlands hypochondria)'의 근원이 바로 여기에 있었다.[24]

그런데 북방 민족의 위협은 대운하 시대만의 특징이 아니라는 점을 기억할 필요가 있다. 흉노가 흥기했던 한대부터 18세기의 준가르 합병까지 중원 왕조는 늘 북변의 유목 제국과 충돌하고 대립했던 길항의 구도에서 자유롭지 못했다.[25] 따라서 준가르의 합병은 그동안 중원 왕조의 아킬레스건과도 같았던 북방의 우환이 완전히 해소되었던 사건으로 해석되기도 한다. 즉 몽골 제국이 붕괴한 이후에 북방 민족의 위협 요소가 강했던 것은 사실이지만, 장건(張騫)의 파견이나 전연(澶淵)의 맹이 있었던 것처럼 몽골 이전에도 북방은 중원 왕조에 늘 큰 근심거리였다. 그리고 그때 중원 왕조는 해양에 대해 전혀 수세적이거나 봉쇄적이지 않았다. 따라서 15~18세기에 중국의 해양 진출이 활성화되지 않은 이유를 쉽게 북방 민족의 위협이라고 제시하기는 곤란하다. 북방 민족의 위협이 해양 정책에 영향을 미칠 수 있도록 기능했던 추가적인 요인이 요청된다. 바로 대운하다.

남북 통합의 아이콘, 대운하를 통해 본 결핍론과 위협론

대운하는 광대한 중국의 남북을 연결했다. 서고동저(西高東底)의 지리적인 특성으로 인해 황하와 장강 같은 자연 하천이 대부분 서쪽에서 발원하여 동쪽 바다로 흘러나갈 때, 대운하는 황하, 장강, 회수 등의 주요 수계를 남북으로 연결했다. 수양제가 막대한 비용과 인민의 노동력을 희생 제물로 삼아 대운하를 개통하면서 수나라는 일찍 망했지만, 남북의 경제 교류를 활성화하고 정치적 통합을 유지하는 데 공헌한 '대운하 효과'는 수를 이은 당대(唐代)부터 체감되었다.[26] 당의 시인 피일휴(皮日休: 834~883년)는 대운하에 대해서 "수나라의 백성들에게는 그 해로움이 말할 수 없었지만, 당나라의 백성들에게는 그 이로움이 말할 수 없도다.(在隋之民, 不勝其害也. 在唐之民, 不勝其利也.)"라고 노래했고, 송대가 되어서도 대운하는 수도인 개봉으로 강남의 곡물을 운송하는 조운 루트로 크게 번영하였다.[27] 이처럼 수나라 이래로 19세기까지를 아우르는 광의의 '대운하 시대'에는 남과 북의 경제적 통합을 통해 그 물자 유통의 규모를 확대한 결과 거대 제국이 계속적으로 출현했다. 가령 당 제국은 이처럼 남북이 통합된 경제력에서 나온 것으로 해석할 수 있고, 원 제국과 청 제국 역시 남북으로 통합된 경제력에 기초하여 그 위세를 더욱 떨칠 수 있었다. 강남의 경제력과 문화가 뒷받침되지 않는 원 제국과 청 제국은 상상하기 곤란하다.

본문에서 강조한 것처럼 대운하가 수도의 유일한 생명줄처럼 중시된 것은 바닷길을 통한 조운이 폐지되었던 1415년부터의 일이지만, 이미 원 제국 시기부터 대운하는 수도인 대도(북경)로 강남의 조량뿐 아니라 각종 상품과 일용품, 그리고 외국의 조공품까지 조달하는 유통로가 되었다. 대도 성곽을 설계했던 유병충(劉秉忠: 1216~1274년)은 적수담(積水潭)이라는 호수를 도성의 중앙으로 삼아 도성을 좌우 대칭 구조로 만들고 대운하를 연결함으로써 각지에서 올라온 선박이 도성 내부까지 도달하게 했다. 적수담은 오늘날 북경 여행자들이 자금성 주변을 탐방하며 유람선을 타고 즐기는 스샤하이(什刹海)로 불리는 곳이다. 원의 적수담은 수도의 중심으로, 대운하라는 수운을 통해 물류의 극대화 혹은 통일천하의 물류 중심을 상징했다.[28] 이후에도 남북 통합의 아이콘이라는 대운하의 이미지는 크게 변화하지 않았고, 오히려 동북쪽의 만주족이 청조를 개창한 이후에는 황제의 남순 경로라는 기능까지 더해지면서 정치적 통합에 기여하는 바가 더욱 커지게 되었다. 강남과 북경을 연결하는 대운하가 제대로 소통되는 한, 명의 북경은 그야말로 유목 세계와 정주 세계를 연결하고 통합했던 원 제국의 유산을 계승할 수 있었고, 명의 북경이 지닌 이러한 수도성을 계승했던 청이 다시 이를 변용하여 다민족성을 내포한 수도로 발전시켜 나갔던 것이다.

거대한 중국의 광범위한 경제 동맥이 대운하를 통해 동서남북으로 연결되면서, 제국 내부에 교역의 욕구를 해소해 줄 수 있는 초지역적 유통망이 형성되었다. 이 유통망을 통해 당시 전 세계를 하나로 연결했던 은이 유입되고 해외에서 공식·비공식 사절과 상인, 선교사들이 왕래하기 시작했다. 대운하를 통해 광범위한 제국의 내부와 외부의 물적·인적 교류의 추세를 가늠할 수 있게 된 것이 바로 이 시기였다.

대운하가 수도 북경의 생명줄이 되는 동시에 해도 조운이 중단된 1415년 이후에는 황제권이 체감하기에 북방의 위협은 이전 시대와 차원을 달리했다. 이전 시대에도 북방에는 위협 세력이 존재했으나, 당시 수도는 북경이 아니라 장안, 낙양, 개봉, 항주, 남경 등지였기에 거리상으로 체감의 정도가 달랐다. 하지만 북경은 북변에 지나치게 가까운 도시이자, 북방 지역을 거점으로 한 거란과 여진이 중원을 공략하기 위한 기지로 건립했던 식민 도시였다. 경제적 자립이 사실상 불가능한 지역에 위치한 북경이 수도로서 수백 년 동안 생명력을 유지할 수 있었던 결정적 이유는 바로 대운하가 제대로 기능했기 때문이다. 동시에 북방 민족의 위협이 북경 조정의 정책, 그중에서도 해양 정책에 가장 영향력을 미쳤던 시기도 바로 1415년 이후부터였다. 북변과 동남 해양이 모두 위협에 처했을 때 수도 북경의 정책 결정자들의 신경이 어디로 곤두설 것인지는 이러한 지정학적 변동을 이해하면 어렵지 않게 알 수 있다. 역사에서 '만약'은 없다지만, 만약 15세기 초에 영락제가 수도를 남경에서 북경으로 옮기지 않았더라면, 그래서 북경 체제가 아니라 남경 체제가 이후 수백 년 동안 유지되었다면 정화를 파견하던 명의 해양력이 어떻게 계승되었을지는 아무도 쉽게 예측할 수 없을 것이다.

임진왜란이 발생했을 때 명이 원군을 비교적 신속하게 파견했던 것도 조선과 지리적으로 인접한 북경의 안보 때문이었다. 명의 관료 이징의(李徵儀)가 1620년에 명의 참전 요인을 정확하게 지적했듯 "무슨 까닭으로 중국의 재력을 고갈시켜 이 구구한 속국을 원조했겠습니까? 조선을 구하는 것이 요동을 지키는 것이고 요동을 지키는 것이 경사(북경)를 보위하는 것이기 때문"이었다.[29] 이징의의 언급을 통해 당시의 냉혹했던 책봉-조공의 위계질서가 적나라하게 드러나지만, 동시에 당시의 명이 북경의 안보 유지에 얼마나 안절부절못했는지도 알 수 있다. 대운하 시대의 상수(常數)처럼 중요했던 북경 조정의 안보 우선 정책을 여기서도 확인할 수 있다.

지대물박으로 인해 해양 진출의 동기가 결핍되었다는 설명 역시 대운하를 통해 설득력이 높아질 수 있다. 아무리 땅이 넓고 물산이 풍부해도 그 물산이 각지로 원활하게 유통되지 않는다면 그 풍요는 누구도 체감할 수 없다. 반면에 물산이 그리 풍부하지 않아도 유통로가 발달하고 상품경제가 성숙하며 장거리 상인의 거래가 활발하다면 흉년으로 인한 고통은 분산되거나 빠른 시간에 해결될 수 있다. 역대로 볼 때 중국의 물산은 자연 하천을 통해 동서로 쉽게 이동했지만 남북으로의 이동은 어려웠다. 남과 북을 연결하는 대운하는 이것을 가능케 했고, 특히 척박한 북방 지역을 남방 지역의 풍부한 물산으로 보충하면서 균형 발전을 유도했다. 정책을 결정하는 북경 조정이 척박한 북방 지역을 배후지로 두면서도 대운하 시대에 부족함이 없다고 유럽의 사절들에게 떵떵거릴 수 있었던 것도 사실 대운하가 아니었면 상상도 못할 일이었다. 당시 중국인들에게 대운하는 마치 유럽인들에게 지중해와 같은 역할을 했다고 해도 과언이 아니었다. 대운하가 모든 경제적 결핍을 해소해 준 것은 아니지만, 오히려 해양 진출에 대한 필요가 결핍되었던 요인으로 작용했음은 분명하다. 물론 이 요인은 적어도 1784년까지 유효했던 대운하의 기능이었다.

바다의 통제 불가능성에 대한 '두려움'과 '통제적 개방'

1800년에 접어들면서 대운하 시대까지 유효했던 대운하의 기능이 효력을 상실했다. 국가권력의 안보 추구와 지역 상인들의 이윤 추구 사이의 절충도 더는 원활하지 않았다. 이는 한때 경제 발전에 크게 기여했던 수리 통제 기술이, 시간의 흐름과 함께 경제구조의 원활한 재혁신을 방해하는 구속 장치(straitjacket)가 된 것과 유사했다.[30] 한때의 강점이 약점의 근원으로 바뀌는 역설이 18세기 후반에서 19세기로 접어들면서 발생한 것이다. 상대적으로 폐쇄된 체제 속에서는 중국의 장거리 교역이 지닌 분산적 성격이 긍정적인 효과로 작용했지만, 세계경제에 완전히 포섭되며 전면적인 경쟁에 돌입하게 되자 자산은 부채로 변했다.[31] 경영학적인 관점에서 이를 해석하면 한때 경쟁력 확보에 애쓰고 고객의 요구에 재빠르게 대응하며 새로운 기술에 공격적으로 투자했던 혁신 기업조차 상황의 변화 속에서 "시야가 좁아지고 움직임이 둔해지는 것"을 경험한 셈이었다. 대운하 시스템에 만족하던 '혁신 기업' 청은 해양 세계로 재편되는 새로운 플랫폼에 진입할 수 있는 "전략을 개발해서 실행하는 데 꾸물댔기 때문"에 새로운 '진입 기업'인 서구와 해양에서 조우할 때 뒤처졌다고 볼 수 있다.[32]

황하의 불안정한 움직임과 동반해서 위기를 맞게 되는 대운하의 물류 체계와 이에 대한 치수 정책 역시 점차 효력을 잃어 갔다. 수도를 경제 중심지로 옮기지 않고 북경에 두는 한, 수도 물자를 책임지는 대운하를 안정시키려는 시도에서 비롯된 연쇄적인 효과로 인해 다른 수리 체제, 특히 황하의 치수 체제는 더욱 악화되었다. 이에 대해서 18세기 후반에 이르면 중국의 수리 경제가 전근대적인 '기술적 속박'에 직면했다는 마크 엘빈(Mark Elvin)의 지적은 적절하다.[33] 엘빈이 언급한 '기술적 속박'이란 경제학 개념으로, 비록 최고의 기술은 아니지만 이전 체제에서 비롯된 장점으로 인해 지속적으로 우위를 차지하고 이를 계속 유지해야만 하는 경우를 지칭한다. 가령 대운하나 항주만(杭州灣)에 설치된 해당(海塘)처럼, 한때 새로운 기술을 기반으로 한 수리 체제가 들어서게 된 후, 새로운 기술로의 전환 없이(혹은 그러한 전환이 불가능하기에) 노동력과 자원 투자를 통해 지속적으로 그 수리 체제의 유지에 자원을 소비해야 하는 상황이 이에 해당한다.

동시대의 일본도 또 다른 분야에서 기술적 속박이라 부를 만한 모순에 빠졌다. 16세기에 일본은 세계에서 앞선 화기 장비를 발전시켰지만, 19세기까지 이러한 선진성을 유지하지 않고 스스로 이를 제한하며 통제한 것이다. 일본을 통일한 도쿠가와 막부가 가장 우려한 것이 바로 다이묘들이 할거하면서 군대를 거느리고 세력을 강화하여 다시 전국시대의 전철을 밟는 것이었다. 따라서 막부는 무기 제조 면에서 총기 작방(作坊)의 수와 제조할 수 있는 총기의 수를 통제하고, 무장할 수 있는 군대의 수도 제한하는 '절대적인 통제'를 시행했다. 이 와중에 2세기에 걸친 평화를 누리던 에도 시대의 일본에서 화기를 발전시켜야 할 필요는 점차 줄어들었다.[34] 당시의 조선 역시 주자학이라는 한때는 놀라웠던 사상적 기술에 속박되어 19세기를 맞이했던 것은 아닐까?

이처럼 한때의 장점이 이후의 속박이 되는 현상은 15~18세기의 동아시아에서 보편적으로 발생했다. 여기서 우리는 유럽 중심주의와 근대 중심주의의 기본 전제 중의 하나인 '진보'에 대한 통념을 깨뜨려야 한다. 미국의 노엘 페린(Noel Perrin)에 따르면 "우리는 줄곧 역사는 진보하는 방향으로 진행된다고 여기며 이것을 피할 수 없는 엄연한 사실로 여기지만, 결코 그렇지 않다. 역사는 환경에 따라 수많은 기술을 이끌거나 발전시킬 수 있지만, 동시에 중단시킬 수도 있다. 사람들은 기술을 기억하기로 선택할 수 있지만, 잊기로 선택하기도 한다. (일본 화기의 본거지인) 다네가시마의 일본인들이 그랬던 것처럼 말이다."[35] 진보주의적 역사관에서 벗어날 때 해양에 대한 중국의 모호하고 애매해 보이는 정책의 운영 원리와 관행이 비로소 그 진면목을 드러낸다. 해금은 후진적이고 개해금은 선진적이라는 생각, 해금은 반드시 개방으로 이어진다는 방향 감각 역시 선입견이거나 유럽 중심적인 발상일 수 있다. 때로는 해금이 합리적인 반면에 개해금이 무모할 수 있으며, 개해금에서 해금으로의 변화 역시 언제든 발생할 수 있었다. 이것을 후진적이거나 어리석었다고 함부로 평가할 수 없다.

그런데도 역사 속에서 '개방'이라는 키워드는 명실상부하게 세계사를 결정짓는 주요한 힘 가운데 하나로 손꼽힌다.[36] 그렇다면 대운하 시대의 중국에서 해양에 대한 개방적인 요소를 어떻게 평가해야 할까? 여기서도 개방적으로 보인 현상의 이면에 깔린 '두려움'에 주목할 것을 요청한다.

본문에서 살펴보았던 것처럼 해도 조운에 대한 개방을 주저하게 된 관리들의 사고에는 하운과는 다른 해운에 대한 근본적인 두려움이 깔려 있음을 확인할 수 있다. 1415년에 대운하를 재개통하면서 조량 해운을 금지한 것, 1572~1573년에 시행된 조량 해운이 상대적으로 미미했던 선박 전복 사고를 빌미로 정지된 것, 1600년을 전후로 마테오 리치가 파악했던 해운에 대한 중국인들의 두려움, 서구 세력 그리고 해안을 따라 진입하는 기독교에 대해 청의 황제들이 느낀 두려움, 1826년의 조량 해운이 외견상 큰 문제가 없었는데도 1년 만에 정지된 것, 1848년의 조량 해운이 단 한 차례의 시도 이후 하운으로 복귀한 것 등의 배후에는 모두 해양 세계가 지닌 통제 불가

능성에 대한 관료들의 뿌리 깊은 불신이 자리 잡고 있었다.[37]

4장에서 마테오 리치가 묘사했던 "바다와 해안을 침범하는 해적에 대한 두려움"의 실체는 크게 세 가지였다. 후기 왜구, 임진왜란과 정유재란, 유럽의 무장 세력이 그것이다. 6장에서 상선을 활용한 해운으로 미곡을 운송하는 방안에 대해서 반대했던 악이태와 윤계선이 우려한 내용 역시 세 가지인데 내용은 약간 다르다. 미곡을 다른 지역으로 운송한다고 하면서 이를 외양에서 외국인에게 판매하는 것을 막을 수 없다는 것, 해양 사고가 일어났다고 거짓으로 보고하고 미곡을 빼돌릴 경우 망망대해에서 조사할 방법이 없다는 것, 미곡 운송을 구실로 해양의 다른 나라 세력과 결탁하여 불온 세력이 될 수 있다는 것이다. 7장에서 건륭제가 '일구통상'으로 정책을 선회하며 느꼈던 해양에 대한 두려움은 크게 두 가지였다. 늘어나는 해외 이주와 이로 인해 불온한 외국 세력과 결탁할 가능성, 기독교 세력의 내지 전파와 확산되는 네트워크가 그것이다. 이러한 우려 사항은 당시뿐 아니라 대운하 시대에 해당하는 시기에 줄곧 해양에 대한 적극적인 개방을 주저하고 조량 해운을 과감하게 허용하지 못하는 이유였다. 요약하자면 이는 모두 해양 세계가 지닌 통제 불가능성에 대한 관료들의 뿌리 깊은 불신이라 할 수 있다.

따라서 해운에 투입된 비용 역시 통제가 곤란한 해외로 '소모'된다고 간주했다. 해양 세계가 지닌 통제 불가능성은 곧 안보를 우선 가치로 삼아 정책을 결정했던 황제와 관료들에게는 기피 대상이었다. 기존의 대운하 시스템이 기능을 제대로 유지하는 한 더더욱 그러했다. 그러므로 대운하 시내에 북경 조정이 취했던 해금은 연해 지역의 교역을 완전히 차단하는 것이 아니라 전략적인 판단에 따라 연동되는 '선택적' 해금에 가까웠다.[38] 결국 국가의 안보와 이윤 추구라는 두 마리 토끼를 잡기 위한 종합적인 관점에서 해양에 대한 명과 청의 정책이 주저하는 것처럼 요동했던 것이다. 이는 국가의 문호를 닫기 위한 해금 정책이 아니라 그 국가가 소망하는 대외 관계를 실현하기 위한 정책으로 이해하는 것과 일맥상통한다.[39] 그래서 대운하 시대를 관통하는 해양에 대한 중국의 태도를 굳이 하나로 묘사하자면 '통제 가능한 개방(controllable openness)'이었다. 모순적인 두 개념, 즉 '통제'와 '개방'이 혼합된 이중적이고 모순적인 자세였다. 외부인들에게 이러한 중국의 태도가 쉽게 이해되지 않는 '주저함'으로 보였을 것이다. 이 책의 부제를 "중국은 왜 해양 진출을 주저했는가?"로 붙이면서 '포기'나 '거절'과 같은 단정적인 용어를 피한 이유기도 하다. 이 책에서 누차 강조했듯, '통제 가능한 개방'이라는 모순된 지향은 거대한 제국을 안정적으로 운영하기 위한 안보와 이윤의 절충점이기도 했다.

'바다 공포증'에 대한 예의 바른 해석

송대와 원대의 해양 세계와의 교류에 대한 중국의 개방적으로 유연한 태도와 비교할 때, 대운하 시대에 일관되게 등장하는 해양에 대한 주저하는 듯한 자세는 분명 이례적이었다. 해금, 왜구와의 결탁에 대한 극단적 진압, 외국인의 출입 금지, 중국인의 해외 도항 금지, 천계령, 해관에 대한 통제, 해외 상인과 중국인 사이의 연계에 대한 감시, 해난 사고에 대한 경기(驚氣)에 가까운 반응 등⋯⋯. 15세기 이전에는 거의 발생하지 않던 일련의 해양 교류에 대한 두려움에서 기인한 조치가 18세기까지 400여 년 가까이 일관되게 이어졌다. 모두 수도가 북경으로 고착된 이후에 발생한 현상이었다. 그래서 북경 조정의 고위층에 있는 정책 결정론자들이 지니고 있던 바다에 대한 두려움은 일시적인 감정이 아니라 깊은 사회적 트라우마에서 기인한 일종의 '바다 공포증(Thalassophobia)'이라 불러도 과언이 아니다. 1600년 무렵에는 필리핀 마닐라에서 중국인 학살 사건이 발생했고, 네덜란드인들은 팽호를 점령해 복건성의 해상을 공포와 불안으로 들끓게 하였다.[40]

물론 이러한 바다 공포증을 당시 중국의 모든 지역에 적용하는 것은 곤란하다. 대운하 유통망에서 떨어진 동남 해안의 지역민이나 복건성과 광동성처럼 남중국해와의 교류가 일상화되었던 지역의 지방관들에게 왜구에 대한 일시적 염려는 존재했지만, 이처럼 일관된 공포증이 일반화된 것은 아니다. 하지만 해안의 지역민이나 지방관들이 북경 조정의 결정에 어긋나거나 비위를 건드리는 해양 진출을 한다는 것은 대단히 위험했고, 일부 해양에 대한 적극적인 조치 역시 북경 조정의 해방 논리에서 벗어날 수 있는 운신의 폭은 넓지 않았다. 가령 항구를 열어 중국인의 남양 진출을 허용하거나 일부 외국인과의 교역을 허용하자는 개시(開市) 역시 자유로운 무역이 아니라 해양 방어, 즉 해방을 더 철저히 하기 위한 논리에서 벗어나지 않았다. 즉 더 큰 화를 미연에 방지하기 위해 일부 교역을 통제할 수 있는 범위에서만 허용하자는 것이다.

사실 대운하 시대와 19세기까지 이어진 통제 불가능한 바다에 대한 두려움은 중국만의 현상이 아니었다. 서구에서 온 정체불명의 선박에 대해 동아시아 세계가 느낀 의구심은 두려움과 공포에 가까웠다. 조선 사회에서도 이양선(異樣船)에 대한 공포심이 만연했음은 널리 알려진 사실이다. '모양이 다른 배'라는 이양선은 19세기가 되면 '불 바퀴로 가는 배'라는 뜻을 지닌 화륜선(火輪船)으로 대체되었다. 화륜선은 서구 문물을 상징하는 기호이자, 바람이나 인력에 의해 움직이는 배가 아니라 새로운 동력인 증기기관에 의한 동력선으로 식자층에 인식되었다.[41] 하지만 당시에 이양선이나 화륜선을 친근하게 생각하고 개방적으로 맞이했던 조선인은 거의 없었다. 두려움과 공포가 지배적인 감정이었다.[42]

일본에서도 19세기 중엽에 에도만으로 진입한 미국 선박을 '구로후네(黑船)'라 부르며 대단히 두려워했다. 그래서 오히려 이러한 두려움을 메이지 유신과 조약 개정이라는 급진적인 카드로 극복하고 해결하려 했다는 것은 유명한 사실이다. 여기에는 일찍이 1830년대부터 계속되는 흉작으로 인한 기근과 다시 증가하는 농민들의 봉기인 잇키(一揆)로 인해 바다 건너에서 일어나는 일들에 대한 두려움도 한몫했다. 무엇보다 일본은 수평선 너머의 초강대국인 중국이 아편전쟁을 통해 해전에서 서양에 패했다는 소식을 들으면서 뭔가 근본적인 개혁을 하지 않으면 안 된다는 강렬한 두려움에 사로잡혔다.[43] 사실 서양 선박의 출몰에 대한 일본의 과장된 듯한 위기의식은 동시대의 청과 조선이 보인 반응에 비하면 특이할 정도로 절박했다. 일본인들의 눈에 아편전쟁의 패배는 청의 위기인 동시에 일본의 위기였다. '페리 내항의 충격' 이전에 '아편전쟁의 충격'이 있었던 것이다. 게다가 일본은 에도 막부 시대에서 겉으로는 '쇄국'처럼 보였으나, 실제로는 나가사키와 쓰시마, 사쓰마, 마쓰마에를 포함하는 '네 개의 창구'를 통해 네덜란드, 중국, 조선, 류큐, 아이누 등지의 이국적인 문화와 지속적으로 접촉했기에 외부의 변화에 비교적 민감하게 반응할 수 있었다.[44] 1858년의 미일통상조약 체결을 계기로 '소극적 개국론'은 '적극적 개국론'으로 급변했다. 이러한 흐름이 부국강병을 위한 적극적인 무역 개시와 해외 진출을 주장하는 요시다 쇼인(吉田松陰: 1830~1859년)과 같은 양이론자(攘夷論者)를 성장시켰고, 마침내 메이지 유신으로 귀결되었다.[45]

그렇다면 바다 공포증은, 즉 통제 불가능한 해양에 대한 두려움과 공포는 역사에서 부정적인 요소일까? 다시 말해 15~18세기에 해양 진출을 주저했던 중국을 비롯한 동아시아는 해양 진출과 식민 지배를 적극적으로 추진했던 유럽보다 열등했던 것일까? 그래서 19세기에 패권을 빼앗기고 역사의 발전에서 역전당했다고 보는 것이 '올바른' 해석인가?

이 책은 이러한 역사 발전에 대한 기존 관념에 대해서도 인식의 전환을 요청한다.[46] 즉 바다에 대한 두려움과 공포를 부정적으로 본 기존의 해석에 대한 재해석이 필요한 시점이 되었다. 이 대목에서 공포에 대한 심리학자

최인철의 인식 전환을 주목하고자 한다. 그에 따르면 사람들은 공포에 대해서 습관적으로 '비이성적' 혹은 '과도한'이라는 수식어를 붙여 왔다. "대개 이러한 수식어들은 '합리적이지 못한', '비상식적인', '정도를 넘어선 사람이나 사태'를 가리킨다." 하지만 "공포는 홀대받아야 할 감정이 아니다. 공포는 인류를 지켜온 생명줄이다. (……) 공포에 대한 언론과 전문가들의 '비이성적'이라는 악평이야말로 다분히 비이성적이다."[47] 대운하 시대 중국의 해양 인식을 재평가하는 나로서도 십분 공감하는 지적이다.

그렇다면 바다의 통제 불가능성에 대한 중국인들의 공포를 어떻게 보아야 할까? 공포에 대한 최인철의 통찰을 다시 빌려 오면 다음과 같다. "공포는 자연스러운 감정이다. 실체를 알 수 없는 위험이 다가올 때 우리의 뇌는 공포라는 신호를 재빠르게 보낸다. (……) 만일 공포라는 감정이 없다면 우리는 득달같이 달려드는 야수를 보고도 피하지 못할 것이다." 공포와 두려움이 없다면 외부의 강력한 공격에 속절없이 먹힐 수도 있다는 것이다. 역사 속에 대입해 보면 해양에 대한 두려움과 공포가 작동했기에 해양 세력에 의하여 틈이 열리고 순식간에 왕조가 무너질 수 있는 곤경에 빠지지 않았다는 시나리오가 펼쳐진다. 대운하 시대에 통제할 수 없는 해양에 대한 두려움과 공포가 작동함으로써 조량 해운을 억제하는 힘으로 작용하고, 더 나아가 조공이라는 외피로 통제 가능한 범주에서 제한된 항구를 개방하거나 밀무역을 묵인하게 되었던 것이다. 정화의 원정에서 보여 주었던 해상에 대한 힘과 능력이 있었는데도 북경 조정은 안보를 최우선시했기에 그 힘을 최대한 억제하거나 통제했다고도 볼 수 있다. 이것이 대운하 시대 중국의 바다 공포증에 대한 역사학자로서의 예의 바른 해석이다.

물론 그 억제된 시간이 너무 길어지면서 새롭게 발현되기를 원했던 19세기에 서구처럼 한 차원 높은 수준으로의 도약이 곤란했을 뿐이다. 또한 바다 공포증은 16세기에 외국인 혐오증이 형성되는 데도 적지 않은 영향을 미쳤다. 이는 4장에서 언급했던 마테오 리치의 경험을 통해서 보여 준 바 있다. 또한 19세기 중엽에 아편전쟁의 상징처럼 과장되어 기억되었던 광주 삼원리(三元里)의 외국인 혐오증과 배외적 민족주의로도 이어졌다.[48] 이러한 중국 지식인들의 공포증과 혐오증에 근거가 없던 것이 아니었음을 기억할 필요가 있다. 이 문제는 이 책의 중심 주제에서 다소 벗어난 것이므로 본격적으로 다룰 여지가 없지만, 14세기 후반의 '전기 왜구'와 16세기 중반의 '후기 왜구'라는 두 차례의 왜구 경험, 즉 왜구 세력에 대한 중복된 상흔과 공포 의식이 밀접한 관련이 있다는 것만을 언급하고자 한다. 마침 왜구 세력은 통제할 수 없는 해양에서 온 진정 통제할 수 없는 '어두운 악령' 집단으로 중국인들의 마음속 깊은 곳에 두려움과 혐오의 대상으로 각인되고 기억되기 시작했던 것이다.[49] 아마 이 역시 중앙에서 만들고 확산시킨 관점일 뿐 해안과 변경의 민심은 아니었을 테지만 말이다.

세계 문화유산에 등재된 '중국 대운하'와 일대일로 정책 사이의 연관성

장구한 역사를 가진 중국의 대운하 물류 시스템은 사실상 19세기 후반기에 막을 내렸다. 마침 19세기는 기선(汽船)과 철도와 같은 근대적인 운송수단이 도입되는 시기였으므로 점차 이용률이 감소했던 대운하는 마치 전근대적인 운송로의 대표적인 퇴물이라는 인상을 주기에 충분했다.

그렇다면 대운하 시대는 1784년에 종결되었나? 분명 대운하 시대를 지탱하던 두 가지 특징은 19세기에 모두 해체되었다. 바다와 기선을 이용한 조량 운송뿐 아니라 교역이 산동반도와 발해만에 성행하기 시작했고, 국가의 통제를 벗어난 교역항이 열리고 내지까지 해양 세계와 연결되었다. 그동안 밀무역 혹은 사무역으로 간주되던 다양한 형태의 교역이 합법화되었다. 조공은 물론 해금 역시 추억의 산물이 되어 버렸다.

하지만 대운하는 19세기에도 그 기능을 완전히 상실하지 않았다. 일부 구간이지만, 대운하는 하남성과 산동성에서 수확한 조량의 운송과 천진에서 북경까지의 구간에서 그 기능을 유지했다. 일부이지만 여전히 해운을 포기하거나 병용하면서 대운하를 이용한 하운으로 복귀하자고 주장하는 관료들도 있었다.[50] 심지어 대운하는 20세기에도 새로운 형태로 살아남았다. 특히 1949년에 중화인민공화국이 성립된 이후 두 가지 새로운 기능이 대운하에 부여되었다. 하나는 북쪽의 석탄을 남쪽으로 운송하는 '북매남운(北煤南運)' 기능이고, 다른 하나는 양자강의 풍부한 수자원을 북쪽의 물 부족 지역으로 조달하는 '남수북조(南水北調)' 기능이다.[51]

그리고 21세기에 접어든 2014년에 대운하는 세계 문화유산으로 등재되기에 이르렀다. 세계 문화유산에 대운하가 등재된 것은 한국의 남한산성도 등재되었던, 2014년 6월 25일에 카타르 도하에서 개최된 제38회 세계 문화유산 위원회 회의이지만, 그 본격적인 준비는 2006년부터 시작되었다. 중국에서는 세계 문화유산 등재 이후에 기대되는 경제적·문화적 유익을 놓고 대운하가 경유하는 각 성과 시에서 '운하열(運河熱)'이라고 불릴 만큼 경쟁적으로 기존 운하에 대한 보수와 개발, 연구의 붐이 일어났다. 중국 정부는 대운하를 세계 문화유산에 등재하면서 전반적인 물 관리를 통해 수문학적 생태 환경을 개선했고, 기존에 활용하던 대운하의 운송 능력을 유지하거나 향상하는 작업도 병행했다.

여기서 중국 정부는 대운하의 개념 확대를 통해 일대일로와 같은 국가 전략과 연계하는 기지를 발휘했다. 이 대목에서 세계 문화유산으로 등재하는 작업이 한창 진행되던 시기에 발생한 대운하 개념의 변화에 주목할 필요가 있다. 즉 2006년에 제6차 전국중점문물보호단위로 지정되면서 '경항 대운하'로 불리던 대운하가 2013년에 제7차 전국중점문물보호단위로 지정되면서 '절동 운하' 및 '수·당(隋唐) 대운하'와 병합되어 '대운하'로 명명된 것이다.[52] 물론 이는 2014년에 세계 문화유산으로 등재하는 과정에서 대운하의 역사적 기능과 현재적 기능을 통합하면서 생겨난 개념의 확대였다.[53] 즉 절동 운하(항주에서 소흥을 지나 영파의 용강(甬江)까지 연결하는 운하)의 병합을 통해 기존 대운하의 남단이 항주에서 영파로 변경되어 결국 해양으로 연결되었고, 수·당 대운하의 병합을 통해 낙양뿐 아니라 사실상 내륙의 거점 도시인 장안까지 연결된 것이다. 즉 세계 문화유산 등재를 계기로 대운하 네트워크가 동남 연해와 서북의 장안까지 확장됨으로써, 해상 실크로드와 육상 실크로드의 연결 고리가 되는 대운하 문화대(大運河文化帶) 개념이 형성될 수 있었다.[54] 결국 대운하 문화대는 일대(육상 실크로드)와 일로(해상 실크로드)를 남북으로 연결하는, 정치적 성격이 다분히 농후한 개념이지만, 대운하의 세계 문화유산 등재와 대운하 개념의 확대를 통해 역사적·문화적 정당성을 확보해 나가는 계기를 제공할 것으로 생각된다.[55]

참으로 끈질긴 대운하의 생명력이 아닐 수 없다. 비록 대운하 시대의 시대적 동력은 1784년을 즈음하여 쇠락하기 시작했지만, 중국은 대운하의 경제적·문화적·산업적·정치적 가치를 세기마다 새롭게 재해석하며 대운하를 과거의 유물에서 현재의 성장 동력으로 만들어 내는 데 성공했다. 심지어 대운하는 해양으로 굴기하려는 해양 중국의 청사진과도 연결되기에 이르렀다. 하지만 여는 글에서 잠시 언급했듯, 이러한 현재적 시도는 역사적 사실을 바탕으로 한 합리적인 재해석이라기보다는 단편적인 사건 중심으로 재해석한 프로파간다이자 신중화주의적 전망에 더 가깝다고 보인다. 과거에 대한 창의적 재해석은 학문적으로 얼마든 가능하겠지만, 이것을 현재적 이해관계 속으로 가져다 해석하는 것이 얼마나 설득력을 확보할 수 있는지는 완전히 다른 영역의 문제일 것이다. 물론 이 역시 오랜 시간이 지나면 또 다른 역사가 될 것이고, 소통 가능한 담론으로 받아들여질 수 있는 가능성도 완전히 닫아 놓을 수 없다.

대운하에 대한 이 책의 재해석과 의미 부여가 그러하듯, 이 모든 주장에 대한 수용 여부와 확장성은 오로지 독자들에게 달려 있다. 대운하 시대라는 담론을 제기하는 이 책은 오랜 대운하 연구의 결과물이지만, 아직 서투른 부분이 적지 않음을 잘 알고 있다. 15~18세기의 4세기에 걸쳐 '대운하 시대'스럽지 않은 디테일한 사례들을 열거하는 지적도 수용할 터이지만, 대운하 시대보다 더 적합하고 보편적으로 '명·청 시대'라는 중국의 낡은 시간 개념을 포착할 수 있는 거시적인 개념과 대담한 비판을 기쁜 마음으로 대면하고 싶다. 그날이 속히 와서 이 책의 유효기간이 단축되기를 진심으로 소망한다.

주

여는 글 중국의 '해양력'과 '대운하 시대'

1   중국의 오래된 전통적 '천하' 관념을 오늘날 대국으로 성장한 중국인의 세계 인식으로 치환하며 그 연속성을 다소 공세적으로 주장하는 중국 지식인들의 관점은 자오팅양(趙汀陽)의 글(자오팅양, 『천하체계: 21세기 중국의 세계 인식』, 노승현 옮김(도서출판 길, 2010))에 잘 담겨 있다. 자오팅양은 2016년 10월의 서울 강연을 통해 '천하 체계' 이론이 21세기에 문명 충돌과 전쟁을 방지하며 문명의 '공재(共在, co-existence)'를 실현할 수 있는 이상이라고 주장했다. 이익 최대화를 추구하는 '개인 이성'보다 상호 피해의 최소화를 추구하는 '관계 이성(relational rationality)'을 우선해야 한다는 것이 그 핵심이다. 하지만 자오팅양의 이상론은 그가 이마누엘 칸트의 영구 평화 계획이나 위르겐 하버마스(Jürgen Habermas)의 인권 중심의 국제 관계 이론에 대해 "정상적인 인성의 도덕 수준을 훨씬 넘어서는 지나치게 높은 도덕 수준을 상상했는데, 이는 매우 의심스러운 점이다."라고 비판했던 것처럼, 지나치게 낭만적인 이상론이라는 비판으로부터 자유롭지 못하다.(자오팅양, 「천하체계, 21세기 중국의 세계 인식과 미래 전망」, 최종현학술원 엮음, 『중국, 새로운 패러다임 II: 23인 세계 석학에게 묻다』(글항아리, 2020), 320쪽 참조) 이보다는 차분하면서도 포괄적으로 송대에 재정립되는 천하 관념을 중국 근세 민족주의 사상의 기원으로 파악하는 중국 측 관점은 거자오광(葛兆光)의 글(거자오광, 『이 중국에 거하라: '중국은 무엇인가'에 대한 새로운 탐구』, 이원석 옮김(글항아리, 2012), 실마리 글, 제1장)을 참조하라. 최근에 쑹녠선(宋念申)은 명에서 청으로 교체된 이후의 동아시아 지역 질서를 "'중화'가 초점을 잃은 '천하'"로 개념화했는데, 이에 대해서는 쑹녠

353

선, 『동아시아를 발견하다: 임진왜란으로 시작된 한중일의 현대』, 김승욱 옮김(역사비평사, 2020), 130~138쪽을 참조하라.

2 崔文華 編, 『河殤論』(文化藝術出版社, 1988). 현재 베이징 대학 역사학과의 자오스위(趙世瑜)가 1988년 당시에 해석한 바에 따르면, 「하상」은 전통문화를 부정하면서도 애국적 열정이 충만한 계몽론으로 "중화 문명=황색 문명=대륙 문명=열등 vs. 서방 문명=남색 문명=해양 문명=우등"이라는 이분법적 역사관에 기초했다고 분석했다.(Ibid., pp.187~191.) 실제로 「하상」에서는 문명사에서 후진적인 문명은 더욱 후진적이 되는 반면에 선진적인 문명은 더욱 선진적으로 발전한다는 '마태 효과(Matthew Effect: 성서의 마태복음 25장 29절에 근거하여 빈익빈 부익부 현상을 언급하는 표현)'를 언급하면서, 중국이 열등한 토지 숭배의 대륙 문명에서 벗어나 해양 숭배의 해양 문명에 합류할 것으로 주장하고 있다.(Ibid., pp.51~52)

3 조세현, 「'河觴'에서 '走向海洋'으로: 중국학계의 근대해양사 연구현황」, 《中國史硏究》, 96(2015); 조세현, 『천하의 바다에서 국가의 바다로: 해양의 시각으로 본 근대 중국의 형성』(일조각, 2016), 머리말 참조. 다큐멘터리 「하상」의 반향 및 역사 교육에서 나타난 반작용에 대해서는 김인희, 「중국의 애국주의교육과 역사허무주의: 1988년 〈하상(河殤)〉의 방영에서 1994년 〈애국주의교육실시강요(愛國主義實施綱要)〉 선포까지」, 《한국사학사학보》, 38(2018) 참조. 다큐멘터리 「대국굴기」에 대해서는 왕지아핑 외, 『대국굴기』, 양성희 외 옮김(크레듀, 2007)를 참조하고, 다큐멘터리 「주향해양」에 대해서는 《走向海洋》節目組 編著, 『走向海洋』(海洋出版社, 2012)을 참조하라.

4 이창주, 『일대일로의 모든 것』(서해문집, 2017), 69~71쪽에 따르면 국가 주도의 육상 실크로드 개발 전략은 이미 후진타오(胡錦濤) 정권 시절부터 서부 대개발, 동부 솔선, 중부 굴기, 동북 진흥 등을 통해 추진되어 왔다. 시진핑의 일대일로 전략의 특징은 해상 전략을 추가하면서 육상 전략과 유기적으로 연결한 데 있다. 시진핑 주석이 일대일로 구상을 처음 밝힌 것은 2013년 9월의 카자흐스탄 방문(육상 실크로드)과 2013년 11월의 인도네시아 방문(해상 실크로드)에서였다.

5 장위옌, 「일대일로 전략 구상: 이념과 현실」, 최종현학술원 엮음, 『중국, 새로운 패러다임 II: 23인 세계 석학에게 묻다』(글항아리, 2020), 221쪽.

6 "중국 인도양 전략 vs 미국 인도태평양 쿼드, 미얀마서 충돌?", 《중앙일보》, 2021년 2월 4일 자.

7 이 문제에 대해서는 1장에서 자세히 언급한다.

8 티모시 브룩, 『셀던의 중국 지도: 잃어버린 항해도, 향료 무역 그리고 남중국해』, 조영헌·손고은 옮김(너머북스, 2018), 52~53쪽.

9 앞의 책, 82~94쪽.

10 동북아역사재단 엮음, 『明史 外國傳 譯註 1: 外國傳 上』(동북아역사재단, 2011), 224쪽.

11 물론 해양력은 딱 적합한 표현은 아니다. 지중해, 흑해, 아라비아해, 남중국해의 제해권을 장악하는 힘은 15세기보다 훨씬 이전부터 존재했기 때문이다. 15세기 이후의 해양력은 지역 차원의 바다를 넘어서는 대양, 즉 대서양, 태평양, 인도양을 관통하며 장악하는 힘이었다. 따라서 이를 '대양력(ocean power)'으로 부를 수도 있으나, 기존의 해양력이라는 용어가 가진 대표성을 인정하고 대양을 포함하는 해양의 포괄적 개념 사용에 무리가 없으므로, 이 책에서는 지역 차원의 바다와 대양을 포괄하는 총체적인 해양에 대한 지배력을 지칭하는 개념으로 해양력을 사용한다. 해양력의 개념 형성 과정과 국제사회의 주도권 및 리더십과의 관련성에 대해서는 George Modelski and William R. Thompson, *Seapowers in Global Politics, 1494-1993*(MacMillan Press, 1988), ch.1에 잘 정리되어 있다.

12 카를로 치폴라, 『대포, 범선, 제국: 1400~1700년, 유럽은 어떻게 세계의 바다를 지배하게 되었는가?』, 최파일 옮김(미지북스, 2012).

13 J. H. 패리, 『약탈의 역사: 유럽의 헤게모니 확립』, 김성준 옮김(신서원, 1998); 주경철, 『대항해 시대: 해상 팽창과 근대 세계의 형성』(서울대학교출판부, 2008), 제1장; 치폴라, 『대포, 범선, 제국』. 유럽의 성공 담론에 대한 깔끔한 정리는 조너선 데일리, 『역사대논쟁: 서구의 흥기』, 현재열 옮김(선인, 2020), 35~90쪽을 참조하라.

14 알프레드 세이어 마한, 『해양력이 역사에 미치는 영향 1, 2』, 김주식 옮김(책세상, 1998); George Modelski and William R. Thompson, *Seapowers in Global Politics, 1494-1993*(MacMillan Press), 1988.

15 재닛 아부-루고드, 『유럽 패권 이전: 13세기 세계체제』, 박흥식·이은정 옮김(까치, 2006).

16 티모시 메이, 『칭기스의 교환: 몽골 제국과 세계화의 시작』, 권용철 옮김(사계절, 2020).

17 Blair B. Kling and M. N. Pearson(eds.), *The Age of Partnership: Europeans in Asia before domination*(University of Hawai'i Press, 1979).

18 Leonard Blussé, *Visible Cities: Canton, Nagasaki, and Batavia and the Coming of the Americans*(Harvard University Press, 2008), pp.34~37.

19 Marius Jansen, *China in the Tokugawa World*(Harvard University Press, 1992), p.25.

20 다중적 근대성'들'이라는 개념 속에서 동아시아상을 모색하려는 문제의식에 대해서는 조영한·조영헌, 『옐로우 퍼시픽: 다중적 근대성과 동아시아』(서울대학교출판문화원, 2020), 1~39쪽을 참조하고, 유럽 중심주의와 중국(동아시아) 중심주의를 모두 반성해야 한다는 관점에서 '현대'의 기점을 16세기 임진왜란으로 파악하고 동아시아 근현대사를 다시 쓰고자 하려는 참신한 시도는 쑹녠선, 『동아시아를 발견하다』를 참조하라.

21 존 맥닐·윌리엄 맥닐, 『휴먼 웹: 세계화의 세계사』, 유정희·김우영 옮김(이산, 2010), 217~298쪽. 티머시 브룩은 이 시기의 상업 발전으로 인한 명 후기 사회상의 특징을 '쾌락의 혼돈(The Confusion of Pleasure)'이라는 표현으로 개념화했다. 티모시 브룩, 『쾌락의 혼돈: 중국 명대의 상업과 문화』, 이정·강인황 옮김(이산, 2005).

22 케네스 포머란츠, 『대분기: 중국과 유럽, 그리고 근대 세계 경제의 형성』, 김규태·이남희·심은경 옮김(에코리브르, 2016), 서론, 1부를 참조하라.

23 陳尙勝, 『懷夷'與'抑商': 明代海洋力量興衰硏究』(山東人民出版社, 1997); 濱下武志, 『朝貢システムと近代アジア』(岩波書店, 1997); 晁中辰, 『明代海禁與海外貿易』(人民出版社, 2005); 檀上寬, 『明代海禁＝朝貢システムと華夷秩序』(京都大學學術出版會, 2013); 岩井茂樹, 『朝貢·海禁·互市: 近世東アジアの貿易と秩序』(名古屋大學出版會, 2020) 등.

24 上田信, 『海と帝國: 明淸時代』(講談社, 2005); 홍성구, 「明代 北邊의 互市와 朝貢」, 《中國史硏究》, 72(2011); 廖敏淑, 『淸代中國對外關係新論』(政大出版社, 2013); 차혜원, 「16세기, 명조의 南倭대책과 封·貢·市」, 《東洋史學硏究》, 135(2016); 한지선, 「인도양 무역 네트워크 상에서의 朝貢과 互市: 明代 미얀마에서의 土司制度와 국경무역」, 《明淸史硏究》, 52(2019); 岩井茂樹, 『朝貢·海禁·互市: 近世東アジアの貿易と秩序』(名古屋大學出版會, 2020).

25 앙겔라 쇼텐하머(Angela Schottenhammer) 등의 이러한 관점은 최근 서구 학계에서 비교적 활발하게 주목받고 있다. 대표적인 저서로는 Angela Schottenhammer(ed.), *The East Asian Mediterranean: Maritime Crossroads of Culture, Commerce and Human migration*(Harrassowitz, 2008); Angela Schottenhammer(ed.), *Trading Networks in Early Modern East Asia*(Harrassowitz, 2010); Robert J. Antony and Angela

Schottenhammer(eds.), *Beyond the Silk Roads: New Discourses on China's Role in East Asian Maritime History*(Harrassowitz, 2017); Eric Tagliacozzo and Wen-chin Chang(eds.), *Chinese Circulations: Capital, Commodities, and Networks in Southeast Asia*(Duke University Press Books, 2011); Tamara Heimarck Bentley(ed.), *Picturing Commerce in and from the East Asian Maritime Circuits, 1550-1800*(Amsterdam University Press, 2019) 등을 참조하라.

26 Anthony Reid, *Southeast Asia in the Age of Commerce 1450-1680, Volume One: The Lands below the Winds*(Yale University Press, 1988); Anthony Reid, *Southeast Asia in the Age of Commerce 1450-1680, Volume Two: Expansion and Crisis*(Yale University Press, 1993).

27 Arturo Giraldez, *The Age of Trade: The Manila Galleons and the Dawn of the Global Economy*(Rowman & Littlefield Publishers, 2015), pp.71~72. 스페인이 마닐라에 상관을 설치한 시기는 1571년이지만, 갤리언 무역선의 태평양 횡단 교역은 1565년에 시작되어 1815년까지 지속되었다.

28 星斌夫, 『明代漕運の研究』(日本學術振興會, 1963); 星斌夫, 『大運河: 中國の漕運』(近藤出版社, 1971); 조영헌, 『대운하와 중국 상인: 회·양 지역 휘주 상인 성장사, 1415~1784』(민음사, 2011), 제1부 등을 참조하라.

29 Rowe, T. William, *Hankow: Commerce and Society in a Chinese City, 1796-1889*(Stanford University Press, 1984); Antonia Finnane, *Speaking of Yangzhou: A Chinese city, 1550-1850*(Harvard University Asia Center, 2004); 川勝守, 『明清貢納制と巨大都市連鎖: 長江と大運河』(汲古書院, 2009)에서 특히 후편(後篇)의 제2장과 제7장을 참조하라.

30 필립 쿤, 『타인들 사이의 중국인: 근대 중국인의 동남아 이민』, 이영옥 옮김(심산, 2014), 31쪽.

31 宮崎市定, 「中國經濟開發史の槪要」, 『アジア史硏究 4』(朝日新聞社, 1976).

32 岩井茂樹, 「十六世紀中國における貿易秩序の摸索: 互市の現實とその認識」, 岩井茂樹 篇, 『中國近世社會の秩序形成』(京都大學人文科學硏究所, 2004); 岩井茂樹, 「淸代の互市と"沈默外交"」, 夫馬進 編, 『中國東アジア外交交流史の硏究』(京都大學學術出版會, 2007); 岩井茂樹, 『朝貢·海禁·互市: 近世東アジアの貿易と秩序』(名古屋大學出版會, 2020); 岡本隆司, 「'朝貢'と'互市'と海關」, 《史林》, 90-5(2007); 하네다 마사시 엮음, 고지마 쓰요시 감수, 『바다에서 본 역사: 개방, 경합, 공생―동아시아 700년의 문명 교류사』, 조영헌·정순일 옮김(민음사, 2018), 제2부 등을 참조하라.

33 Andrew J. Nathan and Robert S. Ross, *The Great Wall and the Empty Fortress: China's search for security*(W. W. Norton, 1997), pp.21~26.

1장 1415년, 영락제가 북경 천도를 준비하며 대운하를 재건하다

1 明『太宗實錄』, 卷164, 永樂13年 5月 乙丑.

2 乾隆『淮安府志』, 卷5, 城池, 5a; 同書, 卷11, 公署, 7b.

3 谷光隆, 『明代河工史研究』(同朋舍, 1991), 第3篇「黃淮交匯と明代の河工」.

4 『明史』(中華書局標點本), 卷153, 「列傳41·陳瑄」, pp.4206~4208.

5 姚漢源, 『京杭運河史』(中國水利水電出版社, 1998), pp.146~147, 272~277.

6 明『太宗實錄』, 卷182, 永樂 14年 11月 壬寅條.

7 티모시 브룩, 『쾌락의 혼돈: 중국 명대의 상업과 문화』, 이정·강인황 옮김(이산, 2005), 106쪽; Michael Marmè, *Suzhou: Where the Goods of All the Provinces Converge*(Stanford University Press, 2005), pp.90~107.

8 Jung-Pang Lo, "The Controversy Over Grain Conveyance During the Reign of Qubilai Qaqan, 1260-94," *The Far Eastern Quarterly* 13-3(1954); 모리스 로사비, 『쿠빌라이칸, 그의 삶과 시대』, 강창훈 옮김(천지인, 2009), 302~305쪽.

9 王瓊, 『漕河圖志』(水利電力出版社, 1990), 卷4, 奏議, 「始罷海運從會通河償運」, pp.178~179; 席書 編, 朱家相 增修, 『漕船志』(嘉靖23年刊本), 『玄覽堂叢書』(國立中央圖書館, 1940), 卷6, 「法例」, 3a-4b. "工部差官催造船隻完備, 自永樂十三年爲始, 依擬於裏河轉運, 却將海運停止. 所據退下海運官軍, 俱令於裏河駕船運糧." 『조하도지』와 『조선지』에 기록된 호부의 상주문은 거의 유사하지만, 약간의 차이가 있다. 다만 『조선지』에는 이 상주문이 1415년의 기록인 것처럼 되어 있으나, 실제 상주문의 내용과 『조하도지』의 기록에 따라 1415년의 '파해운'을 준비하기 위해 1415년 9월에 올렸던 상주문임을 알 수 있다. 인용구 역시 『조하도지』의 기록에 근거했다.

10 『明史』, 卷153, 「宋禮列傳」, p.4304.

11 明『太宗實錄』, 卷170, 永樂 13年 11月 壬子條; 談遷, 『國榷』, 永樂 13年 11月 壬子(19日).

12 Lina Lin, "Gifts of Good Fortune and Praise-Songs for Pea: Images of Auspicious Portents and Panegyrics from the Yongle Period," in Craig Clunas, Jessica Harrison-Hall and Luk Yu-Ping(eds.), *Ming China: Courts and Contacts 1400-1450*(British Museum, 2016), p.126.

13 金幼孜, 「瑞應麒麟賦」(有序), 『金文靖公集』, 卷2, 鄭鶴聲·鄭一鈞 編, 『鄭和下西洋資料彙編』(中)(海軍出版社, 2005), p.745. "臣聞人君有至聖之德者, 則必有至盛之治, 有至盛之治者, 則必有至大之徵, 此感彼應, 皆本於一心之誠, 非人力所致, 而自至者. 欽惟皇上建中垂統, 法天敷治, 恢弘鴻化, 覃曁無外, 和氣融朗, 嘉應叠臻, 乃永樂十有三年秋九月壬寅, 西南夷有曰麻林國者, 以麒麟來獻."

14 明『太宗實錄』, 卷155, 永樂 12年 9月 丁丑條.

15 다니엘 J. 부어스틴, 『발견자들 1: 세계를 탐험하고 학문을 개척한 창조정신의 역사』, 이성범 옮김(범양사, 1987), 308쪽.

16 朝鮮『太宗實錄』, 卷28, 太宗 14年 閏9月 辛酉, 庚午.

17 李治安, 『元代分封制度研究』(天津古籍出版社, 1992).

18 단죠 히로시, 『영락제: 화이질서의 완성』, 한종수 옮김(아이필드, 2017), 107~163쪽.

19 판수즈, 『관료로 산다는 것: 명대 문인들의 삶과 운명』, 이화승 옮김(더봄, 2020), 53~65쪽.

20 孫承澤, 『天府廣記』(北京古籍出版社, 1984), 卷1, 「洪武元年改北平府詔」, p.5.

21 이주엽, 『몽골제국의 후예들: 티무르제국부터 러시아까지, 몽골제국 이후의 중앙유라시아사』(책과함께, 2020).

22 明『太宗實錄』, 卷233, 永樂 19年 正月 甲子. 당시에 영락제는 황족과 궁정 관료, 조공 사신을 이끌고 새로 건립된 자금성에 입성하여 봉천전에서 조하 의식을 거행하면서 북경에서 본격적으로 정무를 시작하였다.

23 明『太祖實錄』, 卷45, 洪武 2年 9月 癸卯.

24 孫承澤, 『天府廣記』, 卷1, 「洪武元年改北平府詔」, p.5.

25 이처럼 민족적인 저항감으로 북경의 위상을 폄하하는 논자로는 영락 연간에 북경 천도를 강력하게 비판했던 소의(蕭儀)가 대표적이다.(新宮學, 『北京遷都の研究』(汲古書院, 2004), p.42)

26 蔣一葵, 『長安客話』(北京古籍出版社, 2001), 卷1, p.2.

27 우한, 『주원장전』, 박원호 옮김(지식산업사, 2003), 214~215쪽. 육조(六朝) 시대의 수도
이자 양자강 동남쪽에 위치한 남경은 양자강과 인접한 북쪽을 제외하고는 동쪽의 자
금산(紫金山), 남쪽의 우화대(雨花臺), 서쪽의 청량산(淸涼山) 등 삼면이 산으로 둘러싸
여 있고 진회하(秦淮河)로 물자 운송이 편리한 천연의 요새였다.

28 『明史』, 卷40, 「地理志1·南京」, p.910. 원 말에서 명 초의 시기에 남경이 반원의 근거
지에서 제왕의 수도로서 정립되는 과정에 대해서는 기본적으로 Frederick W. Mote,
"The Transformation of Nanking, 1350-1400," in G. William Skinner(ed.), *The City in
Late Imperial China*(Stanford University Press, 1977), pp.126~147을 참조하라.

29 明『太宗實錄』, 卷182, 永樂 14年 11月 壬寅條.

30 동북아역사재단 엮음, 『明史 外國傳 譯註 2: 外國傳 中』(동북아역사재단, 2011).

31 王在晉 撰, 『通漕類編』(學生書局, 1970), 卷9, 「海運」, 12a-13a.

32 조영헌, 「『金甁梅』를 통해 본 明末 臨淸과 大運河 유통망」, 《中國學報》, 65(2012),
306~315쪽; 陳薇 外, 「大運河沿線集散中心城市的興起: 臨淸」, 『走在運河線上:大運河
沿線歷史城市與建築硏究』(上)(中國建築工業出版社, 2013).

33 『通漕類編』, 卷1, 漕運, 42a, p.117.

34 星斌夫, 『明代漕運の硏究』(日本學術振興會, 1963), pp.96~98; 楊士奇, 『東里文集』(中華
書局, 1998), 卷3, 「奉天翊衛推誠宣力武臣特進榮祿大夫柱國追封平江侯諡恭襄陳公神道
碑銘」.

35 明『英宗實錄』, 卷87, 正統 6年 12月 5日(丁酉); 同書, 卷85, 正統 6年 11月 1日(甲午
朔).

36 아라미야 마나부, 『북경 천도 연구: 근세 중국의 수도 이전』, 전순동·임대희 옮김(서경
문화사, 2016), 420~424쪽.

37 金安淸, 謝興堯 點校, 『水窗春囈』(中華書局, 1984), 下卷, 「荻莊群花會」, p.37.

38 徐珂, 『淸稗類鈔』(中華書局, 1996), 第7冊, 豪侈類, 典商汪己山之侈, p.5269.

39 宮崎市定, 「洪武から永樂へ: 初期明朝政權の性格」, 《東洋史硏究》, 27-4(1965); 檀上
寬, 「明王朝成立の軌跡: 洪武朝の疑獄事件と京師問題おめぐって」, 《東洋史硏究》, 37-
3(1978).

40 티모시 브룩, 『하버드 중국사 원·명: 곤경에 빠진 제국』, 조영헌 옮김(너머북스, 2014),
184~186쪽.

41 유인선, 『베트남과 그 이웃 중국: 양국관계의 어제와 오늘』(창비, 2012), 174~193쪽.

42 "雖有風濤漂溺之虞, 然視河漕之費所得盖多." 丘濬 編, 金良年 整理, 朱維錚 審閱, 『大學衍義補』(上冊)(上海書店出版社, 2012), 卷34, 「漕輓之宜下」, p.283.

43 王在晉 撰, 『通漕類編』, 卷2, 「漕運」, 1b. 당시에 미곡 외에도 산동의 등주위(登州衛)에서 요동으로 운송된 물자로는 면포, 면화, 지폐, 은량 등이 포함되어 있었다.(正德 『明會典』, 卷160, 「工部14 · 船隻」.)

44 『明史』, 卷153, 「宋禮列傳」, p.4304.

45 吳緝華, 『明代海運及運河的研究』(中央研究院歷史語言研究所, 1961), pp.55~59.

46 星斌夫, 『明代漕運の研究』, pp.23~25.

47 『明史』, 卷91, 「兵志」3, 海防, p.2243.

48 Frederick W. Mote, *Imperial China 900 -1800*(Harvard University Press, 2000), p.651.

49 明 『太宗實錄』, 卷55, 永樂 4年 6月 丁亥條.

50 朝鮮 『太宗實錄』, 卷11, 太宗 6年 6月 13日(辛未); 朝鮮 『太宗實錄』 卷12, 太宗 6年 8月 17日(癸卯).

51 『明史』, 卷91, 「兵志」3, 海防, p.2244; 夏燮 撰, 『新校明通鑑』(世界書局, 1978), 永樂 2年 5月 壬寅條, p. 640.

52 鄭樑生, 『明 · 日關係史の研究』(雄山閣, 1984), p. 31.

53 『明史』, 卷91, 「兵志」3, 海防, p. 2244.

54 韓光輝, 『北京歷史人口地理』(北京大學出版社, 1996), pp.92~110에 따르면 북경 인구가 가장 급속하게 증가한 시기를 북경 천도 직후부터 토목보의 변이 발생하기 직전까지에 해당하는 15세기 전반기로 파악하고 정통 13년(1448년)의 북경 인구가 96만 명에 달했다고 추정한다. 그러나 아쉽게도 이 시기는 북경 지역에 관한 인구 관련 자료가 가장 결핍된 시기이기에 정확한 근거를 제시하지는 못하였다.

55 『明史』, 卷79, 食貨志 3, 「漕運」, pp.1918~1921.

56 席書 編, 『漕船志』, 卷3, 「船紀」, 2b-3a.

57 토산물이라는 뜻을 가진 '토의'란 공식적으로 조운선에 탑재할 수 있도록 허락받은 개인 화물로, 명조가 운군의 열악한 경제적 상황을 해결하기 위해 부득불 실시한 방법이었다.

58 신웬어우, 「鄭和의 下西洋」, 신웬어우 외, 허일 · 김성준 · 최운봉 편역, 『중국의 대항해

자 정화의 배와 항해』(심산, 2005), 48~51쪽.

59   Jung-pang Lo, "The Emergence of China as a Sea Power during the Late Sung and early Yuan Period," *Far Eastern Quarterly*, 14-4(1955).

60   黃仁宇, 『明代的漕運』, 張皓 外 譯(新城出版社, 2005), pp.15~16.

61   李寶金, 「元明时期胶莱運河興廢初探」, 《東岳論叢》, 1985-2(1985).

62   朱國達, 『地圖綜要』(『四庫禁毁書叢刊』 史部 18(北京出版社, 2000)), 外卷 「漕河考2」, 85b. "於是漕運通而海運罷, 膠萊故道亦遂湮廢."

63   檀上寬, 『明代海禁=朝貢システムと華夷秩序』(京都大學學術出版會, 2013), 第2章 「「國初寸板不許下海」考」.

64   Sally Church, "The Colossal Ships of Zheng He: Image or Reality?," in Roderich Ptak and Claudine Salmon(eds.), *Zheng He: Images and Perceptions*(Harrassowitz, 2005), pp.155~158.

65   Louise Levathes, *When China Ruled the Seas: The Treasure Fleet of the Dragon Throne, 1405-1433*(Oxford University Press, 1994), p.21. 이 그림이 보여 주는 상징적인 대조가 워낙 강렬하여, 이후에 나온 대부분의 정화 관련 저술은 모두 이 그림이나 이를 약간 보정한 형태의 그림을 활용해 왔다.

66   Gavin Menzies, *1421: the year China discovered the world*(Bantam, 2002). 우리나라에는 2004년에 번역(개빈 멘지스, 『1421: 중국, 세계를 발견하다』, 조행복 옮김(사계절, 2004))되어 큰 반향을 불러일으켰고, 심지어 대학수학능력시험 세계사 과목의 예시문으로 활용되기도 했다.

67   Robert Finlay, "How Not to (Re)Write World History: Gavin Menzies and the Chinese Discovery of America," *Journal of World History*, 15-2(2004).

68   브룩, 『하버드 중국사 원·명』, 186~189쪽.

69   檀上寬, 『明代海禁=朝貢システムと華夷秩序』, pp.149~153.

70   Pin-Tsun Chang, "The First Chinese Diaspora in Southeast Asia in the Fifteenth Century," in Roderich Ptak and Dietmar Rothermund(eds.), *Emporia, Commodities, and Entrepreneurs in Asian Maritime Trade, c. 1400-1750*(Franz Steiner Verlag, 1991), pp.14~26; Kenneth R. Hall, "Contested histories of Ming agency in the Java Sea, Straits of Melaka and Bay of Bengal region," in Kenneth Swope(ed.), *The Ming World*(Routledge,

2020), pp.437~438.

71 Gungwu Wang, "Early Ming Relations with Southeast Asia; A Background Essay World Order," in J. K. Fairbank(ed.), *The Chinese World Order: Traditional China's Foreign Relations*(Harvard University Press, 1968), pp.55~56; Geoff Wade, "Some Topoi in Southern border Historiography During the Ming," in Sabine Dabringhaus and Roderich Ptak(eds.), *China and Her Neighbours: Borders, Visions of the Other, Foreign Policy 10th to 19th Century*(Harrassowitz Verlag, 1997), pp.154~156.

72 胡廷武·夏代忠 主編, 『鄭和史詩』(雲南人民出版社, 2005), pp.109~111.

73 Robert Finlay, "The Treasure-Ships of Zheng He," *Terrae Incognitae*, 23(1991), p.12.

74 부어스틴, 『발견자들 1』, 310~313쪽.

75 顧起元 撰, 譚棣華·陳稼禾 點校, 『客座贅言』, 卷1, 「寶船廠」(中華書局, 1997), p.31.

76 嚴從簡, 余思黎 點校, 『殊域周咨錄』, 卷8, 瑣里·古里(中華書局, 1993), pp.307~308. "成化間, 有中貴迎合上意者, 擧永樂故事以告, 詔索鄭和出使水程. 兵部尙書項忠命吏入庫檢舊案不得, 蓋先爲車駕郞中劉大夏所匿. (……) 舊案雖存, 亦當毁之以拔根, 尙何追究其無哉!"

77 한편 유대하가 은닉했던 영락 연간의 당안(檔案) 자료는 정화의 남해 원정 자료가 아니라 안남 정벌에 관한 자료였다는 주장(李映發, 「鄭和下西洋檔案幷非劉大夏燒燬: 明代劉大夏銷毁鄭和下西洋檔案考辨」, 《西華大學學報》(哲社版), 33-5(2014))도 있다. 유대하가 은닉했던 자료에 안남 정벌 자료가 포함되어 있었다는 주장은 설득력이 있지만, 그 자료에서 정화에 관한 자료가 배제되어 있었음을 증명하지는 못한다. 향후 심도 있는 추가 연구가 필요한 부분이다.

78 吳緝華, 「明代劉大夏的治河與黃河改道」, 『明代社會經濟史論叢』(臺灣學生書局, 1970).

79 顧起元 撰, 『客座贅言』, 卷1, 「寶船廠」, p.31.

80 이하의 내용은 조영헌, 「후기 中華帝國 海洋史 연구의 최근 흐름과 글로벌 히스토리: 중등 역사 교과서에 대한 제언」, 《민족문화연구》, 77(2017)의 내용을 정리한 것이다.

81 『明史』, 卷304, 列傳192, 宦官1, p.7768; 孫衛國, 「論明初的宦官外交」, 《南开學報》, 1994-2(1994); 王春瑜·杜婉言, 『明朝宦官』(商務印書館, 2016), 第2章-第3章. 명조는 몽골 제국이 멸망한 이후 압록강에서 사할린섬에 이르는 광대한 지역을 통합하면서 노아간 도사를 설치하고 환관 이시하를 파견했었다. 하지만 이는 일종의 기미(羈縻) 통

치였고, 도사를 설치한 기간도 25년 정도에 불과했다. 뉘르간 도사에 대해서는 菊池俊彦·中村和之 編,『中世の北東アジアとアイヌ: 奴兒干永寧寺碑文とアイヌの北方世界』(高志書院, 2008)을 참조하라.

82 檀上寬,「明代海禁觀念の成立とその背景: 違禁下海から下海通番へ」,《東洋史硏究》, 63-3(2004); 檀上寬,『明代海禁=朝貢システムと華夷秩序』.

83 로널드 토비,『일본 근세의 '쇄국'이라는 외교』, 허은주 옮김(창해, 2013).

84 프랑수아 지푸루,『아시아 지중해: 16-21세기 아시아 해항도시와 네트워크』, 노영순 옮김(선인, 2014), 117~154쪽.

85 J. H. 패리,『약탈의 역사: 유럽의 헤게모니 확립』, 김성준 옮김(신서원, 1998), 11~17쪽.

86 Joseph Richmond Levenson(ed.), *European Expansion and the Counter Example of Asia, 1300-1600*(Prentice-Hall, Inc, 1967), pp.23~25.

87 데이비드 랜즈,『국가의 부와 빈곤』, 안진환·최소영 옮김(한국경제신문, 2009), 121~122쪽.

88 주경철,『대항해 시대: 해상 팽창과 근대 세계의 형성』(서울대학교출판부, 2008), 46~50쪽.

89 이언 모리스,『왜 서양이 지배하는가』, 최파일 옮김(글항아리, 2017), 577쪽.

90 이에 대해서는 A. J. R. Russell-Wood, *A World on the Move: the Portuguese in Africa, Asia, and America, 1415-1808*(Carcanet Press Ltd, 1992)을 참조하라.

91 J. H. Parry, *The Establishment of the European Hegemony, 1415~1715: Trade and Exporation in the Age of the Renaissance*(Harper & Row, Publisher. Inc., 1960).

92 지푸루,『아시아 지중해』, 169쪽.

2장 1492년, 휘주 상인이 염운법의 변화로 새로운 기회를 잡다

1 曾仰豊,『中國鹽政史』(商務印書館, 1998), pp.20~21.

2 Ray Huang, *Taxation and Governmental Finance in Sixteenth-Century Ming China*(Cambridge University Press, 1974)의 제5장에서 개중법을 '교환 체계(barter system)'로 인식하고

있다.

3   Denis C. Twitchett and Tilemann Grimm, "The Cheng-t'ung, Ching-t'ai, T'ien-shun Reigns," in Frederick W. Mote and Denis C. Twitchett(eds.), *Cambridge History of China, Vol. 7, The Ming History, 1368-1644 Part 1*(Cambridge University Press, 1988), p.323.

4   John W. Dardess, *More than the Great Wall: the northern frontier and Ming national security, 1368-1644*(Rowman & Littlefield, 2020), p.157.

5   토목보의 변 이후 발생한 남경 환도 논의에 대해서는 荷見守義, 「景泰政權と孫皇太后」, 《東洋學報》, 82-1(2000) 참조.

6   于謙, 「議和虜不便疏」, 「軍務疏」, 『明經世文編』, 卷33, 2a-b, 9a-11b. 또한 북경으로부터 서북 방향으로 10킬로미터 정도 떨어진 평창현(平昌縣)에 세워진 명의 황릉(훗날의 명 십삼릉)은 영락제가 1409년부터 조영하기 시작하여 1449년 무렵에는 영락제의 장릉(長陵), 홍희제의 헌릉(獻陵), 선덕제의 경릉(景陵)이 건립되어 있었다.(向斯, 『皇朝典故紀聞』(中國文史出版社, 2002), pp.332~339.)

7   談遷, 『國榷』(中華書局, 1958), 卷27, 正統 14年 8月 癸亥條.

8   후단, 『명나라 후궁 비사』, 이성희 옮김(홀리데이북스, 2019), 303~313쪽. 탈문의 변으로 정치적 생명이 끝난 줄 알았던 주기진이 다시 천순제(天順帝)로 등극하자, 주기진을 버리고 경태제를 옹립하며 북경을 사수했던 우겸은 탈문의 변을 주도했던 서유정과 석형(石亨) 등에게 무고를 당해 처형되었다.(賴家度·李光璧, 『于謙和北京』(北京出版社, 1961), pp.72~80.)

9   조영헌, 「대운하」, 오금성 등, 『명청시대 사회경제사』(이산, 2007).

10   Mote and Twitchett(eds.), *Cambridge History of China, Vol. 7, The Ming History, 1368-1644 Part 1*, p.327.

11   Frederick W. Mote, *Imperial China 900-1800*(Harvard University Press, 2000), pp.610~611; 檀上寬, 『明代海禁=朝貢システムと華夷秩序』(京都大學學術出版會, 2013), p.154.

12   이하의 소금 유통 과정은 특별한 각주가 없는 한 寺田隆信, 『山西商人の硏究: 明代における商人および商業資本』(同朋舍, 1972), pp.80~90; 佐伯富, 『中國鹽政史の硏究』(法律文化社, 1987), pp.430~445; 劉淼, 「明代召商運鹽的基本形態」, 《鹽業史硏究》, 1996-4(1996), pp.221~235를 참조하였다.

13 寺田隆信, 『山西商人の研究: 明代における商人および商業資本』, p.115에서는 明 『孝宗實錄』, 卷104, 弘治 8月 9月 戊申條를 인용하여 1년 이상 걸린다고 언급했다. 같은 거리를 왕복하는 조운의 경우와 비교할 경우, 호광 지역에서 출발한 조운선이 북경에 갔다가 돌아오는 기간이 약 1년 정도 소요되므로,(『明史』, 卷79, 食貨志3, 漕運, p.1921.) 이론적으로 큰 무리가 없다고 생각한다. 그러나 이는 어디까지나 복잡한 중간 유통 단계가 아무런 문제없이 이루어진다는 가정하에서의 계산으로, 실제 모든 과정을 마치는 데 적어도 2년 이상의 시간이 소요되었고, 이는 후대로 갈수록 길어졌다.(Ray Huang, *Taxation and Governmental Finance in Sixteenth-Century Ming China*, p.195.)

14 姚思仁 註解, 『大明律附例注解』(北京大學出版社, 1993), 卷8, 戶律, 鹽法, 7a~b; 『皇明世法錄』, 卷28, 鹽法, 63b~64a.

15 余繼登, 『典故紀聞』(中華書局, 1997), 卷18, p.327.

16 劉應秋, 「鹽政考」, 『劉文節公集』, 『明經世文編』, 卷431, 15a.

17 清水泰次, 「商屯考」, 『明代土地制度史研究』(大安, 1968), pp.374~375.

18 李明明・吳慧, 『中國鹽法史』(文津出版社, 1997), pp.202~203.

19 張四維, 『條麓堂集』, 卷28, 「處士東山范公曁孺人王氏柴氏墓誌銘」, 19a.

20 沈鯉, 『亦玉堂稿』(上海古籍出版社, 1993), 卷8, 「鹽法考」, 17b, p.316; 馬文升, 「重鹽法以備急用疏」, 『馬端肅公奏疏』, 『明經世文編』, 卷63, 6b.

21 藤井宏, 「新安商人の研究」, 《東洋學報》, 36-2(1953), p.35.

22 田秋野・周維亮 編著, 『中國鹽業史』(臺灣商務印書館, 1979); 徐泓, 『明代的鹽法』(臺灣大學歷史研究所博士論文, 1973).

23 佐伯富, 『中國鹽政史の研究』, pp.181~185; 『元史』, 卷170, 列傳57, 郝彬列傳, p.4001.

24 藤井宏, 「明代鹽商的一考察: 邊商・內商・水商的研究」, 劉淼 輯譯, 『徽州社會經濟史研究譯文集』(黃山書社, 1987), p.259; 劉淼, 「明代召商運鹽的基本形態」, 《鹽業史研究》, p.196, 表6-2를 참조하라.

25 牛平漢 主編, 『清代政區沿革綜表』(中國地圖出版社, 1990), p.121.

26 徐旭旦, 「下河末議」, 『清經世文編』, 卷112, 工政18, 江蘇水利中, 17a.

27 『清經世文編』, 卷112, 工政18, 江蘇水利中, 「揚州水利論」, 8b.

28 乾隆 『淮安府志』, 卷6, 河防, 16a. 또한 嘉慶 『重修揚州府志』, 卷9, 河渠1, 33a에도 "회남의 수환은 그 원류가 황하와 회수에 있고, 그 중요성은 운도(運道: 대운하)에 있는데,

민생의 이폐(利弊)가 실로 이와 관련 있다."라는 유사한 언급이 있다.

29 任源祥,「漕運議」,『淸經世文編』, 卷46, 戶政21, 漕運上, 2a. "黃河者, 運河之賊也"라는
    말을 인용했던 임원상(任源祥)은 청 초의 인물이지만, 처음 이러한 표현을 사용했던
    이는 명의 만력 연간에 공부우시랑으로 총독하도를 지냈던 이화룡(李化龍)이다.

30 任重,「金元時期黃淮中下流農業經濟破産成因及後果探析」,《中國農史》, 1994-3(1994);
    王鑫義 主編,『淮河流域經濟開發史』(黃山書社, 2001), pp.608~614.

31 曹樹基,『中國移民史 第5卷 明時期』(福建人民出版社, 1997), pp.31~41.

32 趙之壁,『平山堂圖志』(光緖9年重刊本)(江蘇廣陵古籍刻印社, 1996), 卷8, 12a.

33 鄭曉,「擒剿倭寇疏」,『端簡鄭公文集』, 卷10, 80b.

34 양회 지역에서 활동했던 염상의 대략적인 규모에 대해서는 袁世振,「再上李桂亭司
    徒」,『兩淮鹽政編』4,『明經世文編』, 卷477, 13a 참조.

35 嘉慶『兩淮鹽法志』, 卷44, 人物2, 才略, 何城, 1b.

36 薛高輝·石翔 主編,『揚州古城文化錄: "雙東"街區卷』(廣陵書社, 2008),「山陝會館憶舊」,
    pp.33~38.

37 汪道昆,『太函集』, 卷51,「明故太學生潘次君曁配王氏合葬墓誌銘」, pp.1083~1084; 同
    書, 卷34,「潘汀州傳」, pp.737~741.

38 『休寧西門汪氏宗譜』, 卷6,「盆府典膳福光公曁配金孺人墓誌銘」,『徽商資料』(1985),
    p.118.

39 『竦塘黃氏宗譜』, 卷5,「明處士竹窗黃公崇敬行狀」,『徽商資料』(1985), pp.111~112.

40 汪燁,「一夔公狀」,『豊南志』, 卷6, 100b, p.379.

41 오금성,『國法과 社會慣行: 明淸時代 社會經濟史 硏究』(지식산업사, 2007), 28~32,
    266~268쪽.

42 김홍길,「세역제도」, 오금성 등,『명청시대 사회경제사』(이산, 2007)를 참조하라.

43 그 대표적인 논자는 윌리엄 에트웰(William S. Atwell)이다. William S. Atwell, "Some
    Observations on the "Seventeenth-Century Crisis" in China and Japan," *The Journal
    of Asian Studies*, 45-2(1986); William S. Atwell, "Ming China and the Emerging
    World Economy, c.1470-1650," in Frederick W. Mote and Denis C. Twitchett(eds.),
    The Cambridge History of China, Vol. 8, The Ming Dynasty, 1368~1644, Part 2(Cambridge
    University Press, 1998); William S. Atwell, "Another Look at Silver Imports into China,

ca.1635-1644," *Journal of World History*, 16-4(2005) 등을 참조하라.

44 카를로 M. 치폴라, 『스페인 은의 세계사: 1500-1800년, 아메리카의 은은 역사를 어떻게 바꾸었는가?』, 장문석 옮김(미지북스, 2015).

45 조영헌, 「은 유통과 동아시아」, 동북아역사재단 엮음, 『동아시아사 입문』(동북아역사재단, 2020).

46 萬明·徐英凱, 『明代《萬曆會計錄》整理與研究』(中國社會科學出版社, 2015).

47 汪崇筼, 『徽商密碼』(中華書局, 2012).

48 오금성, 『國法과 社會慣行』, 406~408쪽. 완밍, 「정유재란 시기 명 조정의 재정 문제: 은을 중심으로 한 초보적 고찰」, 허남린 외, 국립진주박물관 엮음, 『처음 읽는 정유재란 1597』(푸른역사, 2019)에서는 임진왜란에서 정유재란까지 전 시기에 명조가 투입했던 전쟁 비용을 최소 2000만 냥으로 계산하면서, 이처럼 큰 재정 부담이 명조 후반의 재정 상황을 위태롭게 했다고 주장했다.

49 余懋衡, 「敬陳邊防要務疏」, 『余太宰疏稿』 1, 『明經世文編』, 卷 471, 16a-b. 노보가 양회 염장에서 농간을 부린 시기는 1598년부터 1602년까지 광감세사에 대한 철회 방침이 내려지기까지 4년이었다. 이 기간에 노보는 순염어사나 염운사사를 능가하는 권한을 가지고 자의적으로 염법을 변경한 것으로 유명하며, 결국 개중법 체제를 기반으로 한 기존의 염운 방식과 그 방식에 익숙했던 수많은 상인을 어려움에 빠뜨렸다.(佐伯富, 『中國鹽政史の研究』, p.488.)

50 沈德符 撰, 『萬曆野獲編』 上(中華書局, 1997), 卷6, 「陳增之死」, p.175.

51 오양회 가문과 노보의 관계에 대해서는 明 『神宗實錄』, 卷332, 萬曆 27年 3月 甲申; 明 『神宗實錄』, 卷361, 萬曆 29年 7月 甲子를 참조하였고, 오씨 가문에 대해서는 民國 『歙縣志』, 卷5, 選擧志, 殊恩, 1a-b; 許承堯, 『歙事閑譚』, 卷4, 「吳士奇 『徵信錄』 中之 『貨殖傳』」, p.109을 참조하였다.

52 李維楨, 『大泌山房集』, 卷66, 「何中丞家傳」, 15a. 휘주 상인이 보여 주었던 상급자와의 친밀한 관계 형성에서의 경쟁력을, 소설에서는 '인연(夤緣)'의 미학으로 표현하였다.(許仲元 撰, 范義臣 校點, 『三異筆談』(重慶出版社, 1996), 卷3, 「捐金獲報」, p.62.)

53 조영헌, 『대운하와 중국 상인: 회·양 지역 휘주 상인 성장사, 1415~1784』(민음사, 2011).

54 王世華, 『富甲一方的徽商』(浙江人民出版社, 1997), pp.134~136. 당시 양자강 중류의 미

곡 유출 지역과 양자강 하류 사이의 활발한 미곡 유통과 이러한 유통에 참여하는 객상 및 쌀값의 상관관계에 대해서는 吳應箕, 『樓山堂集』(中華書局, 1985), 卷12, 「江南平物價議」, pp.139~140를 참조하라. 또한 1584년에 강소 일대와 절강 일대에 큰 흉년이 들었을 때, 강서성으로 양식을 구하기 위해 몰려든 상인 가운데 휘상이 가장 많았음은 『明史』, 卷224, 列傳112, 陳有年, p.1943에 기록되어 있다. 강남 지방의 양식업에서 휘상의 역할이 중요했음에 대해서는 范金民, 『明淸江南商業的發展』(南京大學出版社, 1998), pp.194~195를 참조할 수 있다.

55 張海鵬·王廷元 主編, 『徽商硏究』(安徽人民出版社, 1995), pp.276~279.

56 許滌新·吳承明 主編, 『中國資本主義發展史 第1卷 中國資本主義萌芽』(人民出版社, 1985), pp.99~103; 오금성, 「明末·淸初의 社會變化」, 『강좌중국사 IV: 帝國秩序의 完成』(지식산업사, 1989), 114~121쪽; 佐伯富, 『中國鹽政史의 硏究』, p.528.

57 『譚渡黃氏族譜』, 卷9, 「黃東泉處士行狀」, 45b.

58 唐力行, 「論徽商與封建宗族勢力」, 《歷史硏究》, 1986-2(1986), pp.150~151.

59 臼井佐知子, 『徽州商人の硏究』(汲古書院, 2005), pp.95~99. 이에 따르면 휘주 상인이 그 자제를 과거에 합격시켜 관료를 배출하는 데 매우 열심이었던 배경에는 관료가 누리는 세금 감면의 혜택, 권위를 이용한 '신용'의 증진 외에 고급 정보를 수집하기 위한 거점 마련이라는 목표도 있었다.

60 Richard J. Lufrano, *Honorable Merchants: Commerce and Self-Cultivation in Late Imperial China*(University of Hawai'i Press, 1997), pp.52~56.

61 Qitao Guo, *Ritual Opera and Mercantile Lineage: The Confucian Transformation of Popular Culture in Late Imperial Huizhou*(Stanford University Press, 2005), pp.216~220.

62 李維楨, 『大泌山房集』, 卷73, 「李長公家傳」.

63 조영헌, 『대운하와 중국 상인』, 281~284쪽.

64 박원호, 「명청시대 徽州商人과 宗族組織: 歙縣의 柳山 方氏를 중심으로」, 박원호, 『明淸時代 徽州社會硏究』(지식산업사, 2002).

65 林滿紅, 「중화제국 후기의 상업문화 특징」, 박기수 외, 『중국 전통상인과 근현대적 전개』(한국학술정보, 2010), 57쪽.

66 조영헌, 『대운하와 중국 상인』, 277~294쪽.

67 張海英, 「明淸社會變遷與商人意識形態: 以明淸商書爲中心」, 《復旦史學集刊》, 2005-

1(2005), pp.160~165.

68 필립 D. 커틴, 『경제인류학으로 본 세계 무역의 역사』, 김병순 옮김(모티브, 2007), 82~89쪽에 따르면 사회마다 보호 비용은 여러 가지 형태로 나타난다. 멀리 떨어진 타국으로 장사를 나가는 무역 상인들은 자신들의 조직을 무장할 수도 있고, 교역로 중간중간에 있는 다른 나라의 지배자들에게 다양한 통행료와 관세를 지불할 수도 있다. 또한 도중에 자신들을 공격할지도 모르는 세력들에게 미리 지불하는 '보호' 비용도 경제적으로 같은 기능을 수행한다. 결국 다른 경쟁 집단보다 더 낮은 보호 비용으로 더 많은 이익을 올리는 상인이 승자가 되는 것인데, 휘주 상인에게 적용하면 '후발 주자'로 회양 지역에 진출했던 그들은 국가권력과 지역사회의 엘리트에게 기부와 연납, 그리고 대운하와 관련한 각종 공익사업과 종교 시설에 '보호 비용'을 미리 지불함으로써 더 큰 착취와 약탈의 가능성을 최소화했다고 볼 수 있다.

69 이하 왕직에 대한 서술은 특별한 언급이 없는 한 조영헌·채경수, 「海商 王直의 興亡과 徽州 네트워크」,《明淸史硏究》, 44(2015)의 내용을 참조했다.

70 박수철, 「16~17세기 오다·도요토미 정권과 에도막부 성립의 의의」, 동북아역사재단 엮음, 『동아시아사 입문』(동북아역사재단, 2020), 466~467쪽.

71 하네다 마사시 엮음, 고지마 쓰요시 감수, 『바다에서 본 역사: 개방, 경합, 공생 ― 동아시아 700년의 문명 교류사』, 조영헌·정순일 옮김(민음사, 2018), 188~190쪽.

72 커틴, 『경제인류학으로 본 세계 무역의 역사』, 82~89쪽.

73 『籌海圖編』, 卷11, 「敍寇原」, p.819, "寇與商同是人也. 市通則寇轉爲商, 市禁則商轉爲寇."

74 采九德, 『倭變事略』(『鹽邑志林』, 卷48(上海: 商務印書館, 1937)), 卷4, 17a~b. "三十六年丁巳, 秋九月二十五日, 海商徽人王直者, 卽汪五峰, 其黨數千人, 泊舟于江口, 遣人賫疏抵軍門. (……) 至是直自分嘗協同官兵擒賊有功, 無大罪犯, 欲軍門代爲請通商."

75 王畿, 「都督鹿園萬公行狀」, 『玩鹿亭稿』, 卷末, 5b, "是時賊首王直, 號聚倭夷, 衆猶良賈目之, 未顯明其爲賊, 君乃作〈海寇議〉, 大意欲明正王直之罪, 嚴禁通番, 以絶其黨."

76 고노이 다카시, 『일본 그리스도교사』, 이원순 옮김(한국교회사연구소, 2008), 75~127쪽.

77 나카무라 사토시, 『일본 기독교 선교의 역사』, 박창수 옮김(홍성사, 2016), 39~58쪽; 김시덕, 『일본인 이야기 1: 전쟁과 바다』(메디치, 2019), 122~155쪽.

78   Chin, James K., "Junk Trade, Businesss Networks and Sojourning Communities: Hokkien Merchants in Early Maritime Asia," *Journal of Chinese Overseas* 6-2(2010), pp.169~182.

79   티모시 브룩, 『하버드 중국사 원·명: 곤경에 빠진 제국』, 조영헌 옮김(너머북스, 2014), 186쪽.

80   주경철, 『크리스토퍼 콜럼버스: 종말론적 신비주의자』(서울대학교출판문화원, 2013).

81   주경철, 『그해, 역사가 바뀌다』(21세기북스, 2017), 38~39쪽.

82   앤서니 그래프턴, 『신대륙과 케케묵은 텍스트들』, 서성철 옮김(일빛, 2000), 100쪽.

83   치폴라, 『스페인 은의 세계사』, 37~48쪽.

84   1565년에 안드레스 데 우르다네타(Andrés de Urdaneta)가 태평양을 횡단하는 첫 갤리언 무역 노선을 개척했다. 당시에 그는 마닐라에서 멕시코의 항구도시 아카풀코에 이르는 130일간의 긴 항해 끝에 태평양 노선의 개척에 성공했다.(리보중, 『조총과 장부: 경제 세계화 시대, 동아시아에서의 군사와 상업』, 이화승 옮김(글항아리, 2018), 76쪽.)

85   오금성, 『장거정, 시대를 구하다』(지식산업사, 2018), 299~311쪽.

3장   1573년, 조운총독 왕종목이 바닷길로 조운을 시도하다

1   사고 경위에 대해서는 강희 60년까지의 실록 자료를 비롯하여 각종 수리, 조운 관련 사료의 수운(水運) 관련 기사를 정리해 놓은 傅澤洪 輯錄, 『行水金鑑』(國學基本叢書, 商務印書館) 卷119, pp.1736~1742를 참조하라.

2   왕종목에 대한 전기는 『明史』, 卷223, 「列傳111·王宗沐」과 L. Carrington Goodrich and Chaoying Fang(eds.), *Dictionary of Ming biography, 1368-1644*(Columbia University Press, 1976), pp.1438~1441을 참조하라.

3   星斌夫, 『明代漕運の研究』(日本學術振興會, 1963), pp.96~98.

4   梁夢龍, 「犒賞官役五」, 『海運新考』, 卷上, 18a. 당시 융경제는 1년 동안 결함이 없을 경우에는 격려하는 의미에서 '장천(獎薦)'을 사여하되, 2년 동안 결함이 없다면 '특천(特薦)'으로 파격적인 승진을 약속할 정도로 해운에 거는 기대를 보여 주었다. 또한 해운의 대표적인 추진자였던 양몽룡과 왕종목에게는 각각 봉(俸)1급이 올라가고 30냥의

상은(賞銀)과 2표리(表裏)의 저사(紵絲)가 사여되었다.(明『神宗實錄』, 卷4, 隆慶 6年 8月 丙辰條.)

5 明『神宗實錄』, 卷6, 隆慶 6年 10月 己未條;『明史』, 卷223,「列傳111·王宗沐」, p.5877.

6 王宗沐,「乞廣餉道以備不虞疏」,『王敬所集』1,『明經世文編』, 卷343.

7 明『穆宗實錄』, 卷49, 隆慶 4年 9月 甲戌條; 朱健 撰,『古今治平略』(續修四庫全書 756-757), 卷8,「漕運編」, 44a.

8 鮑彦邦,『明代漕運制度』(暨南大學出版社, 1995), pp.179~180.

9 가령 춘추전국시대에는 연(燕)나라의 수도였으며, 16국 시대에는 8년 동안 전연(前燕)의 수도였고, 당대에 안사의 난이 발생했을 때 사사명(史思明)이 이곳에서 대연(大燕) 황제를 칭했던 적이 있을 뿐이다. 이처럼 북경 지역은 지역 정권의 치소(治所)이자 중심지 역할을 했을지만, 전국적인 수도로서 승격된 적은 없었다.

10 북경의 인구는 원대에 80만~90만 명 정도였다가 원 말과 명 초에 10만 명 정도로 크게 감소하였으나, 다시 북경이 수도로 정해진 이후 빠르게 증가하여 15세기 중반에 이미 90여만 명으로 회복되었다. 이후 북경 인구는 지속적으로 증가하다가 명 말 동란기에 다시 감소하였다. 북경 인구에 대해서는 추중린,「인구증가·삼림채벌과 明代 北京의 연료문제」, 서울대학교 동아문화연구소 엮음,『중국 역대 도시구조와 사회변화』(서울대학교출판부, 2003), 154~159쪽을 참조하라.

11 『明史』, 卷223,「列傳111·翁大立」, p.5868; 明『穆宗實錄』, 卷58, 隆慶 5年 6月 庚申條; 同書, 卷67, 隆慶 6年 閏2月 壬申條.

12 당시에 가운하의 준설을 반대했던 대표적인 이는 총리하도였던 만공이었는데, 그가 제시했던 여섯 가지 개착의 어려움에 대해서는 萬恭,『治水筌蹄』, 卷2, 運河, p.90을 참조하라. 이후 만력 3년에 하도총독 부희지(傅希摯)가 다시 가운하의 개착을 주장했으나 연기되었다가, 결국 1604년(만력 32년)에 하도총독 이화룡이 준설을 시작하여, 조시빙(曹時聘)이 완성시켰다.

13 明『穆宗實錄』, 卷68, 隆慶 6年 3月 丙午條.

14 丘濬,「漕運之議」(通海運),『明經世文編』, 卷71, 16a-18b.

15 于湛,「總理河道題名記」,『漕運通志』(書目文獻出版社, 1988), 卷10, 74a-b."海運之法, 作俑于秦, 效尤于元, 祖宗已棄之策, 三代以前未聞也.(……) 此殘虜之所忍于華人也, 奈何華人亦忍于華人哉?"

16 梁夢龍,「咨訪海道三」,『海運新考』, 卷上, 5a-b.

17 李春芳,「海運詳考序」,『詒安堂集』, 卷4, 33b-35b; 高拱,「論海運漕河」,『高文襄公文集』2,『明經世文編』, 卷302, 30b.

18 杜乃濟,『明代內閣制度』(臺灣商務印書館, 1967), pp.24~27, 125~135; 譚天星,『明代內閣政治』(中國社會科學出版社, 1996), p.219~240.

19 이러한 융경제의 정국 운영 방식에 대해서는 대체로 부정적인 평가가 대다수지만,(Ray Huang, "The Lung-ch'ing and Wan-li Reigns, 1567-1620," in Frederick W. Mote and Denis C. Twitchett(eds.), *Cambridge History of China, Vol. 7, The Ming History, 1368-1644 Part 1*(Cambridge University Press, 1988), pp.511~514.) 웨이칭위안(韋慶遠)은 이 기간에 고공과 장거정과 같은 걸출한 수보들이 등장하여 사회 개혁을 이루었다는 측면에서 긍정적인 평가를 내린다.(韋慶遠,『張居正和明代中後期政局』(廣東高等教育出版社, 1999), pp.207~216.)

20 Shih-shan Henry Tsai, *The Eunuchs in the Ming Dynasty*(State University of New York Press, 1996), pp.119~140; 전순동,「명초 宦官의 外交 활동 실태와 그 성격」,《中國史硏究》, 77(2012).

21 서인범,『자금성의 노을: 중국 황제의 후궁이 된 조선 자매』(역사인, 2019), 61~103쪽. 당시 영락제의 비윤리적인 조선 공녀(처녀) 차출에 대해서 명조 측의 기록은 거의 없는데, 조선왕조실록에 남겨진 기록을 통해 실상이 밝혀질 수 있었다. 후단(胡丹)은 영락제가 조선에 조선 출신 환관을 보내면서 문서가 아닌 구전(口傳)으로 전하는 성지를 자주 사용했던 것은 황제의 권위를 추락시키는 조선에서의 공녀 차출이 문자 기록으로 남는 것을 원치 않았기 때문이라고 해석한다.(후단,『명나라 후궁 비사』, 이성희 옮김(홀리데이북스, 2019), 268쪽.)

22 데라다 다카노부,『중국의 역사: 대명제국』, 서인범·송정수 옮김(혜안, 2006), 103~109쪽.

23 明『神宗實錄』, 卷2, 隆慶 6年 6月 庚午條.

24 明『神宗實錄』, 卷16, 萬曆 元年 8月 癸丑條.

25 朱健 撰,『古今治平略』, 卷8,「漕運編」, 48b~49a.

26 孫承澤,『春明夢餘錄』(江蘇廣陵古籍刻印社, 1990), 卷46,「工部1」, 36a~b.

27 高拱,「論海運漕河」,『高文襄公文集』2,『明經世文編』, 卷302, 31b.

28　樊樹志,「張居正與馮保: 歷史的另一面」,《復旦學報》(社會科學版), 1999-1(1999), pp.80~84.

29　오금성,『장거정, 시대를 구하다』(지식산업사, 2018), 144~162쪽.

30　韋慶遠,『張居正和明代中後期政局』, pp.753~756.

31　그 외에도 장거정의 집권 이후 고공이 중용했던 관료군에 대한 엄청난 물갈이가 진행되었는데, 물론 그 표면적인 명분은 "이치(吏治)를 정비한다."라는 것이었다. 이에 대해서는 Ibid., pp.531~538을 참조하라.

32　Ibid., p.756.

33　최부,『崔溥 漂海錄 譯註』, 박원호 옮김(고려대학교출판부, 2006), 卷2, 3月 5日, 215쪽.

34　Anthony Reid, *Southeast Asia in the Age of Commerce 1450-1680, Volume One: The Lands below the Winds*(Yale University Press, 1988).

35　하네다 마사시 엮음, 고지마 쓰요시 감수,『바다에서 본 역사: 개방, 경합, 공생 ― 동아시아 700년의 문명 교류사』, 조영헌·정순일 옮김(민음사, 2018), 213~214쪽.

36　주경철,『문명과 바다: 바다에서 만들어진 근대』(산처럼, 2009), 248쪽.

37　신현승,『명대 말기 유종주와 지식인 네트워크』(솔과학, 2020), 85~98쪽. 도택민의 월항 개항과 허부원의 해양 인식에 대해서는 許孚遠,『敬和堂集』,『明經世文編』, 卷400, 「疏通海禁疏」을 참조하라.

38　채경수,「明末 淸初 해상세력의 浮沈과 국가권력의 대응」(서울대학교 대학원 박사 학위 논문, 2020).

39　Kangying Li, *The Ming Maritime Trade Policy in Transition, 1368 to 1567*(Harrassowitz, 2010), pp.104~105.

40　Dennis O. Flynn and Arturo Giraldez. "Born with a 'silver spoon': the Origin of World Trade in 1571," *Journal of World History*, 6-2(1995).

41　하네다 마사시 엮음,『바다에서 본 역사』, 209쪽.

42　카를로 M. 치폴라,『스페인 은의 세계사: 1500-1800년, 아메리카의 은은 역사를 어떻게 바꾸었는가?』, 장문석 옮김(미지북스, 2015), 42~48쪽.

43　개릿 매팅리,『아르마다: 세상에서 가장 빼어난 전쟁 연대기』, 콜린 박·지소철 옮김(너머북스, 2012).

44　재닛 아부-루고드,『유럽 패권 이전: 13세기 세계체제』, 박홍식·이은정 옮김(까치,

2006), 127쪽.

45 레이 황, 『1587 만력15년 아무일도 없었던 해』, 김한식 외 옮김(새물결, 2004), 170쪽.

46 앞의 책, 158쪽.

4장 1600년, 예수회 선교사 마테오 리치가 대운하를 평가하다

1 서광계, 「『스물다섯 마디 잠언』의 발문[跋二十五言, 1604]」, 마테오 리치, 송영배 역주, 『교우론(交友論), 스물다섯 마디 잠언(二十五言), 기인십편(畸人十篇): 연구와 번역』(서울대학교출판부, 2000), 416~417쪽.

2 梁家勉 編著, 『徐光啓年譜』(上海古籍出版社, 1981), pp.64~65; 張德信 編著, 『明代職官年表』(3冊)(黃山書社, 2009), pp.2820~2828.

3 김상근, 『세계지도의 역사와 한반도의 발견』(살림, 2004), 39~41쪽.

4 정인철, 『한반도, 서양 고지도로 만나다』(푸른길, 2015).

5 티모시 브룩, 『셀던의 중국 지도: 잃어버린 항해도, 향료 무역 그리고 남중국해』, 조영헌·손고은 옮김(너머북스, 2018), 8쪽.

6 한국교회사연구소, 『한국천주교회사 1』(한국교회사연구소, 2015), 117~119쪽.

7 서광계, 『서광계문집』, 최형섭 옮김(지식을만드는지식, 2010), 11~20쪽.

8 1540년에 창립된 예수회의 기본적인 역사와 주요 지도자에 따른 선교 방침과 동아시아를 비롯하여 페루, 인도, 베트남, 티베트 등 세계 각지의 선교 역사에 대해서는 김상근, 『동서문화의 교류와 예수회 선교역사』(한들출판사, 2006); 후안 카트레트, 『예수회 역사』, 신원식 옮김(이나시오영성연구소, 2013) 등을 참조하라.

9 John C. Olin, *The Catholic Reformation: Savonarola to Ignatius Loyola, Reform in the Church, 1495-1540*(Fordham University Press, 1992), p.198.

10 김상근, 『동서문화의 교류와 예수회 선교역사』, 11~16쪽.

11 마테오 리치, 『마테오 리치의 중국견문록』, 신진호·전미경 옮김(문사철, 2011), 356쪽.

12 세스페데스 신부의 조선 체류를 두고 한국 천주교의 기원이 1784년이 아니라 임진왜란 시기였다고 보는 일부 시각이 있는데, 대표적으로 후안 레이스 데 메디나, 『한국천주교회 전래의 기원, 1566~1784』, 박철 옮김(서강대학교출판부, 1989)를 들 수 있다.

당시에 세스페데스 신부 및 함께 온 일본인 수사 한칸 레온(Hankan Léon: 1538~1627년)은 웅천(熊川)에 머물며 군인들에게 성사(聖事)를 집전하고 아직 세례를 받지 않은 군인들을 상대로 선교를 하였으나, 그들의 활동은 일본군의 진영 안에 국한되었고 체류 기간 역시 길지 못하였다. 따라서 세스페데스 신부는 16세기에 조선에 입국했던 최초의 천주교 성직자이기는 하지만, 그의 조선 도착을 천주교와 조선의 공식적인 접촉이라고 보기는 어렵다.

13 한국교회사연구소, 『한국천주교회사 1』, 107~110쪽.

14 리치, 『마테오 리치의 중국견문록』, 392~393쪽.

15 앞의 책, 396쪽.

16 『明史』, 卷75, 「職官志4·5」.

17 중국에 대한 리치의 지식 대부분이 대운하를 통한 여행에서 얻은 것이었다. 리치가 겪었던 대운하에 대한 경험은 조너선 스펜스, 『마테오 리치, 기억의 궁전』, 주원준 옮김(이산, 1999), 117~120쪽을 참조하라.

18 Louis J. Gallagher(trans.), *China in the Sixteenth Century: The Journals of Matthew Ricci, 1585-1610*(Random House, 1953), pp.12~13. 이 책은 1610년에 마테오 리치가 북경에서 사망한 후, 리치와 함께 사역했던 니콜라스 트리고 신부가 리치의 일기를 마카오에서 로마로 가지고 와 1615년에 라틴어로 번역하여 출간(*De Christiana expeditione apud Sinas suscepta ab Societate Jesu*)한 것이다. 그때 트리고는 리치의 일기 외에도 그의 죽음과 매장에 대한 이야기, 리치의 선교 보고서나 다른 사역에 대한 기록, 리치가 겸손을 이유로 생략했던 사적인 이야기들을 포함시켰다.

19 *China in the Sixteenth Century*, p.306.

20 萬恭, 『治水筌蹄』(水利電力出版社, 1985), 卷2, 「運河船舶航行次序」, p.119.

21 梁夢龍, 「刻海運新考後序」, 『海運新考』(玄覽居士, 1940), 卷下. 이 때문에 북경이 수도였던 원대와 명대, 청대에 조운이 국가의 대계(大計)로 인식되었던 것이다.(吳琦, 『漕運與中國社會』(華中師範大學出版社, 1999), pp.25~37.)

22 *China in the Sixteenth Century*, p.357.

23 丁易, 『明代特務政治』(中華書局, 2006). 특히 세무(稅務)와 염정에 대한 특권은 149~169쪽을, 각종 공물의 조달에 대한 특권은 200~212쪽을 참조하라.

24 余繼登, 『典故紀聞』(中華書局, 1997), 卷13, pp.235, 241. 이에 성화4년(1468년)에 환관

등이 마쾌선에 사염를 탑재하지 못하게 하는 금령이 내려졌다.(王圻 撰, 『續文獻通考』, 卷100, 「馬快船事例」 10a～b.)

25 項夢原, 『冬官紀事』, 『叢書集成初編』, 1500(中華書局, 1985). 『동관기사』를 기록한 하중식(賀仲軾)은 1596년(만력 24년)에 북경의 황궁을 중건할 때 공부 영선사낭중(營繕司郎中)이었던 하성서(賀盛瑞)의 아들로, 당시 공료(工料)를 함부로 횡령하였다는 이유로 파직당한 부친의 억울함을 알리기 위해 기록을 남겼다.(『四庫全書總目提要』, 卷64, 「史部 20, 傳記類存目6, 雜錄」, p.1404.)

26 項夢原, 『冬官紀事』, p.4.

27 최부, 『崔溥 漂海錄 譯註』, 박원호 옮김(고려대학교출판부, 2006), 卷2, 2月 10日; *China in the Sixteenth Century*, pp.119～120.

28 李荊函, 「請禁官舫夾帶貨船」, 李漁, 『資治新書-初編』(『李漁全集』 第16卷(浙江古籍出版社, 1992)), 卷3, 「文移部·権政」, p.115.

29 조영헌, 『대운하와 중국 상인: 회·양 지역 휘주 상인 성장사, 1415～1784』(민음사, 2011), 218～221쪽.

30 해운 사행 경로에 대해서는 정은주, 『조선시대 사행기록화: 옛 그림으로 읽는 한중관 조공사절계사』(사회평론, 2012), 3장을 참조하라. 해로 사행에 대한 기록화인 『연행도 폭』(국립중앙도서관 소장) 계열 제18폭 「덕주(德州)」에는 조하(漕河: 대운하)와 선박이 그려져 있다.(앞의 책, 149～150쪽.) 이를 통해 조선 사행단이 덕주를 지나면서 대운하를 이용했음을 확인할 수 있다.

31 光緖 『清會典事例』(6)(中華書局, 1991), 卷502, 禮部213, 「朝貢·貢道」, p.817.

32 *China in the Sixteenth Century*, p.479. 외국에서 온 조공 사절에 대한 일체의 비용과 호송은 국가가 부담하였다. 이에 대한 명대의 상황은 萬曆 『大明會典』, 卷109, 禮部67·賓客, 1a～2b을 참조하고, 청대의 상황은 『清會典事例』, 卷502, 禮部213, 「朝貢·貢道」, p.817; 同書, 卷510, 禮部221, 「朝貢·迎送」, p.902를 참조하라.

33 John E. Wills, Jr., *Embassies and Illusions: Dutch and Portuguese Envoys to K'ang-hsi, 1666-1687*(Harvard University Press, 1984), pp.116～117.

34 尼·斯·米列斯庫(N. Spătaru Milescu), 『中國漫記』, 蔣本良·柳鳳運 譯(中華書局, 1990), p.51. 밀레스쿠는 모스크바와 북경을 잇는 육로를 이용하여 왕래했으며 중국에 체류한 기간이 길지 않았으나, 당시에 인접한 중국의 내부 사정을 파악하기 위한 러시아

측의 요구를 담아 다양한 기록을 참조해 기술했다. 따라서 그의 글에는 북경을 비롯하여 각 성에 대한 교통과 상업, 도시의 발전에 대한 기록이 풍부하며, 특히 수운이나 육운 및 다양한 선박의 종류 등이 소개되어 있다.

35 *China in the Sixteenth Century*, pp.358~359.

36 Ibid., p.307.

37 佚名, 「松石菴」, 『豊南志』, 卷9, 8a, p.505. 오씨 일가의 행적 가운데 "조운에서 미곡과 포를 거래하면서 100만의 재산을 모았다."라는 구절도 주의 깊게 살펴야 할 부분이다. 상인이 조운에 참여하여 돈을 버는 것은 이론적으로는 불가능한 일이기 때문이다. 전후에 관련된 설명이 없기에 정확한 상황이 파악되지는 않지만, 조운이 이루어지는 유통로인 대운하에서 일어난 현상임은 틀림없다. 대략 두 가지 가능성을 제기할 수 있는데, 하나는 말 그대로 대운하를 이용하여 미곡과 포를 유통시켰다는 것이고, 다른 하나는 조운선에 물건을 탑재하여 이윤을 획득했다는 해석이다. 조운선을 이용한 물자유통은 1장에서 언급했던 토의라는 방식보다는 3장에서 언급했던 불법적인 조운선 운영을 통해서 이루어졌을 가능성이 높다. 배후에 권력자의 지지가 있을 경우에는 얼마든지 가능한 방식이므로, 오씨 일가에 적용할 수 있다.

38 *China in the Sixteenth Century*, p.306.

39 解揚, 「"利瑪竇難題"與明代海運」, 《讀書》, 2010-6, 《復印報刊明淸史》, 2010-11; 樊鏵, 『政治決策與明代海運』(社會科學文獻出版社, 2009), pp.1~6.

40 Yong Wang, "Realistic and Fantastic Images of 'Dwarf Pirates': The Evolution of Ming Dynasty Perceptions of the Japanese" in Joshua A. Fogel(ed.), *Sagacious Monks and Bloodthirsty Warriors: Chinese Views of Japan*(Pacific Century Press, 2002).

41 劉曉東, 『「倭寇」與明代的東亞秩序』(中華書局, 2019), pp.13~38.

42 川越泰博, 「明代南京と倭寇(1)」, 明代史研究會 編, 『明代史研究會創立三十五年記念論集』(汲古書院, 2003), pp.130~137.

43 하네다 마사시 엮음, 고지마 쓰요시 감수, 『바다에서 본 역사: 개방, 경합, 공생―동아시아 700년의 문명 교류사』, 조영헌·정순일 옮김(민음사, 2018), 168~169쪽.

44 龐新平, 「嘉靖倭寇活動期における築城: 中國浙江沿海地方を中心にして」, 《東洋學報》, 75(1993).

45 조영헌, 「중국 근세 강남 도시의 네 가지 흐름: 성곽 축조 논쟁을 중심으로」, 《도시연

구: 역사·사회·문화》, 5(2011), 41~49쪽.

46 徐泓, 「明代福建的築城運動」, 《暨大學報》, 3-1(1999).

47 Frederick W. Mote, "The Transformation of Nanking, 1350-1400," in G. William Skinner(ed.), *The City in Late Imperial China*(Stanford University Press, 1977).

48 Edward L. Farmer, "The Hierarchy of Ming City Walls," in James D. Tracy(ed.), *City Walls: the Urban Enceinte in Global Perspective*(Cambridge University Press, 2000), p.486.

49 채경수, 「明末 淸初 해상세력의 浮沈과 국가권력의 대응」(서울대학교 대학원 박사 학위 논문, 2020), 17~29쪽.

50 明 『神宗實錄』, 卷272, 萬曆 22年 4月 癸酉. "若倭酋據有朝鮮, 則王京之漢陽·江開城之臨津江·平壤之大同江處處, 可以通海直達畿輔, 不必渡鴨綠走遼陽也. 是故欲安中國, 必守朝鮮, 欲安朝鮮, 必守全慶."

51 朝鮮 『宣祖實錄』, 卷45, 宣祖 26年(1593) 閏11月 16日. "昔成祖文皇帝, 定鼎燕京, 以宣府, 居庸等關爲背, 以防北胡, 以山東·朝鮮爲左臂, 以遏海寇. 若朝鮮不救, 則帝京不安."

52 정병철, 『'天崩地裂'의 시대, 明末淸初의 華北社會』(전남대학교출판부, 2008), 제1장 제1절; 董興華, 「從"壬辰倭亂"看明代山東的戰略地位」, 《科教導刊》, 2013-9(2013).

53 周孔教, 「妖書惑衆懇乞騷遏亂萌固根本疏」, 『周中丞疏稿』(『續修四庫全書』, 史部 481(上海古籍出版社, 1995)), 1卷, 21a. "我朝二百餘年以來無敵國, 有敵國自今日始, 此豈可以歲月結局乎."

54 張燮, 謝方 點校, 『東西洋考』(中華書局, 2000), 卷7, 「餉稅考」, pp.132~132.

55 송응창, 『명나라의 임진전쟁 1: 출정 전야』, 구범진 외 옮김(사회평론아카데미, 2020), 184~185쪽.

56 후마 스스무, 『조선연행사와 조선통신사』, 신로사 외 옮김(성균관대학교출판부, 2019), 134쪽에서 재인용.

57 앞의 책, 128~147쪽.

58 Tonio Andrade, *How Taiwan became Chinese: Dutch, Spanish, and Han Colonization in the Seventeenth Century*(Columbia University Press, 2009), p.48.

59 동북아역사재단 엮음, 『明史 外國傳 譯註1: 外國傳 上』(동북아역사재단, 2011), 「日本傳」, "久之, 秀吉死, 諸倭揚帆盡歸, 朝鮮患亦平. 然自關白侵東國, 前後七載, 喪師數十萬, 糜餉數百萬, 中朝與朝鮮迄無勝算. 至關白死, 兵禍始休, 諸倭亦皆退守島巢, 東南稍有安

枕之日矣. 秀吉凡再傳而亡. 終明之世, 通倭之禁甚嚴, 閭巷小民, 至指倭相詈罵, 甚以喋其小兒女云.”

60 조영헌, 「1522년 北京 會同館의 對朝鮮 門禁 조치와 그 배경: 正德帝 遺産의 정리와 관련하여」, 《中國學報》, 91(2020), 201~203쪽.

61 조영헌, 「正德帝의 南巡과 南京」, 《明淸史硏究》, 45(2016), 72~74쪽.

62 후앙치첸·정웨이밍, 『마카오의 역사와 경제』, 박기수·차경애 옮김(성균관대학교 출판부, 1999), 23쪽에 따르면, 포르투갈이 해도부사(海道副使) 왕백(汪伯)에게 뇌물을 바치고 마카오에 거점을 마련한 시기를 1553년(가정 32년)이라고 하였다.

63 하네다 마사시 엮음, 『바다에서 본 역사』, 174~175, 208쪽.

64 高瀨弘一郎, 『キリシタン時代の貿易と外交』(八木書店, 2013), pp.325~326.

65 하네다 마사시 엮음, 『바다에서 본 역사』, 193~196쪽.

66 채경수, 「明末 淸初 해상세력의 浮沈과 국가권력의 대응」, 84~101쪽.

67 앞의 글, 117~135쪽.

68 崔來廷, 『海國孤生: 明代首輔葉向高與海洋社會』(江西高校出版社, 2006).

69 다만 정두원을 따라 명에 갔던 서른아홉 명 가운데 역관 이영후(李榮後)는 호드리게스에게서 받은 『천문략(天文略)』, 『치력연기(治曆緣起)』 등과 같은 책들을 읽고 그와 서신을 교환하였다. 하지만 1632년에 손원화의 부대에서 반란이 일어나면서 이들 사이의 교류는 곧 단절되었다.(한국교회사연구소, 『한국천주교회사 1』(한국교회사연구소, 2015), 197쪽.)

70 강명관, 『조선에 온 서양 물건들』(휴머니스트, 2015), 78~113쪽.

71 티머시 브룩, 『베르메르의 모자: 베르메르의 그림을 통해 본 17세기 동서문명교류사』, 박인균 옮김(추수밭, 2008), 153~167쪽.

72 『동서양고』의 권1부터 권4는 서양 노선과 그 경유 국가를, 권5는 동양 노선과 그 경유 국가를 소개하고 있다.

73 브룩, 『셀던의 중국 지도』, 241~248쪽.

74 Charles H. Parker, *Global Interactions in the Early Modern Age, 1400~1800*(Cambridge University Press, 2010), pp.136~137.

75 브룩, 『셀던의 중국 지도』, 409쪽.(「옮긴이의 말」)

76 Gungwu Wang, "Merchants without empire: the Hokkien sojourning communities," in

James D. Tracy(ed.), *The Rise of Merchant Empires: long-distance trade in the early modern world, 1350-1750*(Cambridge University Press, 1990).

77 하네다 마사시, 『동인도회사와 아시아의 바다』, 이수열·구지영 옮김(선인, 2012), 70~77쪽.

78 Blair B. Kling and M. N. Pearson(eds.), *The Age of Partnership: Europeans in Asia before domination*(University of Hawai'i Press, 1979).

79 Leonard Blussé, *Visible Cities: Canton, Nagasaki, and Batavia and the Coming of the Americans*(Harvard University Press, 2008), pp.34~37.

80 브룩, 『셀던의 중국 지도』, 81~102쪽.

5장 1666년, 소금 상인 정유용이 천비궁을 다시 건립하다

1 李獻璋, 『媽祖信仰の研究』(泰山文物史, 1979), 第1編 「媽祖傳說の展開」; 朱天順, 『媽祖と中國の民間信仰』(平河出版社, 1996), pp.31~33. 한편 사조제와 조익 등은 마조가 실존 인물이 아니라 일반적인 수신 가운데 하나로 이해했지만,(謝肇淛, 『五雜組』, 卷15, 「事部3」, pp.304~305; 趙翼, 『陔餘叢考』, 卷35, 「天妃」, p.726) 설득력 있는 견해라고 보기는 어렵다.

2 魏禧, 『魏叔子文集』, 卷16, 「揚州天妃宮碑記」, pp.763~764. 위희는 명 말과 청 초의 격변기를 살았던 강서성 출신의 문인으로, 양주를 비롯한 대운하 연안의 소주, 항주, 무석, 고우 등지를 주유하며 명사들과의 교류를 즐겼다. 그가 남긴 『위숙자문집(魏叔子文集)』에는 17세기 대운하 도시의 정황을 알려 주는 자료가 많다. 위희의 생애에 대해서는 溫聚民, 『魏叔子年譜』, 『民國叢書』 第4編 85 歷史地理類(上海書店, 1992)를 참조하라.

3 이하 정유용과 관련한 내용은 특별한 주가 없는 한 조영헌, 『대운하와 중국 상인: 회·양 지역 휘주 상인 성장사, 1415~1784』(민음사, 2011), 359~369쪽의 내용을 수정하여 전재했다.

4 王士性, 『廣志繹』(中華書局, 1997), 卷2, 「兩都」, p.34.

5 民國 『歙縣志』, 卷1, 興地志, 「風土」, 6a.

6   康熙『揚州府志』, 卷26, 人物4, 篤行, 程有容, 16a.

7   趙世瑜, 『狂歡與日常: 明淸以來的廟會與民間社會』(生活讀書新知三聯書店, 2002), pp.278~288.

8   關文斌, 『文明初曙: 近代天津鹽商與社會』(天津人民出版社, 1999), p.136.

9   李獻璋, 『媽祖信仰の硏究』, pp.207~213.

10   유채원, 「중국의 媽祖神話, 사실, 상징」, 《대구사학》, 134(2019), 330~350쪽.

11   현재 마카오에는 마조를 제사하는 마각묘(媽閣廟)가 있는데, 명대에 포르투갈인들이 도착했을 때 마각묘에 대한 현지인의 발음이 지금의 포르투갈 발음으로 전승되어 지금의 '마카오(Macao)'라는 이름으로 정착되었다는 이야기가 있다. 하지만 마각묘가 건립된 시기가 지금까지 알려진 대로 1488년(홍치 원년)이 아니라 1605년(만력 33년)이라는 설을 제기하면서, 마카오라는 명칭 역시 마각묘와 상관없이 광동성 '박구(泊口)'의 민어(閩語) 방언이 전달된 것이라는 주장도 있다. 이에 대해서는 譚世寶, 『澳門歷史文化探眞』(中華書局, 2006)에 실린 「澳門媽祖閣廟的歷史考古硏究新發現」, 「Macao, Macau(馬交)與澳門, 馬角等詞的考辨」을 참조하라.

12   洪邁, 『夷堅支志』, 卷1, 「浮曦妃祠」를 보면, 선주는 천비에게 안전을 기원한 후 출항한 이야기가 등장한다. 선주는 항해 도중에 해적선을 만났으나 다시 간절히 천비에게 구조를 간청함으로 무사히 항해를 마친 것으로 이야기가 마무리된다.

13   하네다 마사시 엮음, 고지마 쓰요시 감수, 『바다에서 본 역사: 개방, 경합, 공생 — 동아시아 700년의 문명 교류사』, 조영헌·정순일 옮김(민음사, 2018), 60~61쪽.

14   朱天順, 『媽祖と中國の民間信仰』, p.56.

15   『元史』, 卷10, 世祖本紀7, p.203; 『元史』, 卷76, 祭祀5, p.1904.

16   董季群, 『天津文化通覽(第一集) 天后宮寫眞』(天津社會科學院出版社, 2002), pp.1~32, 179~184. 톈진 구웬화지에(古文化街)에 위치한 천후궁은 푸젠, 타이완의 천후궁과 함께 오늘날 마조 신앙의 세 중심지 가운데 하나로 손꼽힌다.

17   郎瑛, 『七修類藁』, 卷50, 「天妃顯應」, p.617.

18   李獻璋, 『媽祖信仰の硏究』, pp.258~279.

19   胡廷武·夏代忠 主編, 『鄭和史詩』(雲南人民出版社, 2005), p.12, 「天妃之神靈應記」, "觀夫海洋, 洪濤接天, 巨浪如山, 視諸夷域, 迥隔於烟霞縹緲之間. 而我之雲帆高張, 晝夜星馳, 涉彼狂瀾, 若履通衢者, 誠荷朝廷威福之致, 尤賴天妃之神護佑之德也. 神之靈固嘗著於昔時, 而盛顯於當代. 溟渤之間或遇風濤, 既有神燈燭於帆檣, 靈光一臨, 則變險爲夷, 雖在顚連亦保無虞. 及臨外邦, 番王之不恭者生擒之, 蠻寇之侵掠者勦減之. 由是海道淸寧, 番人仰賴者, 皆神之賜也. 神之感應, 未易殫擧."

20 유인선 외, 『사료로 보는 아시아사』(위더스북, 2014). 182쪽.

21 徐珂, 『淸稗類鈔』(中華書局, 1996), 第8冊, 喪祭類, 閩海船祀天后, pp.3565~3566.

22 朱天順, 『媽祖と中國の民間信仰』, p.104.

23 李獻璋, 「明廷の海外宣論より見たる媽祖の傳播: 特に鄭和の西征における靈驗のついて」, 《中國學誌》, 1(1964).

24 康熙 『大淸會典』(文海出版社, 1992), 卷66, 禮部27, 22b.

25 조영헌, 『대운하와 중국 상인』, 343쪽, 〈표 22〉 회안·양주·진강 지역 수신 사묘 분포를 참조하라.

26 田汝成 輯撰, 『西湖遊覽志』(上海古籍出版社, 1998), 卷21, 「北山分勝城內勝迹」, p.229.

27 陳士元 撰, 『江漢叢談』, 卷2, 「解佩」, 13a-b.

28 萬曆 『淮安府志』, 卷6, 學校志·祠廟, 26a-b. 특히 「대학사양사기기(大學士楊士奇記)」에는 1415년에 청강포에 대한 정비를 마친 진선이 이곳에 천비를 제사하는 영자궁 건립을 통해 조운에 대한 영험함을 경험했다는 기록이 나온다. 청 말까지 왕래하는 조운선의 안전과 치수의 순조로움을 기원하는 인파가 끊이지 않았던 혜제사는 문화대혁명 시기에 홍위병에게 파괴당하였다. 현재는 혜제사 건물이 모두 파괴되고 '어제중수혜제사비(御製重修惠濟祠碑)'와 이 비석이 2003년 3월에 화이안시 문물보호단위로 선정되었음을 알리는 작은 비석만이 남아 과거의 영화로움을 외롭게 전해 줄 뿐이다.

29 乾隆 『淮安府志』, 卷26, 壇廟, 5b; 咸豊 『濟寧直隸州志』, 卷5, 秩祀, 9b.

30 萬曆 『淮安府志』, 卷6, 學校志, 祠廟, 26a-b.

31 郎瑛, 『七修類藁』, 卷50, 「天妃顯應」, p.617.

32 Valerie Hansen, *Changing gods in medieval China, 1127-1276*(Princeton University Press, 1990), pp.47, 75.

33 Ibid., p.165에서도 송대에 마조 신앙이 대운하의 도시화와 함께 확산되었다고 지적한 바 있다.

34 하네다 마사시 엮음, 『바다에서 본 역사』, 223~224쪽.

35 가령 서주부 숙천현에 위치한 천후궁은 해안이 아닌데도 복건 상인들이 회관으로 이

용하고 있었다.(民國『宿遷縣志』, 卷4, 營建志·壇廟, 10a.) 또한 1892년(광서 18년)에 상해에 건립된 상선(商船) 회관도 1715년(강희 54년)부터 복건 상인들이 건립했던 천후궁을 중수한 것으로, 사실상 사묘와 회관 기능이 합쳐진 것이다.(上海博物館圖書資料室編,『上海碑刻資料選集』(上海人民出版社, 1984), pp.196~197,「91. 重修商船會館碑」.)

36 何炳棣,『中國會館史論』(學生書局, 1966), pp.68~69.

37 Antonia Finnane, "The Origins of Prejudice: The Malintegration of Subei in Late Imparial China," *Comparative Studies in Society and History*, 35-2(1993), pp.130~132.

38 康熙『兩淮鹽法志』, 卷23, 人物4, 程有容, 18b.

39 魏禧,『魏淑子文集』, 卷10,「善德紀聞錄敍: 爲閔象南作」(附錄), p.521.

40 康熙『揚州府志』, 卷26, 人物4, 篤行, 程有容, 16a; 魏禧,『魏淑子文集』, 卷11,「程翁七十壽敍」, p.595.

41 魏禧,『魏淑子文集』, 卷16,「重建法海寺記」, p.765.

42 조영헌,『대운하와 중국 상인』, 405~414쪽. 민세장은 회양 지역에서 상업 능력보다 각종 선행으로 이름이 더 널리 알려져 '민선인(閔善人)'으로 불렸다.(萬正中 編撰,『徽州人物志』(黃山書社, 2008), pp.155~156.)

43 성씨로 판단해 보면, 방자정과 왕언운 모두 휘주에서 왔다고 추측된다. 관련하여 휘주 흡현에서 강도현으로 입적했던 방입례(方立禮)도 청 초에 양주에서 운하의 말뚝을 제거했던 또 다른 인물이다.(嘉慶『重修揚州府志』, 卷50, 人物, 孝友, 27b-28a.) 아마도 방자정과 친인척 관계에 있던 인물일 것이다.

44 李喬,『中國行業神崇拜: 中國民衆造神運動研究』(中國文聯出版社, 2000), pp.395~396.

45 乾隆『淮安府志』, 卷26, 壇廟, 5b. 시세륜의 조운총독 재임 기간이 강희 54년부터 강희 61년까지이므로 그 사이에 건립되었을 것이다. 만유지에 대해서는 乾隆『淮安府志』, 卷5, 城池, 11a-b를 참조하라.

46 Timothy Brook, *Praying for Power: Buddhism and the Formation of Gentry Society in Late-Ming China*(Harvard University Asia Center, 1994), pp.202~217. 브룩은 이미 명 말의 단계에서 신사층이 진정한 엘리트로 인정받는 데 학위만으로는 충분하지 못했으며 종교적 후원이 필요했다고 지적한다.

47 宋應星,『野議(論氣·談天·思憐詩)』(上海人民出版社, 1976),「鹽政議」.

48 許承堯,『歙事閑譚』, 卷18,「閔象南·吳幼符」, pp.996~997.

49   魏禧,『魏叔子文集』, 卷16,「重建法海寺記」, p.766.

50   『淮安河下志』, 卷4, 祠宇, 淮瀆廟, 6a-8a; 同書, 卷2,「巷陌」, 6b.

51   Joanna F. Handlin Smith, "Social Hierarchy and Merchant Philanthropy as Perceived in Several Late-Ming and Early-Qing Texts," *The Journal of Economic and Social History of the Orient*, 41-3(1998), p.440.

52   조너선 스펜스,『근대중국의 서양인 고문들』, 김우영 옮김(이산, 2009), 31~35쪽.

53   양광선,「사교의 주멸을 청하는 상소(請誅邪敎狀)」, 양광선·이류사·남회인,『부득이: 17세기 중국의 반기독교 논쟁』, 안경덕·김상근·하경심 옮김(일조각, 2013), 44~49쪽.

54   스펜스,『근대중국의 서양인 고문들』, 39~42쪽. 당시 마카오와 광주로 추방된 대부분의 선교사는 아담 샬의 죽음을 애도하지 않았는데, 당시 마카오에서 유행했던 두 가지 농담은 이러한 선교사들 사이의 갈등 상황을 잘 보여 준다. "한 명의 아담이 우리를 낙원에서 추방했고, 또 한 명의 아담은 우리를 중국에서 추방했다." "우리는 마테오 리치 신부의 수학 덕분에 중국에 들어갔고, 아담 샬 신부의 수학 덕택에 중국에서 쫓겨났다."(앞의 책, 36쪽.)

55   康熙『歙縣志』, 卷9,「人物·楊光先」; 楊光先 等撰, 陳占山 校注,『不得已』(附二種)(黃山書社, 2000), p.215.

56   이러한 중국 측 입장 외에도, 청 황제들이 선교사들을 불신하고 불안하게 여긴 요인으로는 청 황실을 위해 봉사하며 밀착했던 예수회 선교사들을 향한 다른 선교단들의 시기와 경쟁으로 인한 내분도 무시할 수 없다. 이에 대해서는 조지 듄,『거인의 시대: 명말 중국 예수회 이야기』, 문성자·이기면 옮김(지식을 만드는 지식, 2016)를 참조하라.

57   김혜경,『예수회의 적응주의 선교: 역사와 의미』(서강대학교 출판부, 2012), 240~241쪽; 듄,『거인의 시대』, 363~365쪽.

58   지구적 차원의 글로벌 히스토리(global history)의 관점에서 '수렴'이 가진 의미에 대해서는 '분기(divergence)', '수렴', '전염(contagion)', '체제(system)'라는 네 가지 키워드를 강조하는 파멜라 카일 크로슬리,『글로벌 히스토리란 무엇인가: 세계사에서 지국사로, 역사학의 최전선』, 강선주 옮김(휴머니스트, 2010), 3장「수렴: 시간이 지나면서 모이지는 이야기」를 참조하라. 아담 샬 등 예수회의 활동을 동양과 서양이라는 두 역사의 흐름이 수렴하는 국면으로 포착하는 관점은 스펜스,『근대중국의 서양인 고문들』, 14쪽을 참조하라.

59　듄, 『거인의 시대』, 358쪽. 일부 예수회 사제 중에는 지동설을 주창했던 갈릴레오를 지
　　지하는 이들이 있었지만, 17세기 중엽까지의 유럽 사회에서 코페르니쿠스 이래의 지
　　동설은 공개적으로 수용된 것은 아니었다.(아널드 R. 브로디·데이비드 E. 브로디, 『인류
　　사를 바꾼 위대한 과학』, 김은영 옮김(글담출판사, 2018), 33~66쪽.)

60　하네다 마사시, 『동인도회사와 아시아의 바다』, 이수열·구지영 옮김(선인, 2012),
　　253~264쪽.

61　조셉 커민스, 『만들어진 역사: 역사를 만든, 우리가 몰랐던 사건들의 진실』, 김수진·송
　　설희 옮김(말글빛냄, 2008), 154~164쪽. 대화재 이후 런던에 아름다운 벽돌집이 대거
　　지어진 것이나 낡은 목조 건물이 사라지면서 많은 쥐와 전염병이 줄어들었던 것은 긍
　　정적인 결과였다.

62　리처드 웨스트폴, 『아이작 뉴턴 1』, 김한영·김희봉 옮김(알마, 2016), 133~192,
　　243~295쪽; 아널드 R. 브로디·데이비드 E. 브로디, 『인류사를 바꾼 위대한 과학』,
　　77~79쪽.

63　앞의 책, 83쪽. 뉴턴의 인용구에 대해서는 Newton, Isaac. "Letter from Sir Isaac
　　Newton to Robert Hooke."를 참조하라.

64　아널드 R. 브로디·데이비드 E. 브로디, 『인류사를 바꾼 위대한 과학』, 66~68쪽.

65　티모시 브룩, 『셀던의 중국 지도: 잃어버린 항해도, 향료 무역 그리고 남중국해』, 조영
　　헌·손고은 옮김(너머북스, 2018), 115~118쪽.

66　다니엘 J. 부어스틴, 『발견자들 2: 세계를 탐험하고 학문을 개척한 창조정신의 역사』,
　　이성범 옮김(범양사, 1987).

67　『海塘錄』(文淵閣四庫全書電子版), 卷11, 「敕封天后廟」, 30a.

68　李衛, 『西湖志』(浙江書局, 187)(Chinese Text Project), 卷48, 46b-49b.

6장　1684년, 강희제가 대운하를 이용해 강남 순방을 시작하다

1　Jonathan Spence, *Ts'ao Yin and the K'ang-hsi Emperor, Bondservant and Master*(Yale University
　　Press, 1988), pp.124~126.

2　王秀楚, 「揚州十日記」, 『揚州叢刻』, 5册(江蘇廣陵古籍刻印社, 1995), 15a. 왕수초가 기

록한 '80만 명'이라는 인명 피해 수치에 대하여 謝國楨, 『南明史略』(上海人民出版社, 1988), pp.72~73은 현실성 있는 계산이라고 평하였지만, Lynn A. Struve, *Voices from the Ming-Qing Cataclysm: China in Tigers' Jaws*(Yale University Press, 1993), p.48에서는 80만 명이 너무 과장되었다면서 8만 명 정도로 추정하였다. 양주의 도시 규모를 고려할 때 후자가 합리적이다.

3   淸 『聖祖實錄』, 卷117, 康熙 23年 10月 辛亥條.

4   常建華, 「淸順康時期對漕運的治理」, 李泉 主編, 『"運河與區域社會研究"國際學術研討會論文集』(中國社會科學出版社, 2015).

5   靳輔, 『靳文襄公治河方略』, 卷4, 「淮安運河」, p.188.

6   이하 1676년 수재의 개요는 『淸史稿』(中華書局標點本), 卷133, 河渠志1, 「黃河」, pp.3719~3720과 同書, 卷134, 河渠志2, 「運河」, p.3771을 참조하여 정리하였다.

7   Randall A. Dodgen, *Controlling the Dragon: Confucian Engineers and the Yellow River in Late Imperial China*(University of Hawai'i Press, 2001), pp.66, 104~105.

8   Ibid., pp.32~33.

9   P. E. 빌, 『18세기 중국의 관료제도와 자연재해』, 정철웅 옮김(민음사, 1995), 177~244쪽.

10   淸 『聖祖實錄』, 卷192, 康熙 38年 3月 辛卯條.

11   항상 일정한 것은 아니지만, 대체로 황제가 남순할 때마다 회안에 상주하던 하도총독과 조운총독은 산동 담성현을 전후한 지점까지 올라와서 황제를 맞이한 후 호종하였다. 1차 남순에서는 하도총독 근보와 조운총독 소감(邵甘)이 접견하였다.

12   淸 『聖祖實錄』, 卷119, 康熙 23年 10月 庚戌條.

13   同書, 卷119, 康熙 23年 10月 辛亥條.

14   중하에 대해서는 張鵬翮, 『治河全書』, 卷5, 「中河圖說」, pp.491~501을 참조하라.

15   淸 『聖祖實錄』, 卷229, 康熙 46年 5月 27日條.

16   同書, 卷139, 康熙 28年 正月 辛卯條.

17   同書, 卷229, 康熙 46年 5月 戊寅條.

18   청대 운군의 경제적 어려움과 그로 인한 각종 폐단에 대해서는 표교열, 「淸代 前期 漕運의 弊端: 運軍의 存在形態를 중심으로」, 《省谷論叢》, 26(1995)을 참조하라.

19   淸 『世祖實錄』, 卷22, 順治 2年 12月 甲辰條.

20 朱國禎, 繆宏 點校, 『湧幢小品』(文藝出版社, 1998), 卷19, 「河神」, p.447.

21 陳文, 「重建會通河天井龍王廟碑記」, 王瓊, 『漕河圖志』, 卷6, 碑記, pp.265~266. 이하 천정갑의 금용사대왕묘에 대한 내용은 본 비문을 참조하였다.

22 陳繼儒, 「金龍四大王」, 『金龍四大王祠墓錄』(上海書店, 1994), 卷1, 9b.

23 「淮安清口靈運記」, 淮陰縣志編纂委員會 編, 『淮陰縣志』(上海社會科學院出版社, 1996), pp.813~814. 스물아홉 명의 관리 가운데는 조운총독을 포함해 조운형부주사(漕運刑部主事), 판갑(版閘)호부주사, 관창(管倉)호부주사, 조저안찰사(漕儲按察使) 등 조운 관련 관리들이 많다. 하지만 명단에는 회안부 동지, 산양현 지현 등 회안 지역의 지방관뿐 아니라 안동현 지현, 양주부 동지, 술양현(沭陽縣) 지현 등 인근 지역의 지방관도 포함되어 있어, 당시 이 사건의 중요성과 영향력을 알려 준다.

24 明 『熹宗實錄』, 卷76, 天啓 6年 9月 乙酉條.

25 張鵬翮, 『河防志』, 卷12, 雜志, 「金龍四大王」, 18b-21b.

26 陳繼儒, 「金龍四大王」, 10a.

27 『清史稿』, 卷127, 河渠2, 「運河」, p.3770.

28 任源祥, 「漕運議」, 『清經世文編』, 卷46, 戶政21, 漕運上, 2a.

29 『清史稿』, 卷279, 列傳66, 靳輔, p.10122.

30 John E. Wills, Jr., *Embassies and Illusions: Dutch and Portuguese Envoys to K'ang-hsi, 1666-1687*(Harvard University Press, 1984), pp.85~86. 상지신이 이전에 북경에 머물면서 아담 샬과 개인적인 친분 관계를 유지했던 것이 예수회 선교사들에게 우호적인 관계로 연결되었다.

31 우인수, 「17세기 후반 대만 정씨해상세력에 대한 조선의 정보 수집과 그 의미」, 《대구사학》, 100(2010); 이재경, 「三藩의 亂 전후(1674~1684) 조선의 정보수집과 정세인식」, 《한국사론》, 60(2014).

32 홍성구, 「청 질서의 성립과 조청관계의 안정화, 1644-1700」, 동북아역사재단 북방사연구소 엮음, 『조선시대 한중관계사』(동북아역사재단, 2018), 191~197쪽.

33 徐凱, 「治河와 巡訪 및 孔子 존숭: 清 聖祖의 江南 6차례 巡幸에 대해」(제1회 세종학 국제학술회의 발표 원고(2009.10.9).

34 천하 통일에 대한 과시의 요소에 대해서는 清 『聖祖實錄』, 卷117, 康熙 23年 10月 丙辰條; 同書, 卷117, 康熙 23年 10月 丁巳條를, 민정 순찰에 대해서는 同書, 卷139, 康熙

28年 正月 庚午條를, 강남 지역 회유에 대해서는 同書, 卷117, 康熙 23年 10月 己未條를 참조하라.

35 　同書, 卷115, 康熙 23年 6月 5日 己亥條.

36 　네 개 해관의 구체적인 위치에 대해서는 논자마다 약간씩 의견이 다르다. 王之春,『通商始末記』(文海出版社, 1967), 卷2, 9b에서는 강남의 운대산(雲臺山), 절강의 영파, 복건의 장주, 광동의 오문(마카오)이라 하였으나, 彭澤益,「淸初四権關地點和貿易量的考察」,《社會科學戰線》, 1984-3(1984)에 따르면 강남의 송강, 절강의 영파, 복건의 천주, 광동의 광주라고 하였다. 강해관의 위치가 강희 24년의 송강부 화정현(華亭縣) 충권(漴闕)에서 강희 26년에는 송강부 상해현 보대문(寶帶門) 근처로 옮겼으므로, 이 책에서는 포괄적인 의미로 상해로 표기한다. 절해관 영파에 대해서는 이견이 없으므로 영파로 표기한다. 민해관은 천주부 동안현(同安縣) 하문이므로 우리에게 익숙한 하문으로 표기한다. 월해관은 광주 외성(外城) 오선문(五仙門) 내에 위치하였기에 광주로 표기한다. 월해관 감독이 종종 인접한 오문으로 출장을 나가기도 하였다. 이에 대해서는 박기수,「청대 廣東의 對外貿易과 廣東商人」,《明淸史硏究》, 9(1998), 59쪽 각주 7을 참조하라.

37 　우경섭,「조선후기 지식인들의 南明王朝 인식」,《한국문화》, 61(2013), 135쪽. 이처럼 남명 정권이 건재하다는 소식은 조선 지식인들에게 명 중심의 중화 질서가 회복될 가능성에 대한 신념과 북벌론을 고무시켰다.

38 　한지선,「17세기 초 동아시아 해양세계의 변화와 海商 李旦」,《明淸史硏究》, 44(2015).

39 　하지만 청은 자신들을 도와준 정지룡을 우대하기는커녕 체포하였다. 청은 정지룡의 후계자들을 견제하기 위해 15년 동안 정지룡을 인질로 잡고 있었고, 더 이상 효용 가치가 없어진 1661년에 처형했다.

40 　윌리엄 T. 로,『하버드 중국사 청: 중국 최후의 제국』, 기세찬 옮김(너머북스, 2014), 53~56쪽.

41 　Wei-chung Cheng, *War, Trade and Piracy in the China Seas 1622-1683*(Brill, 2013); Xing Hang, *Conflict and Commerce in Maritime East Asia*(Cambridge University Press, 2015).

42 　원정식,「淸初 福建社會와 遷界令 실시」,《東洋史學硏究》, 81(2003).

43 　채경수,「遷界令의 전략적 의미 재검토」,《明淸史硏究》, 48(2017).

44 　岸本美緖,『淸代中國の物價と經濟變動』(硏文出版, 1997).

45 이헌창, 「조선시대 은유통과 소비문화」, 《明淸史硏究》, 36(2011), 103쪽.

46 모모키 시로 엮음, 『해역아시아사연구입문』, 최연식 옮김(민속원, 2012), 138~140쪽.

47 『康熙起居注』第2册, 康熙 23年 7月 11日(1684년 8월 21일), "閩粤兩省沿海居民紛紛群集, 焚香跪迎, 稽首歡呼沿途不絕."

48 하네다 마사시 엮음, 고지마 쓰요시 감수, 『바다에서 본 역사: 개방, 경합, 공생─동아시아 700년의 문명 교류사』, 조영헌·정순일 옮김(민음사, 2018), 272~274, 301~306쪽.

49 하네다 마사시 엮음, 『바다에서 본 역사』, 270~271쪽.

50 『淸會典事例』, 卷629, 兵部88, 綠營處分例 16, 海禁 1.

51 하네다 마사시 엮음, 『바다에서 본 역사』, 312~314쪽.

52 홍성구, 「청조 해금정책의 성격」, 이문기 외, 『한중일의 해양인식과 해금』(동북아역사재단, 2007), 175~181쪽.

53 淸『高宗實錄』卷218, 乾隆 9年 6月 丙辰條, "其實帆檣迅駛. 借運閩之名. 轉售外洋. 以博重利. 印照豈能攔截. 其間或捏報失風. 或捏稱沉溺. 茫茫大海. 何從究詰. 又況懷詐小民. 保無潛引洋面諸國. 私通偵探. 亦不可不防."

54 柳澤明, 「康熙五六年の南海禁の背景: 淸朝における中國世界と非中國世界の問題に寄せて」, 《史観》, 140(1999).

55 松浦章, 「康熙盛京海運と朝鮮賑済」, 『淸代中國の諸問題』(山川出版社, 1995). 이는 松浦章, 『近世中國朝鮮交渉史の硏究』(思文閣出版, 2013)에 재수록되었다. 김문기는 조선으로의 해운 진제를 17세기 소빙기라는 기후 변화와의 관련성에서 파악하고, 진제 과정에서 조선과 청 사이에는 오히려 갈등이 증폭되어 1704년의 대보단(大報壇) 설치로 이어졌음을 밝혔다. 이에 대해서는 김문기, 「17세기 중국과 조선의 기근과 국제적 곡물유통」, 《역사와 경계》, 85(2012); 김문기, 「淸米, 瘟疫, 大報壇: 강희제의 海運賑濟와 조선의 반응」, 《역사학연구》, 53(2014)를 참조하라. 서인범은 당시 해관 설치를 '개해(開海)'라고 언급했지만, 실상 해관 설치 이후 조선 서해에 출몰하는 황당선(荒唐船)의 통제에 조선뿐 아니라 청조도 힘쓰고 있음을 강조했다. 서인범, 「청 강희제의 開海政策과 조선 西海海域의 荒唐船」, 《이화사학연구》, 50(2015)를 참조하라.

56 康熙『大淸會典』(文海出版社, 1992), 卷66, 禮部27, 22b.

57 李獻璋, 『媽祖信仰の硏究』(泰山文物史, 1979), pp.290~297.

58   Michael G. Chang, *A Court on Horseback: Imperial Touring & the Construction of Qing Rule, 1680-1785*(Harvard University Press, 2007).

59   그래서 데이비드 로빈슨(David M. Robinson)은 다민족성과 이동성을 기반으로 한 원조의 유산이 명 전기까지 강했으나 정덕제를 마지막으로 맥이 끊어졌다고 평가한다. David M. Robinson, "The Ming court and the legacy of the Yuan Mongols," in David M. Robinson(ed.), *Culture, Courtiers, and Competition: the Ming Court (1368-1644)*(Harvard University Asia Center, 2008), pp.400~411을 참조하라. 영락제의 순행에 대해서는 Edward L. Farmer, *Early Ming Government: The Evolution of Dual Capitals*(明初兩京制度)(Harvard University Asia Center, 1976)을 참조하고, 정덕제의 남순에 대해서는 조영헌, 「正德帝의 南巡과 南京」,《明淸史研究》, 45(2016)을 참조하라.

60   조영헌, 『대운하와 중국 상인: 회·양 지역 휘주 상인 성장사, 1415~1784』(민음사, 2011), 320~321쪽.

7장 1757년, 건륭제가 남순 이후 서양 선박의 해관을 하나로 줄이다

1   이하 상주문과 관련한 내용은 淸『高宗實錄』, 卷489, 乾隆 20年 5月 29日(壬寅條)를 참조하라.

2   건륭제가 치세 기간에 변발이 잘리는 사건을 극도로 경계하고 얼마나 민감하게 반응했는지에 대해서는 필립 쿤, 『영혼을 훔치는 사람들: 1768년 중국을 뒤흔든 공포와 광기』, 이영옥 옮김(책과함께, 2004), 193~260쪽을 참조하라.

3   淸『高宗實錄』, 卷516, 乾隆 21年 7月 9日(乙亥條). 건륭제의 상유에 담긴 영국의 인명과 지명은 Lo-shu Fu, *A Documentary Chronicles of Sino-Western Relations (1644-1820)*(University of Arizona Press, 1966), pp.200~201을 참조하라.

4   淸『高宗實錄』, 卷533, 乾隆 22年 2月 22日(甲申). "向來洋船, 俱由廣東收口, 經粵海關稽察徵稅. 其浙省之寧波, 不過偶然一至. 近年奸牙勾串漁利, 洋船至寧波者甚多, 將來番船雲集, 留住日久, 將又成一粵省之澳門矣. 於海疆重地, 民風土俗, 均有關係. 是以更定章程, 視粵稍重, 則洋商無所利而不來. 以示限制, 意並不在增稅也. 將此明白曉諭該督撫知之."

5   후앙치첸·정웨이밍, 『마카오의 역사와 경제』, 박기수·차경애 옮김(성균관대학교 출판부, 1999), 제3~5장.

6   마크 엘리엇, 『건륭제』, 양휘웅 옮김(천지인, 2011), 294쪽.

7   후앙치첸·정웨이밍, 『마카오의 역사와 경제』, 101~102쪽.

8   Joseph Krahl, *China Missions in Crisis: Bishop Laimbeckhoven and his times, 1738-1787*(Gregorian University Press, 1964), p.63; 顧衛民, 『中國天主教編年史』(上海書店出版社, 2003), p.323.

9   清 『高宗實錄』, 卷533, 乾隆 22年 2月 22日(甲申).

10   杉村勇造, 『乾隆皇帝』(二玄社, 1961), pp.16~18; 吳建華, 「南巡紀程: 康熙·乾隆南巡日程的比較」, 《清史研究通訊》, 1990-1(1990); 켄트 가이, 『사고전서』, 양휘웅 옮김(생각의나무, 2009), 68~69쪽.

11   清 『高宗實錄』, 卷350, 乾隆 14年 10月 5日.

12   嘉慶 『重修揚州府志』, 卷1, 巡幸1, 15b.

13   Tobie S. Meyer-Fong, *Building Culture in Early Qing Yangzhou*(Stanford University Press, 2003), pp.181~188.

14   嘉慶 『兩淮鹽法志』, 卷52, 雜紀1, 祠廟.

15   曹寅, 「25. 內務府等衙門奏曹寅李煦捐修行宮議敍給京堂兼銜摺」, 故宮博物院明清檔案部 編, 『關於江寧織造曹家檔案史料』(中華書局, 1975), pp.30~31; 嘉慶 『揚州府志』, 卷28, 寺觀1, 7b.

16   엘리엇, 『건륭제』, 186~189쪽.

17   清 『高宗實錄』, 卷532 乾隆 22年 2月 3日. "朕翠華南幸. 載洽江淮. 問俗省方. 洪敷愷澤. 而兩淮眾商. 皆未登仕版之人. 其承辦差務. 踴躍急公. 宜沛特恩. 以示獎勵. 伊等原有職銜. 如已至三品者. 俱著賞給奉宸院卿銜, 其未至三品者. 俱各加頂帶一級."

18   조영헌, 『대운하와 중국 상인: 회·양 지역 휘주 상인 성장사, 1415~1784』(민음사, 2011), 제7~9장 참조.

19   清 『高宗實錄』, 卷654, 乾隆 27年 2月 14日.

20   李斗, 『揚州畫舫錄』, 卷15, p.353; 麟慶, 『鴻雪因緣圖記』, 第2集 下篇, 「詠樓話舊」의 기록을 참조하면 이지훈은 산서 상인이자 상적(商籍)으로 생원의 신분을 지니고 있었으며, 고영루(高詠樓)라는 원림의 원 소유자였다.

21 李斗, 『揚州畫舫錄』, 卷12, p.290; 同書, 卷10, 虹橋錄上, p.235; 乾隆 『新安岑山渡程氏
支譜』, 卷5, 183b; 嘉慶 『兩淮鹽法志』, 卷首, 恩幸5·行宮; 同書, 卷43, 行誼, 32a 등을
참조하라.

22 李斗, 『揚州畫舫錄』, 卷4, 新城北錄中, p.106; 이시바시 다카오, 『대청제국 1616-1799:
100만의 만주족은 어떻게 1억의 한족을 지배하였을까?』, 홍성구 옮김(휴머니스트,
2009), 38~40쪽.

23 徐珂, 『淸稗類鈔』(中華書局, 1996), 第7冊, 豪侈類, 汪太太奢侈, p.3272.

24 朱福烓, 『瘦西湖史話』(廣陵書社, 2005), pp.22~25; 李斗, 『揚州畫舫錄』, 卷13, p.307.

25 袁枚, 王英志 校點, 『小倉山房文集』, 『袁枚全集』2(江蘇古籍出版社, 1997), 卷32, 「誥封
光祿大夫奉宸苑卿布政使江公墓誌銘」, pp.576~577; 李斗, 『揚州畫舫錄』, 卷12, 「橋
東錄」, p.274. 1785년의 천수연에 대해서는 昭槤, 『嘯亭續錄』(淸代史料筆記)(中華書局,
1997), 卷1, 「千叟宴」, pp.385~386을 참조하라.

26 嘉慶 『兩淮鹽法志』, 卷首1, 制詔.

27 「武進陛摺」(乾隆 20年 5月 11日), 上海書店出版社 編, 『淸代檔案史料選編』2(上海書店出
版社, 2010), 「外洋通商案」, pp.407~408.

28 孫光圻, 「論洪仁輝案」, 《海交史硏究》, 1988-1(1998); 唐文基, 「洪任輝事件與乾隆的閉
關政策」, 《福建學刊》, 1994-6(1994).

29 리궈룽 편저, 『제국의 상점: 중화주의와 중상주의가 함께 꾼 동상이몽, 광주13행』, 이
화승 옮김(소나무, 2008), 26~29쪽.

30 淸 『高宗實錄』, 卷550, 乾隆 22年 11月 10日 戊戌. "但此地向非洋船聚集之所, 將來只
許在廣東收泊交易, 不得再赴寧波, 如或再來必令原船返棹至廣. 不准入浙江海口. 豫令
粤關傳諭該商等知悉. (……) 此於粤民生計, 並贛韶等關, 均有裨益. 而浙省海防, 亦得肅
淸. (……) 而寧波地方, 必有奸牙串誘, 並當留心査察. 如市儈設有洋行, 及圖謀設立天主
堂等, 皆當嚴行禁逐, 則番商無所依託爲可斷其來路耳."

31 조셉 커민스, 『만들어진 역사: 역사를 만든, 우리가 몰랐던 사건들의 진실』, 김수진·송
설희 옮김(말글빛냄, 2008), 165~175쪽.

32 「浙江定海鎭總兵官羅英笏奏暎咭唎船已回廣東摺」, 上海書店出版社 編, 『淸代檔案史料
選編』2(上海書店出版社, 2010), 「暎咭唎通商案」, p.698.

33 당시 플린트의 일기 내용은 Patrick Tuck, *Britain and the China trade 1635-*

1842(Routledge, 2000), pp.301~305에 실려 있다.

34 淸『高宗實錄』, 卷602, 乾隆 24年 12月 12日. 이시요가 10월 25일에 황제에게 올린
「방범외이조규」에 관한 주접은 「李侍堯摺三」, 上海書店出版社 編, 『淸代檔案史料選
編』2(上海書店出版社, 2010), 「暎咭唎通商案」, pp.735~738에 실려 있다.

35 리궈룽 편저, 『제국의 상점』, 29~35쪽.

36 오금성, 「'廣東體制'의 빛과 그림자」, 『矛·盾의 共存: 明淸時代 江西社會 研究』(지식산
업사, 2007), 101~106쪽.

37 리궈룽 편저, 『제국의 상점』, 81~82쪽.

38 Tuck, *Britain and the China trade 1635-1842*, p.297.

39 趙雲田, 『大淸帝國的得與失: 乾隆出巡記』(江西人民出版社, 2017), pp.228~232,
254~255.

40 王日根, 『明淸海疆政策與中國社會發展』(福建人民出版社, 2006), p.156.

41 필립 쿤, 『타인들 사이의 중국인: 근대 중국인의 동남아 이민』, 이영옥 옮김(심산,
2014), 25~26쪽.

42 티모시 브룩, 『셀던의 중국 지도: 잃어버린 항해도, 향료 무역 그리고 남중국해』, 조영
헌·손고은 옮김(너머북스, 2018), 122~154쪽.

43 윌리엄 T. 로, 『하버드 중국사 청: 중국 최후의 제국』, 기세찬 옮김(너머북스, 2014),
244쪽.

44 王日根, 『明淸海疆政策與中國社會發展』, p.155.

45 쿤, 『타인들 사이의 중국인』, 37쪽.

46 郭德焱, 『淸代廣州的巴斯商人』(中華書局, 2005), pp.29~32.

47 費爾南·門德斯·平托(Fernaõ Mendes Pinto), 金國平 譯註, 『遠游記』(澳門: 澳門基金會 等
出版, 1999), 第66章, pp.191~193. 핀투는 쌍서로 진입하면서, 일본 히라도 및 복건 장
주를 왕래하는 해적 선박의 공격을 받았다. 핀투에 따르면 쌍서에는 포르투인들이 건
립한 관청이 즐비했는데, 과장이 섞여 있다 하더라도, 당시에 쌍서가 포르투갈인들의
무역 거점이었음을 확인할 수 있다.

48 李侍堯, 「奏爲審擬安徽商人汪聖儀父子案」(乾隆 24年 12月 22日), 中國第一歷史档案館
編, 『淸宮粵港澳商務檔案全集』(中國書店, 2002), 第4卷, p.2031.

49 쑹녠선, 『동아시아를 발견하다: 임진왜란으로 시작된 한중일의 현대』, 김승욱 옮김(역

사비평사, 2020), 229~232쪽.

50 藤原敬士, 『商人たちの広州: 一七五〇年代の英清貿易』(東京大學出版會, 2017), pp.210~214.

51 淸 『高宗實錄』, 卷597, 乾隆 24年 9月 16日; 同書, 卷598, 乾隆 24年 10月 4日; 同書, 卷605, 乾隆 25年 正月 25日.

52 서양자, 『청나라 궁중의 서양 선교사들』(순교의 맥, 2010).

53 앞의 책, 68~72쪽; 장-밥티스트 레지, 『18세기 프랑스 지식인이 본 조선왕조: 레지 신부가 전하는 조선 이야기』, 김민주 옮김(아이네아스, 2016). 레지 신부 역시 조선인들 이 북경을 방문하여 세례를 받았던 적은 있으나 조선에 선교사가 들어가지 못한 것을 황제의 윤허를 받지 못했기 때문이라고 했다.(앞의 책, 84쪽.)

54 孫喆, 「淺析影響康熙《皇輿全覽圖》繪制的幾個因素」, 《歷史檔案》, 2012-1(2012).

55 박지배, 「러시아 대중국 국경의 형성과 접경성: 네르친스크-캬흐타 국경 체제」, 《역사 문화연구》, 71(2019), 65~104쪽.

56 청에서 파견한 두 예수회 선교사의 역할을 주목하게 되면 네르친스크 조약에 서양의 국제법이 미친 영향이 크게 보인다. 하지만 선교사의 역할은 중재자였고, 조약을 체결 하도록 역할을 부여한 것은 강희제라는 점을 다시 한번 상기할 필요가 있다. 이에 대 해 박지배는 청과 러시아가 몽골의 위협이라는 공통된 현안을 해결하기 위해 몽골의 외교 문화를 기반으로 다양한 외교적 의례들을 통해 타협하며 하나의 혼종적 결과물 을 대등한 양식으로 도출했다고 평가한다. 이에 대해서는 박지배, 「수용과 혼종을 통 한 공존의 모색: 네르친스크 회담」, 《역사학보》, 246(2020)를 참조하라.

57 쑹녠선, 『동아시아를 발견하다』, 125~129쪽.

58 Mark Mancall, *Russia and China: their diplomatic relations to 1728*(Harvard University Press, 1971), pp.141~142; 피터 퍼듀, 『중국의 서진: 청의 중앙유라시아 정복사』, 공원국 옮 김(길, 2012), 216~219쪽.

59 淸 『聖祖實錄』, 卷272, 康熙 56年 4月 14日, "兵部議覆, 廣東碣石總兵官陳昴疏言, 天主 一教, 設自西洋. 今各省設堂, 招集匪類. 此輩居心叵測. 目下廣州城, 設立教堂, 內外布 滿. 加以同類洋船叢集. 安知不交通生事."

60 로, 『하버드 중국사 청』, 248쪽.

61 조너선 스펜스, 『근대중국의 서양인 고문들』, 김우영 옮김(이산, 2009), 15쪽.

62 淸『聖祖實錄』, 卷270, 康熙 55年 10月 26日(壬子). "海外如西洋等國, 千百年後中國恐受其累. 此朕逆料之言."

63 옹정제에 대한 미야자키 이치사다의 저서에서도 이처럼 근거 없는 민간 전설을 인용하고 있다.(미야자키 이치사다, 『옹정제』, 차혜원 옮김(이산, 2001), 53~72쪽.) 만주어 '서스허'는 '서스험비(seshembi: 싫어하다)'의 어간이자 명령형으로 '싫어해라'라는 뜻이다. '아키나'라는 만주어 어휘는 없다. 그래서 아키나를 만주어 '아치나(acina: 소와 말에 싣는 짐)'의 변형된 말로서 '가축'이라는 비칭으로 쓰인 것으로 보는 의견이 있다. 미야자키의 잘못된 인용을 지적해 준 구범진 교수와 만주어 어원을 해석해 준 이훈 교수에게 감사한다.

64 吳昱·韓琦 編校, 『歐洲所藏雍正乾隆朝天主教文獻彙編』(上海人民出版社, 2008), pp.43~46.

65 馮爾康, 『雍正傳』(人民出版社, 1985), pp.402~406.

66 조지 듄, 『거인의 시대: 명 말 중국 예수회 이야기』, 문성자·이기면 옮김(지식을 만드는 지식, 2016), 365~395쪽에 따르면 수도회 사이의 분쟁에는 교리보다 민족적 기질의 차이가 중요하게 작용했다. 가령 초기 적응주의를 내세웠던 예수회에는 이탈리아, 벨기에 등 민족주의가 강성하지 않은 곳 출신이 많았지만, 탁발 수도회에는 스페인 등 민족주의가 강성했던 이베리아반도 출신이 많았다고 한다. 또한 당시에 예수회가 마카오에 거점을 둔 것에 비하여, 탁발 수도회는 스페인령 마닐라를 활동 거점으로 삼았다는 차이가 있었다.(하네다 마사시 엮음, 고지마 쓰요시 감수, 『바다에서 본 역사: 개방, 경합, 공생―동아시아 700년의 문명 교류사』, 조영헌·정순일 옮김(민음사, 2018), 226~229쪽.)

67 村尾進, 「乾隆己卯: 都市廣州と澳門がつくる邊疆」, 《東洋史研究》, 65-4(2007).

68 이는 해관의 위치와 오랜 역사적 전통에 따른 역할 분담과도 관련이 있었다. 상해 지역은 주로 국내 연해의 각 항구 사이의 교역 중심지였고, 영파는 일본 관련 교역의 중심지였으며, 하문은 대만이나 동남아 각국과의 무역을 주로 담당했다.

69 이에 대해서는 黃鼎臣, 「淸代前期海外貿易的發展」, 《歷史研究》, 1986-4(1986)를 참조하라.

70 반진승에 대한 이력은 리궈룽 편저, 『제국의 상점』; 박기수, 「淸代 行商의 紳商的 성격: 潘氏家族의 사례를 중심으로」, 《대동문화연구》, 80(2012)를 참조하라.

71 리궈룽 편저,『제국의 상점』, 86~88쪽에 따르면 스웨덴 동인도회사의 배를 타고 스웨덴 예테보리까지 왕래했던 것으로 알려져 있는데, 예테보리시 박물관에 소장된 유화 (1770년 작)의 주인공이 반진승이라고 한다. 스웨덴 베네르스보리 박물관에 소장된 광주에서의 스웨덴 상인과 거래하는 관복을 착용한 행상의 모습(설혜심,『인삼의 세계사: 서양이 은폐한 '세계상품' 인삼을 찾아서』(휴머니스트, 2020), 163쪽.)은 예테보리 역사박물관에 소장된 반진승의 초상(리궈룽 편저,『제국의 상점』, 87쪽)과 거의 흡사하여 반진승으로 추정된다.

72 이러한 장강과 대운하의 연계 수운망에 대해서는 松浦章,『淸代內河水運史の硏究』(關西大學出版部, 2009), pp.60~198을 참조하라.

73 '준가르인들의 초멸'에 대해서는 사실이 아니라 허구라는 주장이 나온 바 있다. 이에 대해서는 Benjamin Samuel Levey, "Jungar Refugees and Making of Empire on Qing China's Kazakh Frontier, 1759-1773,"(Doctoral Dissertation of Harvard University, 2013)을 참조하라. 이를 알려 준 심호성 박사에게 감사한다.

74 퍼듀,『중국의 서진』, 제7장; 김호동,『아틀라스 중앙유라시아사』(사계절, 2016), 200~209쪽; 이주엽,『몽골제국의 후예들: 티무르제국부터 러시아까지, 몽골제국 이후의 중앙유라시아사』(책과함께, 2020), 259~281쪽; 小沼孝博,『淸と中央アジア草原: 遊牧民の世界から帝國の邊境へ』(東京大學出版會, 2014).

75 曺雯,『淸朝對外體制硏究』(社會科學文獻出版社, 2010), pp.83~109.

76 淸『高宗實錄』, 卷1201, 乾隆 49年 3月 24日;『欽定南巡聖典』, 卷首上 1a-b. "予臨御五十年, 凡擧二大事, 一曰西師, 一曰南巡."

77 柳澤明,「康熙五六年の南海禁の背景: 淸朝における中國世界と非中國世界の問題に寄せて」,《史觀》, 140, 1999; 임정훈,「청 전기 해상무역에서의 海防과 民生: '南洋禁航令'의 실시와 철폐」(서울대학교 동양사학과 석사 학위논문, 2017), 17~20쪽.

78 퍼듀,『중국의 서진』, 702~707쪽.

79 가령 1757년에 양광총독에서 민절총독으로 자리를 옮기면서 광동에서의 서양 상인 문제를 해결하는 데 주도적인 역할을 감당했던 양응거는, 이후 섬감총독으로 자리를 옮겨 1759년에 서북의 군사적 관할 책무를 조정하는 역할을 감당했다.

80 Benjamin A. Elman, "Ming-Qing Border Defence, the Inward Turn of Chinese Cartography, and Qing Expansion in Central Asia in the Eighteenth Century," in

Diana Lary(ed.), *The Chinese State at the Borders*(UBC Press, 2007), p.41.

81 　모모키 시로 엮음, 『해역아시아사 연구 입문』, 최연식 옮김(민속원, 2012), 제13장 「근세후기 동아시아의 통교 관리와 국제질서」, 178쪽; 澁谷浩一, 「康熙雍正年間における淸露関係とトゥリシェン−淸の対露関係認識をめぐって」, 《史朋》, 30(1998).

8장 1784년, 건륭제가 대운하를 이용해 마지막 강남 순행을 마치다

1 　이두, 홍상훈 외 역주, 『양주화방록 1』(소명출판, 2010), 권1, 草河錄 上, 31~33쪽.

2 　『宮中檔乾隆朝奏摺』, 第58輯(國立故宮博物院, 1983), pp.859~860; 同書, 第59輯(國立故宮博物院, 1984), pp.857~858.

3 　鄭志良, 「論乾隆時期揚州鹽商與昆曲的發展」, 《北京大學學報》(哲社版), 40-6(2003).

4 　李斗, 『揚州畵舫錄』, 卷5, 「新城北錄下」, p.107.

5 　同書, 卷15, pp.356~357; 林蘇門, 『邗江三百吟』(廣陵書社, 2003), 卷1, 「秋雨復初名」, 3a.

6 　Tobie S. Meyer-Fong, *Building Culture in Early Qing Yangzhou*(Stanford University Press, 2003), pp.181~193.

7 　마크 엘리엇, 『건륭제』, 양휘웅 옮김(천지인, 2011), 181~184쪽.

8 　嘉慶 『兩淮鹽法志』, 卷首1, 制詔, 6b, 「雍正元年8月奉上諭」.

9 　영락제의 순행에 대해서는 Edward L. Farmer, *Early Ming Government: The Evolution of Dual Capitals*(明初兩京制度)(Harvard University Asia Center, 1976), pp.114~128을, 정덕제의 순행에 대해서는 James Geiss, "The Cheng-te reign, 1506-1521," in Frederick W. Mote and Denis C. Twitchett(eds.), *The Cambridge History of China, Vol. 7, The Ming Dynasty, 1368~1644, Part I*(Cambridge University Press, 1988), pp.430~436와 조영헌, 「正德帝의 南巡과 南京」, 《明淸史研究》, 45(2016)를 참조하라.

10 　라마당가는 지역 명칭이 아니라 직책명이었을 것이다. 이에 대해서는 이준갑, 「乾隆49년(1784)~50년(1785)의 敎案과 天主敎共同體」, 《東洋史學研究》, 117(2011), 176~182쪽을 참조하라.

11 　이 사건의 구체적인 전모에 대한 분석은 이준갑, 「乾隆49年(1784)~50年(1785)의 敎

案과 天主教共同體」; 이준갑, 「乾隆49年(1784)~51年(1786)의 教案과 乾隆帝」,《東洋史學研究》, 121(2012)를 참조하라. 이 두 글에는 1784년에 발생했던 교안을 통해 드러난 천주교 선교사들의 '전교 지상주의(傳教至上主義)'와 청조의 '금교주의(禁教主義)' 사이의 충돌, 그럼에도 불구하고 전국적으로 산재되어 있던 천주교 공동체의 네트워크, 그리고 이 사건을 처리하는 과정에서 건륭제와 지방 관료들 사이의 소통 문제와 법 집행의 특징을 종합적으로 언급하고 있다.

12 김호동, 『동방 기독교와 동서문명』(까치, 2002), 118~136쪽; 松浦章·內田慶市·沈國威 編, 『遐邇貫珍의 研究』(關西大學出版部, 2004), pp.1~11. 네스토리우스파가 이른바 '이단'으로 규정되어 동방교회의 한 일파로 발전하게 되는 계기는 통상 451년 칼케돈 공의회의 결정으로 인해 촉발된 기독교 공동체 내의 분열에서 찾을 수 있다. 예수 그리스도의 위격(位格)을 둘러싼 451년 칼케돈 공의회가 지닌 교회사적 의미에 대해서는 마크 A. 놀, 『터닝 포인트: 기독교에 획기적인 변화를 가져온 12가지 전환점』, 이석우 외 옮김(CUP, 2007), 100~120쪽을 참조하고, 이슬람의 흥기와 무슬림과의 만남 속에서 오히려 기독교 공동체의 교리와 성격을 형성했던 네스토리우스파의 정체성과 중국으로의 전래 과정에 대해서는 시드니 H. 그리피스, 『이슬람 세계 속 기독교: 초기 아랍 그리스도교 변증가들의 역사 이야기』, 서원모 옮김(새물결플러스, 2019), 20~210, 228~236쪽을 참조하라.

13 淸『高宗實錄』, 卷1213, 乾隆 49年 8月 27日.

14 乾隆『淮安府志』, 卷6, 河防 45b-46a; 吳琦, 『漕運與中國社會』(華中師範大學出版社, 1999), pp.25~27.

15 中國第一歷史檔案館 編, 『乾隆朝上諭檔』(中國檔案出版社, 1998), 第12册, pp.414~415, 乾隆 49年 12月 17日 戊戌, "近聞西洋人與回人本屬一教, 今年甘省逆回滋事, 而西洋人前往陝西傳教者, 又適逢其會. 且陝甘兩省, 民回雜處, 恐不無勾結煽惑情事."

16 윌리엄 T. 로, 『하버드 중국사 청: 중국 최후의 제국』, 기세찬 옮김(너머북스, 2014), 249쪽.

17 마명심의 가르침 가운데 기존 화사 교단과 가장 큰 차이를 보인 부분은 '디크르(Dhikr)'라는 것이다. 디크르란 '염(念)'을 뜻하는 아랍어로, 절대신 알라를 '생각한다'는 것이다. 이는 수피라고 불린 이슬람교의 신비주의자들에게 강조되는 것으로, 절대자와의 신비적인 합일을 이루기 위해 사용되는 방법이다. 대부분의 신비주의 교단은

디크르를 할 때 소리를 내지 않거나 입 속으로 나지막하게 중얼거리는데 이를 '디크리 하피'(묵념)라고 했고, 마명심 등의 교단을 비롯한 일부 교단은 입 밖으로 큰 소리를 내는 방식을 취했는데 이를 '디크리 자흐르(고념(高念))'라고 한다. 그래서 마명심을 추종하는 사람들을 '자흐리(Jahri)'라고 부른다. (김호동, 『황하에서 천산까지』(사계절, 1999), 71~72쪽.) 석봉보 전투에 대해서는 앞의 책, 86~90쪽을 참조하라.

18 서양 천주교도와 신강 회교도 사이의 연합 가능성이 건륭제의 교안을 야기했다는 것은 번워드 빌러커(Bernward Willeke)가 이미 1948년에 지적한 바 있다. Bernward H. Willeke, *Imperial Government and Catholic Missions in China During the Years 1784-1785*(Franciscan Inst Pubs, 1948), pp.39~49, Ch. 3. "A Christian Mohammedan Alliance Suspected"를 참조하라.

19 Joanna Waley-Cohen, *Exile in Mid-Qing China: banishment to Xinjiang, 1758-1820*(Yale University Press, 1991), pp.97~98.

20 D. E. Mungello, *The spirit and the flesh in Shandong, 1650-1785*(Rowman & Littlefield Publishers, 2001).

21 한국교회사연구소, 『한국천주교회사 1』(한국교회사연구소, 2015), 239~251쪽.

22 거자오광, 『이역을 상상하다: 조선 연행 사절단의 연행록을 중심으로』, 이연승 옮김 (그물, 2019), 333~363쪽.

23 피터 버크, 『지식의 사회사 1: 구텐베르크에서 디드로까지』, 박광식 옮김(민음사, 2017), 101쪽.

24 Patrick Tuck, *Britain and the China trade 1635-1842*(Routledge, 2000), pp.94~96.

25 설혜심, 『인삼의 세계사: 서양이 은폐한 '세계상품' 인삼을 찾아서』(휴머니스트, 2020), 152~195쪽. 당시 중국 황후호에 탑승했던 새뮤얼 쇼는 인삼이야말로 필요한 중국차를 수입하기 위해 '미국만이 가진 유리한 이점'이라고 자부했다. 중국 황후호가 출항하기 1년 전인 1783년에도 미국은 인삼만을 가득 실은 '해리엇(Harriet)호'를 광동으로 파견했지만, 희망봉에서 영국 동인도회사의 상인들이 제시한 후한 제안에 넘어가 인삼을 매도하고 배를 돌려 뉴욕으로 돌아왔다.(앞의 책, 190쪽.)

26 菲利普·查德威克·福斯特·史密斯 編, 『中國皇后號』, 《廣州日報》國際新聞部 法律室 譯 (廣州出版社, 2007), p.174.

27 리궈룽 편저, 『제국의 상점: 중화주의와 중상주의가 함께 꾼 동상이몽, 광주13행』, 이

화승 옮김(소나무, 2008), 97쪽; 斯當東(Staunton), 『英使謁見乾隆紀實』, 葉篤義 譯(上海書店出版社, 2005).

28 史密斯 編, 『中國皇后號』, pp.3~4; 리궈룽 편저, 『제국의 상점』, 133~140쪽.

29 Leonard Blussé, *Visible Cities: Canton, Nagasaki, and Batavia and the Coming of the Americans*(Harvard University Press, 2008), p.6.

30 조영한·조영헌, 『옐로우 퍼시픽: 다중적 근대성과 동아시아』(서울대학교출판문화원, 2020), 76~82쪽.

31 John E. Wills, Jr. and John L. Cranmer-Byng, "Ch'ing Relations with Maritime Europeans," in Willard J. Peterson(ed.), *The Cambridge History of China, Vol. 9, Part Two: The Ch'ing Empire to 1800*(Cambridge University Press, 2016), pp.315~316.

32 조너선 D. 스펜스, 『현대중국을 찾아서 1』, 김희교 옮김(이산, 1998), 162~164쪽; Robert Nield, *The China Coast: Trade and the First Treaty Ports*(Joint Publishing (HK) Co. Ltd, 2010), pp.61~65.

33 데이비드 문젤로, 『동양과 서양의 위대한 만남 1500-1800: 대항해 시대 중국과 유럽은 어떻게 소통했을까』, 김성규 옮김(휴머니스트, 2009), 206~214쪽.

34 N. Standaert(ed.), *Handbook of Christianity in China Volume One: 635-1800*(Brill, 2001), pp.498~500, 521~526.

35 Christopher M. S. Johns, *China and the Church: Chinoiserie in Global Context*(University of California Press, 2016), pp.91~138.

36 거자오광, 『이역을 상상하다』, 제4~9장을 참조하라. 18세기 북경의 각종 사원을 중심으로 한 연희 등의 화려한 모습은 수잔 나퀸·이블린 로스키, 『18세기 중국사회』, 정철웅 옮김(신서원, 1998); Susan Naquin, *Peking: Temples and City Life, 1400-1900*(University of California Press, 2000)을 참조하라.

37 민길홍·이수경·이수미, 『중국 사행을 다녀온 화가들』(국립중앙박물관, 2011), 60~73쪽.

38 앞의 책, 25~29쪽.

39 거자오광, 『이역을 상상하다』, 295쪽.

40 왕중추·왕샤오위, 『중국사 재발견: 건륭제에서 시진핑 체제 출범까지 중국역사 뒤흔든 108장면』, 김영진 옮김(서교출판사, 2012), 제1장; 필립 쿤, 『영혼을 훔치는 사람들:

1768년 중국을 뒤흔든 공포와 광기』, 이영옥 옮김(책과함께, 2004) 등을 참조하라.

41 John L. Cranmer-Byng and John E. Wills, Jr., "Trade and Diplomacy with Maritme Europe, 1644-c.1800," in John E. Wills, Jr(ed.), *China and Maritime Europe, 1500-1800: Trade, Settlement, Diplomacy, and Missions*(Cambridge University Press, 2011), pp.250~251.

42 스펜스, 『현대중국을 찾아서 1』, 157~158쪽.

43 존 맥닐·윌리엄 맥닐, 『휴먼 웹: 세계화의 세계사』, 유정희·김우영 옮김(이산, 2010), 233, 247~249쪽.

맺는 글 '대운하 시대'의 종결, 그 이후

1 존 폴킹혼 엮음, 미하엘 밸커·위르겐 몰트만 외, 『케노시스 창조이론』, 박동식 옮김(새 물결플러스, 2015), 192쪽. 중국의 해양 진출에 대해 '주저'하다는 표현을 성서의 케노 시스 개념과 관련해서 이해할 수 있음을 깨닫게 해 준 이용배 교수에게 감사한다.

2 Jane Kate Leonard, *Wei Yuan and China's Rediscovery of the Maritime World*(Harvard University Asia Center, 1984).

3 양궈전, 『해양문명론과 해양중국』, 김창경 외 옮김(소명출판, 2019).

4 조영헌, 「대운하」, 오금성 등, 『명청시대 사회경제사』(이산, 2007).

5 티모시 브룩, 『하버드 중국사 원·명: 곤경에 빠진 제국』, 조영헌 옮김(너머북스, 2014), 143~146쪽.

6 조영헌, 「'17세기 위기론'과 중국의 사회 변화: 명조 멸망에 대한 지구사적 검토」, 《역 사비평》, 107(2014년 여름); 완밍, 「정유재란 시기 명 조정의 재정 문제: 은을 중심으로 한 초보적 고찰」, 허남린 외, 국립진주박물관 엮음, 『처음 읽는 정유재란 1597』(푸른역 사, 2019); 미야지마 히로시, 『한중일 비교 통사: 역사상의 재정립이 필요한 때』, 박은 영 옮김(너머북스, 2020), 76~77쪽 등을 참조하라.

7 김문기, 「17세기 江南의 災害와 救荒論」, 《역사와 경계》, 73(2009); 김문기, 「17세기 中 國과 朝鮮의 小永期 기후변동」, 《역사와 경계》, 77(2010).

8 松浦章, 『近世中國朝鮮交涉史の研究』(思文閣出版, 2013), 第2章「康熙盛京海運と朝 鮮賑済」; 김문기, 「17세기 중국과 조선의 기근과 국제적 곡물유통」, 《역사와 경계》,

85(2012).

9   조너선 스펜스, 『반역의 책: 옹정제와 사상통제』, 이준갑 옮김(이산, 2004).

10   양녠췬, 『강남은 어디인가: 청나라 황제의 강남 지식인 길들이기』, 명청문화연구회 옮김(글항아리, 2015).

11   마크 엘리엇, 『건륭제』, 양휘웅 옮김(천지인, 2011), 197~237쪽; 피터 퍼듀, 『중국의 서진: 청의 중앙유라시아 정복사』, 공원국 옮김(길, 2012).

12   다이앤 머레이, 『그들의 바다: 남부 중국의 해적, 1790-1810』, 이영옥 옮김(심산, 2003), 239~246쪽.

13   같은 책, 248쪽.

14   왕중추·왕샤오위, 『중국사 재발견: 건륭제에서 시진핑 체제 출범까지 중국역사 뒤흔든 108장면』, 김영진 옮김(서교출판사, 2012), 46쪽.

15   윌리엄 앨런 닐슨 엮음, 『열린 인문학 강의: 전 세계 교양인이 100년간 읽어온 하버드 고전수업』, 김영범 옮김(유유, 2012), 203~209쪽.

16   비록 문맥은 좀 다르지만, 필요의 결핍이라는 개념적 요소에 관하여 도쿄 대학 명예교수인 모토무라 료지(本村凌二)의 '결핍(deficiency)'을 통해 명료하게 설명했다. 모토무라가 선택한 세계사를 결정짓는 일곱 가지 요소 가운데 하나인 결핍은 주로 로마 제국을 소재로 한 건조화 현상을 지칭하는데, 이에 대해서는 모토무라 료지, 『세계사를 결정짓는 7가지 힘: 관용·동시대성·결핍·대이동·유일신·개방성·현재성』, 서수지 옮김(사람과나무사이, 2020), 133~171쪽을 참조하라.

17   김호동, 『아틀라스 중앙유라시아사』(사계절, 2016), 166~167쪽; 欒凡, 『北元史』(中國社會科學出版社, 2019), pp.26~93.

18   줄리아 로벨, 『장성, 중국사를 말하다: 문명과 야만으로 본 중국사 3천 년』, 김병화 옮김(웅진지식하우스, 2007), 275~302쪽; John W. Dardess, *More than the Great Wall: the northern frontier and Ming national security, 1368-1644*(Rowman & Littlefield, 2020), pp.359~422.

19   기시모토 미오·하마구치 노부코, 『동아시아 속의 중국사』, 정혜중 옮김(혜안, 2015), 114~115쪽.

20   이 세 제국의 유사성에 대해서는 Patricia Ebrey, Anne Walthall and James Palais, *East Asia: A Cultural, Social, and Political History, 2nd ed.*(Houghton Mifflin, 2009), p.321을 참조

하라. 여기서 세 제국의 유사성은 다민족적 제국, 유라시아 대륙 기반, 유목적 전통, 긴 국경을 통한 육지 방어에는 익숙했으나 해양력이 결여되었던 점으로 제시되었다.

21 김호동, 『몽골제국과 세계사의 탄생』(돌베개, 2010), 238~244쪽.

22 리보중, 『조총과 장부: 경제 세계화 시대, 동아시아에서의 군사와 상업』, 이화승 옮김 (글항아리, 2018), 333, 339~340쪽.

23 Benjamin A. Elman, "Ming-Qing Border Defence, the Inward Turn of Chinese Cartography, and Qing Expansion in Central Asia in the Eighteenth Century," in Diana Lary(ed.), *The Chinese State at the Borders*(UBC Press, 2007), pp.39~52.

24 Alexander Woodside, "The Centre and the Borderlands in Chinese Political Theory," in Diana Lary(ed.), *The Chinese State at the Borders*(UBC Press, 2007), pp.20~22.

25 토마스 바필드, 『위태로운 변경: 기원전 221년에서 기원후 1757년까지의 유목제국과 중원』, 윤영인 옮김(동북아역사재단, 2009).

26 발레리 한센, 『열린 제국: 중국, 고대-1600』(까치, 2005), 236~237쪽.

27 西奧健志, 「宋代大運河の南北物流」, 《東洋學報》, 89-1(2007).

28 조영헌, 「積水潭(什刹海)의 위상변화와 수도 北京의 상징성: 元의 大都에서 明의 北京으로」, 《서울학연구》, 60(2015).

29 한명기, 「임진왜란과 조·명관계」, 백영서·정상기 엮음, 『내일을 읽는 한·중관계사』(알에이치코리아, 2019), 133~134쪽.

30 마크 엘빈, 『코끼리의 후퇴』, 정철웅 옮김(사계절, 2011), 283~286쪽.

31 윌리엄 T. 로, 『하버드 중국사 청: 중국 최후의 제국』, 기세찬 옮김(너머북스, 2014), 231쪽.

32 클레이튼 M. 크리스텐슨, 『혁신기업의 딜레마』, 이진원 옮김(세종, 2009), 12~21, 64~73쪽. 이 책의 관점을 소개해 준 신동해 본부장에게 감사한다.

33 엘빈, 『코끼리의 후퇴』, 229~230, 236~282쪽.

34 쑹녠선, 『동아시아를 발견하다: 임진왜란으로 시작된 한중일의 현대』, 김승욱 옮김(역사비평사, 2020), 37~38쪽.

35 Noel Perrin, *Giving Up the Gun: Japan's Reversion to the Sword, 1543-1879*(David R. Godine, 1979), p.92.

36 모토무라 료지, 『세계사를 결정짓는 7가지 힘』, 257~283쪽.

37 Jane Kate Leonard, *Controlling From Afar: The Daoguang Emperor's Management of the Grand Canal Crisis, 1824~1826*(Center for Chinese Studies, University of Michigan, 1996); 倪玉平, 『清代漕糧海運與社會變遷』(上海書店出版社, 2005); 조영헌, 「1848년 漕糧 海運의 중단, 教案, 그리고 河運에의 '집착'」,《明清史研究》, 41(2014).

38 프랑수아 지푸루, 『아시아 지중해: 16-21세기 아시아 해항도시와 네트워크』, 노영순 옮김(선인, 2014), 117~154쪽.

39 아라노 야스노리, 『근세 일본과 동아시아』, 신동규 옮김(경인문화사, 2019), 20~25쪽. 여기서 아라노 야스노리(荒野泰典)가 언급했던, 중국이 소망했던 대외 관계는 당시 동아시아 세계를 전통적으로 유지했던 원칙인 '人臣無外交(인민에게 외교는 없다)'에 근거한 외교, 즉 '화이질서'에 준하는 관계이다. 그는 중국의 해금을 현대식으로 보자면, 일종의 자국 중심의 출입국관리를 위한 체계로 해석한다. 이는 일본에도 막부 시대 특유의 '쇄국'정책에 대한 그의 해석과도 일맥상통한다.

40 張燮, 謝方 點校, 『東西洋考』(中華書局, 2000), 卷8, 「稅璫考」, p.184, 閩適多故, "吳建燊聚于建南, 張嶷開釁於呂宋, 紅番要市於彭嶼, 恫疑恐愒, 濱海若沸."

41 조지 클레이튼 포크, 사무엘 홀리 엮음, 『화륜선 타고 온 포크, 대동여지도 들고 조선을 기록하다』, 조법종·조현미 옮김(알파미디어, 2021), 29~30쪽.

42 박천홍, 『악령이 출몰하던 조선의 바다』(현실문화, 2008).

43 태가트 머피, 『일본의 굴레』, 윤영수·박경환 옮김(글항아리, 2021), 112~115쪽.

44 아라노 야스노리, 『근세 일본과 동아시아』; 로널드 토비, 『일본 근세의 '쇄국'이라는 외교』, 허은주 옮김(창해, 2013), 97~149쪽.

45 박훈, 『메이지 유신은 어떻게 가능했는가』(민음사, 2014), 53~99쪽.

46 이러한 인식의 전환을 구상하는 데 서구의 세계 지배를 필연적인 것이 아니라 우연의 산물로 해석하는 로버트 마르크스(Robert Marks)의 견해가 큰 도움이 되었다. 로버트 마르크스, 『어떻게 세계는 서양이 주도하게 되었는가』, 윤영호 옮김(사이, 2016), 7~28쪽을 참조하라. 그럼에도 불구하고 왜 서구가 자본주의를 완성했는지에 대해서 유럽 중세 도시국가 사이의 무역 관행에 주목하여 설명하면서도 유럽 중심주의적인 해석을 경계하는 탁월한 해석은 에릭 밀란츠, 『자본주의의 기원과 서양의 발흥: 세계체제론과 리오리엔트를 재검토한다』, 김병순 옮김(글항아리, 2012)를 참조하라.

47 최인철, "[마음 읽기] 공포에 대한 예의",《중앙일보》, 2021년 3월 10일 자.

48 프레더릭 웨이크먼 2세, 「광저우 교역과 아편전쟁」, 존 K. 페어뱅크 책임 편집, 『캠브리지 중국사 10 上』, 김한식·김종건 외 옮김(새물결, 2007); 마오하이젠, 『아편전쟁: 중국인의 선혈만 앗아간』, 김승일 외 옮김(경지출판사, 2018), 396~426쪽.

49 Yong Wang, "Realistic and Fantastic Images of 'Dwarf Pirates': The Evolution of Ming Dynasty Perceptions of the Japanese" in Joshua A. Fogel(ed.), *Sagacious Monks and Bloodthirsty Warriors: Chinese Views of Japan*(Pacific Century Press, 2002).

50 沈桐生 輯, 『光緒政要』(江蘇廣陵古籍出版社, 1991), 卷5, 光緒 5年 12月, 「監察御使黃元善奏請復河運事宜」, pp.238~239; 『皇朝經世文四編』, 卷19, 戶部, 漕運.

51 조영헌, 「중국 대운하의 역사 기억과 세계문화유산 등재」, 근간.

52 이현국 엮음, 『중국국가급문물: 이해와 감상』(황매희, 2019), 570쪽; 楊家毅, 「京杭大運河與陸海絲綢之路關聯的歷史考察」, 《江南大學學報》(人文社會科學版), 2020-3(2020).

53 李玉岩·潘天波, 「中國大運河: 一項概念史研究」, 《檔案與建設》, 2019-4(2019).

54 張峰, 「大運河文化遺産保護利用傳承的歷史考察(2006~2017)」, 《農業考古》, 2018-4(2018), p.243.

55 Qiaowei Wei, "Negotiation of Social Values in the World Heritage Listing Process: A Case Study on the Beijing-Hangzhou Grand Canal, China," *Archaeologies: Journal of the World Archaeological Congress*, 14(2018).

참고 문헌

사료

明實錄.

淸實錄.

朝鮮王朝實錄.

正德『明會典』.

康熙『大淸會典』.

乾隆『新安岑山渡程氏支譜』.

光緒『淸會典事例』.

『康熙起居注』.

『乾隆朝上諭檔』.

『國榷』.

『宮中檔乾隆朝奏摺』.

『南巡聖典』.

『明經世文編』.

『元史』(中華書局標點本).

『明史』(中華書局標點本).

『淸經世文編』.

『淸史稿』(中華書局標點本).

『洪武京城圖志』(洪武 28年 編).

『皇朝經世文四編』.

『休寧西門汪氏宗譜』.

萬曆『淮安府志』.

康熙『揚州府志』.

康熙『兩淮鹽法志』.

康熙『歙縣志』.

乾隆『淮安府志』.

嘉慶『兩淮鹽法志』.

嘉慶『重修揚州府志』.

民國『歙縣志』.

『淮安河下志』.

繼登.『典故紀聞』.

顧起元.『客座贅言』.

丘濬.『大學衍義補』.

靳輔.『靳文襄公治河方略』.

金安淸.『水窓春囈』.

金幼孜.「瑞應麒麟賦」(有序).『金文靖公集』.

尼·斯·米列斯庫(N. Spataru Milescu). 蔣本良·柳鳳運 譯.『中國漫記』.

郎瑛.『七修類藁』.

麟慶.『鴻雪因緣圖記』.

林蘇門.『邗江三百吟』.

萬恭.『治水筌蹄』.

傅澤洪 輯錄.『行水金鑑』.

費爾南·門德斯·平托(Fernaõ Mendes Pinto). 金國平 譯註.『遠游記』.

斯當東(Staunton).『英使謁見乾隆紀實』. 葉篤義 譯.

謝肇淛.『五雜組』.

上海博物館圖書資料室 編.『上海碑刻資料選集』.

上海書店出版社 編.『淸代檔案史料選編』.

徐珂.『淸稗類鈔』.

席書 編, 朱家相 增修.『漕船志』.

昭槤.『嘯亭續錄』.

孫承澤.『天府廣記』.

宋應星.『野議(論氣·談天·思憐詩)』.

_____.『天工開物』.

沈德符.『萬曆野獲編』.

沈桐生 輯.『光緖政要』.

沈鯉.『亦玉堂稿』.

梁夢龍.『海運新考』.

楊士奇.『東里文集』.

嚴從簡.『殊域周咨錄』.

吳應箕.『樓山堂集』.

王瓊.『漕河圖志』.

王圻 撰.『續文獻通考』.

王畿.『玩鹿亭稿』.

汪道昆.『太函集』.

王士性.『廣志繹』.

王秀楚.「揚州十日記」.

汪燁.『豊南志』.

王在晉 撰.『通漕類編』.

王之春.『通商始末記』.

姚思仁 註解.『大明律附例注解』.

于湛.『漕運通志』.

袁枚.『袁枚全集』.

魏禧.『魏淑子文集』.

李斗.『揚州畵舫錄』.

李昭祥 撰.『龍江船廠志』.

李漁.『李漁全集』.

李衛.『西湖志』.

李維楨.『大泌山房集』.

李春芳.『詒安堂集』.

張鵬翮.『治河全書』.

_____.『河防志』.

張四維.『條麓堂集』.

張燮.『東西洋考』.

蔣一葵.『長安客話』.

田汝成 輯撰.『西湖遊覽志』.

鄭若曾.『籌海圖編』.

鄭鶴聲·鄭一鈞 編.『鄭和下西洋資料彙編』.

鄭曉.『端簡鄭公文集』.

趙翼.『陔餘叢考』.

曹寅.『關於江寧織造曹家檔案史料』.

趙之壁.『平山堂圖志』.

朱健.『古今治平略』.

周孔教.『周中丞疏稿』.

朱國達.『地圖綜要』.

朱國禎.『湧幢小品』.

中國國家博物館 編著.『乾隆南巡圖研究』.

中國第一歷史档案館 編.『清宮粵港澳商務檔案全集』.

陳繼儒.「金龍四大王」.『金龍四大王祠墓錄』.

陳文.「重建會通河天井龍王廟碑記」. 王瓊.『漕河圖志』.

陳士元 撰.『江漢叢談』.

采九德.『倭變事略』.

夏燮.『新校明通鑑』.

項夢原.『冬官紀事』.

許承堯.『歙事閑譚』.

洪邁.『夷堅支志』.

「淮安淸口靈運記」. 淮陰縣志編纂委員會 編.『淮陰縣志』.

Fu, Lo-shu. 1966. *A Documentary Chronicles of Sino-Western Relations (1644-1820)*. University of Arizona Press.

Gallagher, Louis J(trans.). 1953. *China in the Sixteenth Century: The Journals of Matthew Ricci, 1585-1610*. Random House.

Tuck, Patrick. 2000. *Britain and the China trade 1635-1842*. Routledge.

동북아역사재단 엮음. 2011.『明史 外國傳 譯註 1: 外國傳 上』. 동북아역사재단.

레지, 장-밥티스트(Jean-Baptiste Régis). 2016.『18세기 프랑스 지식인이 본 조선왕조: 레지 신부가 전하는 조선 이야기』. 김민주(Ashley Kim) 옮김. 아이네아스.

리치, 마테오(Matteo Ricci). 2011.『마테오 리치의 중국견문록』. 신진호·전미경 옮김. 문사철.

서광계(徐光啓). 2010.『서광계문집』. 최형섭 옮김. 지식을만드는지식.

양광선(楊光先)·이류사(利類思, Luigi Buglio)·남회인(南懷仁, Ferdinand Verbiest). 2013.『부득이: 17세기 중국의 반기독교 논쟁』. 안경덕·김상근·하경심 옮김. 일조각.

이두(李斗). 2010.『양주화방록 1』. 홍상훈 외 역주. 소명출판.

최부. 2006.『崔溥 漂海錄 譯註』. 박원호 옮김. 고려대학교출판부.

저서

가이, 켄트(R. Kent Guy). 2009.『사고전서』. 양휘웅 옮김. 생각의나무.

강명관. 2015.『조선에 온 서양 물건들』. 휴머니스트.

거자오광(葛兆光). 2012.『이 중국에 거하라: '중국은 무엇인가'에 대한 새로운 탐구』. 이원석 옮김. 글항아리.

_____ . 2019.『이역을 상상하다: 조선 연행 사절단의 연행록을 중심으로』. 이연승 옮

김. 그물.

고노이 다카시(五野井隆史). 2008.『일본 그리스도교사』. 이원순 옮김. 한국교회사연구소.

그래프턴, 앤서니(Anthony Grafton). 2000.『신대륙과 케케묵은 텍스트들』. 서성철 옮김. 일빛.

그리피스, 시드니 H(Sidney Harrison Griffith). 2019.『이슬람 세계 속 기독교: 초기 아랍 그리스도교 변증가들의 역사 이야기』. 서원모 옮김. 새물결플러스.

기시모토 미오(岸本美緒)·하마구치 노부코(浜口允子). 2015.『동아시아 속의 중국사』. 정혜중 옮김. 혜안.

김상근. 2004.『세계지도의 역사와 한반도의 발견』. 살림.

_____. 2006.『동서문화의 교류와 예수회 선교역사』. 한들출판사.

김시덕. 2019.『일본인 이야기 1: 전쟁과 바다』. 메디치.

김혜경. 2012.『예수회의 적응주의 선교: 역사와 의미』. 서강대학교 출판부.

김호동. 1999.『황하에서 천산까지』. 사계절.

_____. 2002.『동방 기독교와 동서문명』. 까치.

_____. 2010.『몽골제국과 세계사의 탄생』. 돌베개.

_____. 2016.『아틀라스 중앙유라시아사』. 사계절.

나카무라 사토시(中村敏). 2016.『일본 기독교 선교의 역사』. 박창수 옮김. 홍성사.

나퀸, 수잔(Susan Naquin)·이블린 로스키(Evelyn S. Rawski). 1998.『18세기 중국사회』. 정철웅 옮김. 신서원.

놀, 마크 A(Mark A. Noll). 2007.『터닝 포인트: 기독교에 획기적인 변화를 가져온 12가지 전환점』. 이석우 외 옮김. CUP.

닐슨, 윌리엄 앨런(William Allan Neilson) 엮음. 2012.『열린 인문학 강의: 전 세계 교양인이 100년간 읽어온 하버드 고전수업』. 김영범 옮김. 유유.

단죠 히로시(檀上寬). 2017.『영락제: 화이질서의 완성』. 한종수 옮김. 아이필드.

데라다 다카노부(寺田隆信). 2006.『중국의 역사: 대명제국』. 서인범·송정수 옮김. 혜안.

듄, 조지(George H. Dunne). 2016.『거인의 시대: 명 말 중국 예수회 이야기』. 문성자·이기면 옮김. 지식을 만드는 지식.

랜즈, 데이비드(David S. Landes). 2009.『국가의 부와 빈곤』. 안진환·최소영 옮김. 한국경제신문.

로, 윌리엄(William T. Rowe). 2014. 『하버드 중국사 청: 중국 최후의 제국』. 너머북스.

로벨, 줄리아(Julia Lovell). 2007. 『장성, 중국사를 말하다: 문명과 야만으로 본 중국사 3천년』. 김병화 옮김. 웅진지식하우스.

로사비, 모리스(Morris Rossabi). 2009. 『쿠빌라이칸, 그의 삶과 시대』. 강창훈 옮김. 천지인.

리궈룽(李國榮) 편저. 2008. 『제국의 상점: 중화주의와 중상주의가 함께 꾼 동상이몽, 광주 13행』. 이화승 옮김. 소나무.

리보중(李伯重). 2018. 『조총과 장부: 경제 세계화 시대, 동아시아에서의 군사와 상업』. 이화승 옮김. 글항아리.

리치, 마테오(Matteo Ricci). 2000. 『교우론, 스물다섯 마디 잠언, 기인십편: 연구와 번역』. 송영배 역주. 서울대학교출판부.

마르크스, 로버트(Robert Marks). 2016. 『어떻게 세계는 서양이 주도하게 되었는가』. 윤영호 옮김. 사이.

마오하이젠(茅海建). 2018. 『아편전쟁: 중국인의 선혈만 앗아간』. 김승일 외 옮김. 경지출판사.

마한, 알프레드 세이어(Alfred Thayer Mahan). 2006. 『해양력이 역사에 미치는 영향』. 김주식 옮김. 책세상.

매팅리, 개릿(Garrett Mattingly). 2012. 『아르마다: 세상에서 가장 빼어난 전쟁 연대기』. 콜린 박·지소철 옮김. 너머북스.

맥닐, 존(J. R. McNeill)·윌리엄 맥닐(William H. McNeill). 2010. 『휴먼 웹: 세계화의 세계사』. 유정희·김우영 옮김. 이산.

머레이, 다이앤(Dian H. Murray). 2003. 『그들의 바다: 남부 중국의 해적, 1790-1810』. 이영옥 옮김. 심산.

머피, 태가트(R. Taggart Murphy). 2021. 『일본의 굴레』. 윤영수·박경환 옮김. 글항아리.

메디나, 후안 레이스 데(Juan G. Ruiz de Medina). 1989. 『한국천주교회 전래의 기원, 1566~1784』. 박철 옮김. 서강대학교출판부.

메이, 티모시(Timothy May). 2020. 『칭기스의 교환: 몽골 제국과 세계화의 시작』. 권용철 옮김. 사계절.

멘지스, 개빈(Gavin Menzies). 2004. 『1421: 중국, 세계를 발견하다』. 조행복 옮김. 사계절.

모리스, 이언(Ian, Morris). 2017. 『왜 서양이 지배하는가』. 최파일 옮김. 글항아리.

모모키 시로(桃木至朗) 엮음. 2012. 『해역아시아사연구입문』. 민속원.

모토무라 료지(本村凌二). 2020. 『세계사를 결정짓는 7가지 힘: 관용·동시대성·결핍·대이동·유일신·개방성·현재성』. 서수지 옮김. 사람과나무사이.

문젤로, 데이비드(David E. Mungello). 2009. 『동양과 서양의 위대한 만남 1500~1800: 대항해 시대 중국과 유럽은 어떻게 소통했을까』. 김성규 옮김. 휴머니스트.

미야자키 이치사다(宮崎市定). 2001. 『옹정제』. 차혜원 옮김. 이산.

미야지마 히로시(宮嶋博史). 2020. 『한중일 비교 통사: 역사상의 재정립이 필요한 때』. 박은영 옮김. 너머북스.

민길홍·이수경·이수미. 2011. 『중국 사행을 다녀온 화가들』. 국립중앙박물관.

밀란츠, 에릭(Eric H. Mielants). 2012. 『자본주의의 기원과 서양의 발흥: 세계체제론과 리오리엔트를 재검토한다』. 김병순 옮김. 글항아리.

바필드, 토마스(Thomas J. Barfield). 2009. 『위태로운 변경: 기원전 221년에서 기원후 1757년까지의 유목제국과 중원』. 윤영인 옮김. 동북아역사재단.

박원호. 2002. 『明淸時代 徽州社會硏究』. 지식산업사.

박천홍. 2008. 『악령이 출몰하던 조선의 바다』. 현실문화.

박훈. 2014. 『메이지 유신은 어떻게 가능했는가』. 민음사.

버크, 피터(Peter Burke). 2017. 『지식의 사회사 1: 구텐베르크에서 디드로까지』. 박광식 옮김. 민음사.

부어스틴, 다니엘 J(Daniel J. Boorstin). 1987. 『발견자들 1: 세계를 탐험하고 학문을 개척한 창조정신의 역사』. 이성범 옮김. 범양사.

_____. 1987. 『발견자들 2: 세계를 탐험하고 학문을 개척한 창조정신의 역사』. 이성범 옮김. 범양사.

브로디, 아널드 R(Arnold R. Brody)·데이비드 E. 브로디(David Eliot Brody). 2018. 『인류사를 바꾼 위대한 과학』. 김은영 옮김. 글담출판사.

브룩, 티머시(Timothy Brook). 2005. 『쾌락의 혼돈: 중국 명대의 상업과 문화』. 이정·강인황 옮김. 이산.

_____. 2008. 『베르메르의 모자: 베르메르의 그림을 통해 본 17세기 동서문명교류사』. 박인균 옮김. 추수밭.

_____. 2014. 『하버드 중국사 원·명: 곤경에 빠진 제국』. 조영헌 옮김. 너머북스.

_____, 2018. 『셀던의 중국 지도: 잃어버린 항해도, 향료 무역 그리고 남중국해』. 조영
헌·손고은 옮김. 너머북스.

빌, 피에르 에티엔(Pierre Etienne Will). 1995. 『18세기 중국의 관료제도와 자연재해』. 정철
웅 옮김. 민음사.

서양자. 2010. 『청나라 궁중의 서양 선교사들』. 순교의 맥.

서인범. 2019. 『자금성의 노을: 중국 황제의 후궁이 된 조선 자매』. 역사인.

설혜심. 2020. 『인삼의 세계사: 서양이 은폐한 '세계상품' 인삼을 찾아서』. 휴머니스트.

송응창(宋應昌). 2020. 『명나라의 임진전쟁 1: 출정 전야』. 구범진 외 옮김. 사회평론아카
데미.

스펜스, 조너선 D(Jonathan D. Spence). 1998. 『현대중국을 찾아서 1』. 김희교 옮김. 이산.

_____. 1999. 『마테오 리치, 기억의 궁전』. 주원준 옮김. 이산.

_____. 2004. 『반역의 책: 옹정제와 사상통제』. 이준갑 옮김. 이산.

_____. 2009. 『근대중국의 서양인 고문들』. 김우영 옮김. 이산.

신현승. 2020. 『명대 말기 유종주와 지식인 네트워크』. 솔과학.

쑹녠선(宋念申). 2020. 『동아시아를 발견하다: 임진왜란으로 시작된 한중일의 현대』. 김승
욱 옮김. 역사비평사.

아라노 야스노리(荒野泰典). 2019. 『근세 일본과 동아시아』. 신동규 옮김. 경인문화사.

아라미야 마나부(新宮學). 2016. 『북경 천도 연구: 근세 중국의 수도 이전』. 전순동·임대
희 옮김. 서경문화사.

아부-루고드, 재닛(Janet L. Abu-Lughod). 2006. 『유럽 패권 이전: 13세기 세계체제』. 박흥
식·이은정 옮김. 까치글방.

양궈전(楊國楨). 2019. 『해양문명론과 해양중국』. 김창경 외 옮김. 소명출판.

양녠췬(楊念群). 2015. 『강남은 어디인가: 청나라 황제의 강남 지식인 길들이기』. 명청문
화연구회 옮김. 글항아리.

엘리엇, 마크(Mark C. Elliot). 2011. 『건륭제』. 양휘웅 옮김. 천지인.

엘빈, 마크(Mark Elvin). 2011. 『코끼리의 후퇴』. 정철웅 옮김. 사계절.

오금성. 2007. 『國法과 社會慣行: 明淸時代 社會經濟史 硏究』. 지식산업사.

_____. 2018. 『장거정, 시대를 구하다』. 지식산업사.

오금성 등. 2007.『명청시대사회경제사』. 이산.

왕중추(汪中求)·왕샤오위(王篠宇). 2012.『중국사 재발견: 건륭제에서 시진핑 체제 출범까지 중국역사 뒤흔든 108장면』. 김영진 옮김. 서교출판사.

우한(吳晗). 2003.『주원장전』. 박원호 옮김. 지식산업사.

웨스트폴, 리처드 S(Richard S. Westfall). 2016.『아이작 뉴턴 1』. 김한영·김희봉 옮김. 알마출판사.

유인선. 2012.『베트남과 그 이웃 중국: 양국관계의 어제와 오늘』. 창비.

유인선 외. 2014.『사료로 보는 아시아사』. 위더스북.

이시바시 다카오(石橋崇雄). 2009.『대청제국 1616-1799: 100만의 만주족은 어떻게 1억의 한족을 지배하였을까?』. 홍성구 옮김. 휴머니스트.

이주엽. 2020.『몽골제국의 후예들: 티무르제국부터 러시아까지, 몽골제국 이후의 중앙유라시아사』. 책과함께.

이창주. 2017.『일대일로의 모든 것』. 서해문집.

이현국 엮음. 2019.『중국국가급문물(이해와 감상)』. 황매희.

자오팅양(趙汀陽). 2010.『천하체계: 21세기 중국의 세계 인식』. 노승현 옮김. 도서출판 길.

정병철. 2008.『'天崩地裂'의 시대, 明末淸初의 華北社會』. 전남대학교출판부.

정은주. 2012.『조선시대 사행기록화: 옛 그림으로 읽는 한중관계사』. 사회평론.

정인철. 2015.『한반도, 서양 고지도로 만나다』. 푸른길.

조세현. 2016.『천하의 바다에서 국가의 바다로: 해양의 시각으로 본 근대 중국의 형성』. 일조각.

조영한·조영헌. 2020.『옐로우 퍼시픽: 다중적 근대성과 동아시아』. 서울대학교출판문화원.

조영헌. 2011.『대운하와 중국 상인: 회·양 지역 휘주 상인 성장사, 1415-1784』. 민음사.

주경철. 2008.『대항해 시대: 해상 팽창과 근대 세계의 형성』. 서울대학교출판부.

_____. 2009.『문명과 바다: 바다에서 만들어진 근대』. 산처럼.

_____. 2013.『크리스토퍼 콜럼버스: 종말론적 신비주의자』. 서울대학교출판문화원.

_____. 2017.『그해, 역사가 바뀌다』. 21세기북스.

지푸루, 프랑수아(François Gipouloux). 2014.『아시아 지중해: 16-21세기 아시아 해항도시와 네트워크』. 노영순 옮김. 선인.

치폴라, 카를로 M(Carlo M. Cipolla). 2012.『대포, 범선, 제국: 1400~1700년, 유럽은 어떻게 세계의 바다를 지배하게 되었는가?』. 최파일 옮김. 미지북스.

_____. 2015.『스페인 은의 세계사: 1500-1800년, 아메리카의 은은 역사를 어떻게 바꾸었는가?』장문석 옮김. 미지북스.

카트레트, 후안(Juan S. J. Catret). 2013.『예수회 역사』. 신원식 옮김. 이나시오영성연구소.

커민스, 조셉(Joseph Cummins). 2008.『만들어진 역사: 역사를 만든, 우리가 몰랐던 사건들의 진실』. 김수진·송설희 옮김. 말글빛냄.

커틴, 필립 D(Philip D. Curtin). 2007.『경제인류학으로 본 세계 무역의 역사』. 김병순 옮김. 모티브.

쿤, 필립(Philip A. Kuhn). 2004.『영혼을 훔치는 사람들: 1768년 중국을 뒤흔든 공포와 광기』. 이영옥 옮김. 책과함께.

_____. 2014.『타인들 사이의 중국인: 근대 중국인의 동남아 이민』. 이영옥 옮김. 심산.

크로슬리, 파멜라 카일(Pamela Kyle Crossley). 2010.『글로벌 히스토리란 무엇인가: 세계사에서 지국사로, 역사학의 최전선』. 강선주 옮김. 휴머니스트.

토비, 로널드(Ronald Toby). 2013.『일본 근세의 '쇄국'이라는 외교』. 허은주 옮김. 창해.

판수즈(樊樹志). 2020.『관료로 산다는 것: 명대 문인들의 삶과 운명』. 이화승 옮김. 더봄.

패리, J. H(John H. Parry). 1998.『약탈의 역사: 유럽의 헤게모니 확립』. 김성준 옮김. 신서원.

퍼듀, 피터(Peter C. Perdue). 2012.『중국의 서진: 청의 중앙유라시아 정복사』. 공원국 옮김. 길.

포머란츠, 케네스(Kenneth Pomeranz). 2016.『대분기: 중국과 유럽, 그리고 근대 세계 경제의 형성』. 김규태 외 옮김. 에코리브로.

포크, 조지 클레이튼(George Clayton Foulk). 사무엘 홀리(Samuel Jay Hawley) 엮음. 2021.『화륜선 타고 온 포크, 대동여지도 들고 조선을 기록하다』. 조법종·조현미 옮김. 알파미디어.

폴킹혼, 존(John Polkinghorne) 엮음, 미하엘 벨커(Michael Welker)·위르겐 몰트만(Jürgen Moltmann) 외. 2015.『케노시스 창조이론』. 박동식 옮김. 새물결플러스.

하네다 마사시(羽田正). 2012.『동인도회사와 아시아의 바다』. 이수열·구지영 옮김. 선인.

하네다 마사시(羽田正) 엮음. 고지마 쓰요시(小島毅) 감수. 2018. 『바다에서 본 역사: 개방, 경합, 공생 — 동아시아 700년의 문명 교류사』. 조영헌·정순일 옮김. 민음사.

한국교회사연구소. 2015. 『한국천주교회사 1』. 한국교회사연구소.

한센, 발레리(Valerie Hansen). 2005. 『열린 제국: 중국, 고대-1600』. 까치.

황, 레이(Ray Huang). 2004. 『1587 만력15년 아무일도 없었던 해』. 김한식 외 옮김. 새물결.

후단(胡丹). 2019. 『명나라 후궁 비사』. 이성희 옮김. 홀리데이북스.

후마 스스무(夫馬進). 2019. 『조선연행사와 조선통신사』. 신로사 외 옮김. 성균관대학교출판부.

후앙치첸(黃啓臣)·정웨이밍(鄭煒明). 1999. 『마카오의 역사와 경제』. 박기수·차경애 옮김. 성균관대학교 출판부.

顧衛民. 2003. 『中國天主教編年史』. 上海書店出版社.

郭德焱. 2005. 『淸代廣州的巴斯商人』. 中華書局.

關文斌. 1999. 『文明初曙: 近代天津鹽商與社會』. 天津人民出版社.

譚世寶. 2006. 『澳門歷史文化探眞』. 中華書局.

譚天星. 1996. 『明代內閣政治』. 中國社會科學出版社.

董季群. 2002. 『天津文化通覽(第一集) 天后宮寫眞』. 天津社會科學院出版社.

杜乃濟. 1967. 『明代內閣制度』. 臺灣商務印書館.

欒凡. 2019. 『北元史』. 中國社會科學出版社.

賴家度·李光璧. 1961. 『于謙和北京』. 北京出版社.

廖敏淑. 2013. 『淸代中國對外關係新論』. 政大出版社.

萬明·徐英凱. 2015. 『明代《萬曆會計錄》整理與硏究』. 中國社會科學出版社.

萬正中 編撰. 2008. 『徽州人物志』. 黃山書社.

樊鏵. 2009. 『政治決策與明代海運』. 社會科學文獻出版社.

范金民. 1998. 『明淸江南商業的發展』. 南京大學出版社.

菲利普·査德威克·福斯特·史密斯 編. 2007. 『中國皇后號』. ≪廣州日報≫國際新聞部 法律室 譯. 廣州出版社.[Smith, Philip Chadwick Foster. 1984. *The Empress of China*. Philadelphia Maritime Museum.]

謝國楨. 1988.『南明史略』. 上海人民出版社.

徐泓. 1973.『明代的鹽法』. 臺灣大學歷史研究所博士論文.

薛高輝・石翔 主編. 2008.『揚州古城文化錄: "雙東"街區卷』. 廣陵書社.

孫清標. 2001.『媽祖圖志』. 江蘇古籍出版社.

梁家勉 編著. 1981.『徐光啓年譜』. 上海古籍出版社.

倪玉平. 2005.『清代漕糧海運與社會變遷』. 上海書店出版社.

吳琦. 1999.『漕運與中國社會』. 武漢, 華中師範大學出版社.

吳緝華. 1961.『明代海運及運河的研究』. 中央研究院歷史語言研究所.

溫聚民. 1992.『魏叔子年譜』.『民國叢書』第4編 85 歷史地理類. 上海書店.

王世華. 1997.『富甲一方的徽商』. 浙江人民出版社.

汪崇篔. 2012.『徽商密碼』. 中華書局.

王日根. 2006.『明清海疆政策與中國社會發展』. 福建人民出版社.

王鑫義 主編. 2001.『淮河流域經濟開發史』. 黃山書社.

姚漢源. 1998.『京杭運河史』. 中國水利水電出版社.

牛平漢 主編. 1990.『清代政區沿革綜表』. 中國地圖出版社.

韋慶遠. 1999.『張居正和明代中後期政局』. 廣東高等教育出版社.

劉曉東. 2019.『「倭寇」與明代的東亞秩序』. 中華書局.

李喬. 2000.『中國行業神崇拜: 中國民眾造神運動研究』. 中國文聯出版社.

李明明・吳慧. 1997.『中國鹽法史』. 文津出版社.

李治安. 1992.『元代分封制度研究』. 天津古籍出版社.

張德信 編著. 2009.『明代職官年表』(3冊). 黃山書社.

張海鵬・王廷元 主編. 1995.『徽商研究』. 安徽人民出版社.

田秋野・周維亮 編著. 1979.『中國鹽業史』. 臺灣商務印書館.

丁易. 2006.『明代特務政治』. 中華書局.

曹雯. 2010.『清朝對外體制研究』. 社會科學文獻出版社.

趙世瑜. 2002.『狂歡與日常: 明清以來的廟會與民間社會』. 生活讀書新知三聯書店.

曹樹基. 1997.『中國移民史 第5卷 明時期』. 福建人民出版社.

晁中辰. 2005.『明代海禁與海外貿易』. 人民出版社.

朱福烓. 2005.『瘦西湖史話』. 廣陵書社.

曾仰豊. 1998. 『中國鹽政史』. 商務印書館.

崔來廷. 2006. 『海國孤生: 明代首輔葉向高與海洋社會』. 江西高校出版社.

崔文華 編. 1988. 『河殤論』. 文化藝術出版社.

鮑彦邦. 1995. 『明代漕運制度』. 暨南大學出版社.

馮爾康. 1985. 『雍正傳』. 人民出版社.

何炳棣. 1966. 『中國會館史論』. 學生書局.

韓光輝. 1996. 『北京歷史人口地理』. 北京大學出版社.

向斯. 2002. 『皇朝典故紀聞』. 中國文史出版社.

許滌新·吳承明 主編. 1985. 『中國資本主義發展史 第1卷 中國資本主義萌芽』. 人民出版社.

胡廷武·夏代忠 主編. 2005. 『鄭和史詩』. 雲南人民出版社.

黃仁宇. 2005. 『明代的漕運』. 張皓 外 譯. 新城出版社.

《走向海洋》節目組 編. 2012. 『走向海洋』. 海洋出版社.

高瀬弘一郎. 2013. 『キリシタン時代の貿易と外交』. 八木書店.

谷光隆. 1991. 『明代河工史研究』. 同朋舍.

臼井佐知子. 2005. 『徽州商人の研究』. 汲古書院.

檀上寬. 2013. 『明代海禁=朝貢システムと華夷秩序』. 京都大學學術出版會.

藤原敬士. 2017. 『商人たちの広州: 一七五〇年代の英清貿易』. 東京大學出版會.

濱下武志. 1997. 『朝貢システムと近代アジア』. 岩波書店.

寺田隆信. 1972. 『山西商人の研究: 明代における商人および商業資本』. 同朋舍.

杉村勇造. 1961. 『乾隆皇帝』. 二玄社.

上田信. 2005. 『海と帝國: 明清時代』(中國の歷史). 講談社.

星斌夫. 1963. 『明代漕運の研究』. 日本學術振興會.

_____. 1971. 『大運河: 中國の漕運』. 近藤出版社.

小沼孝博. 2014. 『清と中央アジア草原: 遊牧民の世界から帝國の邊境へ』. 東京大學出版會.

松浦章. 2009. 『清代內河水運史の研究』. 關西大學出版部.

_____. 2013. 『近世中國朝鮮交涉史の研究』. 思文閣出版.

松浦章·內田慶市·沈國威 編. 2004. 『遐邇貫珍の研究』. 關西大學出版部.

新宮學. 2004. 『北京遷都の研究』. 汲古書院.

岸本美緒. 1997. 『清代中國の物價と經濟變動』. 研文出版.

岩井茂樹. 2020. 『朝貢·海禁·互市: 近世東アジアの貿易と秩序』. 名古屋大學出版會.

李獻璋. 1979. 『媽祖信仰の研究』. 泰山文物史.

鄭樑生. 1984. 『明·日關係史の研究』. 雄山閣.

佐伯富. 1987. 『中國鹽政史の研究』. 法律文化社.

朱天順. 1996. 『媽祖と中國の民間信仰』. 平河出版社.

川勝守. 2009. 『明清貢納制と巨大都市連鎖: 長江と大運河』. 汲古書院.

Andrade, Tonio. 2009. *How Taiwan became Chinese: Dutch, Spanish, and Han Colonization in the Seventeenth Century*. Columbia University Press.

Antony, Robert J. and Angela Schottenhammer(eds.). 2017. *Beyond the Silk Roads: New Discourses on China's Role in East Asian Maritime History*. Harrassowitz.

Bentley, Tamara Heimarck(ed.). 2019. *Picturing Commerce in and from the East Asian Maritime Circuits, 1550-1800*. Amsterdam University Press.

Blussé, Leonard. 2008. *Visible Cities: Canton, Nagasaki, and Batavia and the Coming of the Americans*. Harvard University Press.

Brook, Timothy. 1994. *Praying for Power: Buddhism and the Formation of Gentry Society in Late-Ming China*. Harvard University Asia Center.

Chang, Michael G. 2007. *A Court on Horseback: Imperial Touring & the Construction of Qing Rule, 1680-1785*. Harvard University Press.

Cheng, Wei-chung. 2013. *War, Trade and Piracy in the China Seas 1622-1683*. Brill.

Dardess, John W. 2020. *More than the Great Wall: the northern frontier and Ming national security, 1368 1644*. Rowman & Littlefield.

Dodgen, Randall A. 2001. *Controlling the Dragon: Confucian Engineers and the Yellow River in Late Imperial China*. University of Hawai'i Press.

Ebrey, Patricia, Anne Walthall and James Palais. 2009. *East Asia: A Cultural, Social, and Political History. 2nd ed.* Houghton Mifflin.

Farmer, Edward L. 1976. *Early Ming Government: The Evolution of Dual Capitals*(明初兩京制度).

East Asian Reserch Center, Harvard University.

Finnane, Antonia. 2004. *Speaking of Yangzhou: A Chinese city, 1550-1850*. Harvard University Asia Center.

Gandar, Domin. 1975. *Le Canal Imperial: etude historique et descriptive*. Kraus Reprint.

Giraldez, Arturo. 2015. *The Age of Trade: The Manila Galleons and the Dawn of the Global Economy*. Rowman & Littlefield Publishers.

Goodrich, L. Carrington and Chaoying Fang(eds.). 1976. *Dictionary of Ming biography, 1368-1644*. Columbia University Press.

Guo, Qitao. 2005. *Ritual Opera and Mercantile Lineage: The Confucian Transformation of Popular Culture in Late Imperial Huizhou*. Stanford University Press.

Hang, Xing. 2015. *Conflict and Commerce in Maritime East Asia*. Cambridge University Press.

Hansen, Valerie. 1990. *Changing gods in medieval China, 1127-1276*. Princeton University Press.

Huang, Ray. 1974. *Taxation and Governmental Finance in Sixteenth-Century Ming China*. Cambridge University Press.

Jansen, Marius. 1992. *China in the Tokugawa World*. Harvard University Press.

Johns, Christopher M. S. 2016. *China and the Church: Chinoiserie in Global Context*. University of California Press.

Kling, Blair B. and M. N. Pearson(eds.). 1979. *The Age of Partnership: Europeans in Asia before domination*. University of Hawai'i Press.

Krahl, Joseph. 1964. *China Missions in Crisis: Bishop Laimbeckhoven and his times, 1738-1787*. Gregorian University Press.

Legouix, Susan. 1980. *Image of China William Alexander*. Jupiter Books.

Leonard, Jane Kate. 1984. *Wei Yuan and China's Rediscovery of the Maritime World*. Harvard University Asia Center.

_____ . 1996. *Controlling From Afar: The Daoguang Emperor's Management of the Grand Canal Crisis, 1824-1826*. Center for Chinese Studies, University of Michigan.

Levathes, Louise. 1994. *When China Ruled the Seas: The Treasure Fleet of the Dragon Throne, 1405-1433*. Oxford University Press.

Levenson, Joseph Richmond(ed.). 1967. *European Expansion and the Counter Example of Asia, 1300-1600*. Prentice-Hall, Inc.

Li, Kangying(李康英). 2010. *The Ming Maritime Trade Policy in Transition, 1368 to 1567*. Harrassowitz.

Lufrano, Richard J. 1997. *Honorable Merchants: Commerce and Self-Cultivation in Late Imperial China*. University of Hawai'i Press.

Mancall, Mark. 1971. *Russia and China: their diplomatic relations to 1728*. Harvard University Press.

Marmè, Michael. 2005. *Suzhou: Where the Goods of All the Provinces Converge*. Stanford University Press.

Meyer-Fong, Tobie S. 2003. *Building Culture in Early Qing Yangzhou*. Stanford University Press.

Modelski, George and William R. Thompson. 1988. *Seapowers in Global Politics, 1494-1993*. MacMillan Press.

Mote, Frederick W. 2000. *Imperial China 900-1800*. Harvard University Press.

Mungello, D. E. 2001. *The spirit and the flesh in Shandong, 1650-1785*. Rowman & Littlefield Publishers.

Naquin, Susan. 2000. *Peking: Temples and City Life, 1400-1900*. University of California Press.

Nathan, Andrew J. and Robert S. Ross. 1997. *The Great Wall and the Empty Fortress: China's search for security*. W. W. Norton.

Nield, Robert. 2010. *The China Coast: Trade and the First Treaty Ports*. Joint Publishing (HK) Co. Ltd.

Olin, John C. 1992. *The Catholic Reformation: Savonarola to Ignatius Loyola, Reform in the Church, 1495-1540*. Fordham University Press.

Parker, Charles H. 2010. *Global Interactions in the Early Modern Age, 1400~1800*. Cambridge University Press.

Perrin, Noel. 1979. *Giving Up the Gun: Japan's Reversion to the Sword, 1543-1879*. David R. Godine.

Reid, Anthony. 1988. *Southeast Asia in the Age of Commerce 1450-1680, Volume One: The Lands below the Winds*. Yale University Press.

_____ . 1993. *Southeast Asia in the Age of Commerce 1450-1680, Volume Two: Expansion and Crisis*. Yale University Press.

Rowe, William T. 1984. *Hankow: Commerce and Society in a Chinese City, 1796-1889*. Stanford University Press.

Russell-Wood, A. J. R. 1992. *A World on the Move: the Portuguese in Africa, Asia, and America, 1415-1808*. Carcanet Press Ltd.

Schottenhammer, Angela(ed.). 2008. *The East Asian Mediterranean: Maritime Crossroads of Culture, Commerce and Human migration*. Harrassowitz.

_____. 2010. *Trading Networks in Early Modern East Asia*. Harrassowitz.

Spence, Jonathan. 1988. *Ts'ao Yin and the K'ang-hsi Emperor, Bondservant and Master*. Yale University Press.

Standaert, N.(ed.). 2001. *Handbook of Christianity in China Volume One: 635-1800*. Brill.

Struve, Lynn A. 1993. *Voices from the Ming-Qing Cataclysm: China in Tigers' Jaws*. Yale University Press.

Tagliacozzo, Eric and Wen-chin Chang(eds.). 2011. *Chinese Circulations: Capital, Commodities, and Networks in Southeast Asia*. Duke University Press Books.

Tsai, Shih-shan Henry(蔡石山). 1996. *The Eunuchs in the Ming Dynasty*. State University of New York Press.

Waley-Cohen, Joanna. 1991. *Exile in Mid-Qing China: banishment to Xinjiang, 1758-1820*. Yale University Press.

Willeke, Bernward H. 1948. *Imperial Government and Catholic Missions in China During the Years 1784-1785*. Franciscan Inst Pubs.

Wills, Jr., John E. 1984. *Embassies and Illusions: Dutch and Portuguese Envoys to K'ang-hsi, 1666-1687*. Harvard University Press.

논문

김문기. 2009. 「17세기 江南의 災害와 救荒論」. 《역사와 경계》, 73.

_____. 2010. 「17세기 中國과 朝鮮의 小氷期 기후변동」. 《역사와 경계》, 77.

_____. 2012. 「17세기 중국과 조선의 기근과 국제적 곡물유통」. 《역사와 경계》, 85.

_____. 2014. 「淸米, 瘟疫, 大報壇: 강희제의 海運賑濟와 조선의 반응」. 《역사학연구》, 53.

김인희. 2018. 「중국의 애국주의교육과 역사허무주의: 1988년 〈하상(河殤)〉의 방영에서 1994년 〈애국주의교육실시강요(愛國主義實施綱要)〉 선포까지」. 《한국사학사학보》, 38.

린만훙(林滿紅). 2010. 「중화제국 후기의 상업문화 특징」. 박기수 외. 『중국 전통상인과 근현대적 전개』. 한국학술정보.

박기수. 1998. 「청대 廣東의 對外貿易과 廣東商人」. 《明淸史硏究》, 9.

_____. 2012. 「淸代 行商의 紳商的 성격: 潘氏家族의 사례를 중심으로」. 《대동문화연구》, 80.

박수철. 2020. 「16~17세기 오다·도요토미 정권과 에도막부 성립의 의의」. 동북아역사재단 엮음. 『동아시아사 입문』. 동북아역사재단.

박지배. 2019. 「러시아 대중국 국경의 형성과 접경성: 네르친스크-캬흐타 국경 체제」. 《역사문화연구》, 71.

_____. 2020. 「수용과 혼종을 통한 공존의 모색: 네르친스크 회담」. 《역사학보》, 246.

서인범. 2015. 「청 강희제의 開海政策과 조선 西海海域의 荒唐船」. 《이화사학연구》, 50.

신웬어우(辛元歐). 2005. 「鄭和의 下西洋」. 신웬어우 외. 허일·김성준·최운봉 편역. 『중국의 대항해자 정화의 배와 항해』. 심산.

오금성. 1989. 「明末·淸初의 社會變化」. 『강좌중국사 Ⅳ: 帝國秩序의 完成』. 지식산업사.

_____. 2007. 「'廣東體制'의 빛과 그림자」. 『矛·盾의 共存: 明淸時代 江西社會 硏究』. 지식산업사.

완밍(萬明). 2019. 「정유재란 시기 명 조정의 재정 문제: 은을 중심으로 한 초보적 고찰」. 허남린 외. 국립진주박물관 엮음. 『처음 읽는 정유재란 1597』. 푸른역사.

우경섭. 2013. 「조선후기 지식인들의 南明王朝 인식」. 《한국문화》, 61.

우인수. 2010. 「17세기 후반 대만 정씨해상세력에 대한 조선의 정보 수집과 그 의미」. 《대구사학》, 100.

원정식. 2003.「淸初 福建社會와 遷界令 실시」.《東洋史學硏究》, 81.

웨이크먼 2세, 프레더릭(Frederic Wakeman, Jr.). 2007.「광저우 교역과 아편전쟁」. 존 K. 페
　　어뱅크 책임 편집, 김한식·김종건 외 옮김.『캠브리지 중국사 10 上』. 새물결.

우경섭. 2013.「조선후기 지식인들의 南明王朝 인식」.《한국문화》, 61.

유채원. 2019.「중국의 媽祖神話, 사실, 상징」.《대구사학》, 134.

이재경. 2014.「三藩의 亂 전후(1674-1684) 조선의 정보수집과 정세인식」.《한국사론》,
　　60.

이준갑. 2011.「乾隆49년(1784)～50년(1785)의 敎案과 天主敎共同體」.《東洋史學硏究》,
　　117.

＿＿＿＿. 2012.「乾隆49年(1784)～51年(1786)의 敎案과 乾隆帝」.《東洋史學硏究》, 121.

이헌창. 2011.「조선시대 은유통과 소비문화」.《明淸史硏究》, 36.

임정훈. 2017.「청 전기 해상무역에서의 海防과 民生: ‘南洋禁航令’의 실시와 철폐」. 서울
　　대학교 동양사학과 석사 학위논문.

자오팅양(趙汀陽). 2020.「천하체계, 21세기 중국의 세계 인식과 미래 전망」. 최종현학술
　　원 엮음.『중국, 새로운 패러다임 II: 23인 세계 석학에 묻다』. 글항아리.

장위옌(張宇燕). 2020.「일대일로 전략 구상: 이념과 현실」. 최종현학술원 엮음.『중국, 새
　　로운 패러다임 II: 23인 세계 석학에 묻다』. 글항아리.

전순동. 2012.「명초 宦官의 外交 활동 실태와 그 성격」.《中國史硏究》, 77.

조세현. 2015.「“하상(河觴)”에서 “주향해양(走向海洋)”으로: 중국학계의 근대해양사 연구
　　현황」.《中國史硏究》, 96.

조영헌. 2007.「대운하」. 오금성 등.『명청시대 사회경제사』. 이산.

＿＿＿＿. 2011.「중국 근세 강남 도시의 네 가지 흐름: 성곽 축조 논쟁을 중심으로」.《도
　　시연구: 역사·사회·문화》, 5.

＿＿＿＿. 2012.「『金甁梅』를 통해 본 明末 臨淸과 大運河 유통망」.《中國學報》, 65.

＿＿＿＿. 2014.「1848년 漕糧 海運의 중단, 敎案, 그리고 河運에의 ‘집착’」.《明淸史硏
　　究》, 41.

＿＿＿＿. 2014.「‘17세기 위기론’과 중국의 사회 변화: 명조 멸망에 대한 지구사적 검토」.
　　《역사비평》, 107.

_____. 2015. 「積水潭(什刹海)의 위상변화와 수도 北京의 상징성: 元의 大都에서 明의 北京으로」.《서울학연구》, 60.

_____. 2016. 「正德帝의 南巡과 南京」.《明清史研究》, 45.

_____. 2017. 「후기 中華帝國 海洋史 연구의 최근 흐름과 글로벌 히스토리: 중등 역사 교과서에 대한 제언」.《민족문화연구》, 77.

_____. 2020. 「1522년 北京 會同館의 對朝鮮 門禁 조치와 그 배경: 正德帝 遺産의 정리와 관련하여」.《中國學報》, 91.

_____. 2020. 「은 유통과 동아시아」. 동북아역사재단 엮음. 『동아시아사 입문』. 동북아역사재단.

조영헌·채경수. 2015. 「海商 王直의 興亡과 徽州 네트워크」.《明清史研究》, 44.

차혜원. 2016. 「16세기, 명조의 南倭대책과 封·貢·市」.《東洋史學研究》, 135.

채경수. 2017. 「遷界令의 전략적 의미 재검토」.《明清史研究》, 48.

_____. 2020. 「明末 清初 해상세력의 浮沈과 국가권력의 대응」. 서울대학교 대학원 박사 학위논문.

추중린(邱仲麟). 2003. 「인구증가·삼림채벌과 명대 북경의 연료문제」. 서울대학교 동아문화연구소 엮음. 『중국 역대 도시구조와 사회변화』. 서울대학교출판부.

표교열. 1995. 「淸代 前期 漕運의 弊端: 運軍의 存在形態를 중심으로」.《省谷論叢》, 26.

한명기. 2019. 「임진왜란과 조·명관계」. 백영서·정상기 엮음. 『내일을 읽는 한·중관계사』. 알에이치코리아.

한지선. 2015. 「17세기 초 동아시아 해양세계의 변화와 海商 李旦」.《明清史研究》, 44.

_____. 2019. 「인도양 무역 네트워크 상에서의 朝貢과 互市: 明代 미얀마에서의 土司 制度와 국경무역」.《明清史研究》, 52.

홍성구. 2007. 「청조 해금정책의 성격」. 이문기 외. 『한중일의 해양인식과 해금』. 동북아역사재단.

_____. 2011. 「明代 北邊의 互市와 朝貢」.《中國史研究》, 72.

_____. 2018. 「청 질서의 성립과 조청관계의 안정화, 1644-1700」. 동북아역사재단 북방사연구소 엮음. 『조선시대 한중관계사』. 동북아역사재단.

唐力行. 1986. 「論徽商與封建宗族勢力」.《歷史研究》, 1986-2.

唐文基. 1994.「洪任輝事件與乾隆的閉關政策」.《福建學刊》, 1994-6.

董興華. 2013.「從"壬辰倭亂"看明代山東的戰略地位」.《科教導刊》, 2013-9.

藤井宏. 1987.「明代鹽商的一考察: 邊商·內商·水商的研究」. 劉淼 輯譯.『徽州社會經濟史研究譯文集』. 黃山書社.

樊樹志. 1999.「張居正與馮保: 歷史的另一面」.《復旦學報》(社會科學版), 1999-1.

常建華. 2015.「清順康時期對漕運的治理」. 李泉 主編.『"運河與區域社會研究"國際學術研討會論文集』. 中國社會科學出版社.

徐凱. 2009.「治河와 巡訪 및 孔子 존숭: 清 聖祖의 江南 6차례 巡幸에 대해」. 제1회 세종학 국제학술회의 발표 원고.

徐泓. 1999.「明代福建的築城運動」.《暨大學報》, 3-1.

孫光圻. 1988.「論洪仁輝案」.《海交史研究》, 1988-1.

孫喆. 2012.「淺析影響康熙《皇輿全覽圖》繪製的幾個因素」.《歷史檔案》, 2012-1.

楊家毅. 2020.「京杭大運河與陸海絲綢之路關聯的歷史考察」.《江南大學學報》(人文社會科學版), 2020-3.

吳建華. 1990.「南巡紀程: 康熙·乾隆南巡日程的比較」.《清史研究通訊》, 1990-1.

吳昱·韓琦 編校. 2008.『歐洲所藏雍正乾隆朝天主教文獻彙編』. 上海人民出版社.

吳緝華. 1970.「明代劉大夏的治河與黃河改道」.『明代社會經濟史論叢』. 臺灣學生書局.

劉淼. 1996.「明代召商運鹽的基本形態」.《鹽業史研究》, 1996-4.

李寶金. 1985.「元明时期胶莱運河興廢初探」.《東岳論叢》, 1985-2.

李映發. 2014.「鄭和下西洋檔案并非劉大夏燒燬: 明代劉大夏銷毀鄭和下西洋檔案考辨」.《西華大學學報》(哲社版), 33-5.

李玉岩·潘天波. 2019.「中國大運河: 一項概念史研究」.《檔案與建設》, 2019-4.

任重. 1994.「金元時期黃淮中下流農業經濟破產成因及後果探析」.《中國農史》, 1994-3.

張峰. 2018.「大運河文化遺産保護利用傳承的歷史考察(2006~2017)」.《農業考古》, 2018-4.

張海英. 2005.「明清社會變遷與商人意識形態: 以明清商書爲中心」.《復旦史學集刊》, 2005-1.

鄭志良. 2003.「論乾隆時期揚州鹽商與昆曲的發展」.《北京大學學報》(哲社版), 40-6.

趙雲田. 2017.『大清帝國的得與失: 乾隆出巡記』. 江西人民出版社.

陳薇 外. 2013.「大運河沿線集散中心城市的興起: 臨清」.『走在運河線上: 大運河沿線歷史

城市與建築研究』(上). 中國建築工業出版社.

陳尙勝. 1997. 『'懷夷'與'抑商': 明代海洋力量興衰研究』. 山東人民出版社.

彭澤益. 1984. 「淸初四権關地點和貿易量的考察」. 《社會科學戰線》, 1984-3.

解揚. 2010. 「"利瑪竇難題"與明代海運」. 《讀書》, 2010-6. 《復印報刊明淸史》, 2010-11.

黃鼎臣. 1986. 「淸代前期海外貿易的發展」. 《歷史研究》, 1986-4.

岡本隆司. 2007. 「'朝貢'と'互市'と海關」. 《史林》, 90-5.

宮崎市定. 1965. 「洪武から永樂へ: 初期明朝政權の性格」. 《東洋史研究》, 27-4.

_____. 1976. 「中國經濟開發史の概要」. 『アジア史研究 4』. 朝日新聞社.

檀上寬. 1978. 「明王朝成立の軌跡: 洪武朝の疑獄事件と京師問題おめぐって」. 《東洋史研究》, 37-3.

藤井宏. 1953. 「新安商人の研究」. 《東洋學報》, 36-2.

柳澤明. 1999. 「康煕五六年の南海禁の背景: 淸朝における中國世界と非中國世界の問題に寄せて」. 《史観》, 140.

龐新平. 1993. 「嘉靖倭寇活動期における築城: 中國浙江沿海地方を中心にして」. 《東洋學報》, 75.

澁谷浩一. 1998. 「康煕雍正年間における淸露関係とトゥリシェン-淸の対露関係認識をめぐって」. 《史朋》, 30.

西奧健志. 2007. 「宋代大運河の南北物流」. 《東洋學報》, 89-1.

松浦章. 1995. 「康煕盛京海運と朝鮮賑済」. 『淸代中國の諸問題』. 山川出版社.

岩井茂樹. 2004. 「十六世紀中國におけろ貿易秩序の摸索: 互市の現實とその認識」. 岩井茂樹 篇. 『中國近世社會の秩序形成』. 京都大學人文科學研究所.

_____. 2007. 「淸代の互市と"沈黙外交"」. 夫馬進 編. 『中國東アジア外交交流史の研究』. 京都大學學術出版會.

李獻璋. 1964. 「明廷の海外宣論より見たる媽祖の傳播: 特に鄭和の西征における靈驗のついて」. 《中國學誌》, 1.

川越泰博. 2003. 「明代南京と倭寇(1)」. 明代史研究會 編. 『明代史研究會創立三十五年記念論集』. 汲古書院.

淸水泰次. 1968. 「商屯考」. 『明代土地制度史研究』. 大安.

村尾進. 2007.「乾隆己卯: 都市廣州と澳門がつくる邊疆」.《東洋史研究》, 65-4.

荷見守義. 2000.「景泰政權と孫皇太后」.《東洋學報》, 82-1.

Atwell, William S. 1986. "Some Observations on the "Seventeenth-Century Crisis" in China and Japan." *The Journal of Asian Studies*, 45-2.

_____ . 1998. "Ming China and the Emerging World Economy, c.1470-1650." in Frederick W. Mote and Denis C. Twitchett(eds.). *The Cambridge History of China, Vol. 8, The Ming Dynasty, 1368-1644, Part 2*. Cambridge University Press.

_____ . 2005. "Another Look at Silver Imports into China, ca.1635-1644." *Journal of World History*, 16-4.

Chang, Pin-Tsun. 1991. "The First Chinese Diaspora in Southeast Asia in the Fifteenth Century." in Roderich Ptak and Dietmar Rothermund(eds.). *Emporia, Commodities, and Entrepreneurs in Asian Maritime Trade, c. 1400-1750*. Franz Steiner Verlag.

Chin, James K. 2010. "Junk Trade, Businesss Networks and Sojourning Communities: Hokkien Merchants in Early Maritime Asia." *Journal of Chinese Overseas*, 6-2.

Church, Sally. 2005. "The Colossal Ships of Zheng He: Image or Reality?." in Roderich Ptak and Claudine Salmon(eds.). *Zheng He: Images and Perceptions*, Harrassowitz.

Cranmer-Byng, John L. and John E. Wills, Jr. 2011. "Trade and Diplomacy with Maritme Europe, 1644-c.1800." in John E. Wills, Jr(ed.). *China and Maritime Europe, 1500-1800: Trade, Settlement, Diplomacy, and Missions*. Cambridge University Press.

Elman, Benjamin A. 2007. "Ming-Qing Border Defence, the Inward Turn of Chinese Cartography, and Qing Expansion in Central Asia in the Eighteenth Century." in Diana Lary(ed.). *The Chinese State at the Borders*. UBC Press.

Farmer, Edward L. 2000. "The Hierarchy of Ming City Walls." in James D. Tracy(ed.). *City Walls: the Urban Enceinte in Global Perspective*. Cambridge University Press.

Finlay, Robert. 1991. "The Treasure-Ships of Zheng He." *Terrae Incognitae*, 23.

_____ . 2004. "How Not to (Re)Write World History: Gavin Menzies and the Chinese Discovery of America." *Journal of World History*, 15-2.

Finnane, Antonia. 1993. "The Origins of Prejudice: The Malintegration of Subei in Late

Imparial China." *Comparative Studies in Society and History*, 35-2.

Flynn, Dennis O. and Arturo Giraldez. 1995. "Born with a 'silver spoon': the Origin of World Trade in 1571." *Journal of World History*, 6-2.

Geiss, James. 1988. "The Cheng-te reign, 1506-1521." in Frederick W. Mote and Denis C. Twitchett(eds.). *The Cambridge History of China, Vol. 7, The Ming Dynasty, 1368~1644, Part I*. Cambridge University Press.

Hall, Kenneth R. 2020. "Contested histories of Ming agency in the Java Sea, Straits of Melaka and Bay of Bengal region." in Kenneth Swope(ed.). *The Ming World*. Routledge.

Huang, Ray. 1988. "The Lung-ch'ing and Wan-li Reigns, 1567-1620." in Frederick W. Mote and Denis C. Twitchett(eds.). *Cambridge History of China, Vol. 7, The Ming History, 1368-1644 Part 1*. Cambridge University Press.

Levey, Benjamin Samuel. 2013. "Jungar Refugees and Making of Empire on Qing China's Kazakh Frontier, 1759-1773." Doctoral Dissertation of Harvard University.

Lin, Lina. 2016. "Gifts of Good Fortune and Praise-Songs for Pea: Images of Auspicious Portents and Panegyrics from the Yongle Period." in Craig Clunas, Jessica Harrison-Hall and Luk Yu-Ping(eds.). *Ming China: Courts and Contacts 1400-1450*. British Museum.

Lo, Jung-Pang. 1954. "The Controversy Over Grain Conveyance During the Reign of Qubilai Qaqan, 1260-94." *The Far Eastern Quarterly*, 13-3.

_____. 1955. "The Emergence of China as a Sea Power during the Late Sung and early Yuan Period." *Far Eastern Quarterly*, 14-4.

Mote, Frederick W. 1977. "The Transformation of Nanking, 1350-1400." in G. William Skinner(ed.). *The City in Late Imperial China*. Stanford University Press.

Robinson, David M. 2008. "The Ming court and the legacy of the Yuan Mongols." David M. Robinson(ed.). *Culture, Courtiers, and Competition: the Ming Court (1368-1644)*. Harvard University Asia Center.

Smith, Joanna F. Handlin. 1998. "Social Hierarchy and Merchant Philanthropy as Perceived in Several Late-Ming and Early-Qing Texts." *The Journal of Economic and Social History of the Orient*, 41-3.

Twitchett, Denis C. and Tilemann Grimm. 1988. "The Cheng-t'ung, Ching-t'ai, T'ien-shun Reigns." in Frederick W. Mote and Denis C. Twitchett(eds.). *Cambridge History of China, Vol. 7, The Ming History, 1368-1644 Part 1*. Cambridge University Press.

Wade, Geoff. 1997. "Some Topoi in Southern border Historiography During the Ming." in Sabine Dabringhaus and Roderich Ptak(eds.). *China and Her Neighbours: Borders, Visions of the Other, Foreign Policy 10th to 19th Century*, Harrasowitz Verlag.

Wang, Gungwu. 1968. "Early Ming Relations with Southeast Asia; A Background Essay World Order." in J. K. Fairbank(ed.). *The Chinese World Order: Traditional China's Foreign Relations*. Harvard University Press.

_____ . 1990. "Merchants without empire: the Hokkien sojourning communities." in James D. Tracy(ed.). *The Rise of Merchant Empires: long-distance trade in the early modern world, 1350-1750*. Cambridge University Press.

Wang, Yong. 2002. "Realistic and Fantastic Images of 'Dwarf Pirates': The Evolution of Ming Dynasty Perceptions of the Japanese" in Joshua A. Fogel(ed.). *Sagacious Monks and Bloodthirsty Warriors: Chinese Views of Japan*. Pacific Century Press.

Wei, Qiaowei. 2018. "Negotiation of Social Values in the World Heritage Listing Process: A Case Study on the Beijing-Hangzhou Grand Canal, China." *Archaeologies: Journal of the World Archaeological Congress*, 14.

Wills, Jr., John E. and John L. Cranmer-Byng. 2016. "Ch'ing Relations with Maritime Europeans." in Willard J. Peterson(ed.). *The Cambridge History of China, Vol. 9, Part Two: The Ch'ing Empire to 1800*. Cambridge University Press.

Woodside, Alexander. 2007. "The Centre and the Borderlands in Chinese Political Theory." in Diana Lary(ed.). *The Chinese State at the Borders*. UBC Press.

후기

100만 원 입금!

2009년 여름의 어느 날로 기억한다. 학위논문으로 '큰 돈'을 하루아침에 벌었던 기록적인 날이었다. 민음사의 장은수 편집장은 내 박사 학위논문을 읽고 그중의 한 장을 조금만 대중적으로 써 달라고 요청했고, 난 그저 그 요구에 맞추어 조금만 문체를 바꾸었을 뿐이었다. 그런데 그 샘플 원고를 본 날 바로 장 편집장은 나의 통장에 100만 원을 넣어 주며 출판 계약을 체결하자고 했다. 바로 민음사로 달려갔다.

박사 학위를 받은 지 3년 만의 쾌거였다. 출판 대기업 민음사의 배포인지 장 편집장의 안목인지는 잘 모르겠으나 공부했다는 이유로 이렇게 행복한 날은 그 이전에는 없었다. 그런 면에서 난 '속물'임이 분명했다. 장 편집장은 박사 학위논문이 워낙 흥미로우니, 조금만 대중적으로 바꾸어 출판하자고 했다. 계약서에 서명을 하고, 박사 학위논문을 대중서 스타일로 포장하기로 했다. 자랑하고 싶어 근질거릴 지경이었다. 누구에게 연락해야 자기 일처럼 진심으로 기뻐해 줄까? 지도 교수이신 오금성 선생님이 생각났다. 퇴임하신 지 3년이 지난 즈음이었다. 바로 전화를 드렸다.

그다음 날로 기억한다. 선생님 댁 근처의 숭실대 앞 카페 2층에서 선생님을 마주한 난 어느 타이밍에 이 기쁜 소식을 전해 드릴지 가늠했다. 대화가 마무리될 즈음 이 소식을 마치 '비장의 무기'처럼 선생님께 말씀드렸다.

"저…… 선생님…… 제 박사 논문을 민음사에서 출판해 주기로 했습니다. 계약서에 도장까지 찍었습니다!"
"그래? 민음사라면 민두기 선생님의 『신해혁명사』가 출간된 곳 아닌가! 아주 잘되었군."

여기까지는 좋았다.

"그런데 형식을 조금 바꾸어 대중 교양서 스타일로 출간하기로 했습니다. 아마 출판사에서 제 글이 좀 잘 팔릴 것으로 기대하는 모양새입니다."
"…… 이제 자네와 나의 사제 관계는 오늘 여기서 끝나는 걸로 하세."

이후 얼마나 긴 침묵이 흘렀는지 기억조차 나지 않는다. 달그락달그락……. 커피가 갑자기 쓰디쓴 사약이 된 느낌이었다. 어떻게 인사를 하고 선생님과 헤어졌는지 기억이 없다. 다만 그럭저럭 정중히 인사까지는 하고 집까지 터벅터벅 한참 걸어왔던 것 같다.

* * *

밤새 고민을 했다. 기도가 터져 나왔다.
주님! 왜 저에게 이런 방식으로 시련을 허락하시나이까?
다음 날 아침 기도를 마치니 결단이 섰다.
그래! 100만 원이 뭐 그리 대수란 말인가? 민음사와의 인연 역시 선생님과의 사제 관계보다 중요하지 않은 거 아닌가?

그런데…… 장은수 편집장에게 어떻게 이야기하지? 선생님 핑계를 대면 바로 이해해 줄까? 날 도대체 어떻게 볼까? 선생님이 무서워 새로운 도전을 포기하는 나약한 '설대생'으로 보지는 않을까? 이번 기회를 놓치면 영원히 민음사와의 인연이 끊어지는 건 아닐까?

홍대 연구실에 들어와 전화기를 몇 번이나 들었다가 놓았다. 결국 다이얼을 돌렸고, 수신음이 세 번 이상 울리면 바로 끊고 다시 생각해 보기로 했다.

두르르르, 두르르르, 짤깍!

"여보세요. 조영헌 선생님이시네요. 어떻게 하기로 하셨어요?"

잠시 침묵이 이어졌다.

"아시지요? 서울대 동사과의 그 뭔가 엄격한 전통……. 선생님께서 대중 교양서 스타일로 첫 책을 내면 저와의 사제 관계를 끊겠다고 하시네요……. 장 편집장께서 정말 저에게 귀한 기회를 주셨는데, 정말 죄송하지만 계좌 번호를 알려 주시면 바로 다시 100만 원을 돌려드리겠습니다. 부디 저의 난처한 상황을 잘 이해해 주세요."

장 편집장의 답변이 나오기까지는 1초도 걸리지 않았다.

"아, 그러셨군요. 대강 알고 있습니다. 동, 사, 과! 그럼 이렇게 해 보시면 어떨까요? 최근에 연세대 모 선생님이 박사 학위논문을 책으로 출간했는데, 학술서 스타일과 대중 교양서 스타일로 동시에 출간했어요. 조 선생님 논문 도 두 가지 종류로 모두 출간해 보시는 건 어떠세요?"

"아하! 그런 세상이 또 있었군요. 문학 쪽은 정말 상상력이 대단한 것 같아요. 그렇게 해 주시면 저는 정말 더없이 좋지요. 그런데…… 동시에 출간하는 것은 눈 가리고 아웅이니 안 될 것 같고요. 학술서를 먼저 출간할게요. 그리고 약속합니다. 대중 교양서는 이후 2~3년 안에 출간하도록 글을 고쳐 보겠습니다. 어떨까요?"

"그러셔야죠. 그게 어쩌면 더 좋을 것 같습니다. 당장 내일 계약서 하나 더 쓰시지요."

할렐루야!

* * *

그렇게 해서 당장 출간하려 했던 박사 논문의 학술서 스타일 판본이 완성되는 데 2년이 걸렸다. 기존 박사 논문의 여섯 개 장에 세 개 장을 더하고 각종 도판과 사진을 더해 총 아홉 개의 장으로 구성된 학술서 『대운하와 중국 상인: 회·양 지역 휘주 상인 성장사, 1415~1784』는 그렇게 2011년 5월에 출간되었다. 이듬해에는 대한민국학술원 우수학술도서로 선정되어 '학술서'로서의 체면치레를 했다. '조영헌'이라는 이름으로 나오는 첫 책은 반드시 학술서가 되어야 한다는 선생님의 훈육을 받아들여 완성된 나의 첫 학술서였다. 첫 페이지의 헌사는 당연히 선생님께 돌려야 했다. "영감의 원천이며 무한한 지지를 보내 주신 吳金成 선생님께."

* * *

학술서가 나온 지 어느새 10년이 흘렀다. 그 사이에 몇 번이나 교양서 스타일의 책을 출간하려고 했으나 모두 실패했다. 우선 학술서가 나온 지 4개월 만에 직장이 홍익대에서 고려대로 바뀌었다. 새로운 직장에 적응하는 데 생각보다 오랜 시간이 걸렸다.

몇 년간 난 이런 말을 혼자 읊조리며 우울해했다. "호랑이 잡으러 호랑이 굴에 들어왔다가 호랑이에게 잡혀 먹힐 것 같다." 아무도 괴롭히는 사람이 없었는데도, 난 혼자 자주 나만의 굴로 들어갔다. 고려대에서 서울대 출신이 살아가는 것이 얼마나 어려운 일인지는 이미 직장을 옮길 무렵에 여러 지인을 통해 수없이 들었다. 그때는 자신만만했다. 하지만 정작 기쁨은 이직 2개월 만에 사라졌다. 홍익대에서 처음으로 교수가 되었을 때는 2년 동안 마냥 행복했는데, 4년 뒤 고려대에서는 2개월 만에 행복감이 사라졌다. 이후부터는 이유를 찾기 어려운 부담감에 홀로 힘들어했다. 영어 강의에 대한 부담, 당시 홍대보다 두 배 이상 강화된 연구 업적의 부담, 그리고 뭔가 날 감시하는 듯한 보이지 않는 눈초리까지. 삼중고(三重苦) 앞에 나의 자신감은 무참히 무너졌고, 아무에게도 말하기 어려운 어두운 터널이 2~3년 주기마다 나타났다.

이렇게 2~3년마다 힘을 내려고 하면 다시 또 힘들어지는 마음과 각종 업무 등으로 들었던 펜을 좌절감으로 내려놓은 적이 족히 다섯 번은 넘는 것 같다. 시간이 약이었던 것 같다. 점차 고려대가 내 직장, 내 연구실, 내 터전으로 다가왔다. 그리고 나서 문득 다시 보니 고려대에서 제공해 준 교수 학습의 다양한 기회, 연구 지원, 그리고 무엇보다 학과 교수님들의 따뜻한 격려와 기대감이 잔잔한 행복으로 느껴졌다. 속에서 알 수 없는 힘이 솟구쳤다. 이에 학술서 출간 10년 만인 2021년에 드디어 교양서 스타일의 원고를 탈고하고 민음사에 넘길 수 있었다.

* * *

그 사이 변화가 셋 있었다.

첫째, 민음사에서 장은수 편집장이 사라졌다. 사실 장 편집장은 내 학술서를 출간한 뒤 얼마 지나지 않아 민음사에서 퇴직했다. 내 초고를 읽고 가장 뿌듯해할 대상이 정작 민음사에 없다는 점이 상당히 아쉬웠다. 다행히 그 후에도 2~3년 주기로 잊었던 교양서 계약이 떠오를 때면 장 편집장과 통화를 하면서 내가 잊고 있지 않음을 상기시켜 주었다. 물론 장 편집장도 잊지 않았지만, 그는 내게 조금도 재촉하지 않았다. 민음사를 이미 떠났기에!

둘째, 대중 교양서에서 '대중 학술서'로 두 번째 책의 개념이 바뀌었다. '대중 학술서'라는 사뭇 새로운 개념 역시 장 편집장이 2020년 가을에 전화로 알려 준 조언의 일부였다. 그의 말에 의하면 다른 전공의 전문가가 읽어도 쉽게 이해할 수 있는 대중성을 갖추고 있으면서도, 학위논문에 인용해도 아무도 딴지를 걸 수 없는 수준의 책이 이른바 대중 학술서라고 했다. 알 듯 말 듯 했다. 그러자 그는 그 대표적인 사례로 조너선 스펜스(Jonathan Spence)나 티머시 브룩(Timothy Brook)의 책을 알려 주었다. 순간 명쾌하게 이해되었다. 내가 번역한 티머시 브룩의 책 『하버드 중국사 원·명: 곤경에 빠진 제국(The Troubled Empire: China in the Yuan and Ming Dynasties)』이나 『셀던의 중국 지도: 잃어버린 항해도, 향로 무역 그리고 남중국해(Mr. Selden's Map of China)』가 있었기에 단번에 이해할 수 있었다. 그래서 대중 학술서에 맞추어 500개가 넘는 각주를 마지막에 마음껏 대폭 더 확대할 수 있었다.

셋째, 책 내용이 완전히 새로워졌다. 10년 전 박사 논문의 형식만 조금 바꾸어 출간하려던 계획이 10년이나 밀리면서 새로운 나의 관점과 성과가 덧붙여졌다. 무엇보다 이를 반영하는 부제가 붙었다. "중국은 왜 해양 진출을 '주저'했는가?" 이 부제는 10년 전에는 감히 붙일 수 없는 관점의 제목이었다. 이른바 본격적인 동아시아 해양사 연구로 뛰어들기 위한 디딤돌이다. 일찌감치 해양사에 눈을 뜨고 경주하던 주경철, 원정식, 이진한, 김문기 등 여러 교수님과의 교류와 연구가 나의 안목을 대륙에서 해양까지 넓혀 주었다.

* * *

여기까지가 이 책이 나오기까지의 비화(祕話)다.

난 책 내용보다 이 「후기」가 독자들에게 훨씬 재미있게 느껴질 거라 확신한다. 본문은 무척 지루할 것이다. 책의 본문 여덟 개의 장을 쓰는 데는 근 10년이 걸렸고, 「여는 글」을 쓰고 고치는 데는 약 5년, 「맺는 글」을 쓰는 데만도 반년 가까이 걸렸다. 그런데 「후기」를 쓰는 데는 단 한 시간도 필요하지 않았다. 내용이 짧기는 하지만, 10년 동안 묵히고 묵힌 이야기를 영감을 받아 적었기 때문이다.

오늘도 난 오 선생님을 뵙고 식사와 차를 함께하며 다섯 시간 가까이 담소를 나누고 집으로 돌아왔다. 너무나 피곤한 몸이었기에 바로 잠자리에 들려고 침대에 누웠는데, 영감이 떠올랐다. 참을 수가 없었다. 바로 옆의 서재로 자리를 옮겨 노트북을 켜고 찬양을 틀고 타자를 치기 시작했다. 민음사 편집부의 신동해 팀장(현 웅진 단행본사업본부장)은 이런 날을 작가들에게 '신이 내리는 날'이라고 재미있게 표현했다. 그런 날은 몇 달 동안에 쓸 내용을 단 하루 만에 대략 써 내려갈 수 있기에 잠을 잘 수 없다고 했다. 설마 그런 날이 내게도 올 줄이야……. 오늘이 내게 그런 행운의 날이라는 생각이 들었다.

가수 싸이의 노래가 생각났다. 바로 찬양을 끄고 휴대전화에서 「예술이야」를 찾아 듣는다. 예수님께서도 예술을 즐기는 '일탈'을 사랑스럽게 쳐다보시는 것 같은 날이다.

* * *

이 책이 나오기까지 10년이 걸린 만큼 원고를 완성하는 데 도움을 주신 분들은 헤아릴 수 없이 많다. 우선 여러 학회 발표를 통해 수많은 조언과 격려를 받을 수 있었다. 순서는 정확하지 않으나, 대략 기억나는 순서대로 적으면 다음과 같다. 서울대학교의 역사연구소, 배항섭 선생님이 주관하는 성균관대학교의 장기 19세기 연구회, 서강대학교 임지현 선생님이 주관하는 대학원 수업에서의 특강, 고려대학교 민족문화연구원, 캐나다 UBC 허남린 선생님이 주관하는 스터디 모임, 서울대학교 동양사학과의 사담회, 고려대학교 역사교육과의 집담회, 인문학과 성서를 사랑하는 모임, 전남대학교의 호남학연구원, 송호근 선생님이 주관하는 포스텍 융합문명연구원의 특강까지 정확히 기억나는 것만 열 곳이다. 그 외에도 이 책의 초고를 30여 명의 선배 및 후배 연구자와 제자들에게 읽히고 피드백을 받았다. 그중에는 '코로나19'로 말미암아 정신없이 바쁜 와중에도 PDF 형태로 제공된 초고를 직접 출력해서 한 페이지에 수십 건씩 교정을 해서 보내 준 역사 교사 제자도 있다. 2장의 도표 제작은 홍익대의 첫 제자였던 이승현 교사가 수고해 주었고, 지도 제작은 해양사 연구를 하는 후배 채경수 선생이 도와주었으며, 색인 작업은 나의 제자인 양재영 선생이 수고해 주었다. 그 밖에도 열거한 분들만큼의 선후배와 동료 선생님들이 이 책의 일부를 읽거나 이야기를 듣고 새로운 자료와 관점을 제공해 주었다. 일부 주석에 적은 감사의 내용은 빙산의 일각이다. 이 책의 초고를 읽고 추천사를 흔쾌히 써 주신 여섯 분(송호근, 주경철, 강희정, 구범진, 계승범, 장은수)은 모두 나의 '방향타' 같은 분들이다. 추천사의 내용대로 갖추기 위해 마지막에는 혼쭐이 났다. 따라서 나는 이 책의 '대표 저자'라는 것이 정확한 표현일 것이다. 그럼에도 불구하고 이 책의 모든 내용의 구석구석까지 그 책임이 내게 있음은 물론이다.

하지만 정작 이 「후기」에서 빼놓지 말아야 할 진정한 감사의 대상은 따로 있다. 이 책을 그분에게 제일 먼저 드린다.

"학자의 자존심을 한껏 높일 수 있는 감식안과 대중의 실험실로 유도하는 신비한 재주를 겸비한 매력적인 장은수 대표께."

2021년 3월 28일 주일 밤
분당의 2.5평 방 한 칸에서

찾아보기

443

조영헌(曺永憲) 서울대학교 동양사학과를 졸업하고 중국사회과학원 역사연구소의 방문 학자(2003~2004년)와 하버드-옌칭 연구소의 방문 연구원(2004~2006년)을 거쳐, 2006년에 서울대학교 동양사학과에서 논문 「대운하와 휘주상인」으로 박사 학위를 취득했다. 홍익대학교 역사교육과 교수를 지냈고, 현재 고려대학교 역사교육과 교수이다.

15년간 '인문학과 성서를 사랑하는 모임(인성모)'을 주선해 왔으며, 2021년부터 고려대학교의 지원을 받아 '북아시아 민족 및 지역사 연구회'를 구성하여 공동 연구 중이다. 중국 근세 시대에 대운하에서 활동했던 상인의 흥망성쇠 및 북경 수도론이 주된 연구 주제이고, 앞으로 동아시아의 해양사와 대륙사를 겸비하는 한반도의 역사 관점을 세우는 것에 관심이 있다. 저서로 『대운하와 중국 상인: 회·양 지역 휘주 상인 성장사, 1415~1784』와 『옐로우 퍼시픽: 다중적 근대성과 동아시아』(공저), 『주제로 보는 조선시대 한중관계사』(공저) 등이 있고, 역서로 『하버드 중국사 원·명: 곤경에 빠진 제국』과 『바다에서 본 역사: 개방, 경합, 공생 — 동아시아 700년의 문명 교류사』(공역) 등이 있다.

대운하 시대 1415~1784

중국은 왜 해양 진출을 '주저' 했는가?

1판 1쇄 펴냄 2021년 8월 20일
1판 4쇄 펴냄 2023년 12월 8일

지은이 조영헌
발행인 박근섭·박상준
펴낸곳 (주)민음사

출판등록 1966. 5. 19. 제 16-490호
서울특별시 강남구 도산대로1길 62(신사동) 강남출판문화센터 5층 (우편번호 06027)
대표전화 02-515-2000 / 팩시밀리 02-515-2007
www.minumsa.com

ISBN 978-89-374-4455-5 93910

* 이 저서는 2017년 대한민국 교육부와 한국연구재단의 지원을 받아 수행된 연구임
  (NRF-2017S1A6A4A01022186)
* 잘못 만들어진 책은 구입처에서 교환해 드립니다.